스페인사

스페인사

레이몬드 카 외

김원중, 황보영조 옮김

까치

SPAIN : A HISTORY

edited by Raymond Carr

역자 소개
김원중(金源中)
동국대학교 사학과를 거쳐 서울대학교 대학원 서양사학과에서 석사학위를 받았으며, 스페인 마드리드 콤플루텐세 대학교에서 역사학 박사학위를 받았다. 현재 서울대학교 인문학 연구원의 선임연구원으로 재직하면서 서울대, 연세대, 가톨릭대 등에서 강의하고 있다. 저서로『서양 문명과 인종주의』(공저),『세계의 과거사청산』(공저)이 있고, 역서로는『거울에 비친 유럽』,『스페인 제국사』,『히스패닉 세계』(공역) 등이 있으며, 그 외 스페인사 관련 논문이 여러 편 있다.

황보영조(皇甫永祚)
서울대학교 서양사학과에서 학사와 석사학위를 받고 박사과정을 수료한 뒤 스페인 마드리드 콤플루텐세 대학교에서 역사학 박사학위를 받았다. 현재 경북대학교 사학과 교수로 재직 중이며, 스페인 근현대사, 특히 스페인 내전과 프랑코 체제 연구에 집중하고 있다. 주요 논문으로「스페인 내전 연구의 흐름과 전망」,「프랑코 체제와 대중」등이 있으며,『히스패 닉 세계』(공역),『대중의 반역』,『정보와 전쟁』을 번역했고, 공저로『대중독재』,『대중독재 의 영웅 만들기』,『지중해, 문명의 바다를 가다』등이 있다.

편집-교정 주지현(朱芝賢)

스페인사

저자 / 레이몬드 카 외
역자 / 김원중, 황보영조
발행처 / 까치글방
발행인 / 박종만
주소 / 서울시 종로구 행촌동 27-5
전화 / 02·735·8998, 736·7768
팩시밀리 / 02·723·4591
홈페이지 / www.kachibooks.co.kr
전자우편 / kachisa@unitel.co.kr
등록번호 / 1-528
등록일 / 1977. 8. 5
초판 1쇄 발행일 / 2006. 8. 30

값 / 뒤표지에 쓰여 있음

ISBN 89-7291-407-X 03920

차례

지도 차례

집필자에 관한 설명

세바스천 밸푸어 Sebastian Balfour
    런던 소재 캐나다 블랜치 현대 스페인학 연구 센터 부소장

레이몬드 카 Raymond Carr
    옥스퍼드 세인트 안토니스 칼리지의 전임 학장

로저 콜린스 Roger Collins
    에든버러 대학교 재직 중

A. T. 피어 A. T. Fear
    맨체스터 대학교 고전학 교수

펠리페 페르난데스-아르메스토 Felipe Fernández-Armesto
    옥스퍼드 대학교 근대사학과 교수

리처드 플레처 Richard Fletcher
    요크 대학교 역사학 교수

리처드 허 Richard Herr
    버클리 캘리포니아 대학교 역사학 명예교수

헨리 카멘 Henry Kamen
    바르셀로나 고등과학 연구 평의회 교수

앙구스 맥케이 Angus Mackay
    에든버러 대학교 재직 중

서문

레이몬드 카

I

최근 한 세대 동안 학자들, 특히 이제 프랑코 독재 시대의 지적(知的) 제약에서 해방된 스페인 학자들은 스페인 역사에 대해서 여러 가지 수정주의적 관점을 제시해왔다. 그것은 스페인을 하나의 예외적인 경우로 간주해서는 안 되며, 스페인사를 다른 유럽 주요 국가들의 역사와 마찬가지 방법으로 연구해야 한다는 것이었다.

스페인을 예외적인 경우로 간주해야 한다는 주장은 그리 놀라운 것이 아니다. 넓은 영토를 가진 서유럽의 주요 국가들 가운데 스페인만이 유일하게 8세기 이후 오랫동안 비유럽, 비기독교 이슬람인들의 지배를 받은 경험을 가지고 있다. 기독교도의 재정복(레콩키스타)은 1492년 마지막 무어인 왕국 그라나다가 함락된 1492년에 가서야 끝나는 기나긴 과정이었다. 스페인 전역 약 2,000마일을 직접 다녀보고 난 후 1844년 『스페인 여행자들을 위한 안내서』라는 역작을 출간한 바 있는 리처드 포드에게 무어인의 정복은 스페인, 특히 안달루시아에 항구적인 흔적을 남긴 것으로 비쳤다. 안달루시아인들은 "중절모와 터번" 사이를 방황했고, "오리엔트적" 기준에 의해서 판단되어야 했다. 레콩키스타가 보수적 민족주의의 건설 신화로서 중요하기는 하지만, 무어인들의 유산은 더 이상 17세기부터 스페인 사람들과 외부 관찰자들을 괴롭혀온 다음의 문제에 대해서 만족한 설명이 되지 못한다. 한때 넓은 해외 제국을 가지고 있던 강대국 스페인이 어떻게 해서 1814년 파리에 모인 외교관들과 정치가들에 의해서 이류 국가(un cour

9

secondaire)로 간주되었을까?

　프로테스탄트들과 자유주의자들에게 그 대답은 분명했다. 그들은 이른바 "흑색 전설"의 상속자들이었다. 16세기에 일종의 전쟁 선전 수단의 하나로 고안된 흑색 전설은 스페인을 불관용, 무지, 그리고 편협한 신앙의 요새로 소개했다. 스페인의 "후진성"을, 그리고 스페인의 비참한 빈곤과 다른 북유럽의 번영하는 국가 간에 벌어진 차이를 설명하기 위해서는 선진국들의 번영과 진보의 토대가 되었던 지적, 과학적 업적으로부터 스페인을 오랫동안 분리시켜놓은 종교재판소를 거론하는 것으로 충분했다. 18세기 계몽주의가 스페인과 유럽을 잇는 문을 강제로 열어젖히자 보수주의자들은 반대로 "백색 전설"을 만들어냈다. 즉 그들은 루터의 상속인이며 볼테르와 루소의 제자들인 계몽사상가들이 스페인의 정체성의 핵심이자 위대한 스페인의 토대였던 가톨릭적 정수(精髓)를 독살시켰기 때문에 스페인이 몰락하게 되었다고 주장했다. 자유주의에 맞서 싸우는 전투에서 이 백색 전설은 프랑코 체제 초기 선전자들의 지적인 무기가 되기도 했다. 스페인은 계몽주의적 자유주의의 상속자들과 전통적 스페인의 가톨릭적 정수를 수호하려는 사람들 간의 이념적 전장(戰場)으로 비쳤다. 수정주의 역사가들에게 이 "두 스페인"이라는 이분법적 견해는 정치적 목적을 위해서 자유주의자들과 보수주의자들에 의해서 조작된 추상적 구조물로 비쳤다. 오늘날의 경제사가들에게 이 이데올로기의 두 스페인은 상대적으로 번영한 스페인과, 농촌의 빈곤과 침체의 스페인이라는 소위 "이원적 경제"를 가진 스페인으로 대체되었다.

　수정주의 역사가라고 해서 스페인에서 그간 가톨릭 교회가 엄청난 사회적, 지적 영향력을 행사해왔다는 것을, 그리고 적어도 최근까지 "두 스페인"의 개념이 사람들의 집단의식에 자리잡고 있었고, 또 그것이 사람들의 행동양식을 결정해왔음을 부정하지는 않는다. 또 수정주의가 스페인 역사에서 이제 논쟁거리가 사라졌음을 의미하지도 않는다. 많은 수의 무어인이, 그리고 상당수의 유대인이 오랫동안 스페인 땅에 살았던 것이 사회적, 문화적으로 스페인 사회에 어떤 영향을 미쳤고, 또 그들의 추방이 어떤 결과를 가져왔는지는 아직도 열띤 논쟁의 대상이 되고 있다. 좀더 최근에 경제사가들은 19세기, 20세기 초에 저개발 경제라고 간주될 수 있는 것에 대한 성장을 위한 처방으로서 보호주의와 자유무역이 수행한 상대적 역할에 관해서 논쟁을 벌였다. 오늘날 역사가들이 전면적으로 부정하는 것은 스페인이 서유럽의 다른 부르주아 사회들에서는 물질적 번영을 위한 경쟁을 치르는 과정에서 상실된 인간적인, 그리고 —— 독일 시인 릴케가 말하고 있는 것처럼 —— 정신적인 가치를 지키기 위해서 일부러 진보에 등을 돌렸다고 하는 낭만주의적 관점이다. 1830년대의 낭만주의자들과 그들의 계승자들에게 상징적인 영웅은 돈키호테였다. 그들은 스페인 역사를 객관적인 사실에 입각해서가 아니라 몇몇 스페인적인 특별한 정신을 통해서 설명했다. 오늘날의 역사가들은 스페인의 정신에 관한 이런 바보 같은 생각의 반은 외국인들이, 그리고 나머지 반은 스페인인 자신들이 발명했다고 말한 소설가 피오 바로하의 생각에 동의한다.

수정주의가 손대지 않고 그대로 놓아둔 것은, 스페인 역사의 핵심 열쇠는 다원성이라는 관점이다. 이 다원성을 개괄해보고, 그 다원성의 정치적, 사회적, 그리고 경제적 원인과 결과를 고찰해보는 것이 이 서문의 목적이다.

II

20세기까지 스페인 사람들의 대부분은 땅에 의존하여 생활했다. 그들이 일하는 조건은 토양과 기후의 상호작용에 의해서, 그리고 땅의 보유 조건에 의해서 결정되었고, 그 보유 조건은 역사의 유산이었다. 18세기까지도 스페인의 매우 다양한 농업 형태와 기술은 기후 조건과 토지 보유 형태가 훨씬 더 일원적인 영국에서 온 사람들에게 깊은 인상을 심어주었다.

우선 스페인은 축축한 스페인과 메마른 스페인 간의 구별이 뚜렷하다. "북서부 지방은 데븐셔보다 더 비가 많이 오는 데 비해, 중앙고원 지대는 아라비아 사막보다 더 비가 오지 않는다"라고 1830년대에 리처드 포드는 말했다. 지금도 농민들이 일하러 나갈 때 우산을 챙겨야 하는 북서부 갈리시아는 연평균 강우량이 2,032밀리미터 내외인 데 비해 중앙 메세타 지역은 254밀리미터가 채 되지 않으며, 알메리아는 1년 내내 비 한 방울 내리지 않을 때가 많다. 거의 전적으로 곡물 농업에 매달리고 있는 카스티야 중앙 메세타의 건지 농업 지역에서는 지력이 고갈된 토양을 회복하기 위해서 넓은 땅을 휴한해야만 하며, 수확량은 유럽에서 가장 낮은 편에 속한다. 흉년과, 시도 때도 없이 내리는 서리 혹은 우박을 동반한 폭풍우는 이곳의 영세농들을 거의 기아 상태로 몰고 가거나 빚더미에 나앉게 했다. 그에 비해 무르시아와 발렌시아의 우에르타(huertas) —— 채소 혹은 과일 재배지 —— 에서는 관개농법으로 1년에 서너 차례의 수확을 기대할 수 있었다. 여기서는 10에이커의 땅만 가지고 있어도 부자에 속했다. 그러나 발렌시아는 유럽에서 가장 생산성이 높은 비옥한 지역을 가지고 있기도 하지만, 그 내지(內地)의 산간벽지는 거의 불모지이다.

기후와 토양이 농업 패턴의 다양성을 결정짓는 유일한 요인은 아니었다. 중세시대에 무어인들로부터 회복한 토지에 대한 정주(定住)가 어떤 식으로 이루어졌는가가 이 점에서 중요하다. 주로 불안정한 영세 농민들이 정주한 구카스티야(Old Castile)의 대부분 지역은 안정된 농가들이 중심을 이룬 바스크 지방과, 견고하게 지어진 마시아(masía, 카탈루냐 지방의 농촌 가옥/역주)가 풍경을 지배하는 카탈루냐와는 좋은 대조를 이룬다. 갈리시아에서는 중세시대의 교회가 정주자들을 유인하기 위해서 토지를 장기 임대했다. 18세기에 인구 증가는 이곳에서 토지의 세분화를 가져왔으며, 그것은 아일랜드에서처럼 1에이커 남짓의 수많은 작은 땅뙈기들을 양산해 놓았다. 그러나 그중에서도 가장 극적인 대조는 그런 보잘것없는 보유지들 혹은 카스티야 농민들의 그것과 안달루시아, 에스트레마두라의 광대한 대농장들(라티푼디아) 간의 대조이다. 가난에 찌든 이탈리아의 메조지오르노와 번영한 북부 지역 간의 대조가 그것과 비교할 수 있는 유일한 것이다. 무어인들로부터 토지를 재정복해가는 레콩키스타를 이끈 전투적 귀족들은 그 대가로 광대한 영지를 하사받았고, 그들의 영지는 19세기에 이루어진 교회 토지와 공유지의 매각으로 더욱 확대되었다. 스페인 귀족들은 영국 귀족들과 달리 대개 부재지주였고, 도시에 거주했다. 그들의 영지는 브라세로들(braceros), 즉 읍내 광장에서 일당을 받고 고용되는 계절 노동자들에 의해서 경작되었다. 이 날품팔이 농민들은 일거리가 없는 시기에는 굶주려야 했다.

다원성은 스페인 농촌의 풍경과 구조에도 반영되었다. 안달루시아 지방 하엔의 올리브 재배 지역과 에스트레마두라의 대농장들에서는 노동자들이 대개 들판이 아니라 소읍에서 살았고, 그 때문에 주변의 땅은 건기(乾期)에 는 마치 무인지경의 사막처럼 보였다. 1793년 한 프랑스 여행가에 따르면, 거기에서 "대지주들은 자신의 권위에 도전하는 모든 사람들을 포효로 쫓아 내는 숲 속의 사자처럼 군림하면서 살았다." 이에 비해 바스크 지방, 갈리 시아, 그리고 아스투리아스에서는 들판에 촌락과 농장들이 점점이 산재해 있었다. 다원성은 또한 사회적 갈등을 야기시켰다. 안정된 가족 농장이 주 류를 이루는 지역은 가톨릭적이고 보수적인 성향이 짙다. 19세기 자유주의 자들에 대항하여 싸운 전쟁들에서 보수적인 카를로스파 군대는 스페인에 서 가장 종교적인 색채가 강한 바스크 지방에서 그 주력부대를 차출했다. 팀을 이룬 일단(一團)의 노새들을 가지고 대지주들의 땅을 경작했던 에스 트레마두라의 윤테로들(yunteros)과 안달루시아의 브라세로들은 그들의 고 용주들에 대항하여 길고도 험난한 싸움을 계속해왔다. 때문에 안달루시아 는 19세기 들어 레파르토(reparto), 즉 대영지의 몰수와 분할 분배를 요구하 는 농촌 아나키즘의 거점이 되었다.

중세시대에 만들어진 이런 패턴들은 산업화로 인해서 가난한 농민들이 새로 생긴 공장으로 이동하기 시작하는 19세기에 와서 변화를 경험하게 된다. 그러나 1950년대까지도 핵심적인 요소는 그대로 유지되었다. 그것 을 무너뜨린 것은 기계화였다. 현대적인 트랙터와 콤바인 수확기가 브라 세로 무리들을 대체했다. 영세농들의 작은 땅뙈기들로는 기계화를 이룰 수 없었기 때문에 그들의 땅은 보다 부유한 농민들에게 합병되었다. 가난한 농민의 자식들은 이 새롭고 자본주의적인 세계에서 자신의 미래를 발견할 수 없었으며, 그 결과 1960년대에 새로운 산업도시들로의 대규모 탈출이 이어졌다.

지리적 조건은 스페인 농업의 다양성과, 불리한 조건에 맞서 싸우는 가 난한 농민들의 투쟁을 설명하는 데 도움을 주기도 하지만, 그것은 또한 전 국적 시장의 발전을 가로막기도 했다. 전국 규모 시장의 부재는 지역에 따라 나타나는 큰 가격차에서 잘 드러난다. 스페인은 오랫동안 험준한 산지와 불편한 도로 때문에 상호 소통이 차단된 수많은 지방 시장들의 집합체로 남아 있었다. 한때 산적들의 소굴이었던 시에라모레나는 안달루시아와 카스티야를 나누었고, 칸타브리아 산맥은 아스투리아스와 갈리시아를 고립시켰다.

　스페인은 상당히 넓은 사각형 모양으로 되어 있으며, 중앙 메세타 지역은 해발 610미터가 넘는다. 일부 지역은 유럽에서 가장 가파른 지표면을 가지고 있어 도로를 닦고 철도를 건설하는 데 큰 비용이 소요된다. 1860년대 스페인에 철도가 들어오기 전까지 반도 주변부는 바다로의 접근이 쉽고, 노새 떼에 의한 육로 운송에 비해 연근해 운송이 상대적으로 저렴했기 때문에 중심부보다 여러 가지 점에서 유리했다. 한때 메디나 델 캄포에 대규모 정기시를 두고 역동적인 양모 경제의 중심이 되었던 카스티야는 이제 뒷전으로 나앉게 되었다. 18세기경 카스티야는 과거의 영광을 반추하며 살고 있었다. "한때 많은 사람들로 북적거리고 공장, 작업장, 가게들로 넘쳐났던 카스티야의 도시들이 지금은 교역이 사라진 채 교회와 수도원, 그리고 그것들에 의해서 운영되는 빈민구호소들로 가득 차 있다." 인구 증가와 진보는 점차 주변부로 이동해가고 있었다. 카탈루냐는 오랜 침체를 끝내고 브랜디와 직물류의 중남미 수출을 통해서 18세기에는 랭카스터를 제외하면 유럽에서 가장 큰 직물 산업의 중심지로 발전했으며, 가난한 산악 지역으로부터 많은 인력을 끌어들였다. 발렌시아의 해안 도시들에 대해서 포드는 발렌시아 지방 내지의 황량한 오지에 비해 비교할 수 없을 만큼 "풍요롭다"고 기술했다. 말라가는 북유럽으로의 과일 수출로, 헤레스는 셰리주 수출로 번성했다. 이 두 도시에는 멋진 외국인 집단 거주지가 생겨나기도 했다. 피에르 빌라르는 "18세기에 이루어진 분명한 발전에는 '황금세기'의 그것과는 전혀 다른, 반도 내 여러 지역들 간의 관계가 내재하고 있었다. 인구로나 경제적으로나 스페인의 중심부가 지배적인 지위를 상실하고, 주변부 —— 특히 지중해 연안 지역 —— 가 인구와 활동, 그리고 생산의 중심이 되는 고대적 양상으로의 복귀가 나타났다"고 썼다. 고대적 균형으로의 복귀는 또 있었다. 스페인은 로마 시대부터 풍요로운 광물자원으로 외국의 투자자들을 끌어들였다. 스페인이 가지고 있지 못한 것은 산업혁명의 필수적 요소인 값싸고 질 좋은 석탄뿐이었다. 지금은 석유상들과 유럽 골퍼들의 활동 무대가 된 마르베야가 1830년대에는 번영하는 철강 산업의 중심이될 것처럼 보였다. 그러나 값싼 석탄의 부재는 이 철강 산업의 중심을 북쪽으로 옮겨놓았다. 1870년대에 바스크 지방 빌바오 인근의 철광들은 스페인을 유럽 최대의 철광석 수출국으로 만들었다. 여기에서 얻는 이익과 값싼 웨일스산 석탄 수입을 통해서 빌바오는 스페인에서 가장 중요한 중공업 중심지가 되었고, 카스티야로부터 가난한 농촌 이민자들을 많이 끌어들였다.

III

리처드 포드는 자주 인용되는 문구에서 스페인을 "모래줄로 묶인 여러지역들의 집합체"라고 말했다. 수백 년 후에 제럴드 브레넌은 유명한 저서 『스페인의 미로』의 서문에 다음과 같이 썼다.

전체적으로 볼 때 스페인은 소규모의 서로 적대적인 혹은 무관심한 여러공화국들이 하나의 느슨한 연방 형태로 묶여 있다. 몇몇 위대한 시기(중세칼리프 시대, 레콩키스타 시대, 황금세기)에 이 작은 중심들이 공동의 감정혹은 이념을 공유함으로써 화합으로 나아가기도 했지만, 얼마 가지 않아 그약효가 떨어지면 그들은 다시 뿔뿔이 흩어졌고, 독립적이고 이기적인 존재로 돌아갔다.

다원성과 정치적 파편화를 스페인의 고유한 특징으로 내세우는 것은 오랫동안 통일된 법체계 속에서 살아온 영국인들이 볼 때 자연스러운 일이었다. 그 특징을 스페인 사람들도 인식하고 있었다. 18세기 계몽주의적 관리였던 올라비데도 다음과 같이 기술했다.

스페인은 독립적인 여러 작은 정치체들로 구성된 나라이다. 그들은 서로적대적이며, 서로를 괴롭히고 경멸하며, 끊임없이 전쟁을 한다. 각 지방, 각종교 단체, 각 직업은 다른 지방, 다른 종교 단체, 다른 직업과 분리되어 있고, 자기들끼리 뭉친다……. 근대 스페인은 에너지가 없는, 그리고 각각의 특정한 이해가 보편적 이해와 상치되기 때문에 항상 서로 적대시하는, 작은 공화국들로 이루어진 괴물 같은 나라라고 할 수 있다.

스페인의 대부분 지역에 대한 로마의 지배는 하나의 단일한 정치체로서의 히스파니아(Hispania)라는 개념을 형성했다. 적어도 이론적으로는 비시고트 왕들도 단일한 통일 왕국을 지배하는 로마의 상속인들이었다. 더 중요한 의미를 가지는 것으로, 고트족 주교들은 아리우스파 이단을 물리치고 로마 가톨릭 신앙을 수용함으로써 스페인에 단일한 종교를 가져다주었다. 그 이후 오랫동안 스페인 민족주의자들에게 로마 가톨릭 신앙은 국가 그 자체와 동일시되었다. 프랑코의 오른팔이었던 카레로 블랑코 제독은 "스페인은 가톨릭이며, 그 외에 아무것도 아니다"라고 말한 바 있다.

무어인의 침입은 이 통일성을 깨뜨렸다. 스페인은 이제 두 개의 정치적, 사회적 시스템으로, 즉 무어인의 남쪽과 기독교도의 북쪽이라는 상이한 두 문명으로 나뉘었다. 비록 최근에 역사가들이 강조하고 있듯이, 그 둘 사이의 문화적 경계가 서로 넘나들지 못할 정도로 견고하지는 않았고 때로는 활발한 문화교류가 쌍방 간에 이루어지기도 했지만 말이다. 그러나 기독교도 왕들이나 무어인들이나 모두 강력한 지역주의의 힘을 제어하지는 못했다. 코르도바의 칼리프 국은 얼마 가지 않아 타이파 소국(小國)들로 분열되었다. 기독교 스페인은 카스티야의 "제국적" 사명에도 불구하고 만성적인 내전 상태에 빠졌다. 가톨릭 공동왕(Catholic Kings), 페르난도와 이사벨은 우리가 학교에서 배운 것처럼 근대적 국민국가를 창조하지는 않았다. 카스티야와 아라곤 연합왕국 간의 통합은 1469년 두 사람의 혼인으로 이루어진 개인적 결합이었을 뿐이다. 가톨릭 공동왕이 지배하는 스페인은 연방적(聯邦的) 왕국이었으며, 왕들에 대한 신민들의 복종은 그 왕들의 개인적 권위와, 푸에로(fueros)를 왕들이 존중해주느냐 그렇지 않느냐에 달려 있었다. 푸에로란 특히 바스크 지방이나 혹은 카탈루냐, 발렌시아 등을 포함하는 아라곤 연합왕국과 같은 연방적 왕국의 일부를 이루는 각 지역들에게 그들 자신의 코르테스, 즉 의회를 가질 수 있는 반독립적 지위를 부여하는 일종의 지역자치법이다. 프로테스탄트 선전자들은 펠리페 2세를 절대군주라고 말했다. 그러나 아라곤의 코르테스로부터 세금을 승인받기 위해서 몸소 그곳까지 행차해야만 했던 펠리페 2세는 결코 스스로를 절대군주라고 생각하지 않았을 것이다.

마드리드를 중심으로 하는 효율적이고 중앙집권적인 정부와 지역적 전통이 가지는 힘 간에 균형을 유지하는 것이 부르봉 왕조의 일이었고, 1931-1936년의 제2공화정, 그리고 1975년 이후의 입헌군주정의 일이었다. 중앙으로부터의 지나친 압박은 주변부에 반란을 불러일으켰다. 펠리페 2세 시대에 과중한 세금에 시달려야 했던 카스티야 신민들은 아라곤인들과 카탈루냐인들이 푸에로의 재정적 특권으로 면세 혜택을 받기 때문에 결국 과도한 제국 운영 비용을 모두 자신들이 떠맡고 있다고 불평했고, 이에 펠리페 4세 시대의 총신(寵臣) 올리바레스(1587-1645)는 카탈루냐를 "카스티야의 관습"에 따르게 함으로써 부담의 분할을 시도했다. 이에 카탈루냐인들은 1640년 반란으로 응수했다. 합스부르크 왕조는 1700년에 단절되었다. 이어 등장한 부르봉 왕조는 1714년 이후로 카탈루냐와 발렌시아에 대한 공격을 재개하여 이 지역들의 푸에로를 철폐했다. 올라비데는 그 과업이 완전히 성공하지는 않았음을 인정했다. 가장 강력한 중앙집권주의자들은 19세기 자유주의자들이었다. 그들은 역사적으로 자치적 성향이 강한 스페인 내 지역들을 프랑스식의 도(道, provinces)제로 재편하여 모든 스페인 사람들이 그에 구속되는 단일한 법의 지배를 받게 해야 한다고 주장하는 "자코뱅주의자들"이었다. 바스크 지역과 카탈루냐에서는 잃어버린 지역적 자유의 수호가 그들의 고유 언어 유지와 지역자치 요구에 토대를 둔 근대적 민족주의 운동의 형태를 띠었다. 1931-1936년의 제2공화정 정부에 의해서 자치 법률들이 인정되었다가 다시 프랑코 장군이 19세기 자유주의자들의 급진적인 중앙집권 정책을 계승한 것은 역사의 아이러니 가운데 하나이다. 프랑코는 국가 통일을 이유로 자치 법률들을 다시 폐지하고 바스크인들과 카탈루냐인들의 언어와 문화를 억압했으며, 그것은 다시 바스크와 카탈루냐의 민족주의에 힘을 불어넣었다. 프랑코가 죽고 나서 등장한 새로운 민주주의 정부는 1978년의 새 헌법에서 다시 그들의 힘을 인정했다. 유럽에서 가장 지방분권적인 새로운 "자치 정부들로 구성된 국가"(즉 스페인)는 에우스카디(Euzkadi, 바스크의 세 주[Provinces]를 지칭하는 바스크어 이름)와 카탈루냐에 광범한 자치를 허용했다. 관대한 지방자치는 중앙정부와 지방의 자유 간에 균형을 이루었고, 적어도 카탈루냐의 경우 분리주의를 소수 저항운동으로 위축시켜놓았다. 그러나 불행히도 좀더 강경한 소수파인 바스크 과격 민족주의자들을 만족시키지는 못했다. 그들은 스페인과 바스크 지역의 동포들에게 독립 국가 에우스카디라는 자신들의 비전을 강요하기 위해서 에타(ETA)라는 테러 집단에 호소해왔다.

IV

마드리드 중앙정부의 요구와 이에 저항하는 지방주의 간의 균형의 추구가 스페인사의 발전 과정을 추적하는 데 도움을 준다면, 스페인의 사회구조는 오랫동안 뿌리 깊은 지역주의로 설명되어왔다. 제럴드 브레넌이 볼 때 스페인 사람들은 자신들의 "파트리아 치카(patria chica)", 즉 "시골 고향 마을"을 무엇보다도 중요시하는 사람들이었다. "모든 마을, 모든 소읍은 열정적인 사회적, 정치적 생활의 중심이다"라고 그는 말했다. "푸에블로(pueblo)", 즉 내향적인 작은 공동체는 19세기 낭만주의자들에게도 그랬지만 브레넌이 볼 때도 부르주아 자본주의 사회에서는 이미 사라진 인간적 가치를 여전히 간직하고 있는 도덕적 세계로 비쳐졌다. 앵글로색슨계 인류학자들은 이 스페인 시골 마을들을 문자 사용 이전의 사회를 연구하기 위해서 개발한 연구 기법이 성공적으로 적용될 수 있는 폐쇄된 사회로 보고 열심히 연구했다.

이 이상화(理想化)된 푸에블로가 산간벽지에서는 1960년대까지 존속했다. 1920년대에 브레넌은 알푸하라스(Alpujarras, 그라나다 인근 시에라네바다 산맥의 고산 지역/역주)의 산골 마을들에서 그런 푸에블로들을 발견할 수 있었다. 그러나 그 역시 1936-1939년의 스페인 내전 과정과 그 이후에 그런 마을들이 사라지고 "근대적" 생활방식으로 바뀌어가는 것에 아쉬움을 표하고 있다. 1940년대에 노벨 문학상 수상자 카밀로 호세 셀라는 신

카스티야(Castilla Nueva)의 산골 마을들에서 18세기 이후로 수백 년 동안 거의 아무런 변화 없이 옛 모습을 그대로 간직하고 있는 여관들을 발견할 수 있었다. 그러나 불과 20년 후에 존 벳제먼의 아내가 그 여관을 찾았을 때, 그곳은 이제 플라스틱 식탁보와 시끄러운 소리를 내는 라디오를 갖추고 있었다.

스페인 전역에서 지역주의를 약화시키는 외래적 요소들은 항상 존재해 왔다. 중세시대 프랑스 수도사들과 16-17세기 프랑스 이민 노동자들도 거기에 속한다. 갈리시아인들은 1830년대에 조지 버로에게, 쏟아져들어오는 카탈루냐 이민자들이 그들의 생계를 파탄내고 있다고 불평을 퍼부었다. 모든 시골 마을들에는 고향을 떠나 외지에서 군인으로 복무한 사람이 한두 명쯤 있게 마련이었다. 17세기의 한 피카레스크 이야기는 유럽 도처에서 군복무를 하고 돌아온 한 부랑자의 자서전적 이야기이다. 작은 마을들은 그에 대한 반감이 매우 크기는 했지만 큰 도시의 사법권하에 있었다. 스페인 남부 지방에는 지브롤터를 통해서 들어오는 밀수꾼들과 함께 영국인 광산기술자, 프로테스탄트 선교사들이 상당수 있었다.

고향 마을이 과거에는 스페인 사람들에게 아무리 커다란 흡입력을 가지고 있었다고 해도, 차량을 소유한 오늘날의 스페인 사람들은 이제 더 이상 고향에 얽매이지 않는다. 낮은 경제 수준에 있다가 일본을 제외하고는 어떤 다른 산업국가들보다 더 급속한 발전을 이룬 1960년대 스페인의 급속한 경제성장은 스페인 사회를 크게 변화시켜 스페인은 인근 국가들의 도시화된 소비사회들과 비슷한 모습을 가지게 되었다. 도시로 혹은 산업지역으로 이주한 스페인 사람들은 간혹 지역 피에스타(fiestas)에 참가하기 위해서 고향을 찾기도 하지만, 이제 그들은 농촌 생활의 감정적 유대감 때문에 도시의 쾌적함을 포기할 생각이 없다. 미겔 델리베스의 소설에서 웅변적으로 그려지고 있는 버려진 시골 마을들은 그러한 상황을 잘 증명해준다.

한때 지역 생활의 중심을 이루었던 전통적 제도들도 그 의미가 약화되어 갔다. 테르툴리아(tertulia), 즉 죽이 맞는 친구들끼리 동네 카페에 모여 즐기는 관습은 이제 집에서 끝없이 이어지는 한밤의 라디오 토크 쇼를 듣는 것으로 바뀌었다. 자치 지역들, 특히 카탈루냐, 갈리시아, 그리고 에우스카디(바스크)의 텔레비전 방송국들은 지역민들에게 애향심을 고취시키기 위해서 노력했고, 이는 각 지역 역사물들이 비중 있게 다루어지는 데서 명백히 나타난다. 한편, 텔레비전은 스페인이 인구당 영화관 좌석수에서 유럽 최고를 기록했던 1950년대에 영화가 하던 역할을 떠맡으면서, 지역주의적 문화를 균질화(均質化)했다. 수입해온 외국 영화들은 1960년대에 쏟아져들어온 관광객들이 그랬던 것처럼 스페인 사람들을 유럽과 미국의 소비사회에 친숙해지도록 했고, 그것을 부러워하게 만들었다.

과거 프랑코 정권의 관광 구호인 "스페인은 다르다(España es diferente)"는 이제 도시화되고, 산업화된 민주주의적 스페인 사회를 설명하는 데 별로 도움이 되지 않는다. 오늘날의 스페인에는 1936년 7월에 일어났던 것과 같은 군사 쿠데타 혹은 그에 이은 내전의 위협이 더 이상 존재하지 않는다. 에드먼드 버크는 18세기 스페인을 "유럽이라는 해안에 좌초된 거대한 고래"라고 표현했다. 웰링턴 공작은 1820년대에 스페인을 "매너와 관습이 유럽의 타 국가들과는 너무나도 다른 나라"라고 기술했다. 이들이 볼 때 스페인은 유럽의 밖에 있었고, 1898년 스페인 식민제국의 마지막 잔재의 상실(미서전쟁의 패배와 그로 인해서 쿠바, 푸에르토리코, 필리핀을 미국에 빼앗긴 일)에서 극적으로 드러난 "강대국으로부터의 몰락"이라는 외형에 지나치게 사로잡혀 스페인을 유럽의 패배자들 가운데 하나로 단정했다. 그러나 이는 그것이 비록 외국의 침입과 내전으로 중단되곤 했지만, 18세기 이래로 진행되어온 더디지만 꾸준한 근대로의 발걸음을 간과하고 있다. 오늘날 스페인은 완전한 민주주의 국가로서, 유럽 공동체(EC)의 적극적이고 열정적인 일원이며, "그 매너와 관습"은 서유럽 소비사회의 그것과 전혀 다르지 않다.

1 선사시대와 로마 시대의 스페인

A. T. 피어

　스페인은 한 나라가 아니라 여러 나라라고 말한 리처드 포드의 언급은 이제 거의 진부한 표현이 되었지만 여전히 유효하다. 이베리아 반도의 지형은 지금의 그리스와 마찬가지로 스페인을 상호 분리되고 독립된 여러 지역들로 나누어놓았다. 그러므로 고대시대 스페인이 여러 문화들의 모자이크로 우리 앞에 나타나는 것 역시 놀라운 일은 아니다. 언어는 이 다원성을 완벽하게 반영한다. 자그마치 다섯 개의 언어가 고대시대에 이 지역에서 사용되었다. 불행히도 이것들은 아직까지 해독되지 않고 있으므로, 이 시기의 스페인에 대해서 우리가 가지고 있는 지식의 대부분은 그리스-로마 시대 고전문헌에 의존하고 있다. 이 고전문헌들은 때로 강한 선입견을 가지고 있다. 예를 들면 평지 거주자들은 예외 없이 산지 거주자들보다 더 선진 문명을 가진 사람으로 그려진다. 우리는 고고학적 자료를 해석할 수 있는 다른 자료들을 가지고 있지 않다. 물론 이 고전시대의 자료들이 더할 나위 없이 소중한 것이기는 하지만, 이 자료들만 가지고 고대 이베리아 반도를 바라보는 것은 흐린 유리창을 통해서 사물을 보는 것과 같은 것임을 유념해야 한다.

　이베리아 반도에서 인간의 역사는 상당히 일찍 시작되었다. 80만 년 전에 살았던 인류 최초의 조상 가운데 하나인 호모 안테케소르(Homo antecessor)의 뼈가 부르고스 근처에서 발견되었다. 또한 네안데르탈인(기원전 6만 년경)은 사실 최초의 네안데르탈인 유골이 발견된 곳이 지브롤터 근처이기 때문에 지브롤터인으로 바꿔 부르는 것이 옳을지도 모른다. 후기 구석기시대에 칸타브리아와 아스투리아스는 마들렌 문화(기원전 1만 6000년경)의 일부를 이루었고, 이 문화는 놀라운 동굴 벽화들을 남겨놓았다. 그중 가장 유명한 것이 산탄데르 근방 알타미라에서 발견된 벽화이다. 사냥감들을 매우 사실적으로 그려놓은 이 벽화들은 여러 가지 색으로 표현되어 있을 뿐만 아니라, 울퉁불퉁한 바위 표면을 교묘하게 이용하여 3차원적인 효과를 만들어냈다. 비슷한 벽화들이 레반트(이베리아 반도의 지중해 연안)에서도 발견되었으나 이곳 벽화들은 대부분 중석기시대(기원전 1만 년경)의 것이다. 카스테욘 지역에서 주로 발견되는 레반트의 벽화들은 북쪽 조상들의 것보다 더 도식적이고, 인간의 모습에 더 중점을 두었다. 사냥 장면뿐만 아니라 전쟁하는 모습, 남녀가 함께 춤추는 모습, 그리고 처형 장면도 보이는 것으로 보아 조직화된 사회의 출현을 엿볼 수 있다.

기원전 3800년경부터 반도의 대부분은 북유럽으로부터 확산되어 내려온 거석 문화의 물결에 휩쓸렸다. 이베리아 반도의 거석 유물은 대서양 연안과 남쪽 해안을 빙 두르는 말굽형 지역에 산재해 있고, 레반트와 중부 메세타 지역에서는 발견되지 않았다. 가장 많은 것이 무덤이고, 그중에서도 가장 볼 만한 것이 안달루시아 지방 안테케라에 소재하고 있는데, 이곳의 무덤은 대단히 세련되어서 한때는 이 지역 원주민들이 아닌 그리스에서 건너온 미케네 사람들에 의해서 건설되었을 것이라는 주장이 제기되기도 했다. 그러나 방사성 탄소에 의한 시대 측정법은 그것이 미케네 시대보다 시기적으로 상당히 앞선 것임을 말해준다.

기원전 2600년경 구리 사용 문화가 알메리아의 로스 미야레스와 포르투갈의 타구스 강 계곡에서 출현했다. 이 문화는 매우 세련되었지만(로스 미야레스는 바위를 깎아 만든 상수도 시설을 가지고 있었고, 거석으로 쌓은 삼면의 벽과 성채로 방어되었다), 기원전 1800년경에 사라짐으로써 후대의 발전에 큰 영향을 남기지는 못한 것으로 보인다. 좀더 나중에 나타난 알메리아의 아가르 문화(기원전 1700-1400년경)도 마찬가지인데, 이 문화는 광산 채굴을 기반으로 했으며, 19세기에 와서야 그에 근접할 정도로 많은 인구를 가진 주거 지역을 건설했다. 라만차의 모티야 문화(기원전 1600-

1300년경)는 요새화된 작은 탑들을 중심으로 이루어졌다. 이 여러 문화들이 모두 외래 민족들과 융합하여 긴 생명력을 가지는 이베리아 문화를 출현시켰다. 외래 민족과의 융합은 일찌감치 시작되었다. 이미 기원전 1200년경의 것으로 추정되는 미케네산 도자기 파편들이 이베리아 반도에서 발견되었는데, 그것들이 생산지를 떠나 얼마나 많은 손을 거쳐 이곳에 들어왔는지, 얼마나 정기적으로 유입되었는지는 아직 알 수 없다.

역사 시기에 이베리아 반도에 나타난 가장 선진 민족은 고전문헌들이 이베리아인(Iberian)이라고 지칭한 민족이고, 이들은 지중해와 남쪽 대서양 해안 지역에서 살았다. 이베리아인들의 조상은 확실치 않다. 그동안 이들이 베르베르인들과 관계가 있는, 그러니까 북아프리카에서 건너온 사람들일 것이라는 얘기가 있었지만, 오늘날 좀더 유력한 견해는 그들이 원래부터 이베리아 반도에서 거주한 원주민이었다는 것이다. 그들의 기원이 어떠하든 이베리아인들은 서로 연계를 가지고는 있지만 분명히 다른 두 개의 언어를 가지고 있었던 것으로 보이고, 그 언어들은 인도-유럽어계가 아니며 아직까지 해독되지 않았다. 반도의 북서쪽에는 켈트족이 살고 있었다. 이 켈트족의 거주지는 알가르베 혹은 안달루시아 같은 남쪽에서도 발견된다. 피레네 산맥 서쪽에는 이미 그 전부터 바스크인들이 정착하고 있었다. 바스크어는 이베리아인들의 언어와 마찬가지로 비인도-유럽어인데, 이베리아어를 원(原)바스크어의 한 형태로, 그러니까 바스크어를 이베리아어의 한 지류로 해독해보려던 시도는 수포로 돌아갔다.

켈트족이 살았던 북서쪽과 이베리아인들이 살았던 남동쪽의 중간 지점인 중앙 메세타 지역에는 켈티베리아인들(Celtiberians)이 거주했다. 이들은 켈트족과 마찬가지로 인도-유럽어를 사용했고, 이 민족의 가장 유명한 후손은 빌빌리스(지금의 칼라타유드) 출신의 라틴 시인 마르티알이다. 아쉽게도 고전문헌들은 인종 이름을 정확하게 사용하고 있지 않다. 그러나 켈티베리아인들은 켈트족과 이베리아인이 융합된 형태라고 보는 것이 옳을 듯하다.

고전기 그리스인들 역시 스페인에 관심을 가졌다. 그리스의 한 도시국가 포카에아(Phocaea)가 건설한 식민 도시였던 마르세유는 기원전 575년경 카탈루냐에 한 무역 전초기지를 건설하고, 그 이름을 엠포리온(Emporion)이라고 불렀는데, 이는 그리스 어로 시장(市場)을 의미한다. 엠포리온(지금의 암푸리아스)은 번성했고, 이베리아 반도로 들어오는 그리스 도자기의 주된 통로 가운데 하나였다. 이어 그곳에서 멀지 않은 로데(지금의 로사스)에도 그리스인들의 주거지가 생겨났다. 그러나 그리스인들의 정주지는 반도에서 그 정도였고, 더 이상 확대되지는 않았다. 한때 그리스인들의 것이라고 주장되었던 다른 주거지들은 실은 페니키아인들의 것으로, 혹은 단순한 선원들의 육표(陸標)로 후에 판명되었다. 기원전 535년 시칠리아 인근 알랄리아 해전에서 포카에아인들이 페니키아와 에트루리아 연합군에게 패배함으로써 이 지역에서의 그리스인들의 세력 확대는 중단되었다.

그리스산 공예품들이 이베리아 반도에 유통되었고, 엠포리온은 이 무역에서 중심지 역할을 했다. 기원전 6세기의 한 기록은 그리스 상인과 사군툼(지금의 사군토) 출신 이베리아 상인 간의 거래 내용을 보여준다. 그러나 그리스 상품의 대부분은 페니키아 중간 상인의 손을 거쳐 스페인에 유입된 것으로 보이며, 이는 스페인에서 발굴된 그리스산 도자기들에 쓰여 있는 페니키아어 낙서를 통해서도 알 수 있다. 기원전 290년 엠포리온의 그리스인들이 그들의 도량형 체계를 페니키아의 것으로 바꾼 사실도 이 영향력의 균형을 말해주는 좋은 증거라고 할 수 있다.

외래 민족들 가운데 이베리아 문화에 가장 큰 영향을 준 것은 페니키아인이었다. 이들은 그리스인들보다 먼저 스페인에 들어왔고, 그 범위도 훨씬 더 광범했다. 페니키아어로 "요새화된 곳"을 의미하는 카디스(Cadiz)는 그 역사가 기원전 1100년까지 거슬러올라간다고 주장되어왔다. 그러나 지금까지 나타난 고고학적 증거는 이 도시의 기원을 기원전 9세기 이전으로까지 올려놓지는 않는다. 카디스는 스페인에서 페니키아인들의 초기 정주 형태를 위한 하나의 모델을 제공했다. 과달라테 강 하구의 한 섬에 자리잡고 있는(지금은 이 섬이 육지와 연결되어 있다) 이 도시의 지정학적 위치는 페니키아인들이 선호하는 전형적인 지점이었다. 지중해 연안 남쪽을 따라 계속해서 정착지들이 건설되었는데, 이 새 정착지들도 카디스와 마찬가지로 강어귀의 갑(岬)이나 그 앞 섬들에 건설되었다. 이는 중요한 의미를 가지는데, 즉 그런 위치는 원주민의 영토를 침해하지 않는다는 것이다. 그런 지정학적 위치 때문에 예전에는 페니키아인 공동체들이 단순한 무역 거점으로 생각되기도 했다. 그러나 보다 최근의 고고학적 발굴은 그것들이 항구적인 정착지임을 밝혀냈다. 스페인의 이 지역에 미친 페니키아의 영향력 정도는 아우구스투스 황제의 부하 장군이었던 아그리파의 말을 통해서도 확인할 수 있는데, 그는 기원전 1세기 말 이 지역의 지도를 만들면서 이곳 해안 일대가 완전히 페니키아적인 모습을 가지고 있다고 말한 바 있다.

페니키아인들이 영토적 야심을 가지고 있지 않았기 때문에 매우 우호적인 모습으로 진행된 것으로 보이는 페니키아인과 지역 원주민 간의 상호작용은 두 문화 간에 활발하고 풍요로운 교류를 낳았고, 그 결과 이른바 타르테소스(Tartessos) 문화가 출현할 수 있었다. 타르테소스라는 이름과 그 문화에 대한 설명은 헤로도토스의 『역사』에서 발견할 수 있는데, 그는 기원전 640년에 포카에아인 콜라에우스가 아르간토니우스(Arganthonius)라는 이름을 가진(이 이름은 켈트어에서 유래한 것으로 보이며, "은산〔銀山〕의 사나이"를 의미한다), 엄청나게 장수를 누리는 왕이 다스리는 믿을 수 없을 정도로 부유한 타르테소스 왕국에 우연히 상륙하게 되었다고 썼다. 그 후로 고대 그리스인들에게 타르테소스는 서쪽 어딘가에 있는 "엘도라도(El Dorado)"를 의미하게 되었다. 헤로도토스의 이야기는 어떤 점에서는 사실이었지만 그 구체적인 사항은 조심스럽게 다루어질 필요가 있다. 타르테소스라는 도시를 찾으려는 시도가 그동안 여러 차례 있었지만 아직까지 이 도시는 발견되지 않고 있다. 300곳 이상의 타르테소스인들의 정착지가 발견되기는 했지만 아직까지 왕국의 수도에 대한 기술(記述)과 들어맞는 지점은 나타나지 않았다. 오늘날 "타르테소스"는 대체로 틴토 강 하류 우엘바에서 과달키비르 강 계곡의 세비야를 잇는 축(軸)을 중심으로 하는 한 고대 문화권을 지칭하는 용어로 사용된다. 그러나 전성기에 타르테소스 문화는 자연적인 교통로였던 과달키비르 강 주변뿐 아니라 시에라모레나 산맥을 넘어 에스트레마두라까지 그 영향력이 미치고 있었으니, 그 증거를 우리는 카세레스 지방 알리세다의 묘지에서 나온 금제(金製) 부장품들에서 볼 수 있다. (구약성서에 나오는 요나의 목적지 "타르시시"와 그곳의 배에

대한 언급을 혹자는 타르테소스를 의미하는 것으로 생각하기도 하나, 그것은 타르수스 혹은 고대 말기에도 그런 주장이 있었던 것처럼 인디아에 대한 언급으로 보는 것이 옳을 듯하다.)

그러나 아르간토니우스라는 이름은 그 인물의 역사적 진위야 어떻든 외래 정주자들의 가장 큰 관심의 대상이었던 은이 이 지역에서 많이 생산되었음을 시사한다. 그 대신 페니키아인들은 타르테소스인들에게 올리브유와 포도주를 가지고 왔다. 올리브유와 포도주를 담는, 두 개의 손잡이를 가진 페니키아산 항아리가 귀금속이나 상아로 만든 사치품들과 함께 타르테소스인들의 정주지에서 많이 발견되었다. 두 문화 간의 상호작용(그것은 때로 스페인 선사시대의 "오리엔트화 시기〔orientalizing period〕"로 일컬어진다)은 단순히 교역에만 국한되지 않았다. 종교적 이념 역시 활발히 교류되었다. 세비야에서는 페니키아인 형제 바알야톤과 압디바알이 봉헌한 조그마한 아스타르테 신의 청동상이 발굴되었는데, 이것은 기원전 8세기에 만들어진 것으로 추정된다. 페니키아인들의 종교는 이베리아인들의 종교에 큰 영향을 미쳤다. 기원전 4세기 이베리아 문화의 전성기에 만들어진 장례식용 걸작 조상(彫像) 「바사 부인」과 「엘체 부인」은 페니키아의 여신 타닛의 형상에서 그 원형을 발견할 수 있다. 우리는 이 타닛 여신의 모습을 기원전 7세기에 제작되었으나 기원전 530년경 그라나다 지방 갈레라의 한 이베리아 무덤에 매장된 왕관을 쓴 석고상에서 볼 수 있다. 시에라모레나에서 발견된 것처럼 언덕 위에 세워진 사당들에서 신에게 봉헌된 많은 조상들이 발견되었는데, 이것들은 페니키아의 전쟁 신 하닷과 레셰프를 모델로 했다. 기원전 500년경의 것으로 추정되는, 복잡한 신화를 주제로 하는 부조물이 발견된 알바세테 지방의 포소 모로의 무덤 또한 페니키아의 강한

카디스에서 발견된 이 석관은 아마도 기원전 5세기에 시돈에서 수입된 것으로 보인다. 이와 유사한 예가 근동과 다른 페니키아인 정주지들에서도 발견된다. 카디스에서 발견된 석관들은 남자용도 일부 있지만 여기에서 보는 것처럼 여자용이 대부분이다. 카디스에서 페니키아의 종교 관행은 로마 제국 시대 내내 헤라클레스 신전을 중심으로 강하게 살아남았는데, 이 헤라클레스는 여기에서 페니키아의 신 멜카르트의 로마적 변형이었다. 이 신전은 로마 제국 전역에서도 유명했고, 이교로 간주되어 탄압받을 때까지 존속했다.

영향을 보여준다. 무덤 모양이 근동 지방 시리아의 탑형 무덤과 비슷하며, 「야수들의 제왕」 혹은 「생명의 나무」 같은 부조물의 특징들도 근동 지방의 것과 흡사하다. 포효하는 사자와 그 기단부를 지키고 있는 늑대는 이베리아 조각의 공통된 특징이 되었다.

세비야 외곽에 위치한 엘 카람볼로의 한 타르테소스 무덤의 부장품들 또한 중요한 페니키아의 유산을 보여주는데, 여기에서는 정교한 금은 세공품들이 발굴되었다. 이 부장품 중에는 24캐럿의 금으로 만들어진 스물한 점의 보물이 포함되어 있다. 이것들은 단순히 금으로 조잡하게 만든 물건들이 아니다. 대단히 정교하게 제작되어 있으며, 타르테소스인들이 이웃 페니키아인들로부터 쌀알 모양의 금 알갱이를 만드는 법과 선조(線條) 세공술을 습득하고 있었음을 보여준다. 이 기술의 또다른 예들이 과달키비르 계곡 상류 지역과 우엘바에서도 발견되었다. 마찬가지로 타르테소스의 문화적 영향권의 주변부인 알리칸테 지방에서도 세련된 보석 가공품들이 발견되었다.

페니키아인들은 또한 문자를 가져다주었다. 페니키아 알파벳을 토대로 하는 반(半)음절의 "타르테소스" 문자가 이 무렵에 나타났다. 아직 해독되지 않은 이 타르테소스 문자로 된 글귀들은 이상하게도 그 대부분이 타르테소스의 중심부가 아닌 남서쪽 알가르베에서 발견되고 있다. 그 글귀들은 멋지게 꾸민 묘비에 쓰여 있으며, 대개 전차를 포함하여 전쟁용 무기를 가진 전사들의 모습을 에워싼 형태로 새겨져 있다. 이 묘비들이 나타나는 지역의 맨 가장자리에 위치한 사라고사 지방 루나에서 발견된 한 비석에는 수금(竪琴)이 그려져 있는데, 이와 흡사한 예를 페니키아 악기 중에서도 발견할 수 있다. 그리스 지리학자 스트라보는 안달루시아의 투르데타니아(지금의 우엘바, 세비야, 코르도바, 말라가, 카디스 등이 포함되는 옛 스페인 남부 지방)인들이 6,000년 전으로 거슬러올라가는 구전(口傳)을 가지고 있다고 말했다. 이 말은 분명 과장이겠지만 그 이면에는 뭔가 진실이 담겨 있는 것으로 보인다.

아르간토니우스의 전설은 타르테소스 문화가 단일 군주 체제였다는 일반적인 믿음을 낳았다. 헤로도토스의 설명 말고도 가르고리스, 하비스, 그리고 게리온 등 여러 왕들에 관하여 로마 후기 역사가 유스틴이 남긴 진짜 이베리아인들의 신화로 보이는 것의 단편들도 그 믿음을 뒷받침해준다. 우리는 이것이 사실인지 어떤지 알지 못한다. 그러나 후대 이베리아인들의 왕정 전통은 이 가정이 신뢰할 만한 것임을 추정케 한다. 기원전 6세기경 타르테소스 문화는 쇠퇴했다. 쇠퇴의 원인은 아직 수수께끼로 남아 있다. 그러나 그 이후 정치적 힘이 여러 작은 정치체들로 분산된 것은 분명해보인다.

"타르테소스"의 붕괴는 이 타르테소스와 호혜적 관계에 있던 다른 페니키아 식민지들에게도 큰 영향을 주었던 것으로 보인다. 식민지들의 수는 줄어들었으나 살아남은 식민지들은 그 규모가 커졌다. 살아남은 식민지들은 또한 점차 서부 지중해에서 가장 중요한 페니키아의 식민지였던 카르타고의 영향권하에 들어가게 되었다. 로마 후기 작가들인 마크로비우스와 유스틴이 채록한 한 전승에서 기원전 550년 테론(Theron, "짐승 인간") 왕 치하의 카디스를 전복하려는 원주민들의 시도가 있었으나 카르타고의 개입으로 격퇴되었다고 말했다.

이베리아의 문화는 "타르테소스"의 붕괴에도 불구하고 살아남았을 뿐만 아니라 오히려 더 번성했다. 그러나 정치적 통일을 이루지는 못한 채, 여러 작은 언덕 도시들로 이루어지고 있었던 것으로 보인다. 이 도시들은 반도 남동부에 가장 밀집되어 있었으나 스페인의 지중해 연안 전역과 지금의 남부 프랑스에도 산재해 있었다. 가장 유명한 예가 카탈루냐에 있는 울라스트레트이다. 이 도시들은 방어의 요충지에 건설되었으며, 어떤 곳은 거대한 석조공사로 요새화되기도 했다. 그러나 이 도시들은 직사각형의 가옥들을 가진 거리들을 보유하는 등 일정한 계획성을 가지고 건설되기는 했지만, 이렇다 할 만한 공공건물들을 가지고 있지 않은 듯하다. 정치 지배의 형태는 도시마다 달랐다. 일반적으로 지배권은 왕들, 즉 라틴 사료들이 말하는 레굴리(reguli)에게 있었던 것으로 보인다. 그러나 다른 곳에서는 갈리아의 켈트족들이 그랬던 것처럼 소수 귀족 엘리트들이 지배권을 가지고 있었다. 리비우스는 기원전 218년 볼키아니족이 운영하고 있었던 것과 같은 과두적 평의회에 대해서 언급했다.

그러나 정치적 통일을 문화적 발전과 혼동하지 말아야 한다. 정치적 분열에도 불구하고 이 시기는 이베리아 문화의 전성기였다. 최고의 걸작 「바사 부인」과 「엘체 부인」은 기원전 4세기 작품으로 장례용 석상이며, 둘 다 등 쪽에 납골 단지를 안치할 수 있는 벽감(壁龕)을 가지고 있다. 바사에서는 매장지 전체가 발굴되었는데, 이곳은 한 전사의 묘지로 밝혀졌다. 그러므로 이 조각상들은 여신들이 분명하고, 아마도 페니키아의 여신 타닛과 관계있는 것으로 보인다(「바사 부인」은 타닛의 상징인 비둘기를 들고 있다). 비슷한 시기의 것으로, 아마도 더 큰 규모였으리라고 짐작되는 하엔의 무덤에서 나온 유물 파편들은 여러 신화 장면들을 보여주고 있으며, 그중에는 루시타니아의 무기들에 대한 기술(記述)과 일치하는 복잡한 갑옷을 입은 전사들이 포함되어 있다. 이 조각상들에는 그리스의 영향이 약간 보이기도 하지만 그 정도는 미미하다. 이 지역에 포카에아인 장인(匠人)이 들어와서 그리스 문화를 전파했을 것이라는 설이 있지만, 그것은 이 작품들을 보기만 해도 쉽게 논박될 수 있다. 왜냐하면 이것들의 미의식이 거의 온전히 이베리아적이기 때문이다. 페니키아의 영향은 어느 정도 엿보인다. 파편들에 그려져 있는 전사들 가운데 한 명은 근동에서 익숙한 동물인 그리핀(독수리의 머리와 날개에 사자의 몸통을 가진 괴수/역주)과 싸우고 있고, 다른 한 전사는 시리아 양식의 칼자루로 된 칼을 들고 있다.

그러나 이베리아의 조각상들 대부분은 작은 봉헌용으로서 주로 사당들에서 발견되며, 그 사당들은 그리스의 신전과 마찬가지로 부족에 관계없이 숭배된 것으로 보인다. 동물, 전사, 그리고 여성 등 여러 가지 형상들이 묘사되어 있다. 앞서 언급한 두 "부인"의 예에서 볼 수 있듯이 「오페렌테 대부인」(세로 델 로스 산토스에서 발굴된 기원전 6세기의 여신상/역주) 같은 여신상들은 복잡한 의상을 걸치고 있다.

이베리아의 독립의 종말은 기원전 241년 제1차 포에니 전쟁에서 카르타고가 로마에게 패하면서 시작되었다. 카르타고인들은 시칠리아 원정에서 좌절을 맛본 후 스페인으로 눈길을 돌렸다. 이 정책을 앞장서서 추진한 사람이 하밀카르 바르카였다. 하밀카르는 그의 이베리아 공략을 카디스에서부터 시작했으나 얼마 가지 않아 "흰색의 요새들"(아마도 지금의 알리칸테인 것 같다)에 새로운 거점을 건설했다. 하밀카르가 기원전 229년에 엘리세(아마도 지금의 엘체)에서 패한 뒤 물에 빠져 갑자기 죽고 난 후 사위 하스드루발이 그의 뒤를 이었다. 하스드루발은 하밀카르의 팽창정책을 계승했고, 카르트 하다쉬트에 카르타고 스페인의 항구적인 수도를 정했다. 이곳은 보통 "새로운 카르타고(Nueva Cartago)"라는 로마식 이름으로 알려졌고, 오늘날의 카르타헤나가 그곳이다. 그러나 그 역시 이베리아인 귀족 가문과 혼인함으로써 지역 지배 계층의 환심을 사려고 했던 것 같다. 디오도로스 시켈로스에 따르면, 그는 토착 이베리아 부족들에 의해서 왕으로 환영받았으나, 기원전 221년에 한 이베리아인 노예에게 암살당했다.

이베리아 반도가 로마의 주목을 끌게 된 것은 바르카 가문이 스페인에서 펼친 공격적인 정책 때문이었고, 그 정책은 카르타고 본토와는 상관없이 수행된 것으로 보인다. 사실 로마도 처음에는 하스드루발의 행동에 별 관심을 보이지 않은 것 같다. 기원전 231년 이 지역에 파견된 로마의 사절은 바르카 가문의 행위가 그리 위협적인 것 같지 않다는 소식을 보내왔다. 그러나 로마의 동맹 도시이면서 로마가 갈리아의 켈트족과 싸울 때 그들의 지지가 꼭 필요했던 마르세유는 카탈루냐에 자신의 식민지를 가지고 있었기 때문에 이곳에 깊은 관심을 보였다. 기원전 225년 로마가 이베리아 반도에서 카르타고의 군대는 "이베르" 강(지금의 에브로 강인 듯하다) 이북으로 넘어올 수 없다는 내용의 협정을 체결한 것은 이 마르세유의 압력 때문이었던 것으로 보인다.

하스드루발이 죽고 나서 이베리아 내 카르타고 군의 지배권은 하밀카르의 아들 한니발에게 돌아갔다. 그 역시 원주민 공주, 카스툴로의 이밀세와 혼인했다. 기원전 218년 한니발은 중앙 메세타를 가로질러 살라망카까지 진출했고, 아마도 에브로 강 계곡에까지 이른 것으로 보인다. 카르타고인들은 이 지역을 정복했을 뿐만 아니라 정주하기도 했다. 카르타헤나는 급성장하여 인구가 3만 명에 이르렀고, 그들 중 다수는 새로운 페니키아 이주민들, 즉 블라스토페니키아인들로 채워졌는데, 이들은 바르카 가문의 정복을 따라 북아프리카에서 건너온 사람들이다. 아쉽게도 바르카 가문 지배하의 카르타헤나의 흔적은 오늘날 남아 있지 않다. 그러나 안달루시아 카르

모나의 성벽에 있는 「세비야의 문」은 이 시기에 만들어진 것이다. 바르카 가문은 또한 스페인에서 대규모의 광산업을 발전시킨 주인공이기도 했다. 디오도로스 시켈로스는 그들의 활동에 대해서 자세히 설명해놓았는데, 그에 따르면 바에벨로 광산 하나만 해도 한니발에게 매일 300파운드의 은을 가져다주었다고 한다. 그간 이베리아인들에 대한 카르타고의 지배가 매우 가혹했다는 이야기가 있었다. 한니발은 인도르테스(Indortes)라는 한 원주민 지배자를 고문하고 눈을 멀게 한 다음, 십자가에 못 박았다고 알려져 있다. 그러나 몇몇 이베리아 도시들이 비참한 최후를 맞으면서까지 바르카 가문에 충성을 바쳤고, 전해내려오는 그리스, 로마 고전 자료들이 이 문제에 대해서 공정하지 않다는 것을 고려할 때 카르타고의 이베리아 지배가 반드시 후대의 그것에 비해 더 가혹했다고 생각할 필요는 없을 것 같다.

하스드루발의 협정에도 불구하고 로마와 카르타고 간의 평화로운 공존은 오래 지속되지 못했다. 제2차 포에니 전쟁의 직접적 원인을 제공한 것은 사군툼이라는 스페인 도시였다. 이 도시에서 당파들 간에 싸움이 벌어졌고, 한니발은 카르타고를 지지해온 쪽을 지원하기 위해서 여기에 개입했다. 이에 대한 로마의 즉각적인 응답은 로마가 오래 전부터 사군툼과 동맹 관계에 있었음을 주장하면서 한니발에게 즉각 군대를 철수할 것을 요구하고, 그렇게 하지 않으면 전쟁을 선포하겠다는 것이었다. 만일 하스드루발의 협정에 언급된 "이베르" 강이 에브로 강이 맞다면(거의 틀림이 없다) 사군툼은 그 경계선으로부터 남쪽으로 90마일 떨어진 곳에 위치하고 있었다. 한니발은 로마와 전쟁을 하든지, 아니면 이베리아의 다른 도시들 역시 로마와의 전통적 동맹을 주장하면서 자신의 권위에 도전하는 전례를 허용하고 스페인에서 자신의 힘이 점차 소멸해가는 것을 지켜보든지 둘 중 하나를 택하지 않으면 안 되었다. 그는 전쟁을 택했다.

한니발이 프랑스를 지나 알프스 산맥을 넘어 이탈리아에서 로마를 상대

「엘체 부인」은 이베리아 조각의 전성기를 대표하며 기원전 4세기 작품이다. 원래는 전신상이었으나 지금은 이 상체 부분만 남아 있다. 상의 뒷부분에는 납골함을 모시는 벽감이 있으며, 아마도 페니키아 여신 타닛과 관계 있는 장례를 주관하는 여신상으로 보인다. 대단히 복잡한 머리 장식은 그리스 지리학자 스트라보가 설명하고 있는 것과 일치한다.

로 전쟁을 개시할 무렵 스페인 또한 전쟁의 주요 무대가 되었다. 기원전 218년 그나에우스 코르넬리우스 스키피오가 2개의 군단과 1만5,000명의 동맹군을 이끌고 암푸리아스에 상륙했고, 이로써 장장 6세기 이상 지속될 이베리아 반도 내 로마 군의 주둔이 시작되었다. 그는 신속하게 타라코(지금의 타라고나)에 기지를 건설했으며, 여기에는 이베리아인들에 의해서 이베리아의 기술로 축조된 성채의 성벽이 지금까지 남아 있다. 스키피오는 곧 그의 동생 푸블리우스가 이끄는 군대와 합류했다. 그들의 지휘하에 로마 군과 카르타고 군 간의 싸움은 전쟁 개시 처음 6년 동안 이베리아 반도를 오르내리면서 일진일퇴를 거듭했으며, 아마도 남쪽으로는 과달키비르 강 계곡에까지 이르렀던 것으로 보인다. 이베리아 원주민들은 양쪽 모두에서 싸웠다. 현존하는 고전 자료들은 이 전쟁을 두 초강대국 간의 싸움으로 설명하고 있다. 그러나 이베리아인들은 상황을 다르게 보았으며, 스페인 사람들이 이 전쟁에서 이쪽저쪽을 오갔다는 비난은 사실과 전혀 다르다. 이베리아인들이 원했던 것은 양쪽 모두가 떠나는 것, 아니면 이 외국 군대들을 끌어들여 지역의 분쟁을 해결하는 것이었다.

스페인에서의 전쟁은 기원전 211년 두 스키피오가 모두 죽고, 이어서 그들의 명민한 젊은 친척이며 역사에서는 스키피오 아프리카누스로 알려진 코르넬리우스 스키피오가 스페인의 사령관으로 임명되면서 중요한 전기를 맞게 되었다. 이 스키피오는 이베리아 반도 내지(內地)로 들어가는 대신 카르타헤나에 대한 전면공격을 감행했다. 카르타헤나가 점령되자 스페인 내 카르타고 군의 저항은 무너지기 시작했고, 기원전 206년경 카르타고인들은 이베리아 반도에서 일소되었다. 이로써 스페인에서 카르타고의 지배는 끝이 났다. 그러나 그들의 문화는 약 600년 후 로마 지배가 끝날 때까지도 그 지역의 특징으로 살아남았다.

카르타고 군대가 스페인에서 마지막으로 쫓겨나기 전에 스키피오 자신은 폭동에 직면해야 했다. 이 폭동의 결과 가운데 하나는 현역에서 물러난 이탈리아인 퇴역병들을 위해 세비야 근처에 이탈리카(Itálica)라는 작은 도시를 건설한 것이었다. 이탈리카의 건설은 이베리아 반도에 로마인의 정착이 시작되었음을 의미했다. 그러나 그 의미를 과대평가하지는 말아야 한

"이 수호여신상은 제2차 포에니 전쟁 기간 동안 타라고나 시에 축조된 로마 성벽의 일부를 이루고 있는 산트 마기탑(Torre de Sant Magi)에 있다. 이 여신 미네르바는 고대 로마의 여신이다. 그러나 그녀의 방패에는 로마의 전통적인 아에기스 문양(aegis, 고르곤의 두상)이 아니라 이베리아의 늑대 문양이 들어 있으며, 이는 로마 지배하의 이베리아 반도를 특징짓는 로마 관습과 이베리아 관습의 융합을 보여준다. 탑의 내부는 마르쿠스 비비우스가 미네르바에게 봉헌한 것으로, 반도에서 발견되는 것으로서는 가장 오래된 것 가운데 하나이다."

다. 이탈리아인들은 로마 시민이 아닌 동맹군의 자격을 가지고 있었기 때문에 이 도시의 시민들 역시 로마 시민권을 가지고 있지 않았고, 인상적인 건물도 세워지지 않았다. 한때 로마 카피톨린 언덕의 세 신(주피터, 주노, 미네르바)에게 봉헌된 신전으로 여겨졌던 세 칸의 방을 가진 구조물은 지금은 창고로 사용되었던 것으로 간주되고 있다. 이 지역에서 로마 문화는

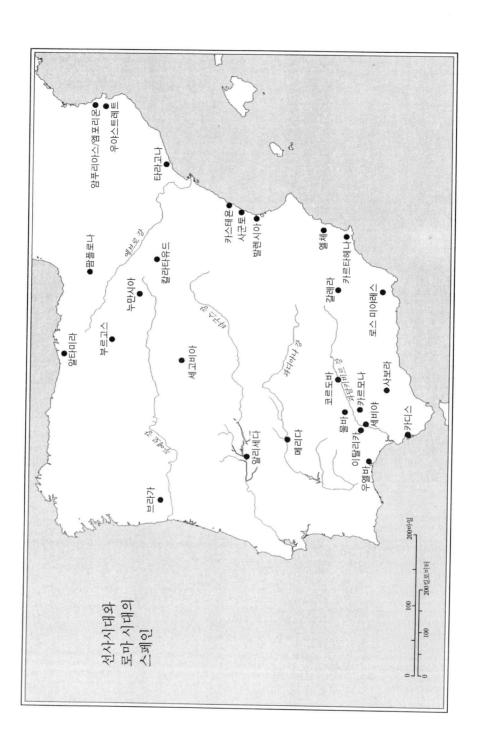

선사시대와
로마 시대의
스페인

엠푸리아스/엠포리온
우아스트레틀

폼폴로나

타라고나

알타미라

누만시아

부르고스

칼라타유드

세고비아

카스테온
사군토
발렌시아

엘체
카르타헤나
칼레라

로스 미야레스

브라가

일리세다

메리다

코르도바
물바
이탈리카
세비야
카르모나

우엘바

카스보라

카디스

에브로 강

타호 강

과디아나 강

과달키비르 강

과달키비르 강

0   100   100   200킬로미터

0   200킬로미터   200킬로미터

지배적이지도 않았다. 로마의 종교적 분위기보다는 셈계에 더 가까운, 테라코타로 만들어진 동물의 여왕 현판이 이 도시의 맨 아래 지층에서 발견되었다.

제2차 포에니 전쟁이 끝나고 나서 사실 로마인들이 스페인에서 완전히 철수할 가능성도 있었다. 전략적인 관점에서 로마인들이 이베리아 반도를 꼭 점령해야 할 필요는 없었고, 이 지역에서 어떤 위협적인 일이 벌어질 만한 상황도 아니었다. 그러나 로마인들의 철수는 이루어지지 않았다. 기원전 197년 로마인들은 이 지역에 두 개의 프로빈키아(provinciae), 즉 "활동 무대"(이 용어는 아직 순수하게 영토적인 의미를 가지고 있지 않았다)를 설치했으니, 하나는 히스파니아 키테리오르(피레네 산맥에서 시에라모레나까지 로마인들이 장악하고 있던 지역)이고, 다른 하나는 히스파니아 울테리오르(과달키비르 강 계곡의 서쪽 지역)이다. 로마인들이 계속해서 이베리아 반도에 머문 이유 가운데 하나는 경제적인 것이었다. 그리스 역사가 폴리비우스에 따르면, 기원전 2세기 중엽 카르타헤나에 있는 광산들만 해도 매년 로마에 1만800파운드의 은을 안겨다주었다. 속주의 설치는 계속되는 정복 전쟁의 시작을 의미했다. 이베리아 반도의 정복 전쟁은 기원전 19년 아그리파가 칸타브리아인들을 복속시키고 나서야 비로소 종결된다. 이 지역을 정복하는 데 이처럼 오랜 기간이 걸린 것은 그보다 훨씬 신속하게 이루어진 동부 속주들에 대한 정복, 혹은 후에 카이사르의 갈리아 정복과 비교할 때 매우 놀라운 것이었고, 이 사실은 고대시대에 이미 관심의 대상이 되었다.

로마인들의 잔류를 스페인인들이 환영하지 않았음은 분명하다. 스페인인들은 로마인들이 카르타고와의 전쟁이 끝나면 떠날 것으로 생각했다. 속주들이 설치되자마자 울테리오르의 투르데타니아인들은 지배자들(이들은 의미심장하게도 카르타고와의 전쟁에서 로마의 동맹군이었다)의 지휘하에 반란을 일으켰다. 반란은 키테리오르로 확산되었고, 이로 인해서 로마의 지배권은 약화일로를 걷다가 기원전 195년 대카토가 이곳에 도착하여 수차례의 치열한 전투를 치르고 나서 비로소 상황이 안정되었다. 이 후로 스페인에서 로마의 상황은 어떤 점에서는 압도적으로 전력이 열세이기는 하지만 결연하게 저항하는 적을 상대로 지겨운 싸움을 벌여야 했던 미국의 베트남 참전과 흡사했고, 또 어떤 점에서는 지배자의 지배권을 위협하지 않으면서도 거기에서 군사적 명예를 얻고 군대를 단련시키는 좋은 무대가 되었던 인도 북서부 변경 지역에 대한 영국의 개입과 비슷했다. 로마의 대(對)스페인 전쟁은 오래 끈 것으로 유명하지만 매우 잔인했던 것으로도 악명이 높았다. 그런 잔인한 행위가 "식민지" 전쟁의 전형이기도 했지만, 로마가 지중해 동부의 사람들, 즉 자신과 더 가깝게 느껴지고 더 "문명화된" 집단들에 비해 서쪽의 야만인들에 대해서 더 잔혹하게 대하는 데 별로 주저하지 않았으리라는 점도 생각해볼 수 있다. 이 스페인 전쟁의 군사적 유산 가운데 하나가 무기와 갑옷이다. 로마 군의 전형적인 군도(軍刀), 즉 글라디우스(gladius)는 스페인인들의 칼을 본따 만든 것이며, 로마 군의 또다른 표준적인 무기 필리움(pilium), 즉 목표에 꽂힐 때 구부러지는 투척용 창 역시 스페인에서 유래한 것이었다.

로마 공화정 시기 이베리아 반도의 역사는 로마의 지배권이 지중해 연안 지역으로부터 북서쪽으로 서서히 확산되어가는 과정이었다. 이 확산은 (예를 들면 카이사르의 갈리아 정복과 같은) 어떤 모범적인 원칙을 가지고 진행된 것이 아니었다. 그것은 주로 "변방 제국주의"의 형태를 띠고 있었다. 즉 여기서는 그 지역을 해당 군사령관이 자신의 직책을 이용하여 장차 로마에서의 입신양명을 위한 부와 명예를 쌓는 무대로 삼았던 것이다. 직책의 임기가 대체로 1년으로 한정되었기 때문에 때로는 전쟁의 유혹을 떨칠 수 없었고, 특히 고국에서의 제재가 미약할 때는 더욱 그랬다. 로마 본국은 다른 무엇보다도 중요한 로마의 권위를 지키기 위해서 이런 전쟁들을 하나의 기정사실로 용인하는 경향이 있었다. 이러한 전쟁의 한 예가 기원전 151년 바케오인들(팔라티아[지금의 팔렌시아]를 중심으로 하는 두에로 강 양안 지역의 사람들)에 대한 루쿨루스의 공격으로, 이는 오로지 물질적 이익 때문에 수행된 노골적인 약탈 행위였다. 이런 전쟁들은 또한 그 희생자들 사이에 보편적인 정치적 불안을 야기했다. 재정주할 땅을 제공하는 것은 로마가 현지인 반대자들을 다룰 때 취하는 정책의 한 전형적인 특징이 되었다. 그런 정치적 불안정은 로마 지배 영역에 대한 현지인들의 공격을 더욱 빈번하게 하고, 그럼으로써 야심만만한 로마의 통치자들에게 이상적인 전쟁 명분을 제공했으며, 그리하여 폭력의 악순환으로 나타났다. 그것은 또한 원주민들 가운데 로마인들이 더불어 협상할 수 있는 확실한 지배 세력의 출현을 가로막았다. 이러한 일련의 상황과, 로마가 상대해야 했던 수많은 정치체들, 그리고 견고한 요새들을 생각할 때 이베리아 반도의 정복에 그처럼 오랜 기간이 걸린 것은 그리 놀라운 일이 아니다.

카토의 참전 이후, 앞서 말한 이유들 때문에 스페인에서 전쟁은 하나의 고질병이 되다시피 했다. 기원전 180년 티베리우스 그락쿠스가 이 지역의 지배자로 취임하고 나서 잠깐 동안의 휴지기(休止期)가 있었다. 그락쿠스는 이 지역 부족민들과 모종의 평화조약을 체결하고 일정량의 현금과 군대를 공물로 바치게 함으로써, 이 지역에서 처음으로 정치적 안정을 꾀하고자 했다. 그는 또한 에브로 강 상류 계곡에 자신의 이름을 딴 그락쿠리스라는 도시를 건설했고, 과달키비르 강 계곡에도 일리투르기라는 또 하나의 도시를 건설함으로써 대(對)원주민 정책을 얼마간 재조직하기도 했다. 그락쿠스의 이런 조치는 로마가 스페인의 속주들을 단순히 작전의 무대로 보아온 것에서 벗어나 이제 하나의 영토 단위로 바라보는 것으로 바뀌었음을 말해준다.

전쟁은 기원전 150년대에 다시 심각한 양상으로 재발했다. 이때 로마는 스페인의 두 속주에서 모두 도전을 받았다. 기원전 154년 포르투갈의 루시타니아인들이 히스파니아 울테리오르에 침입하여 로마 군을 격파하고 약 9,000명의 희생자를 냈다. 키테리오르에서도 그 직후 켈티베리아인들 가운데 벨로족과 세게다라는 도시를 중심으로 하는 동맹 세력들 사이에 분쟁이 시작되었다. 로마의 제국주의는 가끔 적들을 결속시켜 더 큰 정치체들을 구성케 하고, 그리하여 로마에 더 강하게 저항하도록 하는 위험한 부작용을 낳곤 했다. 이에 대한 로마의 해결책은 분리시켜 통치하는 것이었다. 기원전 189년 울테리오르의 총독 에밀리우스 파울루스는 안달루시아의 한 작은 마을 라토레 라스쿠타나를 이웃 하스타 레기아의 지배로부터 "해방시켰다." 이 조치는 그 마을이 예뻐서가 아니라 로마 지배에 대한 잠재적 위협원의 성장을 사전에 저지하려는 것이었다. 이웃들을 흡수하여 지배 영역을 확대시키고, 그들의 주도(主都) 세게다를 강화하려고 한 벨로족 역시 로마에 비슷한 위협을 제기했다. 로마가 그들에 대해서 성채들을 파괴하고 티베리우스 그락쿠스 때에 합의된 공물을 제공하라고 요구하자, 그들은 단호히 이를 거절했다.

이에 대한 로마의 반응은 신속하고 단호했다. 속주에는 카토의 전투 이래 처음으로 로마의 최고 행정관인 콘술이 취임했다. 그리고 한 해의 시작이 3월에서 1월로 바뀌었으며, 이 변화는 항구적인 것이 되어 오늘날까지 이어지고 있다. 이러한 조치들이 필요했는가에 대해서는 의견이 엇갈린다. 언뜻 보기에 그것은 로마가 두 전선에서 동시에 전쟁을 해야 하는 상황에 처함으로써 심각한 위험에 직면해 있었음을 시사한다. 그러나 다른 견해는 세게다 사건이 정치적 목적 때문에 로마가 "멋진 국지전"을 벌이기 위해서 일부러 촉발시킨 것으로 본다. 진실은 두 입장 사이 어딘가에 있을 것이다.

이때 취임한 콘술이 퀸투스 풀비우스 노빌리오르였는데, 만일 그가 손쉬운 승리를 기대했다면 착각이었음을 곧 알게 되었을 것이다. 그는 한 달이 채 안 되어 1만 명의 병력을 잃었다. 벨로족은 이웃 도시들과 동맹을 체결했고, 지금의 소리아 근처 누만시아에 본거지를 마련했다. 누만시아는 그저 그런 도시가 아니었다. 총면적이 55에이커 정도로 격자형의 계획된 거리들에 1,500채의 가옥이 있었으며, 6미터 두께의 성벽이 도시를 에워싸고 있었다. 기원전 151년에 마침내 일종의 평화조약이 체결되었다. 이 조약은 두 속주의 총독들이 함께 남쪽 루시타니아인들과의 분쟁을 해결하는 데 힘을 모을 수 있게 해주었다. 루시타니아인들은 평화를 요청했고, 울테리오르의 총독 갈바는 새로운 토지분배를 미끼로 그들을 회담에 초대했다. 그들은 회의장에 도착하자마자 갈바에게 학살당했다. 갈바는 이 행위로 기소당했으나 단죄되지는 않았다. 그러나 그의 행위는 자신이 기대했던 효과를 가져다주지는 않았다. 비리아투스라는 이름의 한 루시타니아인이 학살에서 도망쳐나와 동족들을 집결시켜 싸움을 계속했다. 비리아투스는 아마도 지금의 탈라베라로 보이는 "비너스의 언덕"을 본거지로 하여 기원전 143년 켈티베리아인들을 동원하여 다시 한 번 대규모 반란을 일으켰고, 누만시아에 대한 두 번째 공성에 들어가 기원전 141년 로마 군대를 압박하여 그들의 항복을 받아내기에 이르렀다. 이번에는 로마인들이 평화를 제안했다. 비리아투스는 이 제안을 받아들이는 잘못을 범했다. 로마는 이 평화조약으로 한숨 돌린 다음 싸움을 재개했다. 그러나 루시타니아인들을 군사적으로 패배시키지는 못했다. 이에 로마는 간계를 써서 기원전 139년 세 명의 자객을 고용하여 비리아투스를 암살하는 데 성공했다.

비리아투스의 죽음은 비록 루시타니아인들의 완전한 복속을 가져오지는 않았지만 로마 지배에 대한 루시타니아의 저항을 종식시켰다. 그러나 누만시아의 켈티베리아인들은 기원전 133년까지 싸움을 계속했고, 이해에 누만시아는 9년간의 공성 끝에 식량이 떨어지자 결국 항복할 수밖에 없었다. 4,000명의 생존자 가운데 많은 수가 포로가 되기보다는 자살을 택했다. 로마 군의 사령관이었으며 "진보적인" 로마인으로 인정받고 있던 스키피오 에밀리아누스는 자신의 승리를 축하하기 위해서 50명의 누만시아인만을 남기고 나머지는 모두 노예로 팔았으며, 도시를 완전히 초토화시켰다. 로마의 역사가 아피아누스는 누만시아의 종말을 카르타고 함락과 동급의 사건으로 이야기하면서 두 사건이 비슷한 중요성을 가지고 있다고 말했으며, 이는 이 사건에 대해서 로마인들이 느끼고 있던 감정의 깊이를 보여준다고 할 수 있다. 벨로족의 동맹군들 상황도 그보다 낫지 않았다. 기원전 98년에 티투스 디디우스에 의해서 2만여 명이 피살되었고, 그 후로도 그들은 로마인들에 의해서 여러 차례 더 학살당했다. 의미심장하게도 디디우스는 로마에 복종해야 한다고 주장한 이유로 같은 도시 사람들에게 산 채로 화형을 당한, 할론 계곡에 있는 소도시 벨기다의 시의회 의원들에 대한 복수를 하는 것도 잊지 않았다. 여기에서 우리는 지역의 토착 귀족들에게 로마 지배권의 한몫을 떼어주는 로마의 전통적인 전략을 볼 수 있다. 테러를 가한 다음 부자들을 위무하는 디디우스의 정책을 약 200년 후에 아그리콜라가 로마 지배하 영국에서 그대로 반복하게 된다. 켈티베리아인들은 로마인들에게 복속되었지만, 그들은 로마인들에게 무서운 복수를 했다고 말할 수 있다. 왜냐하면 티베리우스 셈프로니우스 그락쿠스가 누만시아를 돌아보면서 당시 이탈리아 농촌에서 횡행하고 있던 사회적 박탈 현상을 떠올렸고, 기원전 133년 그가 호민관으로 재직하게 되었을 때 이를 시정하려고 한 시도가 이탈리아에서 공화정 후기의 내전을 촉발시켰으며, 그 내전은 1세기 이상 계속된 끝에 공화정의 붕괴로 종결되었기 때문이다.

누만시아의 항전은 로마에 대한 최후의 대규모 저항이었다. 기원전 123년 발레아레스 제도가 키테리오르에 병합되었고, 늦어도 기원전 120년까지는 로마의 도로가 이베리아 반도의 지중해 해안 전역을 하나로 연결했다. 전쟁이 계속되기는 했지만 그것은 소규모로 진행되었을 뿐이다. 로마 내부의 혼란, 그리고 게르만족의 갈리아 침입과 같은 새로운 급박한 문제는 야심가들을 밖으로 내몰았고, 그들은 명예와 부를 획득할 수 있는 더 나은 무대를 찾아, 특히 지중해 동부 지역으로 떠났다.

기원전 1세기는 로마에 대항한 이베리아인의 전쟁보다는 로마 내전의 이베리아 반도로의 확산으로 특징지어졌고, 그 내전은 기원전 45년 문다(Munda, 지금의 안달루시아 지방 바일렌인 듯하다)에서 카이사르가 그의 적들에 대해서 거둔 최종적인 승리에서 정점을 이루었다. 기원전 82년 로마에서 정치적 망명을 한 퀸투스 세르토리우스가 루시타니아인들의 요청을 받고 그들의 지배자가 되었다. 그는 교묘한 용병술을 발휘하여 울테리오르와 키테리오르에서 모두 로마 군을 패퇴시키는 등 로마에 상당한 근심거리를 안겨다주었다. 세르토리우스가 지역 종교를 효과적으로 이용하고, 오스카(지금의 우에스카)에 있는 활동의 본거지에 학교를 세워 이베리아인 귀족 자녀들에게 로마식 교육을 시키는 등 이베리아인들을 교화시키는 노력도 했지만, 그는 이베리아인을 위한 전쟁을 한 것이 아니라 로마의 전쟁을 했고, 그의 목적은 항상 궁극적으로는 승자가 되어 로마로 돌아가는 것이었다. 세르토리우스를 진압하기 위한 로마 군 사령관에 폼페이우스가 임명되어왔고, 처음에는 고전했지만 그는 곧 세르토리우스를 수세에 몰아넣었다. 결국 세르토리우스는 기원전 72년 폼페이우스의 사주를 받은 자신의 부하에게 살해되었다. 이탈리아로 귀환하는 길에 폼페이우스는 자신의 이름을 딴 폼펠로(지금의 팜플로나)라는 도시를 건설했으며, 피레네 산맥의 콜 데 페르투스에도 거대한 기념물을 세워 승리를 기념했다. 그러나 그의 승리는 비록 무대가 외국이었지만 본질적으로는 로마 내전의 연장이었다.

폼페이우스의 숙적 카이사르가 스페인에 처음 발을 디딘 것은 기원전 68

년 울테리오르의 총독 부관 자격으로서였다. 그러나 그가 루시타니아를 상대로 하는 전쟁을 이끌기 위해 기원전 60년에 다시 스페인에 왔을 때는 속주 총독의 직위를 가지고서였다. 바로 이 무렵 그는 카디스 출신의 페니키아인 은행가 발보를 만났고, 발보는 그 후 카이사르의 평생 동지이자 재정 후원자가 되었다. 이에 대한 보답으로 그의 고향, 즉 카디스의 주민들에게는 로마 시민권이 주어졌다. 로마 황제 베스파시아누스가 히스파니아의 모든 도시에 라틴 시민권을 부여하기 이전에 벌써 포르투갈의 에보라 등 몇몇 도시들이 로마 시민권을 가지게 된 이면에는 발보의 경우와 같이 특별한 사유가 작용한 것으로 보인다. 그 발보와, 그와 동명이인의 조카이면서 마찬가지로 로마에서 콘술 직에 오르기도 한 또 한 명의 발보는 그들이 태어난 카디스의 발전에 크게 힘써 이 도시에 새로운 고전 구역(classicizing quarter)을 건설하는 등 고향을 위해서 큰돈을 썼다. 그러나 그렇다고 구래(舊來)의 구역을 완전히 없애지는 않았다. 카디스의 주화는 여전히 신페니키아어로 된 명문(銘文)을 담고 있었고, 거대한 헤라클레스 신전도 실은 페니키아의 신 멜카르트(Melqart)와 깊은 관계를 가지고 있었으며, 이 의식은 로마 제국 시대 내내 조상 대대로 내려오는 전통적 형태로 거행되었다.

　로마 공화정 기간 동안 스페인은 대체로 고전 세계의 문화적 영향력 밖에 있었다. 로마인들의 거주 구역은 극히 드물었고, 그마저도 대부분 완전한 법적 지위를 가지고 있지 않았다. 기원전 171년에 로마 군인들과 원주민 여성들 사이에서 태어난 자녀들인 하이브리다에(hybridae), 즉 혼혈인들이 많이 살았던 카르테이아(지금의 알헤시라스 부근)의 한 마을에 "라틴" 시민권이 주어진 예가 있기는 하지만, 그 외에 다른 비슷한 사례는 아직까지 확인되지 않았다. 로마인 정주자들 대부분은 상인이었고, 그들은 이베리아 도시들 안에 별도의 "로마인 거주 구역"에 모여 살았다. 이 상인 집단은 규모가 상당히 커서 세비야와 코르도바에는 그들을 위한 건물들이 지어질 정도였고, 모종의 로마적 생활을 지키려고 하는 그들의 태도는 상당히 진지하여 문화적으로 점잔을 빼는 사람들에게 즐거움을 제공하기도 했다. 예를 들면 키케로는 기원전 79년대에 울테리오르의 총독을 대접하기 위해서 시를 낭송하는 코르도바 출신 시인들의 심한 사투리를 조롱한 바 있다. 토착 문화에 미친 로마의 영향은 상당히 복잡했다. 로마에 공물을 바쳐야 했기 때문에 화폐가 주조되었고, 그것은 제한된 범위에서나마 이베리아 경제에 화폐 사용을 가져왔다. 이 주화에 들어가는 언어가 처음에는 이베리아어였다가 차츰 라틴어로 바뀌어갔는데, 이는 라틴어가 서서히 보급되었음을 말해준다. 총독들이 원주민 문제를 다루는 방편으로 로마 법의 적용이 나타나기도 했다. 그러나 이것은 로마인들을 위한 것이었지 원주민들을 위한 것은 아니었다. 그리고 그것은 스페인의 황금시대(16-17세기/역주) 동안 아메리카에서 콩키스타도르(정복자)들의 스페인 법 사용이 아메리카 원주민들이 그 법을 이해하고 있었음을 말해주는 것이 아닌 것처럼 로마인들의 로마 법 사용도 이베리아 원주민들이 그 의미를 알고 있었음을 말해주지는 않는다. 로마인들은 기이하게도 자신들에게 좀더 익숙한 사회 구조를 가진, 도시화한 지중해 연안 쪽 이베리아인들보다는 북서쪽 먼 곳에 사는 익숙하지 않은 집단들을 더 괴롭히고 그들을 로마화시키려는 경향이 있었다. 그리하여 아이러니하게도 반도 내 선진 지역보다는 후진 지역들에서 더 많은 물리적 "로마화"가 나타났다.

카이사르는 그의 적들을 제압하고 나서 이 지역에서는 처음으로 대규모 정주 사업을 시작했고, 이어 황제가 된 아우구스투스도 그 사업을 계승했다. 22개의 콜로니아(coloniae)가 스페인에 들어섰다. 로마 시민들로 이루어진 이 도시들은 로마 법의 지배를 받았고, 에스트레마두라 지방의 메리다 경우에서 볼 수 있듯이 웅대한 건물을 지어 원주민들을 위압하려고 했음이 분명하다(이 도시의 박물관에 가보면 그것을 어렵지 않게 알 수 있으며, 박물관 건물 자체가 상당한 건축적 관심의 대상이 되었다). 그러나 콜로니아가 이베리아 반도를 "로마화"하려는 것은 아니었던 듯하다. 그보다

후에 세르반테스에 의해서 불후화(不朽化)된 누만시아의 공성은 이베리아 반도에서 로마에 대한 원주민 저항의 정점을 이루었다. 스키피오 에밀리아누스는 250개 이상의 탑을 가진 3미터 높이의 벽으로 연결되는 7개의 캠프로 도시를 에워싸는 방법을 통해서 결국 항복을 받아냈다. 사진은 후에 로마 시대에 건설된 도시의 흔적인데, 이는 그 이전에 있었던 켈티베리아 도시가 질서정연한 계획을 가지고 건설되었음을 보여준다. 누만시아 전쟁을 직접 목격한 그리스 출신 역사가 폴리비우스는 이 전쟁이 로마가 치른 가장 참혹한 전쟁들 가운데 하나라고 말했다.

는 로마의 민중들에게 한 약속을 이행하려는 것으로, 혹은 몇몇 경우에는 내전에서 상대편을 지지한 기존 도시들에 대한 징벌의 한 방법으로 채택되었던 것으로 보인다. 그럼에도 전에는 이베리아에 대한 로마의 정주 의지가 미심쩍은 것이었다면, 이제는 그 의지가 분명해졌다고 말할 수 있다.

아우구스투스는 이베리아 반도를 다시 3개의 속주로 나누었는데, 베티카, 루시타니아, 그리고 히스파니아 키테리오르였다. 베티카는 대체로 오늘날의 안달루시아와 에스트레마두라 남부에 해당하고, 코르도바가 수도였다. 루시타니아는 대체로 오늘날의 포르투갈에 해당하며, 메리다가 수도였다. 히스파니아 키테리오르는 반도의 나머지 부분으로 타라고나를 수도로 정했으며, 그 때문에 흔히 히스파니아 타라코넨시스라고 불렸다. 이 행정 개편이 있을 무렵까지도 칸타브리아인들은 제국의 지배 영역 밖에 있었다. 아우구스투스는 기원전 26년부터 기원전 25년 사이에 친히 이들에 대한 정복에 나섰다가 병에 걸려 거의 죽을 뻔하기도 했다. 이베리아 반도는 아우구스투스의 부관인 아그리파에 의해서 기원전 19년, 그러니까 그나에우스 스키피오가 암푸리아스에 도착한 지 거의 200년 만에 마침내 완전히 복속되었다. 그 뒤로도 폭력이 간헐적으로 발생하기는 했지만 —— 기원후 26년에는 타라코넨시스의 총독 루시우스 피소가 두에로 강 계곡의 켈티베리아인 테르메스티네스에 의해서 피살되었다 —— 이 지역은 대체로 평화가 유지되었고, 이베리아 반도에는 1개의 군단, 즉 제7군단(the VII Gemina)만이 레온에 주둔했다. 이는 면적이 스페인 속주들의 4분의 1 정도밖에 되지 않는 로마 지배하 브리타니아에 적어도 3개의 군단이 주둔해야 했던 것과 좋은 대조를 이룬다.

제정 초기 이베리아 반도에서는 정식 콜로니아에서뿐만 아니라 다른 곳에서도 로마 양식의 건축물들이 활발하게 지어졌다. 이러한 변화는 자발적

제2차 포에니 전쟁의 직접적 원인이 된 사군툼은 후에 완전한 로마 시민권을 부여받았는데, 이는 이베리아 반도에서는 드문 일이었다. 레반트의 도시들은 로마 문화를 열렬히 수용했다. 티베리우스 황제 시대에 지역 지배 계층에 의해서 지어진 이 연극 무대는 로마 세계로 편입해 들어가고자 하는 지역민들의 바람의 상징이라고 할 수 있다. 사군툼은 스페인의 포도주를 로마로 수출하는 중요한 항구였다.

인 것으로서, 그 원동력은 로마로부터가 아니라 이제 드넓은 로마 세계에 가능한 한 확고하게 편입되고 싶어 하는 지역 귀족들로부터 왔다. 건축물의 예는 매우 많고 다양한데, 여기에는 공공건물들뿐만 아니라 세고비아에 있는 119개의 아치를 가진 수도교(水道橋)와, 카세레스 근처 타구스 강을 가로지르며 높이가 46미터에 이르는 로마 제국에서 가장 높은 다리인 알칸타라의 다리 등이 포함되어 있다. 이러한 발전 양상에 어떤 일관된 계획이 있었던 것은 아니며, 건축물들은 대부분 지역적 필요에 따라 생겨났다. 예를 들면 지브롤터 근처의 벨로라는 도시는 황제 클라우디우스가 마우레타니아로 원정할 때 챙긴 부를 이용하여 자신의 도심을 건설한 것이었다(벨로는 그 원정의 보급기지였다). 이러한 발전 경향의 충격적인 예외를 반도의 북서쪽에서 발견할 수 있는데, 이곳에서는 카스트로(castros)라는 원형 가옥들로 이루어진 켈트족의 전통적 주거지가 여전히 세워졌고, 그것은 기원후 4세기까지 계속된다.

이 같은 지역 간의 차이는 황제 베스파시아누스가 서기 71년경 이 지역의 모든 공동체들에게 "라틴 시민권"을 부여한 것을 모종의 로마적 이상에 근접한 것에 대한 보상으로 간주해서는 안 됨을 말해준다. 이 시민권 부여는 무니구아(지금의 물바) 같은 일부 도시들에서 볼 수 있듯이 공공건물의 건설을 촉진했는데, 이곳 무니구아에는 이탈리아 프라에네스테에 있는 포르투나 신전을 본따서 거대한 복합신전이 건설되었다. 그리고 톨레툼(지금의 톨레도)에는 전차 경주를 위한 거대한 원형경기장이 세워졌다. 그러나 베스파시아누스 황제가 안달루시아 론다 근처의 사보라 시에는 이곳 시민들이 로마에 공물을 내지 못할까봐 건축 공사에 들어갈 돈의 징수를 허용하지 않은 사실은 시민권 부여가 순전히 지역의 로마화에 있지 않았음을 말해준다. 그보다는 황제 자신의 처지가 확고하지 못한 상황에서 지역 귀족들을 달랠 필요가 있다고 느꼈던 것으로 보인다. 그의 시민권 부여는 많은 지역 유지들이 로마 시민이 되는 것을 보장했고, 그들이 로마 시민권을 가지기를 바랐음을 말해주지만, 그렇다고 해서 그것이 반드시 그들 모두가 "로마화"되었다든가 혹은 그렇게 되기를 바랐음을 의미하지는 않는다.

이 지역 도시들의 시민 생활은 제국의 다른 지역에서 발견되는 것과 거의 다르지 않았다. 그리고 베스파시아누스가 시민권을 허용한 이후로 적어도 이론적으로는 이곳 주민들도 기존의 원주민 법이 아닌 로마 법의 적용을 받았다. 라틴어는 비명(碑銘)들에서 발견되는 유일한 언어가 되었다. 물론 일부 지역에서는 다른 언어들이 라틴어와 함께 사용되었음이 분명하다. 피소를 살해한 테르메스티네스는 켈티베리아어를 사용했고, 발렌시아에서도 6세기까지 지방어가 사용되었다. 그러므로 로마적 관습이 얼마만큼 반도에 침투해들어갔는가는 지역에 따라 큰 차이가 있었고, 로마 지배하 스페인을 단일한 문화적 단위로 간주할 수는 없다. 레반트나 에브로 강 혹은 과달키비르 강 계곡처럼 로마와의 접촉이 빈번한 지역에서는 "로마화한" 문화가 성장했다. 여기에서는 부유한 로마 가정에서 발견할 수 있는 모자이크나 그림들이 많이 발견된다. 그러나 아스투리아스같이 멀리 떨어진 곳에서는 로마 이전의 생활방식이 여전히 존속했다. 예를 들면 이곳의 비석들은 비록 라틴어로 쓰이기는 했지만 조잡하게 조각되어 있고, 많은 경우 로마의 예술양식에서는 볼 수 없는 소용돌이, 혹은 꽃 모양의 형태를 가지고 있다. 여기에서 나타나는 동물이나 사람들의 그림은 매우 거칠며, 자연주의적인 로마의 형태와는 반대로 양식화되어 있다. 또한 도시가 아니라 부족이 주된 충성의 대상으로 확고하게 남아 있었다.

　제국 초기 시대에 스페인은 몇몇 유명인사들을 배출했는데, 그중에서도 가장 두드러진 예가 코르도바 출신의 세네카 가문 사람들이다. 그러나 이들 중 연설가로 유명한 대(大)세네카만이 유일하게 스페인에서 생애의 상당 부분을 보냈을 뿐이고, 그의 아들들, 즉 네로 황제의 선생이자 친구였으며, 결국에는 그에게 죽음을 당한 소(小)세네카와 유니우스 갈리오(아케아의 총독으로 있을 때 성 바오로를 심판했던 인물), 그리고 그의 손자이며 서사 시인이었고 역시 네로의 손에 죽은 루카누스, 이들은 모두 어렸을 때 로마에 가서 그 후 스페인으로 돌아오지 않았다. 베티카에 살았던 로마인 정주자들도 트라야누스와 하드리아누스 황제를 배출했는데, 이 두 황제는 이탈리카에 정주한 가문의 사람들이었다. 그리고 아마 마르쿠스 아우렐리우스 황제도 이곳 출신이었던 것 같다. 하드리아누스 황제는 그의 사투리 억양 때문에 사람들에게 조롱을 당한 것으로 알려져 있다. 그러나 말투를

이베리아 반도의 북서쪽은 다른 지역들보다 로마의 영향을 훨씬 덜 받았다. 이 장례식용 비석의 비명은 매우 조잡하기는 하지만 라틴어로 음각되어 있다. 그러나 디 마네스(Dii Manes), 즉 이 비석의 주인, 그러니까 고인을 지켜주는 지하의 신은 로마의 신이 아닌 지역의 전통적인 신들로 보인다. 유인원 같은 비석의 모습이나 조각의 양식 등은 로마의 전통과는 전혀 다르다.

제외하고는 이들 속주 로마인들은 다른 로마 귀족들과 거의 구분되지 않았던 것으로 보인다. "소세네카"와 같은 시대 사람으로 농업에 관한 저서를 남긴 콜루멜라 또한 베티카에서 태어났다. 북쪽 타라코넨시스의 칼라오라 출신인 퀸틸리아누스는 로마에서 베스파시아누스에 의해서 수사학 교수로 임명되었고, 도미티아누스 황제의 총애를 받았던 시인 마르티알은 자신이 스페인에 정주한 로마계 주민이 아니라 스페인 원주민임을 자랑스럽게 밝히고 다녔으며, 다른 유명한 히스파노-로마인들과는 달리 후에 고향으로 돌아와 여생을 보냈다.

1-2세기에 베티카는 이베리아의 다른 속주들에 비해서 월등하게 더 부유했다. 베티카의 부의 원천은 과달키비르 강을 통해서 로마로 수출되는 올리브유였다. 로마에 있는 테스타치오 산은 안달루시아 산 올리브유를 담는 손잡이가 두 개 있는 항아리의 파편들로 거대한 언덕을 이루고 있을 정도였다. 곰삭은 생선으로 만든 조미료인 가룸(Garum) 또한 주요 수출품 가운데 하나였다. 이 가룸은 이베리아의 세 속주 모두의 해안 지방에서 만들어졌다. 그리스 작가 아엘리안은 자신의 저서『동물들의 길』에서 스페인의 가룸 상인들이 이탈리아의 디케아르치아에서 가룸을 너무나 좋아하는 문어의 습격을 받은 얘기를 적어놓았다. 이탈리아가 이 스페인 상품들의 주요 시장이기는 했지만 영국을 포함해서 다른 지역으로도 팔려나갔다.

광산업은 이때도 여전히 중요한 산업이었다. 몬스 마리아나(Mons Mariana, 여기에서 지금의 시에라모레나라는 이름이 나왔다)는 은과 구리의 주요 생산지였다. 북서쪽에서는 은보다는 금 생산이 타라코넨시스의 수입에서 큰 몫을 차지했다. 플리니우스는 자신이 있을 당시 이곳에서의 금 생산이 1년에 60톤 이상이었다고 말한 바 있다. 다른 수입원으로는 에브로 강 계곡에서 생산되는 포도주, 양모와 양모 가공 제품, 그리고 아마도 카디스의 무희들도 포함되어 있었을 것이다.

제정기 후반 들어 이 지역의 경기도 나빠졌다. 171-173년에 베티카는 마우레타니아로부터 습격을 받아 심각한 피해를 입었다. 3세기 초에도 그들의 공격은 여러 차례 반복되었다. 같은 시기에 타라코넨시스는 갈리아에서 도망쳐온 군인들의 약탈 행위로 곤욕을 치러야 했다. 외부로부터 들어오는 어려움은 비단 이것뿐만이 아니었다. 193년 이베리아는 제위 다툼에서 패배한 쪽인 클로디우스 알비누스를 지지했고, 여기에서 승자가 된 셉티미우스 세베루스는 그 복수로 반도 남쪽 올리브 농장들 가운데 다수를 몰수했다. 이 조치가 올리브유 생산에 큰 영향을 주지는 않았지만 이베리아의 국내 경제에 큰 타격을 주었다. 지역 귀족들의 큰 씀씀이가 로마 제국에서는 시민 문화의 활력소였는데, 그런 외부로부터의 공격은 이 부자들에게서 공동생활에 기여할 의지도, 능력도 앗아갔다. 이런 중대한 타격 위에 일반적인 불안정이 겹쳤고, 그것은 교통과 교역에 큰 혼란을 가져왔다. 3세기 중반 속주민들의 불만이 크게 고조되었으며, 스페인 속주들은 258년부터 270년까지 독립을 지향하는 갈리아 제국과 결탁하여 로마에 대한 충성을 거부하기도 했다. 이 시기는 완전한 혼란기였던 것으로 보인다. 많든 적든 간에, 모든 사회 계층에 두루 미치는 어려움을 반영하는 현상으로서 화폐를 땅에 묻어 감춰두는 것이 이때 최고 수준에 이르렀다. 그 주인들은 물론 이 화폐에 대한 소유권을 주장하기 위해서 다시 돌아오지 않았다. 그들 중 다수는 아마도 그러기 전에 죽은 듯하다.

로마 세계는 284년 디오클레티아누스 황제 치세에 와서 마침내 다시 안정을 회복했다. 그러나 그 대신 로마는 중앙집권화와 관료 통제의 강화라는 값비싼 대가를 지불해야 했는데, 그것은 제국이 가지고 있던 눈에 띄지 않는 문제들을 악화시켰을 뿐이다. 제국의 일반적인 추세에 따라 타라코넨시스가 세 개의 작은 속주로 나뉘었고, 이 속주들은 기존의 다른 두 개의 이베리아 속주들과, 북아프리카의 마우레타니아 틴지타나 속주와 더불어 스페인의 디오케스(Diocese of Hispaniae, 디오케스는 속주(provincia) 보다 큰 로마 제국의 행정 단위/역주)를 구성했다. 각 속주는 그 자신의 관료 체계를 가지고 있었고, 여기에 교황청 대사가 지배하는 교구 관료 체계가 별도로 존재했다(교황청 대사의 소재지는 아마도 코르도바였던 것 같다). 이러한 변화들은 그에 상응한 반대급부도 없이 지역 귀족들의 과세 부담만 가중시켰다. 이런 상황은 지역 엘리트의 내부지향적 성향을 형성했는데, 이들은 선배들이 이론의 여지 없이 자신들이 주인이었던 도시의 공공건물들을 짓기 위해서 기꺼이 자기 돈을 썼던 것과는 달리, 어떻게든 시민적 의무를 회피하는 대신 개인적인 사치에 투자하려는 경향이 있었다. 따라서 3세기에서 4세기에 이베리아 반도에서는 공공건물의 건축이 급격히 줄어드는 대신 사치스런 개인 저택이나 빌라들이 증가했다. 더욱이 국가는 주민들에게 과중한 요구만 했지 더 이상 안전을 제공하지 못했기 때문에 사람들은 개별 지주들의 빌라들과, 그것들을 둘러싸고 있는 대영지에서 보호받기를 원했다. 그리하여 빌라들은 국가 안의 국가가 되었고, 많은 경우 사병을 거느리고 있었다. 이 농촌적이고 개인적인 사치는 한때 로마 제국 서부에서 가장 부유한 도시 가운데 하나로 기사 계층만 500명이 넘었으나, 4세기 들어서는 아비에누스가 "버려진 폐허 더미"라고 표현할 정도로 몰락해 버린 카디스의 상황과 좋은 대조를 이룬다.

기독교의 흥기는 이러한 경향을 더욱 가속화시켰다. 다시 국가의 부는 도시 건물의 건축 계획이나 기부에서 교회 건축으로 돌려졌다. 교회는 또다른 대안적 세력 집단이었으며, 결국에는 세속 국가보다 더 오래 살아남았다. 기독교가 언제 이베리아 반도에 도래했는지는 확실치 않다. 성 바오로가 이베리아 반도를 방문했다는 주장은 사실이 아닌 듯하다. 그렇지만 초기 교회의 힘은 급성장했고, 코르도바의 주교 호시우스는 콘스탄티누스 황제가 기독교를 공인하기 전에 이미 그의 절친한 친구 가운데 하나였다. 타라고나 근처 센세예스에 있는 거대한 영묘(이 영묘의 둥근 천장은 구약성서에 나오는 사건들과 사냥 장면들로 장식되어 있다)는 아마도 350년에 피살된 콘스탄스 황제(콘스탄티누스의 아들)의 무덤으로 추정된다.

공식적인 교회 조직 외에 얼마 가지 않아 좀더 열정적인 기독교의 다른 형태도 반도에서 나타났다. 부유한 지주였던 아빌라의 프리실리아누스는 속세를 떠나 극히 금욕적인 운동을 시작했고, 이 운동은 스페인 북쪽에서 크게 성행했다. 투르의 성 마르탱 같은 기독교 지도자들이 구명하려고 했음에도 불구하고, 프리실리아누스는 385년 기독교도 황제 마그누스 막시무스에 의해서 처형당한 최초의 기독교도가 되었다. 명목상 그의 죄목은 이단이었다. 그러나 그는 단지 당시의 정치적 분쟁의 희생물이었던 듯하다. 또다른 부유한 스페인 사람 마테르누스 시네기우스는 동쪽에서 근위대장으로 재임할 때 이교 신전을 열정적으로 파괴했다. 392년 로마 제국 내 이교의 궁극적 금지(기독교의 국교화) 또한 황제가 된 스페인 사람, 즉 테오도시우스(지금은 테오도시우스 대제로 알려져 있으며 통일된 로마 제국의 마지막 지배자였다)에 의해서 취해진 것이었다.

기독교에 대한 열정은 제정기 후반에 쓰인 문학작품들에도 반영되었다. 칼라구리스(지금의 칼라오라)에서 태어난 아우렐리우스 클레멘스 프루덴티우스(348-405년경)는 여러 편의 수준 높은 종교시를 썼으며, 이것들은 그가 이교도 고전작품들에 매우 친숙했음을 보여준다. 그가 지은 성가 중

콘데이샤 아 벨라에 소재한 칸타베르의 집. 열주들과 목욕탕까지 갖추고 있는 이 호화 저택은 아마도 3세기에 지어진 듯하다. 이런 집은 제국 어디에서나 쉽게 볼 수 있었는데, 이는 이베리아 반도의 지역 귀족들이 로마적 생활양식을 얼마나 광범하게 수용하고 있었는지를 보여준다. 이는 또한 제정 후기 들어 귀족들이 예전처럼 공공건물을 짓기보다는 사적인 건물의 건축을 통해서 자신의 부를 과시하고, 그들의 사회적 지배를 강조하는 추세가 시작되었음을 말해준다.

몇몇은 지금도 교회에서 사용되고 있다. 또다른 고귀한 태생의 스페인 사람 유벤쿠스(330년경 활약)는 비르길리우스의 시로 된 복음서의 주석을 만들어 까다로운 독자들이 성서를 받아들이게 했다. 브라가 출신의 사제이며 성 아우구스티누스의 제자이기도 했던 파울루스 오로시우스는 그의 『반

(反)이교도 역사』라는 책에서 처음으로 기독교적 관점에서 세속 세계의 역사를 기술했다. 기독교는 또한 조형예술가들에게도 새로운 영감을 제공했는데, 그것을 우리는 센세예스의 모자이크와 이베리아 반도 전역에서 발견되는 정교한 대리석 석관들에서 발견할 수 있다. 이것들은 분명히 기독교적 주제를 다루고 있다.

결국 로마 제국의 관료제는 그 방대한 규모에도 불구하고 더 이상 지역 집단들의 충성을 이끌어내지 못했다. 407년 제위를 노리고 반란을 일으킨 콘스탄티누스 3세가 당시 테오도시우스의 아들 호노리우스가 다스리던 서로마 제국으로부터 스페인을 분리시키기 위해서 침입했다. 이 침입에 대해서 별다른 저항은 없었다. 콘스탄티누스는 곧이어 호노리우스를 직접 공격하기 위해서 갈리아로 밀고 들어갔다. 그러나 그가 스페인의 지배자로 임명한 게론티우스는 그가 떠나자마자 반란을 일으켰고, 막시무스라는 스페인의 한 지역 귀족을 "스페인의 황제"로 앉혔으며, 타라고나에 그의 궁정을 세웠다. 그러나 막시무스의 지배는 오래가지 못했다. 로마 제국의 혼란을 틈타 야만족인 수에비족, 반달족, 그리고 알란족이 이베리아 반도로 쏟아져들어왔다. 한편 호노리우스는 반란자 콘스탄티누스를 패퇴시켰지만 타라코넨시스만을 로마의 지배하에 회복시켰을 뿐이다. 도망간 막시무스는 이제 반도 대부분의 지배자가 된 야만족들에게 가서 살았다. 로마는 비록 계속적으로 반도 전체에 대한 지배권을 주장했지만, 로마 지배하의 스페인은 이제 기원전 3세기에 로마가 지배했던 정도의 크기로 축소되었고, 그 규모는 계속해서 줄어들었다. 마지막으로 야만인들의 수중에 떨어진 도시는 아이러니하게도 스키피오가 반도에서 처음으로 로마의 교두보로 건설했던 도시 타라고나였다. 로마는 470년대 중반에 에우리코가 다스리는 비시고트족에게 굴복했고, 이로써 거의 700년에 이르는 로마의 스페인 지배도 끝나게 되었다.

로마가 이베리아 반도에 미친 영향은 아무리 강조해도 지나치지 않을 것이다. "우리가 스페인에서 만나게 되는 모든 기억할 만한 것들은 로마인들이 만들어놓은 것이다"라고 한 15세기 살라망카 대학교 교수 마리네우스의 이야기에는 물론 과장이 섞여 있기는 하지만, 터무니없는 말은 아니었다.

로마는 교통, 제조업, 그리고 농업이 발전할 수 있는 틀을 제공함으로써 물리적으로도 이베리아 반도에 깊은 흔적을 남겼다. 그러나 로마가 스페인에 남긴 가장 항구적인 유산은 물리적이기보다는 정신적인 것이었다. 라틴어는 그로부터 지역의 로망스어가 발전할 수 있는 토대를, 그리고 다른 유럽 지역들과 지적으로 연계될 수 있는 고리를 제공했다. 로마의 법은 일체감을 가진 하나의 정치체로 반도를 통합시킴으로써 순전히 지역적인 정체성과는 다른 것으로 하나의 히스패닉(Hispanic)이라는 개념을 만들었다. 이 점에서 스페인 자체가 로마의 발명품이며, 스페인의 역사는 로마 시대에 비로소 시작되었다고 말할 수 있다. 비록 몇몇 지역들은 다른 지역들에 비해 로마의 영향을 덜 받았지만 귀족들과 제정기의 성직자들은 모두 자신들을 로마 문화와 동일시했고, 자신들의 생활방식을 로마화했다. 그들의 그러한 성향은 반도에서 로마의 지배가 끝나고 나서도 오랫동안 계속되었다. 이러한 로마 문화의 승리는 로마 군단이 이베리아를 떠나 오랜 세월이 지나고 나서도 이 지역에서 로마의 유산이 중요한 요소로 남아 있게 만들었다.

2 비시고트 스페인
409-711

로저 콜린스

스페인 역사에서 이 비시고트 시대의 연대기적 경계는 앞뒤 두 차례의 외침으로 결정되었다. 그중 첫 번째는 409년 9월 혹은 10월에 있었던 피레네 산맥을 넘어온 알란족, 수에비족, 그리고 반달족의 침입이었는데, 이들은 이베리아 반도 전역에 대한 로마 제국의 지배를 종식시켰다. 로마 지배로부터 야만족 지배로의 이행 과정은 470년대에 비시고트족이 로마 제국의 마지막 거점들을 정복하고 나서야 종결되지만 스페인에서 게르만족 출신 가문이 지배하는 일련의 왕국 체제로의 이행은 409년의 피레네 방어선 붕괴로 이미 시작되었다. 비시고트 시대가 끝나는 711년에는 베르베르인-아랍인 연합군이 북아프리카로부터 침입해들어와서 비시고트 왕국을 붕괴시켰고, 그와 함께 사실상 반도 전역을 지배하는 통일국가는 사라지게 되었다. 통일국가 체제는 그 후 포르투갈이 스페인의 합스부르크 왕들의 지배하에 들어온 짧은 기간(1580-1640) 동안 부활되었을 뿐이다.

409년의 침입자들은 나중에 들어온 비시고트족과 마찬가지로 단지 약탈과 파괴를 일삼는 통제되지 않는 무리들이 결코 아니었다. 침입자들은 비교적 소수였으나 대체로 거의 저항을 받지 않았기 때문에 침입 과정에서 큰 희생은 없었다. 물질문화의 측면에서 그들은 로마의 속주민들과 매우 비슷했다. 그들은 오랫동안 속주민들과 어울려 살았고, 그중에는 로마 제국의 변경 지역에서 혹은 변경 안에서 거주한 경험을 가지고 있는 자들도 많았다. 사실 그런 집단들이 어떻게 형성되었는지, 그들이 어떤 사람들로

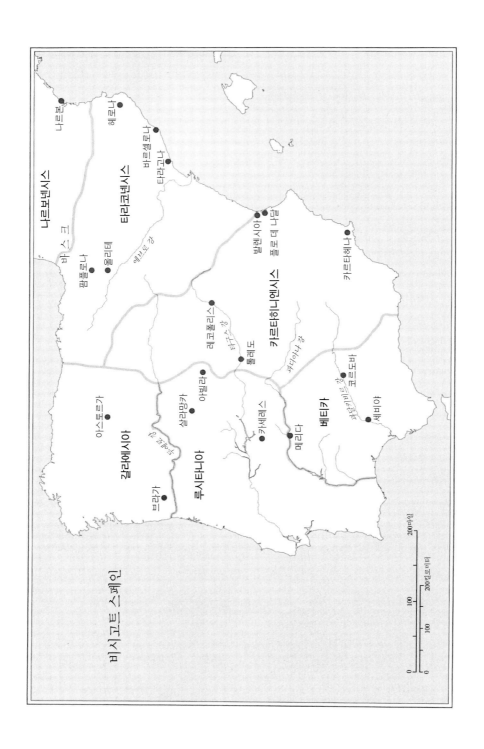

구성되었는지, 그리고 서로마 제국의 몰락과 붕괴에 어떤 역할을 수행했는지 등에 대해서 그동안 많은 연구들이 있었다. 고트족, 반달족, 그리고 그밖의 다른 게르만 부족들을 강한 인종적 유대를 가진, 그리고 타키투스나 카이사르에 의해서 기술되고 있는 아주 먼 시대로까지 거슬러올라가는 역사를 가진 사람들로 보아온 전통적 견해는 이제 거의 받아들여지지 않는다. 그보다 그런 연합체들은 새로운 주민들을 받아들이기도 하고, 기존 주민들 중 일부를 떠나보내기도 하는 방식으로 꾸준히 자신의 모습을 변형시켜왔고, 아마도 까마득한 옛날부터 내려오는 가문이라고, 혹은 신의 후손이라고 주장함으로써 그 권위를 유지해나가는 왕조가 수행하는 특별한 역할과 함께 일련의 기원 신화들을 중심으로 인종적 일체감을 형성해간 것으로 보인다. 이 모든 단계에서 지역민들과의 통혼은 인종적 구성의 이질화를 더욱 강화시켰다.

비시고트족의 경우 그들의 민족적 정체성이 형성되고, 그들이 함께 공유하는 역사가 분명한 형태로 만들어지게 된 것은 아마도 4세기 후반 발칸 반도에서였던 듯하다. 376년 다뉴브 강을 넘어온 다수의 도망자들이 로마 제국의 허락하에 제국의 경계 내에 정착했다. 그러나 불과 2년 후에 그들은 반란을 일으켰는데, 그것은 주로 로마인들로부터 받은 부당한 대우 때문이었다. 비시고트족은 378년 아드리아노플에서 벌어진 역사적인 전투에서 비록 승리하기는 했지만(이 전투에서 로마의 발렌스 황제가 전사했다) 곧 로마 제국과 조약을 체결했으니, 그것은 필시 로마 제국의 지지 없이 스스로의 힘으로 국가를 유지해나갈 수 없었기 때문이었을 것이다. 그 후 스페인 출신 로마 황제 테오도시우스(379–395)는 일련의 내전 과정에서 비시고트인들을 로마 군의 주축으로 이용했다. 그러나 그가 죽고 난 후 비시고트인들은 아마도 발트가(家)라는 고트족 지배 가문의 구성원들로 보이는 왕들의 지휘하에 점차 독립해나갔다. 이 왕들은 고트족을 이끌고 서유럽 전역을 휩쓸고 돌아다녔으며, 그 과정에서 로마 황제들에게 봉사한 경우도 적지 않았다. 410년에 벌어진 유명한 로마 약탈은 새로 들어선 로마 정부가 고트족과 그 전 정부가 맺은 합의를 지키지 않았기 때문에 일어난 것이었다.

일반적으로 5세기경 "야만족" 연합체들은 전에 제국 군대가 하던 역할과 기능 중에서 많은 부분을 떠맡았다. 이 무렵 로마 제국의 군대는 과거의 위용을 거의 찾아볼 수 없는 상태였다. "야만인"의 군대들은 지도자의 지휘하에 제국과 조약을 맺고, 그들에게 맡겨진 지역을 방위했으며, 그 대가로 제국의 과세제도를 통해서 현물로 보수를 받았다. 다른 한편으로 그들은 이동 중에 있거나 혹은 정치적으로 혼란스러울 때 자신들이 통과하는 지역에서 필요로 하는 것을 무단으로 취했다. 409년부터 418년까지, 그리고 450년대에서 460년대 스페인의 경우 이들의 파괴 행위가 당대의 연대기들에 기록되어 있다.

반도의 일부 지역들이 겪어야 했던 고통에 대한 이런 이야기들이 사람들의 심금을 울리기는 하지만 그 기간은 비교적 짧았다. 그 후 409년 반도에 침입한 자들과, 410–411년 바르셀로나에서 반란을 일으켜 스스로 황제를 자처한 막시무스 간에 아마도 조약이 체결되었던 듯하다. 그에 따라 알란족과 반달족은 각각 베티카(오늘날 스페인의 남쪽 지역)와 루시타니아(포르투갈의 중남부 지역)에 정착했고, 수에비족은 갈라에키아(오늘날 갈리시아와 포르투갈의 북부 지역)에 자리를 잡았다. 이 시기에 국경을 넘어 제국 내 영토에 정주한 모든 주민들을 받아들이는 관례를 의미하는 "호스피탈리타스(hospitalitas)"라는 로마 제도의 성격이 확실히 밝혀지지 않은 상태에서 이러한 조약과 정주가 무엇을 의미했는지는 분명치 않다. 그것은 로마인 지주들로부터 몰수한 땅을 새 정복자들에게 분배하고, 거기에 그들이 정주하여 그 땅에 의지하여 살아가는 것일 수도 있고, 그렇지 않으면 로마인 지주의 재산 가운데 일정 부분에 세금을 부과하여, 그것을 게르만인 "손님들"에게 제공하는 것일 수도 있다. 그중 후자는 게르만인 "손님들"을 토지에 정착한 사람들로 보기보다는 수비대 병력으로, 잠시 머물러 있는 사람으로 생각하는 입장이다. 5세기 초의 스페인은 바로 그런 상황이었음이 틀림없어 보이는데, 이때 여러 침입자 집단들은 계속 이동 중이었고, 아직 군

6세기 말 메리다에 세워진 교회의 일부를 이루고 있던 매우 장식적인 벽기둥. 9세기에는 아랍인들의 요새에서 알지베(aljibe), 즉 수조(水槽)로 들어가는 문으로 재사용되었다. 이런 부조(浮彫)가 들어간 벽기둥은 비시고트 시대 메리다와 그 배후지에서 발전한 전형적인 건축 양식이다.

병력이 대부분이었던 듯하다.

당시 이탈리아의 라벤나에 체류하고 있던 서로마 제국 정부는 411-413년까지 갈리아에 대한 지배권을 거의 회복했다. 서로마 제국이 그럴 수 있었던 것은 비시고트족과 맺은 조약 덕분이었는데, 이때 비시고트족은 수도 나르본을 중심으로, 지금의 프랑스 서남부 지역 대부분을 지배하고 있었다. 비시고트족은 416년 로마의 동맹 자격으로 합법적 황제의 권위를 강요하기 위해서 스페인에 들어와 알란족과 반달족의 연합세력 가운데 하나를 거의 전멸시켰다. 그러나 그들은 418년 그 과업을 완수하지 못한 채 철수했고, 아키텐에 자리잡았다. 그 후 알란족과 실링반달족 잔당을 흡수한 하스딩반달족은 반도 남부의 상당 부분을 장악하고, 자신들을 제거하려는 로마-비시고트 연합군의 공격에 맞서 거세게 저항했다. 그러나 429년 그들은 북아프리카로 건너갔고, 그곳의 로마 속주들에 좀더 안정된 형태로 정착했다. 이로써 409년의 침입자들 가운데 수에비족만 스페인에 남게 되었다. 수에비족은 그들의 왕 레칠라(438-448)와 레치아리우스(448-456)의 지휘하에 전에 반달족이 자리잡았던 반도 남쪽 지역을 차지하고, 로마 도시 에메리타 아우구스타(메리다)를 수도로 삼았다. 레치아리우스는 로마 영토를 지배한 게르만족 지배자 가운데 처음으로 기독교로 개종했다. 그는 또한 그때까지도 로마 제국이 직접 지배하고 있던 지중해 연안 쪽으로 영토 팽창을 시도하기도 했다.

그러나 그것은 스페인에서 수에비 왕국에 오히려 치명적이었다. 로마와 갈리아의 비시고트족 간에 맺은 폭넓은 협약의 한 조건에 따라 비시고트의 왕 테오도리코 2세(453-466)가 군대를 이끌고 스페인에 들어와 수에비족을 공격했다. 456년 레치아리우스는 아스토르가 근처에서 패했고, 결국 사로잡혀 처형되었다. 수에비족은 이제 갈라에키아로 쫓겨났고, 그들이 차지하고 있던 영토는 비시고트 수비대들에 의해서 장악되었다. 이 과정은 테오도리코의 동생 에우리코(466-484)의 치세에 와서도 이어지고 강화되었다. 에우리코의 군대는 470년대 중반에 반도의 나머지 지역, 아직 로마 제국의 지배하에 있던 타라코넨시스 속주(카탈루냐와 에브로 강 계곡)를 주로 공략했다. 그 후로는 북서쪽 끝부분, 수에비족이 자리잡고 있던 영토를 제외하고는 스페인의 전 영역이 비시고트족의 지배하에 들어가게 되었다. 그러나 비시고트 왕국의 무게중심은 여전히 남서부 갈리아 지역에 있었다.

490년대에는 더 많은 비시고트인들이 피레네 산맥을 넘어와 이베리아 반도에 정착했다. 그러나 그들은 여전히 이베리아 반도 전체 주민 가운데 소수 집단이었을 뿐이다. 당시 고트족의 정주가 정확하게 어떤 성격을 가지고 있었는지 단언하기는 어렵다. 스페인 중부 지역의 여러 곳에서 발견되는, 대규모이기는 하지만 초라한 공동묘지들을 이 지역에 고트족이 정주한 증거로 간주했던 과거의 견해는 오늘날 설득력이 없는 듯하다. 고트족 귀족, 즉 고트족 내에서 자신의 추종자들을 거느릴 정도로 충분한 부와 지위를 가지고 있었던 사람들이 반도 전역에 분포되어 있었고, 그들이 로마적 기원을 가지는 여러 행정 혹은 군사 직책을 차지하고 있었음은 분명하다. 그들이 식솔과 종자(從者)들을 거느리고 다녔고, 지역적 세력 기반을 구축하기 시작했으며, 히스파노-로마계 원주민들 가운데서도 지지자와 동맹자들을 규합하기 시작했다는 것도 의심의 여지가 없다. 언어의 차이가 고트족이 지역 사회에 편입하는 데 장애가 되었는지는 분명하지 않다. 그런데 스페인에서 이때 고트어가 사용되었다는 증거는 어디에서도 발견할 수 없다. 10세기, 11세기 들어서야 라틴어와는 다른 형태의 스페인어가 나타나기 시작하는데, 이 스페인어에 비시고트족이 언어적으로 기여했다고 말할 수 있는 유일한 것은 몇몇 직함의 이름과 "알폰소(Alfonso)" 같은, 지금까지도 널리 사용되는 몇몇 인명(人名) 정도이다.

비시고트 왕국 정부는 부이유 전투에서 에우리코의 아들 알라리코 2세(484-507)가 패배하고 전사한 다음 피레네 산맥의 남쪽으로 내려왔다. 이 싸움의 승자인 프랑크족-부르군디족 동맹군은 그 직후 셉티마니아라고 알려져 있던 나르본과 카르카손 인근의 작은 지역을 제외한, 갈리아 내 비시고트 왕국 대부분을 차지했다. 비시고트족은 오스트로고트 왕국의 테오도리코 왕(493-526)의 개입이 있었기에(그는 알라리코 2세의 장인이었다) 얼마 되지 않은 땅이나마 유지할 수 있었다. 그 후 수십 년 동안 스페인 내 비시고트 왕국과 셉티마니아는 오스트로고트 왕국의 지배하에 있었다. 처음에는 테오도리코 자신이 이탈리아에서, 그 후로는 손자 아말라릭(526-531)

578년 레오비힐도에 의해서 지어진 왕궁으로 추정되는 유적으로, 레코폴리스 시(과달라하라 지방의 소리타 델 로스 카네스)에 소재한다. 아랍 정복 이후 그 점유 면적이 계속 줄어들다가 8세기 말 혹은 9세기 초에 결국 버려져 황폐화되었다.

의 짧은 기간의 불명예스런 치세를 거친 후에 그의 장군 중 하나인 테우디스(531-548)가 비시고트 왕국을 지배했다. 아말라릭이 바르셀로나에서 피살되고, 이어 프랑크족에게 치욕적인 패배를 당한 후에 395년부터 비시고트 왕국을 지배해온 발트 왕조가 단절되었다. 그 이후로 확고부동한 지배권을 확립한 왕가는 나타나지 않았고, 어떤 왕가도 세 세대 이상 지속되지 못했다.

이 시기를 말해주는 문헌의 양이 매우 제한되어 있고, 그 주제의 성격이 대부분 사료로서는 명백한 한계를 가지고 있기 때문에, 6세기와 7세기 스페인의 여러 사회 계층 사람들의 생활양식에 대해서 가장 잘 알려주는 것은, 물론 그 역시 한계를 가지고 있기는 하지만 고고학적인 발굴이다. 제정 초기 로마 시대의 대규모 공공건물들이 방치되거나 혹은 재사용되었다는 기록은 이미 2세기 때부터 나타나고 있지만, 대신 제국시대 후기에도 교회, 세례당, 순례객을 위한 숙소, 그리고 빈민구호소 같은 새로운 형태의 공공건물들이 지어졌다. 이런 추세는 비시고트 지배하에서도 계속되었으며, 그것을 우리는 메리다의 경우에서 볼 수 있다. 630년경 메리다의 주교들이 쓴 이야기식 설화와, 6세기 후반에 고트족이 세운 교회와, 그 밖의 다른 건물들의 유적이 그것을 말해준다.

그러한 경향과, 당대 들어 주교구의 사회적, 경제적 중요성이 일반적으로 증대된 사실은 아마도 전통적인 히스파노−로마 도시 귀족들이 점차 도시에서 빠져나와 시골에 자리를 잡는 경향이 있었던 당시의 시대적 배경에 비추어 고려될 필요가 있다. 많은 경우 4세기에 보수되거나 혹은 확장되었던 도시의 대저택들이 비시고트 시대에 와서 버려지거나 여러 개의 작은 가옥들로 분할되는 경우가 많았다. 예를 들면 메리다에서는 초기 제정시대에 로마 극장과 원형경기장 근처에 있던 도시 대저택들 가운데 하나의 방들에서 비시고트 시대의 무덤들이 발견되는 것은 이 시기에 들어와서 도시가 물리적으로 위축되었다는 명백한 증거로 볼 수 있다. 그러나 그와 함께 4세기에는 한 가구(家口)의 재산이었던 도심 근처의 어떤 빌라가 비시고트 시대에 와서 여덟 개의 독립된 가구들에 의해서 점유되었다는 기록도 남아 있다. 그러므로 도시의 위축이 메리다의 경우처럼 도시 인구 감소의 징후라거나, 혹은 그 인구 감소 때문에 나타난 현상이라고 말할 수는 없다. 발렌시아 같은 다른 지역 역시 비록 그 질은 떨어지지만 과거 로마의 건물 잔해 위에 새로운 건물들이 들어서고 있었고, 그런 점에서 볼 때 이 시기에도 도시가 존속했음을 알 수 있다. 602년경 비클라르의 후안이 기록한 연대기에도 역시 비시고트 왕 레오비힐도(569−586)가 두 개의 새로운 도시를 건설했다고 쓰여 있다. 그중 하나는 바스크 영토의 주변부에 위치한 나바라의 올리테로 밝혀졌지만, 그것이 고고학적 발굴을 통해서 입증되지는 않았다. 그리고 그의 차남이자 왕위 계승자인 레카레도(586−601)의 이름을 따서 레코폴리스(Reccopolis)라고 명명된 또 하나의 도시는 과달라하라 지역

소리타 델 로스 카네스 마을 근처에 건설되었고, 고고학적 발굴을 통해서 성곽, 교회, 가옥들, 그리고 왕궁터가 확인되었으며, 이 건물들은 적어도 8세기 후반까지 계속 사용되었던 것으로 보인다.

마찬가지로 로마 제국 말기 농촌의 대빌라들 가운데 다수가 5세기의 혼란기 동안 유기(遺棄)되거나 파괴되었지만 그중 일부는 계속해서 사람들이 살았고, 또 몇몇 호화 빌라들이 비시고트의 지배하에서 새로 건설되기도 했다. 최근 발렌시아 근처 플라 데 나달에서 발굴된 빌라는 나중에 세워진 것 중 하나인데, 출입구 양쪽에 탑이 있었다. 이는 당시의 농촌이 들끓는 비적들 때문에 전보다 훨씬 더 혼란한 상황에 처해 있었음을, 그리고 국왕의 통치상의 권위가 만성적인 폭력적 소요에 의해서 약화되었음을 말해준다. 심지어 국왕의 통치가 히스파노-로마 귀족들의 대영지로부터 거두어진 재원에 의존하는 경우도 있었다. 당대의 비잔틴 역사가 프로코피우스에 의하면, 비시고트 왕 테우디스는 자신의 안전을 히스파노-로마인 출신인 자기 아내가 소유하고 있던 노예들로 구성된 사병에 의존했다.

비시고트 시대 농촌 생활의 모습을 재구성하기는 매우 어렵다. 로마 제정 후기와 마찬가지로 대영지들이 예속민들에 의해서 경작되는 경우가 많았음은 분명하다. 그중 일부는 비시고트 왕들의 것으로서, 그들은 이 영지들을 개인적으로 상속받은 세습재산으로, 혹은 직책에 따르는 재산으로서 소유하고 있었다. 654년에 공포된 "포룸 유디쿰(Forum Iudicum)", 즉 "판관의 서(書)"라고 알려진 7세기 법전의 한 두드러진 특징은 왕령지의 이 두 가지 유형을 구분하고 있다는 것이다. 또한 문헌 자료와 비문을 통해서 볼 때 왕들을 포함하여 대지주들이 자신과 그 식솔들을 위해서 자기 영지에 사적인 교회를 세웠음이 분명하고, 어떤 경우에는 주위에서 성자(聖者)처럼 살고 있다고 알려진 은자(隱者)들을 모셔와 교회 본채 주위에 딸린 방들에서 살게 했는데, 이는 그 성자들의 성스러움이 자신들에게도 영향을 미치기를 바라는 마음 때문이었다. 그런 교회의 여러 사례가 스페인에서 발견되었다. 그중 하나인 산후안 데 바뇨스 교회의 경우, 지금까지 남아 있는 비문을 통해서 이 교회가 661년으로 거슬러올라가고, 레케스빈토 왕(649-672)의 명령을 받고 건축되었음을 알 수 있다.

고고학은 또한 최근 비시고트 시기의 것으로 보이는 두어 지점의 발굴을 통해서 당시 농촌 사회의 또다른 단면에 약간의 빛을 던져주었다. 그중 하나로 살라망카 지방에서 발굴된 한 곳은 단순하게 돌로 지은 예닐곱 채의 가옥의 존재를 확인시켜주었는데, 이 집들은 각각 가축우리를 가지고 있으며, 마을 전체가 석벽(石壁)으로 둘러싸여 있었다. 이곳은 또한 비시고트 시대 농촌 마을들의 법적, 경제적, 그리고 심지어 교육적 생활의 모습을 엿볼 수 있는 석판 문서가 여럿 발견되었다는 점에서도 중요하다. 여기서 발견된 석판 문서들은 아쉽게도 이곳이 정확하게 어떤 성격을 가진 마을인지에 대해서는 아무런 정보도 제공하지 않는다. 이곳이 가축을 기르는 소농들의 독립된 마을인지, 아니면 주민들과 그들의 가축들이 성속의 귀족들에게 예속되어 있었는지 알 수 없다.

현재 100개 이상이 발견된 석판 문서들은 6세기부터 7세기까지 그 제작 시점이 다양한 것으로 알려져 있다. 그것들은 발굴을 통해서 발견되기도 하고 살라망카, 아빌라, 그리고 카세레스 지역의 들판 곳곳에서 나뒹굴고 있다가 채집되기도 했다. 이 석판들이 담고 있는 텍스트들은 돌의 표면을 날카로운 물체로 긁어서 기록되었는데, 불행히도 이 석판의 재질이 잘 부스러지는 것이어서 글씨가 온전하게 남아 있는 것은 하나도 없다. 그러나 이 석판들은 당시 농촌 사회에서도 기록이, 그리고 모든 형태의 법적 혹은 상업 거래에서 글을 쓰는 것이 중요했음을 말해준다. 법적 분쟁과 매매 및 교환을 기록해놓은 이런 문서는 8세기 후반부터 양피지에 쓰인 상태로 그보다 훨씬 더 다량으로 나타나고 있는 문서들과 비교할 수 있다. 이 두 문서들에서 사용된 절차와 형식에서의 유사성은 아랍 정복 이후 기독교 국가들의 법적, 행정적 관행이 비시고트 왕국의 그것을 이어받은 것임을 분명히 보여준다.

석판 문서들 가운데 일반적으로 좀더 의미 있고, 보다 항구적인 기록들 중에는 학교 공부와 관련된 것으로 해석될 만한 다량의 기록들이 있다. 여기에는 단순한 알파벳 쓰기를 연습하는 것도 있지만, 그중에는 좀더 높은 수준의 강의 내용이나 여러 가지 산수 연습을 하는 것도 포함되어 있다. 이 문서들은 그것이 만들어진 정황에 대해서 명확한 대답을 해주지는 않지만,

비시고트 시대 스페인 사람들의 문자 해독률이 비교적 높았다고 하는, 다른 사료들로부터도 끌어낼 수 있는 추론에 설득력을 더해준다. 편지들, 특히 사라고사의 주교 브라울리오(631-651)가 쓴 편지에는 비시고트족 왕들뿐 아니라 다른 세속 귀족들도 사적으로 도서관을 소유하고 있었다고 기록되어 있다. 몇몇 왕들은 책을 저술한 것으로도 알려져 있다. 그중에서 가장 널리 알려진 사람이 시세부토인데, 그는 프랑크족 주교 빈의 데시데리우스의 『생애』를 저술한 것으로 보이고, 일식(日蝕)에 대해서 세련된 편지글 형식의 시를 썼다. 여러 사람들에게 쓴 그의 편지 가운데 일부는 지금까지 전해내려온다. 또다른 국왕 겸 시인으로 친틸라(636-639)가 있는데, 그는 교황 호노리우스 1세에게 한 편의 시를 지어 선물로 바쳤다.

이탈리아에서나 스페인에서나 고트족은 모두 아리우스교 추종자들이었다. 아리우스교는 4세기 로마 제국에서 발전했으며, 삼위일체설에서 성자 예수 그리스도가 성부 하느님과 동등하고, 영원히 같이 존재한다는 점을 부인함으로써 이단으로 규정되었다. 이 아리우스 이단 교리는 4세기 발칸 반도에서 로마 제국민들에게 널리 받아들여졌고, 고트족 역시 당시 그곳에 거주하는 동안 기독교를 받아들였기 때문에 대부분 이 아리우스교를 신봉하고 있었다. 이 종교적 차이가 고트족 지배자와 정통 가톨릭을 신봉하는 히스파노-로마계 신민들 사이에 불화를 초래하기도 했지만, 570년까지 이 두 집단 간에 종교적 갈등은 거의 없었다. 이 점은 아리우스교를 믿는 왕들이 가톨릭을 신봉하는 신민들을 오랫동안 박해했던 아프리카 반달 왕국(이 왕국은 442년부터 533년까지 존속했다)과 좋은 대조를 이룬다. 6세기 초에 스페인에서는 여러 차례의 지역 공의회가 열렸는데, 특히 오스트로고트 지배기에 반도 북동부에서 자주 열렸다. 그리고 여덟 명의 주교로 구성된 스페인 내 전체 교회 대표자 회의가 527년(혹은 531년)에 제2차 톨레도 공의회 형식으로 소집되었다. 세기말경에는 그보다 훨씬 더 중요하고, 정기적

스페인 서부 지방 여러 농촌 지역들에서 발견된 석판 표면을 긁어 작성한 100여 개의 문서들 가운데 하나. 대체로 5세기에서 7세기 사이에 작성되었으며, 사진 속의 이 석판은 7세기 말의 것으로서 곡물의 이름들과 그 양의 목록을 담고 있다. 그러나 이 석판 문서들이 정확히 어떤 목적을 가지고 있는지는 아직 알 수 없다.

이며, 대규모적인 공의회 행동 프로그램이 589년 5월 제3차 공의회 소집을 계기로 시작되었는데, 이 회의에는 62명의 주교를 비롯하여 여러 고위 성직자들이 참석했다. 그런데 이것은 그동안 왕국을 심각하게 괴롭혀온 정치적, 군사적인 여러 문제들(그중에서도 가장 중요한 문제는 교회가 아리우스교와 정통 가톨릭으로 분열되어 있었다는 것이다)이 최종적으로 해결된 결과 나타난 것이었다.

6세기 중엽은 비시고트 왕국에 상당히 불안한 시기였다. 새로운 왕 테우디스클루스(548-549)는 선왕과 마찬가지로 다른 사람에 의해서 피살당했고, 그를 계승한 아길라(549-554)는 코르도바에서 일어난 반란 세력에게 치욕적인 패배를 당했으며, 세비야에서도 한 비시고트 귀족이 아타나힐도의 이름을 내걸고 반란을 일으켰다. 아길라는 결국 메리다에서 그의 부하에게 살해되었고, 왕국은 아타나힐도(554-567)의 손에 들어갔다. 이 전쟁 기간 동안 한쪽이 동로마 제국(즉 비잔틴 제국) 황제 유스티니아누스 1세(527-565)에게 도움을 청했다. 이에 황제는 551년 콘스탄티노플로부터 원정대를 파견하여 지중해 연안 과달키비르 계곡에서 북쪽 카르타헤나에 이르는 지역에 비잔틴 제국령을 세웠으며, 수도를 카르타헤나에 두었다. 아타나힐도의 후임 왕들이 이 영토를 회복하기 위해서 몇 차례 전쟁을 일으키기도 했지만, 비잔틴 세력이 반도 남동부 최후의 거점에서 축출된 것은 620년에 이르러서였다.

아타나힐도는 비시고트 왕들 가운데 톨레도를 수도로 정한 첫 번째 왕이었다. 그의 전임 왕들은 주로 세비야와 메리다에 머물렀다. 아타나힐도를 이은 레오비힐도는 선왕의 정책을 계승하면서 왕의 권위를 높이기 위해서 처음으로 왕관을 사용하는 등 새로운 의식과 왕의 표징들을 도입했다. 그는 또한 주화에 콘스탄티노플 황제의 이름을 넣는 관행(이는 5세기 이래로 관례화되고 있었다)을 깨고 대신 자신의 이름을 새긴 새로운 주화를 발행했다. 그리고 보다 실질적인 의미를 가지는 것으로 570년대에는 일련의 성공적인 전투를 통해서 스페인 북부와 남부 대부분에 대해서 왕의 권위를 회복했다. 여기에는 550년 아길라에 대항해 벌인 반란 이후로 독립적 지위를 누렸던 코르도바도 포함되어 있었다. 비록 카르타헤나를 중심으로 하는

비시고트 왕 레오비힐도의 새로운 형태의 주화. 580년대에 톨레도에서 주조되었다. 주화의 앞뒤 양면에 다른 왕의 상징도 없이, 장발의 양식화된 왕의 흉상이 그려져 있다. 앞면에는 동전의 둘레에 "LEOVIGILDVS REX IVSTVS"라는 왕의 칭호가 쓰여 있고, 다른 면에는 주조한 도시 "TOLETO"의 이름이 적혀 있다.

비잔틴 제국령의 최후의 거점이 구축되는 것은 620년대에 이르러서였지만, 이때 비잔틴 요새들 가운데 상당 부분이 비시고트 쪽으로 넘어갔다. 584년에 레오비힐도는 갈리시아에 있는 수에비 소왕국을 정복하기도 했다. 이 수에비 왕국은 570년대 초에 이미 브라가의 주교 마르틴의 노력으로 정식으로 가톨릭 신앙을 받아들이고 있었다.

　레오비힐도는 그의 왕국을 두 아들에게 나누어주려고 했던 것 같다. 580년에 그는 장남 에르메네힐도(그는 얼마 전에 아타나힐도의 손녀이기도 했던 프랑크족 공주와 결혼한 상태였다)를 반도 남쪽(그 수도는 아마도 세비야였던 듯하다)의 지배자로 임명했다. 그러나 그 이듬해 에르메네힐도는 부왕에 대항해서 반란을 일으켰고, 곧 비잔틴 제국에 도움을 요청했다. 이 반란이 당시 소수 고트족 지배층의 신앙이었던 아리우스파 기독교에서 인구의 다수를 차지하고 있던 히스파노-로마계 신민들이 믿는 가톨릭으로 개종하는 과정에서 에르메네힐도가 받은 영감 때문이었는지, 혹은 그의 개종이 반란이 일어난 뒤 나타난 것인지, 아니면 반란의 결과인지는 분명하지 않다. 에르메네힐도가 아타나힐도의 미망인이었던 계모의 설득에 의해서 반란에 가담하게 되었다는 기록이 있는 것으로 보아, 왕조 내 정권 다툼이 반란에서 중요한 역할을 한 것으로 보인다. 레오비힐도는 아들이 가톨

SOROR mEa FLOREN
TINA ACCIPE CODICEM
QUEM TIBI COMPO
SUI FELICITER
AMEN

릭으로 개종하고 비잔틴 제국에 원조를 청한 이후에야 아들과의 전쟁을 결심했다. 583년부터 584년의 전투에서 그는 에르메네힐도를 지지하는 남쪽의 도시들을 점령했고, 결국 아들로부터 항복을 받아냈다. 에르메네힐도는 발렌시아에 구금되어 있다가 585년에 죽었는데, 아마 부왕의 명령에 의해서 살해된 듯하다.

이 사건은 다시 활기를 되찾고 재통일된 비시고트 왕국 내에 적대적인 두 개의 교회가 존재하고 있다는 쉽지 않은 문제를 전면에 부각시켰다. 아리우스교와 가톨릭으로의 분열이 고트족과 히스파노-로마인 간의 인종적 구분과 일치하지는 않았다. 580년 톨레도에서 개최된 시노드(synod)는 아리우스 신학 이론을 개정했고, 레오비힐도의 설득으로 사라고사의 가톨릭 주교가 아리우스교로 개종했다. 같은 시기에, 특히 반도 남쪽에서 점점 더 많은 수의 고트인들이 가톨릭으로 개종했으며, 그중에는 고위 성직에 오르는 사람도 있었다. 그들은 자신들을 다시 아리우스교로 되돌아오게 하려는 레오비힐도의 온갖 시도에도 굴복하지 않았다. 결국 이 문제는 새로 즉위한 왕 레카레도가 개인적으로 가톨릭으로 개종하는 것으로 결말이 났는데, 그의 개종은 589년 5월 제3차 톨레도 공의회에서 왕국 전체의 개종과 함께 공식화되었다. 이 무렵 아리우스파 주교들과 사제들을 가톨릭 교회로 흡수하는 현실적인 문제의 대부분이 해결된 상태였고, 아리우스교를 지키기 위해서 고트족 주교들과 그 세속 지지자들이 일으킨 마지막 반란도 590년에 진압되었다. 그 후로 더 이상 종교 분열은 나타나지 않았다.

이 종교 문제의 최종적 해결은 그것이 이후 히스파노-로마계 주민들, 특히 성속의 엘리트들을 비시고트 왕정에 적극적으로 협력하게 만들었다는 점에서 그 중요성을 아무리 강조해도 지나치지 않다. 비시고트 왕정은 또 그들대로 이제 사실상 반도 전체를 통일하게 되었고, 일련의 뛰어난 주교들의 주도하에 교회가 지속적으로 발전할 수 있는 정치적 조건을 제공했다. 교회의 발전 과정에서 처음에는 세비야의 주교들이, 후에는 톨레도의

세비야의 주교 이시도로와 그의 누이 플로렌티나 수녀(그녀에게 이시도로는 자신의 책 『유대인들을 반대하며』를 헌정했다)의 모습. 이 그림은 800년경 프랑스 북동부 지역에서 쓰인 한 필사본에 들어 있다.

주교들이 두드러진 역할을 수행했다.

　세비야의 주교 레안드로(599/600년 사망)는 부왕에 대항하여 반란을 일으켰던 에르메네힐도와, 그 후에 성공하여 왕위에까지 오른 그의 동생 레카레도가 가톨릭으로 개종하는 데 깊이 관련된 인물이었다. 주로 아리우스교를 비판하는 내용으로 이루어진 그의 저술들 가운데 지금까지 남아 있는 것은 별로 없다. 레안드로의 동생 이시도로(636년 사망)는 형의 세비야 주교직을 물려받는데, 그는 비시고트 시기 기독교도 지식인들 가운데 가장 많은 저술을 남겼고, 가장 영향력 있는 인물이었다. 20권으로 된 그의 『어원학』은 후기 고대시대의 지식을 집대성한 방대한 백과사전이었다. 이 책은 그가 죽은 후 유럽 전역에서 널리 읽혔으며, 중세시대 내내 표준적인 참고서의 위치를 유지했다. 좀더 간단한 그의 역사서들과 연대기, 『고트족, 수에비족, 그리고 반달족의 역사』 등은 고트족과 그들의 과거를 로마사와 성서의 역사라고 하는 더 넓은 틀 속에 자리잡게 하는 데 기여했다. 이시도로는 자신이 쓴 책들을 그가 섬겼던 비시고트 왕들에게 봉헌했다. 그는 당대의 교회에서 지배적인 인물이었으며, 633년 제4차 톨레도 공의회를 주관했는가 하면, 아프리카와 갈리아, 스페인의 교회 공의회들에서 제정된 기독교 법령들을 모아 『히스파나』라는 최초의 기독교 법령집을 편찬하기도 했다.

　이시도로가 죽고 난 후 스페인 내 교회의 주도권은 톨레도 주교들에게로 넘어갔다. 이 톨레도 주교들은 세속의 지배권을 이 도시에 주로 체류했던 국왕들의 수중에 집중시킬 것을 주장했을 뿐만 아니라, 왕국 내 교회의 조직과 규율을 자신들이 지배하는 톨레도 대주교구가 통솔하는 쪽으로 통일시키려고 노력했다. 그들의 저술이 물론 모두 다 남아 있지는 않지만 이 주교들 중 다수의 저술, 특히 일데폰소(657-667)와 훌리안(680-690)의 책이 그 후 수 세기 동안 스페인과 피레네 산맥 너머에서 널리 읽혔다. 또다른 톨레도 주교 에우헤니오 2세(647-657)는 유명한 시인이었고, 후임자들과 마찬가지로 비시고트 교회의 위대한 유산 가운데 하나인 『대예배서』 편찬에 크게 기여했다. 이 여러 주교들, 그중에서도 특히 훌리안은 톨레도가 다른 대도시들 혹은 주교구들에 대해서 우월한 권위를 가지는 데 중요한 역할을 수행했다. 그들은 또한 국왕의 합법성과 관련하여(처음에는 국왕의 합법성이 귀족과 군대에 의존했다), 새로 즉위하는 왕은 반드시 톨레도에서 톨레도의 주교가 집전하는 도유식(塗油式)을 거쳐야만 합법적인 왕이 될 수 있다는 관행을 만드는 데 성공했다. 이 관행은 적어도 672년부터는 하나의 규범이 되었다.

7세기와 8세기 초 비시고트 왕국의 세속 역사는 그에 관한 사료가 절대적으로 부족하기 때문에 그전 시기의 역사만큼 재구성하기가 쉽지 않다. 초기 프랑크 왕국 시대나 초기 앵글로색슨족의 역사에 대해서 많은 정보를 제공하는 투르의 그레고리(594년 사망)의 『열 권의 역사』나 비드의 『영국민들의 교회사』와 같은 중요한 문건들이 구체적인 설명을 하고 있는 것에 비해 이시도로의 역사서들은 너무나 간략하다. 이 이시도로의 역사서 이후로 비시고트 왕국에서는 당대의 역사서가 거의 나타나지 않았다. 그러다가 톨레도의 주교 훌리안의 『왐바의 역사』가 나타나는데, 이 책은 672년 왐바의 즉위와 673년 반란을 일으킨 파블로 백작을 상대로 하는 전쟁에 관한 간단하고 매우 수사적인 이야기로 되어 있다. 그 후 스페인에서는 아랍 인이 점령하고 난 후에야 역사서가 나타난다. 그 역사서들 가운데 몇몇은 711년 이전의 시기에 대해서 정보를 제공해주지만, 그것은 그해 일어난 사건들에 의해서 짙게 덧칠되어져 있다. 반도 북쪽과 남쪽의 적대적인 역사 서술 전통 속에서 서로 다른 비시고트 왕들과 왕조들이 당시 왕국과 그 주민들에게 닥친 불행의 책임자로 지목된다.

그 외 7세기 후반 프랑크인이 쓴 『프레데가르의 연대기』 같은 비스페인 어권 사료를 참조하거나, 혹은 주화 등의 다른 증거를 통해서 얼마간의 정보를 더 얻을 수 있다. 예를 들면 후자로부터는 유딜라와 수니프레도라는 이름을 가진 두 왕의 존재를 확인할 수 있는데, 문헌상의 자료에서는 어디에서도 이들에 관한 정보를 찾아볼 수 없다. 당대에 일어난 몇몇 사건들은 법전이나 당대 스페인 교회가 소집한 여러 전체 공의회 혹은 지역 공의회에서 제정된 법령들에서 확인할 수 있다. 그런 자료를 통해서 톨레도의 주교를 역임한 바 있는 시스베르토(690–693)가 왕 에히카(687–702)에 대항해서 일으킨 반란(이에 대해서는 그 외에 아무것도 알려져 있지 않다)에 가담했다가 실패한 사실도 알 수 있다. 이 시기의 연대기는 그 치세 기간이 명시되어 있는 일련의 국왕 목록을 통해서 어느 정도 재구성할 수 있는데, 이것도 서로 모순되는 경우가 많다.

그런 다양한 경로를 통해서 적어도 589년 제3차 톨레도 공의회 이후부터 711년 아랍인들의 정복 때까지 스페인에서 일어난 사건들의 윤곽을 그려볼 수 있다. 레카레도에 관해서는, 그가 고트 왕국과 고트족 신민들을 공식적으로 가톨릭으로 개종시킨 뒤로는 놀랍게도 알려진 것이 거의 없다. 601년 그가 일찍 죽자 왕위는 그의 어린 아들 리우바 2세(601-603)에게 돌아갔다. 그러나 그는 얼마 가지 않아 위테리코(603-610)가 이끄는 궁정 귀족들의 음모로 폐위당한 다음 살해되었다. 그 뒤를 이은 위테리코 역시 정신(廷臣)들에 의해서 살해되었다. 그다음 왕 군데마로(610-611/612)에 대해서는 셉티마니아에 파견되었던 그의 부하 장군 불가르 백작이 그에게 보낸 편지 몇 통이 지금까지 남아 있어서 비교적 많이 알려져 있는 편이다. 상당히 많은 지식의 소유자였던 시세부토 왕(611/612-620)의 죽음은 아직까지 수수께끼로 남아 있으며, 그의 뒤를 어린 아들 레카레도 2세가 계승했으나 이듬해 죽었고, 이시도로는 그의 죽음에 대해서 아무런 설명도 하지 않았다.

리우바 2세와 나중에 툴가(639-642)의 경우에서 볼 수 있듯이, 어린 나이에 즉위한 왕이 그 자리를 오랫동안 보전할 가능성은 매우 희박했다. 한편으로 비시고트 왕들은 전통적으로 전쟁에서 동족을 이끄는 군 지도자였으므로, 그 역할을 어린 왕에게 기대할 수는 없었다. 다른 한편으로는 귀족들 간의 권력 다툼과 파벌주의가 만연한 당시 사회에서 왕은 궁정 혹은 왕국 전체의 관직 임명권의 궁극적 원천으로 인정되고 있어서 고도의 정치적 기술을 가지고 있어야 했는데, 이 역할 또한 어린 왕이 제대로 수행할 수 없는 것이었다. 이런 상황에서 어린 왕의 제거는 정권 다툼을 벌이는 여러 집단들이 선택할 수 있는 여러 가지 선택 사항 가운데 하나였다. 이런 사회에서는 군사적으로 유능한 성인(成人) 왕들도 권력을 유지하기가 쉽지 않았다. 예를 들면 레카레도 2세를 이은 수인틸라(621-631)는 시세부토 시대에도 많은 무공을 세운 장군이었고, 비잔티움인들을 최후의 보루에서 쫓아낸(625년경) 유능한 무장이었음에도 불구하고, 그 역시 군사반란으로 타도

10세기 레온 지방 안티포날에서 만들어진 왕의 도유식 장면을 그린 그림(León Cathedral MS number 8, folio 271ᵛ). 비시고트 왕 왐바의 치세로까지 거슬러올라가는, 지금은 없는 한 수서본을 필사한 것이다. 톨레도에서만 거행할 수 있었던 의례인 왕의 도유식은 7세기 말 비시고트 왕의 즉위에서 핵심적인 요소가 되었다.

되고 말았다.

이 군사반란을 이끈 사람이 시세난도(631-636)였다. 그는 이 반란을 성공시키기 위해서 프랑크 왕국의 왕 다고베르토 1세(623-638/639)의 도움을 받았다. 이에 대한 보답으로 그는 410년 유명한 알라리코의 로마 약탈에서 탈취한 전리품(이 전리품은 그 이후 비시고트 왕가의 세습재산이 되었다)의 일부를 다고베르토에게 넘겨주기로 약속했었다. 그러나 그 보물은 비시고트 왕실의 재산이기도 했지만 보다 중요하게는 민족의 역사와 전통을 구현한 것이기도 했다. 때문에 고트족 신민들은 시세난도가 이 보물을 군사원조에 대한 보답으로 내놓는 것에 대해서 강하게 반대했고, 그 때문에 그는 그 액수만큼의 금화를 대신 보내야 했다. 6세기 말부터 7세기에 주조된 비시고트 왕국의 주화들이 프랑스에서 발견되는 것은 대개 이런 거래의 산물로 추정된다.

시세난도는 자신 또한 선왕과 같은 꼴을 당할 수 있다는 것을 너무나 잘 알고 있었다. 때문에 그는 세비야의 이시도로의 조언에 따라 자신의 국왕직을 정신적인 보호장치로 에워싸고자 했다. 그는 주교들에게 왕에 대한 음모죄는 대죄를 저지른 사람들에게 내리는 파문의 형태로 초자연적 처벌로 위협하라고 요구했다. 그래서 그는 589년 레카레도 왕 이후 처음으로 스페인과 셉티마니아 내 모든 교회의 대표들을 모이게 하는 대규모 공의회를 소집했다. 이 공의회에 모인 주교들이 시세난도의 요청을 받아들여 왕과 그의 가족들에 관하여 음모를 꾸민 자들에 대해서는 파문에 처한다고 선언했다. 그러나 정작 문제는 합법적인 왕과 찬탈자 간의 구별이 반란의 결과에 의해서만 분명해지게 되었다는 점이다. 다시 말해서, 어떤 반란이 기존의 왕을 타도하는 데 성공했는가 아닌가, 바로 이 점이 그가 신의 가호를 받고 있는지, 그래서 합법적인 왕인지 아닌지를 분명하게 만들었다는 것이다.

그러므로 이 법령을 공포하고, 음모자와 찬탈자들을 파문에 처하겠다고 협박한 바로 그 주교들이, 반란을 일으켜 성공한 친다스빈토(642-653)가 소년왕 툴가를 폐위시키고 투옥시켰을 때 그에 대해서 아무런 이의도 제기하지 않은 것은 논리적으로 전혀 문제가 없었다. 성공적인 결과가 새로운 왕의 행위를 정당화한 것이다. 즉위 당시 이미 80대 노인이었던 친다스빈토는 그 자신과 가문을 보호하기 위해서 좀더 직접적이고, 좀더 세속적인 조치를 취했다. 『프레데가르의 연대기』에는 그가 즉위 직후 수백 명의 고트족 귀족들을 처형함으로써 당대의, 그리고 미래의 잠정적인 적들을 일소했다고 쓰여 있다. 또한 그는 생전에 이미 자신의 아들 레케스빈토(649-672)를 공동왕으로 앉혀 순조로운 승계를 도모했다. 이 점에서 그는 분명 자신의 목표를 이루었다. 그러나 그의 아들은 뒤를 이을 후계자를 가지지 못해 친다스빈토의 왕조는 672년을 끝으로 단절되었으며, 왕위 계승은 다시 궁정 귀족들의 수중에 맡겨졌다.

친다스빈토와 레케스빈토의 치세는 또한 그들의 입법 행위 때문에도 중요하다. 비시고트 왕들이 제정한 법전들 가운데 부분적으로나마 전해져내려오는 최초의 것은 에우리코 왕이 만든 것이다. 그러나 이것은 그의 아들 알라리코 2세의 업적일 수도 있다. 알라리코 2세는 506년에 로마의 『테오도시우스의 법전』의 축약본을 반포하기도 했다. 이 축약본은 『편람』으로 불렸다. 그 후로 비록 테우디스의 개별법이 발견되기는 했지만, 레오비힐도 시대까지는 더 이상 법전 편찬이 이루어지지 않은 듯하다. 레오비힐도가 선왕들의 업적을 수정 보완한 법전을 편찬했다는 기록은 있지만 전해져오지는 않았다. 다만 그 내용 가운데 일부가 654년 레케스빈토에 의해서 공포된 매우 방대한 법전에 포함되었으리라고 여겨진다. 654년의 법전은 『비시고트족의 법』으로 알려지게 되었다. 비록 이 법의 적용이 10세기 이후 왕들과 도시의 건설자들이 공포한 여러 지역자치법(fueros)에 의해서 제한되고 수정되지만, 이 비시고트족의 법(이 법전은 푸에로 후스고〔Fuero Juzgo〕라는 지방어의 형태로 알려지게 되었다)은 적어도 13세기까지 스페인 전역에서 통용되었다. 그것은 또한 아랍인들의 반도 정복 이후 수 세기 동안 이슬람 지배하의 기독교 공동체들에 의해서, 혹은 그들을 위해서 운영되는 법전이기도 했다.

이 법전은 열두 권으로 되어 있으며, 이전의 모든 법전들을 무용하게 만든 체계적인 법전이었다. 이 법은 그동안 비시고트 왕국 최초의 "영역법", 즉 왕국 내 모든 사람들에게 적용되는 법으로 간주되어왔다. 그에 비해 그 이전의 법전들은 로마인 혹은 고트인 가운데 어느 한쪽에만 적용된 것으로 생각했다. 그러나 이 주장은 충분히 의심해볼 여지가 있는데, 왜냐하면 이 법전들 모두가 비시고트 왕들의 모든 신민들에게 적용된 것으로 볼 만한 충분한 근거가 있기 때문이다. 레케스빈토의 법전이 로마계 주민과 고트족을 구분하지 않았고, 포괄적인 성격을 가지고 있었음은 분명하다. 그것이 담고 있는 개별법들이 포괄하지 못한 사안들은 직접 왕의 결정에 맡겨졌고, 그런 사안들에 대한 재정(裁定)은 다음 번 법전에 더해지는 것이 일반적이었다.

레케스빈토는 그가 편찬한 법전과 그의 치세에 건축된 산후안 데 바뇨스 교회를 통해서 알려져 있을 뿐만 아니라, 준보석들로 장식된 화려한 제례용 금관의 제작자로 칭송의 대상이 되었다. 이 금관은 관 밑에 장식을 겸해 매달린 알파벳을 통해서 그가 기증한 것임을 알 수 있으며, 현재 마드리드 국립 고고학 박물관에 전시되어 있다. 이 왕관은 지금은 분실되고 없는, 시세난도가 기증한 비슷한 크기의 다른 왕관과 좀더 낮은 지위의 사람들이 기증한 작은 왕관들, 그리고 십자가들과 함께 (아마도 톨레도에 있는) 주요 교회들 가운데 하나에 기증되었음이 분명하다. 이 보물들은 1849년 톨레도 시에서 멀지 않은 어느 시골에서 발견되었다. 그런 제례용 왕관은 왕이 머리에 쓰기 위한 것이 아니라, 부활절 일요일 같은 중요한 축일에 교회의 대제단 위에 걸어두기 위해서 만들어졌다. 기록상으로는 기부자의 관대함을 공개적으로 드러내는 이런 금관이나 은관의 기증이 중세 초기에 대단히 많았다고 되어 있으나 지금까지 남아 있는 것은 매우 드물다. 그중에서도 레케스빈토의 왕관은 다른 어떤 것과도 비교되지 않는 걸작이다.

레케스빈토는 후계자를 두지 못한 것 같고, 그가 672년에 사망하자 궁정 귀족들은 자신들 가운데 한 사람인 왐바(672-680)를 왕으로 선출했다. 그러나 그는 즉각 셉티마니아의 적대자들로부터 도전을 받았고, 그 가운데 가장 유력한 자가 파블로 백작이라는 이름으로 불린 귀족이었다. 그러나 파울로는 673년에 패했고, 톨레도의 부제 훌리안이 왕의 승리를 축하하는 글을 남기고는 있지만 왐바와 교회의 관계는 그 후 순탄치 않았다. 두 개의 새로운 주교구를 설치하려는 그의 시도는 교회법에 배치되는 것으로 간주되었고, 680년 병들어 죽음이 임박했다고 여겨졌을 때 그의 폐위를 도모한 사람은 얼마 전에 톨레도 주교가 된 바로 그 훌리안이었다. 이에 대해서 후에 쓰인 책들은 훌리안이 왐바를 독살한 것이라고 주장하고 있지만, 왐바는 실제로 병에 걸렸던 것 같고, 죽음이 임박했다고 여겨지자 당시의 관례대로 참회자의 신분에 들어가는 길을 택한 듯하다. 그러나 그는 병에서 회복되었다. 그렇지만 훌리안이 이끄는 교회는 그가 참회자의 신분에 있기 때문에 세속 활동을 재개할 수 없다고 선언했으며, 왕은 은퇴하여 수도원에 들어가지 않으면 안 되었다. 그리고 에르비히오(680-687)라는 비시고

팔렌시아 근교에 있는 산후안 데 바뇨스 교회. 지금까지 남아 있는 성상 안치소 아치 위의 글귀는 이 교회가 661년 레케스빈토 왕에 의해서 지어졌음을 말해준다. 그러나 최근에는 지금의 이 건물이 원건물의 자재를 이용하여 후에 재건축된 것이라는 주장이 제기되고 있다.

트 귀족이 대신 왕위에 올랐다.

　681년에 새 왕은 레케스빈토의 법전을 수정하고 증보한 새 법전을 공포했는데, 이 법전은 스페인 내 유대인에 관련된 법 조항의 수가 크게 늘어난 점에서 특히 주목된다. 이미 레카레도는, 예를 들면 유대인은 기독교도 노예를 소유할 수 없다는 조항과 같은 유대인에 관한 로마 제국 후기의 법령 가운데 일부를 차용한 바 있었다. 그러나 비시고트 왕들이 유대인 신민들의 자유를 제한하고, 그들을 강제로 개종시키려는 목적을 가지고 그들 나름의 법령들을 제정하기 시작한 것은 시세부토의 치세에 들어서면서부터였다. 시세부토는 콘스탄티노플의 동로마 황제 헤라클리우스(610-641)의 격려하에 법령 제정을 통해서 스페인 내 모든 유대인을 강제로 개종시키려고 했다. 이 조치는 그가 죽고 나서 제4차 톨레도 공의회(633)에 모인 주교들에 의해서 거부되었다. 그러나 주교들은 이미 개종한 유대인들이 원래의 종교로 되돌아가는 것은 허용하지 않았다.

7세기 비시고트 왕국의 유대인들이 어떤 대우를 받았는가에 관한 이야기는 매우 음울한 역사의 한 장을 이루는데, 왜냐하면 그것이 거의 시종일관 성속의 입법자들이 유대인들에 대해서 점점 더 가혹하고 점점 더 자의적인 내용의 법령들을 공포하고 있는 것으로 쓰여져야 하기 때문이다. 그 다음 세기들과 달리 이 세기의 기록에는 그런 법령들과 금지령이 실제로 얼마나 시행되었는지, 혹은 지방에서는 기독교도와 유대인의 관계가 어떠했는지 등을 말해주는 증거가 없다. 비록 시세부토 때와 같은 노골적이고 직접적인 방법이 그 후로는 시도되지 않았지만 점점 더 많은 유대인들이 그들에게 강요된 법적 제약에 굴복하여 기독교로 개종했음은 분명하다. 690년대에 아직도 그들의 종교를 신봉하고 있던 유대인들이 에히카에 의해서 외국의 유대인들과 더불어 음모를 꾸몄다는 죄를 뒤집어쓰고 고발되어 노예로 전락하고 재산을 몰수당했다. 이는 국왕의 재정적 어려움을 덜기 위해서 일부러 꾸민 일일 수도 있겠지만, 다른 한편으로는 당시 과거 비잔틴의 영역이었던 북아프리카에서 아랍의 세력이 급속히 확대되고 있던 상황에 대한 우려가 그런 식으로 나타난 것으로도 볼 수 있다.

에히카의 치세에 대해서는 더 이상 알려진 바가 없다. 그는 선왕의 딸과 결혼하고, 선왕의 가족과 그 지지자들의 이익을 지켜주겠다는 약속을 하고 자신의 왕위 승계를 보장받았었다. 그러나 막상 즉위하자 아내를 버리고 약속을 파기했다. 후에 그를 타도하려는 음모가 진행되었으나 수포로 돌아갔는데, 그 음모에 당시 톨레도의 주교였던 시세부토가 관련되어 있었다. 이 사건이 일어난 후 왕은 자신의 아들 위티사를 공동왕으로 임명함으로써 후계에 대비했던 것 같다. 그 때문에 702년 그가 죽고 나서 별 어려움 없이 위티사가 왕위에 앉을 수 있었다. 그러나 710년 위티사의 때 이른 죽음(아마도 당시 그는 20대 초반이었던 듯하다)은 위기를 가져왔다. 귀족 파당들 간에 내전이 일어났다. 왕 로데리코(710-711)는 톨레도와 남부 지방 대부분을 장악했고, 그에게 도전한 아힐라 2세(710-713)는 그가 발행한 주화들을 통해서 볼 때 바르셀로나, 나르본, 그리고 에브로 강 계곡을 지배했던 것으로 보인다. 이 두 사람 외에 다른 경쟁자들도 있었던 듯하다. 바로 이 혼란의 시기에 로마령 북아프리카 정복을 끝낸 아랍인들이 베르베르인들로 주축을 이룬 군대를 이끌고 지브롤터 해협을 건너 698년 스페인에 침입했다. 증거가 불충분하고 모순되기는 하지만 로데리코의 패배와 죽음, 그리고 톨레도의 점령은 711년 혹은 712년에 있었던 것 같다. 714년경이면 무슬림 군대는 사라고사에 이르렀고, 비시고트 왕국의 최후의 보루가 720년 아힐라 2세를 계승한 아르도(713-720)의 형해만 남은 왕국(나르본 인근)의 정복과 함께 무너졌다. 비슷한 시기에 스페인에서는 아랍인 지배자들에 의해서 새로운 통치구조와 재정체계가 들어섰다. 처음에는 세비야가, 그 후에는 코르도바가 톨레도를 대신해 이베리아 반도의 행정 중심이 되었는데, 이는 비시고트 통치 전통과의 결별을 의미했다.

　적어도 7세기 말이면 비시고트 왕국에서 로마적 정체성과 고트적 정체성이 따로 존재한다는 느낌은 더 이상 존재하지 않았다. 더 이상 로마인은 없었다. 711년 이후 아랍인의 지배하에 있지 않은 반도의 주민들은 그들의, 혹은 피레네 넘어 이웃 국가의 문서나 문집에서 고트인으로만 기록되고 있다. 이는 그동안 주로 7세기 중엽 로마계 주민들을 위해서 별도로 운영되던 법체계가 폐지됨으로써 생겨난 현상으로 생각되어왔다. 그러나 그보다는 적어도 에우리코의 치세 때부터는 국왕의 법이 모든 사회 계층에 적용되었다고 보는 것이 더 설득력 있어 보인다. 사실 로마적 정체성은 인종적이라기보다는 법적이었고, 시민권 소유의 개념에서 유래된 것이었다. 그런데 앞서 말한 바 있듯이, 왕국 전체에서 나타났던 통혼(通婚)과 지역적 동화 과정, 그리고 589년 이후 교회가 왕정에 보낸 적극적 지지와 함께 새롭게 공유된 고트적 정체성이 7세기가 지나면서부터 적어도 상류 계층에게는 점차 받아들여진 것으로 보인다. 단순하게 말하면, 프랑크족이 프랑스인의 조상으로, 앵글로색슨족이 영국인의 조상으로 간주될 수 있는 것처럼 고트족도 오늘날의 스페인인들의 직접적 조상으로 충분히 간주될 가능성이 있었다. 그러나 비시고트 시대에 성취된 이 정치적, 문화적 통일성이 아랍인과 베르베르인의 침입으로 결정적으로 깨어짐으로써 그것은 무산되었고, 스페인 역사에서는 또 하나의 새롭고 더욱 복잡한 한 장이 다시 열리게 된다.

3 초기 중세시대
700-1250

리처드 플레처

8세기 초 이베리아 반도는 이슬람의 지배하에 들어갔다. 13세기 후반, 반도는 얼마 되지 않은 무슬림 땅 그라나다 에미르 국(amirate)을 제외하고는 다시 기독교도들에 의해서 수복되었다. 그 그라나다 에미르 국은 1492년까지 불안한 독립을 유지한다. 8세기 초부터 13세기 말까지, 500여 년에 걸친 이 시기는 오랫동안 스페인 역사가들에게 레콩키스타(reconquista), 즉 재정복의 시기로 알려져왔다. 자신들의 중세사를 레콩키스타라는 거대한 드라마를 중심으로 구성하는 것은 전통적으로 스페인 사람들의 자아상의 소중한 특징이 되어왔다. 스페인에서는 중세시대 조상들의 가톨릭적이고 십자군적인 사명을 둘러싼 강력한 민족적 신화가 구축될 수 있었다. 무엇보다도 스페인 중세시대의 변화무쌍하고 복잡한 역사는 이런 과도한 단순화를 통해서 비로소 이해할 수 있게 되었다. 이 단순화의 뒤를 도덕화가 끈질기게 쫓아다녔다. 레콩키스타가 중세 스페인 사람들의 운명이요 의무였기 때문에, 그것을 지연시키거나 방해하는 것으로 여겨진 사람들과 과정들은 사회에서 소외되고, 비판받고, 비난의 대상이 되었다.

사회적 소외의 가장 분명한 희생자는 지배적인 존재로 부상한 가톨릭 스페인 사람들과는 다른 문화적 정체성을 가진 사람들이었다. 비시고트 왕정을 타도한 정복자는 아랍인과, 그들의 지배를 받고 있던 아프리카 북서부 출신의 베르베르인들이었다. 베르베르인들은 같은 무슬림들이었지만 그들의 지배자들과는 인종, 언어, 문화적으로뿐만 아니라 신앙적으로도 달랐다. 스페인은 이미 오래 전부터 상당수의 유대인 공동체들을 남동부 도시들에 가지고 있었으며, 그들은 간헐적인 박해에도 불구하고 —— 어쩌면 그 박해 때문에 —— 자신들의 동질성과 정체성을 유지해왔다. 그러므로 이베리아 반도는 세 종교와 문화가 공존하고 중첩되는 땅덩어리의 모습으로 중세시대로 이행했다. 에브로 강과 두에로 강 남쪽으로 펼쳐져 있는 반도 땅 대부분에 아랍인과 베르베르인 이주민들의 정주, 토착 기독교도들이나 유대인들과의 통혼, 유대교도와 기독교도, 이슬람 교도 상호 간의 종교적 개종, 이 모든 것이 합쳐져서 철저한 문화적 혼융(混融)을 빚어냈다. 북부 스페인에서는 남쪽에 비해 로마—비시고트 기독교 문화의 영향을 훨씬 덜 받은 바스크인과 칸타브리아인들이 산지에서 평야 지대로 꾸준히 이주해왔다. 반도의 동북부는 중세 초기에 들어서도 선사시대 때부터 그래 왔던 것처럼 계속해서 갈리아 남부 지역과의 왕래가 있었다. 사람들의 이주, 인종의 혼합, 다양하게 뒤섞인 문화 지도, 이런 것들이 중세 초기 스페인의 가장 중요한 특징이었다.

11세기까지 무슬림들은 알-안달루스(al-Andalus, 아랍어를 사용하는 이슬람인들의 점령 지역)에서 정치적으로 지배자였다. 시리아에 있는 그들의 세력 근거지를 라이벌 압바스가(家)에 빼앗기고 나서 스페인으로 이주해온 위마야드가가 처음에는 에미르(emir)의 신분을 가지고(756-929), 후에는 칼리프(caliph)로서(929-1031), 코르도바를 수도로 정하고 반도 대부분에 대해서 지배권을 행사했다. 북쪽 끝 기독교도 피난민들이 세운 몇몇 공국들만이 그들이 지배에서 벗어나 있었다. 그들이 코르도바를 수도로 정함으로써 스페인의 정치적 무게중심이 타구스 강 계곡(톨레도)에서 과달키비르 강 계곡으로 남하하게 되었다. 이 이동은 단순히 환경상 선호의 변화를 반영한 것만은 아니었다. 코르도바가 지브롤터 해협과 멀지 않은 곳에 위치해 있다고 하는 사실은 중세 안달루시아 역사에서 마그립(지금의 모로코, 튀니지, 알제리를 포함하는 아프리카 북서부 지역을 일컫는 말/역주)이 대단히 중요한 의미를 가지고 있었다는 사실을 상기시킨다. 아프리카는 노예, 에미르 군대의 징병, 혹은 멀리 떨어진 팀북투로부터 사하라 사막을 지나 어렵게 들여오는 금 등의 형태로 부의 원천이 되었는가 하면, 토지에 굶주린 베르베르인 혹은 청교도적인 이슬람 근본주의자들로부터 유래하는 적대(敵對)의 원천이 될 수도 있었다. 그것이 가치 있는 것이었든, 아니면 경계의 대상이 되었든 간에 아프리카와의 관계는 안달루시아 지배 계층이 그것을 무시함으로써 위험을 자초했는가 하면, 오늘날의 역사가들 역시 그들의 존재를 간과함으로써 이 시기를 이해하는 데 중요한 걸림돌이 되기도 했다.

위마야드가 지배자들이 8세기에 코르도바에 있는 옛 기독교 대성당 자리에 세우고, 그 후 9세기와 10세기에 더 크게 확장시킨 대모스크(메스키타)는 이슬람의 자부심이 건축적으로 표현된 것이었다. 피정복 원주민들 가운데 다수가 정복자들의 종교를 받아들였다. 이슬람으로의 개종은 역사가들이 측정하기 어려울 정도로 점진적으로 이루어진 과정이었다. 그러나 아마도 대략 850년부터 1000년 사이에 가장 집중적으로 일어난 듯하다. 개종은 지역적으로도 고르게 나타나지 않았다. 농촌보다는 도시와 도시 근교 지역에서 훨씬 더 광범하고 철저하게 이루어졌던 것으로 보인다. 도시에서 멀리 떨어진 지역에서는 이슬람의 영향을 받지 않고, 초기 기독교의 모습을 그대로 간직하고 있는 수많은 마을과 공동체들이 있었던 것 같다. 현존하는 사료들은 이들 기독교 공동체들에 대해서 아무것도 말해주지 않는다. 고고학자들이 이들의 생활을 조금씩 밝혀주고 있을 뿐이다. 개종을 했든, 그렇지 않았든 간에 피정복자들은 정복자들의 비종교적인 성격의 문화 가운데 많은 부분을 차용했으며, 그중에서도 아랍어를 일상어로 사용하게 된 것이 특히 두드러진다. 아세이테(aceite, 올리브유)로부터 소코(zoco, 광장 혹은 시장)에 이르기까지, 그리고 알칸타라(Alcántara), 베니도름(Benidorm), 혹은 과달키비르(Gudalquivir)와 같은 수많은 아랍 지명 등 아랍어에서 유래한 단어가 현대 스페인어에서 많이 차용되어 사용되고 있는 것은 바로 그 때문이다. 아랍어로 새겨진 기독교도 망자들을 위한 비석들과, 아랍어로 된 기독교 성서가 전해내려오는 것은 정복자들의 언어가 피정복민들의 문화에 얼마나 깊숙이 침투했었는지를 잘 말해준다.

종교와 언어뿐만 아니라 중동 이슬람의 문명과 지식도 9–10세기에 스페인 땅에 뿌리를 내렸다. 교역망은 알–안달루스를 이집트, 이라크, 이란, 심지어 인도에 이르기까지 멀리 떨어진 이슬람 세계와 연결시켰다. 대서양을 건너온 용연향(향수의 원료)이 바그다드에서 거래되었고, 보카라(서아시아의 한 도시 혹은 왕국/역주)산 직물이 스페인에 들어왔다. 개선된 관개기술이 스페인에 유입되고, 쌀, 시금치, 사탕수수 등 새로운 작물이 도입되었다. 수입된 미의식(美意識)과 방문객들에게 경외감을 품게 하려는 바람이 합쳐져 과달키비르 강 계곡에 수많은 궁전과 정원들이 들어섰는데, 그중에서 가장 유명한 것이 칼리프 압달 라만 3세(912-961)가 코르도바 근처 메디낫 알-사라에 지은 거대하고 사치스런 복합 궁전이다. 이 압달 라만 3세와, 애서가이기도 했던 그의 아들 알-하켐(961-976)의 계몽적 후원 하에 —— 이 두 칼리프 치세 동안 위마야드 왕조의 세력은 스페인에서 절정에 이르렀다 —— 시, 역사, 서예와 음악, 식물학과 의학, 수학과 천문학, 상아 조각과 금속 공예 등 여러 분야에서 대단히 풍요롭고 다양한 궁전 문화가 크게 발전했다.

　　중세와 근대의 중앙집권적이고 회고주의적인 역사 서술은 코르도바 칼리프들이 이 시기 동안 관료 국가의 제도적 장치들을 채용한 정도를 과장하는 경향이 있었다. 수도의 영향력이 미치는 범위 안에서는 실제로 그런 중앙집권적 경향이 분명 있었던 것 같다. 그러나 수도 코르도바에서 멀어지면 멀어질수록 그 영향력은 약해졌다. 지역적 유대, 그 지역주의를 만들고 유지한 사람들의 영향력은 로마인과 비시고트인하에서 그랬던 것처럼 이때에도 여전히 강했다. 심지어 코르도바에서 그리 멀지 않은 스페인 남부 지역에서도 우마르 이븐 합순(917년 사망)이라는, 정부에 불만을 품은 한 무장은 한 세대 동안 론다 인근 산악 지역에서 독립적인 산적들의 국가를 세우고 지배하기도 했다. 칼리프 궁정의 세련된 문화는 북쪽 변경 지역의 거친 세계에 거의 영향을 미치지 못했다. 당대인들은 이 북쪽 변경 지역을 알-안달루스의 "앞이빨"이라고 불렀다. 이 지역은 고르마스 성 같은 많은 성들이 들어서 있는 군사 지역이었다. 이 고르마스 성은 당시 유럽에서

소리아 근처 두에로 강 계곡에 우뚝 솟아 있는 고르마스 성은 10세기 알-안달루스의 북쪽 변경을 방어하는 이른바 "앞이빨들" 가운데 하나였다.

가장 선진적인 군사적 건축물이었다. 실제 권력은 지역 우두머리들의 손에 있었으며, 이들은 복종과 안전을 보장하는 조직과 무장 가신들을 거느렸다. 후대인들은 이 지방 우두머리들을 카시케(caciques)라고 불렀다. 사라고사 근처 에브로 강 계곡 북동쪽 변경에 기반을 가지고 있었던 투지빗 가문도 그런 카시케 가운데 하나였다. 이 가문은 9세기부터 1039년 가문이 단절될 때까지 코르도바에 있는 명목상의 군주에 전혀 구속되지 않고 모든 일을 자기 뜻대로 처리했다.

북부 스페인의 기독교 공국들은 화려한 문화를 꽃피웠던 무슬림 이웃과 비교할 때 미미한 존재에 불과했다. 그들의 기원은 다양했다. 북서쪽 아스투리아스에서는 비시고트 왕국과의 연속성을 주장하고 있지만, 확실치는 않은 도망자들의 공국이 8세기 2/4분기에 나타났다. 피레네 산맥의 서쪽에서는 그보다 조금 후에 바스크 공국(후에 나바라 왕국이 된다)이 출현했는데, 그 기원은 매우 불분명했다. 피레네 동부의 남쪽 사면, 즉 카탈루냐에서는 일단의 백령(伯領)들이(이 백령들은 후에 스페인 변경령[Spanish March]으로 불렸다) 9세기 초에 샤를마뉴와 그의 아들에 의해서 프랑크 제국의 가장자리에서 조직되었다. 이 백령들은 비록 명목상으로는 서프랑크 왕국(즉 프랑스)의 카롤링거 왕조에 복속되었지만, 실제로는 900년경 독립적 지위를 유지하고 있었다.

이 기독교 공국들은 이슬람인들이 거의 살고 있지 않은 알-안달루스의 험준한 변경 지대에서 눈에 띄지 않게 서서히 성장했다. 그들은 이 전초기지들에서 남쪽으로 확장하기 시작했다. 그중에서도 아스투리아스 왕국의 성장이 가장 두드러졌다. 950년경 아스투리아스 왕국의 정치적 무게중심이 칸타브리아 산맥 남쪽 사면에 위치한 레온 시로 이동했다. 이어 갈리시아 영토의 북서부를 병합했으며, 동쪽으로는 카스티야, 서쪽으로는 포르투갈이라는 예속적인 변경 백령들(이들은 가끔 정치적으로 반항적이기도 했다)이 그로부터 탄생하는 모태가 되기도 했다. 이런 작은 국가들의 영토 팽창이 레콩키스타적 사명에 따라 추진되었다고 하는 전통적 주장은 오늘날 그 설득력이 많이 약화되었다. 그러나 그렇다고 해서 그 주장을 완전히 도외시해서는 안 될 것이다. 아스투리아스와 레온의 지배자들은 자신들을 비시고트 왕국의 계승자로 자처했다. 이는 알폰소 3세 왕(866-910)의 후원하에 궁정에서 쓰이기 시작한(아마 왕 자신도 그 일원으로 참여한 것 같다) 역사서의 중요한 주제이기도 했다. 한 연대기 작가는 선왕 알폰소 2세(791-842)가 오비에도에서 "고트족의 모든 의식을 과거 톨레도에서 행해졌던 그대로" 복원시켰다면서 그를 찬양했다. 이 시기에 아스투리아스에서 건축되어 지금까지 남아 있는 초기 로마네스크 양식의 교회들은 과거 비시고트 왕국의 기념물들을 의도적으로 모방했음을 볼 수 있는데, 예를 들면 알폰소 2세 시대에 오비에도에 지어진 산훌리안 델 로스 프라도스(혹은 산투야노) 성당, 혹은 알폰소 3세 때 그보다 약간 동쪽에 건축된 산살바도르 데 발데디오스 성당 등이 그것들이다. 아스투리아스-레온 왕국에서 일상생활을 규제한 법령은 7세기에 비시고트 왕들에 의해서 편찬된 『비시고트족의 법(*Lex Visigothorum*)』이었다. 10세기 이후 아스투리아스와 레온의 지배자들이 "황제"라는 칭호를 간헐적으로 사용한 것 역시 비시고트 왕을 계승하고자 하는 그들의 의지를 말해준다. 그들의 체제 선전자들은 코바동가에서 무슬림 군대에 승리를 거둔 사건(719?) —— 사실 그것은 군사적으로 큰 의미가 없는 사소한 충돌이었던 듯하다 —— 을 수 세기에 걸친 해방 드라마의 서막으로 회고했다. 883년에 지어진 『예언의 연대기(*Crónica Profética*)』라는 책의 한 주목할 만한 저작은 심지어 스페인에서 곧 이슬람의 지배가 끝나고 기독교도들의 지배가 회복될 것이라고 예언하기도 했다. 이런 성급한 생각이 비록 시간과 상황에 따라 그 힘이 다르게 나타나기는 하지만 왕, 정신(廷臣), 성직자 등 소수 엘리트들에게는 어느 정도 설득력을 가지고 있었음이 틀림없다. 그러나 그것들은 보다 현실적이고, 덜 분명한 사회적 요인들의 맥락에 비추어 살펴볼 필요가 있다.

인구 압박은 그중 하나이다. 중세 초기 카탈루냐에서 쓰여 지금까지 전해내려오는 많은 문서들은 9-10세기 피레네 산맥 동쪽 계곡들에 인구가 크게 증가하여 식량 부족 현상이 나타났음을 말해준다. 증거가 분명하지는 않지만 그와 유사한 상황이 아라곤, 바스크 지방, 카스티야, 아스투리아스, 그리고 갈리시아의 산악 지역에서도 나타났음은 어렵지 않게 감지된다. 그러므로 남쪽 평야 지대, 즉 사람들이 거의 살고 있지 않아 무슬림과 기독교도 간의 완충 지대가 되고 있던 평야 지대로 이주할 식민자들을 공급할 수 있는 대규모의 예비 인력은 충분했다. 이 인구 요인은 경제적 습관에 의해서 강화되었다. 중세 초기 스페인에서 기독교 공동체들의 경제는 알-안달루스의 북쪽 변경에 사는 이슬람인들과 마찬가지로 압도적으로 농업적이었다. 이곳에는 코르도바나 세비야 같은 대도시는 물론이고, 도시라고 할 만한 것이 없었다. 철, 소금 같은 기본 상품 외에는 상품 교환도 극히 드물었다. 화폐는 지역에 따라 전혀 통용되지 않거나 기껏해야 매우 드물게 통용되었다. 떠돌이 행상, 목재나 가죽 혹은 금속을 다루는 수공업자들, 넉넉지 않은 교회나 귀족 가정에 곡물과 고기를 공급하는 사람들이 소수 있었던 것 같다. 그러나 부르주아 혹은 상인 계층은 존재하지 않았다. 이 농업 경제는 그 안에서 가축 사육이 중요한 부분을 차지하는 혼합경제였다. 이 가축 사육은 계절의 변화에 따라 다양한 목초지를 필요로 했는데, 영토 확장은 초지(草地)를 좇아 산지와 평야 지대를 오가는 이동목축을 가능케 했다. 이는 곡물, 포도주와 올리브유, 돼지고기와 계란, 사과의 필요성과 연계된 농업에 의해서 보완되었다.

여러 가지 자료들을 통해서 이주, 정주, 그리고 경제에 대하여 얼마간의 정보를 얻을 수 있다. 10세기부터 레온과 카스티야에서 나타나고 있는 가예코스(Gallecos) 혹은 비야 바스코네스(Villa Vascones) 같은 지명은 각각 갈리시아와 바스크 지역에서 온 이주자들이 사는 마을을 가리킨다. 카스티야 지방 부르고스 근처에 있는 카르데냐 수도원은 943년에 두에로 강 계곡에서 남쪽으로 60마일 떨어진 곳에 목초지를 획득했는데, 이는 이동목축의 명백한 증거이다. 포르투갈 북부에 있는 브라가 교구에서 10-11세기에 교회 건축이 급증한 것은 마을 정주가 크게 늘어났음을 말해준다. 카탈루냐에서는 바르셀로나의 털보 백작 위프레도의 딸이며 산후안 델 라스 아바데사스 수녀원 원장인 에마가 892년부터 913년까지 약 20년에 걸쳐 인근 지역에 20여 개의 부락을 새로 건설하고, 1,000명 이상을 정주시켰다. 978년에 카스티야의 백작 가르시아는 자신의 딸을 위해서 코바루비아스에 수녀원을 짓고, 사람들이 정주할 땅과 500마리의 소, 1,600마리의 양, 그리고 150마리의 종마(種馬) 등 많은 가축을 기증했다. 이 두 경우 외에도 많은

11세기 초에 지어진 교회를 가지고 있는 산페드로 데 로다 수도원은 초자연적인 적들뿐만 아니라 인간 적들(human enemies)도 방어하기 위해서 요새화되어 있었다.

유력한 귀족 출신 여성들이 정주 사업에서 중요한 역할을 수행했다.

정주 사업은 힘들고 때로는 위험했다. 식민자들은 흉작과 가축병의 위험뿐만 아니라 코르도바 노예시장에 노예를 공급하기 위해서 알-안달루스로부터 낙타를 타고 쳐들어오는 약탈자들의 간헐적인 침입에도 노출되었다. 그러므로 처음에는 경제적, 법적 자유를 누리고 있던 독립 농민들이 점차 자신들을 일상적인 어려움이나 외부의 공격으로부터 보호해줄 수 있는 유력한 지주들에게 예속되어가는 경향이 생겨난 것은 놀라운 일이 아니다. 카탈루냐에서는 교회 지주들 —— 수녀원장 에마가 그 좋은 예이다 —— 이

10세기 초 이래로 농민들의 얼마 되지 않은 땅을 매입하고, 그들을 소작농으로 만들었다. 기록이 남아 있지 않아 분명한 증거를 제시할 수는 없지만 속인 지주들 역시 그와 유사한 행태를 보였으리라는 것은 의심의 여지가 없다. "나쁜 관행(mali usatici)" 혹은 "나쁜 관습(malae consuetudines)"이라는 용어가 1000년경부터 기록에 나타나기 시작하는데, 이 "나쁜 관행"에는 전보다 무거운 지대, 부역의 강요, 방앗간과 같은 필수 시설물을 영주가 독점하고 비싼 사용료를 챙기는 행위, 농민들을 토지에 결박시켜 다른 데로 가지 못하게 하고, 나아가 그들을 매각하거나 증여하는 행위, 그리고 간통 등의 죄에 무거운 벌금을 물리는 행위 등이 포함되어 있었다. 사회적 변화의 리듬들이 매우 다양한 차이를 만들고, 여러 용어들이 시기와 지역에 따라 혼란스럽게 사용된 것은 그리 놀라운 일이 아니다. 10-11세기에 카탈루냐에서 일어났던 일이 레온의 평야 지대와 두에로 강 계곡에서는 11-12세기에 나타났고, 포르투갈 중부 지역에서는 12-13세기에 나타났다. 그러나 거칠게 일반화하자면, 그 추세는 대체로 동일한 방향으로 진행되었고, 장기적으로 볼 때 식민화의 수혜자는 주교구나 수도원 같은 교회 공동체들과 세속 귀족들이었다. 반면에 그 희생자는 농민들이었고, 전보다 더 무거운 영주들의 압박이 그들의 어깨를 짓눌렀다.

현존하는 얼마 되지 않는 10세기 문서들은 그 출처가 이슬람 쪽이든 기독교 쪽이든 양측 모두 세속 엘리트들의 군사적 업적에 관심이 집중되어 있다. 그러므로 우리는 압달 라만 3세가 924년에 팜플로나를 대담하게 공격한 일, 그가 939년에 시망카스에서 레온 왕국의 라미로 2세에게 패한 일, 그리고 985년에는 바르셀로나를, 988년에는 레온을 약탈한 막강한 비지르(vizir, 이슬람 국가의 장관) 알만소르의 공격 사실 등에 대해서 알고 있다. 그러나 1000년경 변경 지역을 마주하고 있던 이슬람과 기독교, 두 문화가 항상 적대적이지는 않았다. 그 지역 자체가 상호 침투적이었다. 기독교도 기사들은 칼리프의 군대에서 용병으로 복무하곤 했다. 1010년에 바르셀로나와 우르헬의 백작들은 계약을 맺고 9,000명의 병력을 알-안달루스에 보냈다. 무슬림 연대기 작가들은 이 일을 "카탈루냐의 해"라는 명칭으로 기록하고 있다. 몬도녜도와 콤포스텔라의 주교를 역임한 10세기의 대사제 로센

도는 갈리시아의 셀라노바에 지은 수도원의 주방장으로 한 코르도바인을 앉혔다. 유대인 상인들은 레온 혹은 스페인 변경령의 기독교도 귀족들 사이에서 고위 신분의 상징처럼 여겨지던 비단을 비롯한 사치품들을 팔기 위해서 때때로 북쪽 국가들을 방문했다. 또한 계속해서 이쪽저쪽을 오가는 이주민들이 있었다. 이슬람 지배하에서는 비록 코란의 교리에 따라 기독교도들에 대해서 어느 정도 종교적 관용이 허용되고는 있었지만 알-안달루스에서 사는 기독교도들은 자신들에게 좀더 우호적인 대우를 보장하는 북쪽 기독교 국가들로 이주하려는 바람을 항상 가지고 있었다. 예를 들면 9세기 중엽 갈리시아의 사모스 수도원(원래 7세기에 건축되었다)의 경우, 얼마 전에 아르헤리쿠스라는 고위 사제가 알-안달루스에서 이곳의 수도원장으로 부임해와서 왕의 지원을 받고 다시 과거의 활기를 되찾았다. 이들 남쪽에서 북쪽으로 옮겨간 이민자들을 모사라베(Mozarabes, "아랍화된" 기독교도를 의미한다)라고 불렀는데, 이들은 북쪽 기독교 국가들의 예술과 건축에 뚜렷한 흔적을 남겼다. 그중에서도 한번 보면 결코 잊혀지지 않는 그들의 채색 사본들이 보여주는 생생한 색깔과 힘찬 삽화 미술은 압권이다. 알-안달루스에서 발전한 과학 지식이 문화적으로 뒤떨어진 북쪽으로 스며들어간 것도 이 모사라베들을 통해서였다. 서유럽 기독교 세계에서 현존하는 최초의 아라비아 숫자가 976년 나바라의 한 수도원 문건에서 나타나고 있다. 프랑스의 대학자 제르베르 도리악이 아직 젊은 시절인 960년대에 수학 공부를 더 하려고 찾아갔던 곳은 카탈루냐의 리폴 수도원이었다. 카탈루냐에서 그는 모사라베 기독교도, 유대인 지식인들로부터 주판 사용법을 배웠고, 이 기술을 후에 프랑스 동료들에게 소개했다. 이 주판은 매우 간단한 도구이지만 중세 초기 기독교 세계의 극히 초보적인 수학 지식 수준을 고려할 때 당시로서는 오늘날의 컴퓨터만큼이나 중요한 의미를 가지고 있었다.

심대한 변화가 11세기 스페인에서 발생했다. 이는 국가의 문화적 지형을 크게 바꿔놓은 대지진과도 같은 것이었다. 우선 알-안달루스에서 코르도바의 칼리프로 대변되고 있던 단일한 정치적 권위가 계승권 다툼과 군사 쿠데타로 인한 혼란의 와중에서 해체되었다. 약 20년간의 내전이 끝난 후인 1031년에 마지막 칼리프가 폐위되었다. 칼리프 국은 여러 개의 후계 국가들로 대체되었으며, 이들은 대개 하나의 도시와 그 주변 배후지를 기반으로 하는 작은 제후국들이었다. 역사가들은 이 제후국들을 "타이파(taifa)" 국가라고 불렀는데, 이 말은 "분파" 혹은 "파당"을 의미하는 아랍어에서 유래했다. 이 타이파 국들은 분명 파당적이었으며, 그들 간의 적대 혹은 갈등은 고대 그리스나 르네상스 시대 이탈리아의 그것과 비슷했다(예술적 창조성에서도 그들과 비슷했다). 이런 동족상잔의 내분 때문에 취약해진 타이파 국들은 쉽게 다른 약탈자들의 먹이가 되었다. 북부 스페인의 기독교도 지배자들은 이 무슬림 소국가들을 솜씨 있게 다루는 법을 재빨리 습득했고, 이른바 "보호 거래" 시스템을 작동시켰다. 이것은 타이파 국가들에 군사원조를 제공하는 대신 그들로부터 파리아(parias)라는, 알-안달루스의 금화로 조공을 받는 것이었다. 이런 거래가 가끔 문서로 된 조약의 형태로 공식화되기도 했는데, 1069년과 1073년, 두 차례에 걸쳐 나바라의 산초 4세와 사라고사의 타이파 국 지배자 알-묵타디르 간에 체결된 조약은 그 한 예이다. 이 조약으로 산초 4세는 매달 금화 1,000디나르에 상당하는 액수를 묵타디르로부터 상납받았다. 레온-카스티야의 왕들(특히 알폰소 6세〔1065-1109〕)과 바르셀로나의 백작들(특히 그중에서도 라몬 베렝게르 1세〔1035-1076〕)은 특히 거래 솜씨가 뛰어났고, 이 거래를 통해서 그들은 큰 부를 쌓았다. 이런 거래의 실상을 우리는 1073년부터 1090년 사이에 그라나다 타이파 국 지배자 압달라 이븐 불루긴의 전기를 통해서 구체적으로 볼 수 있는데, 이 전기는 그와 카스티야의 알폰소 6세 간에 이루어진 거래의 모습을 생생하게 보여준다. 이런 거래를 통해서 이득을 본 사람들은 비단 왕과 백작들뿐만이 아니었다. 자유계약 용병들도 이 혼탁한 물에서 한 몫 챙길 수 있었다. 그중에서 가장 유명한 사람이 "우두머리"라는 뜻의 엘 시드(El Cid)라고 불렸던 카스티야 귀족 로드리고 디아스(1099년 사망)였

이슬람력 357년(서기 968년) 칼리프 가문을 위해서 제작된 알-무기라의 보석함은 알-안달루스의 상아 세공품 가운데 최고 걸작이다. 이런 사치스런 공예품들을 스페인 북부 혹은 피레네 이북 프랑스의 기독교도 지배자들은 매우 높이 평가했고, 몹시 탐을 냈다.

다. 그가 가장 유명했지만, 물론 유일한 경우는 아니었다. 후에 전설은 그를 한평생 무슬림들을 스페인에서 쫓아내기 위해서 싸운 기독교도 영웅, 혹은 카스티야의 애국자로 묘사하고 있지만 이는 사실과 많이 다르다. 11세기의 실제 상황은 전설이 말하고 있는 것처럼 그렇게 단순하지가 않았다. 로드리고는 아마도 기독교도든 무슬림이든 관계없이 누구에게나 군사적 봉사를 제공하고 그 대가로 부를 챙기는 솜씨 좋은 용병이었던 것 같다. 후에 그는 독립하여 자신이 직접 타이파 국들로부터 공물을 수취했으며, 지중해 연안의 한 타이파 국 발렌시아의 군주가 되기도 했다.

이처럼 11세기에 무슬림 스페인에서 기독교 스페인으로 유입된 금은 대단히 중요한 결과를 초래했다. 그것은 우선 세속 정부의 강화에 기여했다. 예를 들면 바르셀로나의 백작들은 이 새로운 부를 성(城), 특권 혹은 영토를 체계적으로 매입하는 데 사용했고, 그로 인해서 그들은 "스페인 변경령"에서 다른 경쟁자들을 제치고 주도권을 장악할 수 있었다. 1060년대만 해도 그런 매입이 열 건이나 있었던 것으로 기록되어 있다. 레온-카스티야에서는 페르난도 1세(1037-1065)와 그의 아들 알폰소 6세가 자신에게 충성을 바칠 귀족들의 환심을 사는 데 이 재산을 썼고, 이 귀족들은 갈리시아 등 왕국 변경 지역에 대한 왕들의 지배권을 강화하는 데 크게 공헌했다. 그들은 또 이 부를 왕도(王都)를 아름답게 꾸미는 데에도 사용했는데, 이때 지어지고 만들어진 기념물들과 보물들은 지금도 경탄의 대상이 되고 있다. 그들은 또한 수입 가운데 상당 부분을 피레네 너머 프랑스의 수도원들에 보내기도 했다.

8세기부터 11세기에 이르는 시기 동안 기독교 스페인은 완전히는 아니지만 상당 정도로 카롤링거와 오토 왕조가 주도하는 유럽의 발전하는 문화로부터 소외되고 있었다. 물론 여기에는 지역적인 차이가 있다. "스페인 변경령"의 카탈루냐 백령들은 행정적으로는 카롤링의 지배로부터 벗어난 지 오래되었지만 문화적으로는 여전히 그 일부로 남아 있었다. 그러나 이런

기독교도들의 수중에 들어간 무슬림의 금. 12세기 말 카탈루냐에서 제작된 이 필사본의 한 삽화는 바르셀로나의 백작 라몬 베렝게르 1세와 그의 부인 알모디스가 베지에르 자작으로부터 카르카손과 라제 백령을 매입하고 그 대가로 무슬림의 금을 지불하고 있는 모습이다.

예외적인 경우가 있기는 했지만, 이 시기의 기독교 스페인에서 서쪽으로 가면 갈수록 문화적으로 보수적이었다는 것은 의심의 여지가 없다. 그것을 말해주는 작지만 의미 있는 한 척도는 극소수 예외를 제외하고는 "카롤링거 르네상스"가 생산해낸 저작들이 실로스, 사아군, 셀라노바 같은 큰 수도원 도서관에서도 거의 발견되지 않는다는 사실이다. 그러나 경건한 신앙이 기독교 스페인을 고립에서 벗어나게 하는 메커니즘을 촉발시켰다. 그 메커니즘의 한 표징은 기독교 세계에서 가장 성스러운 무덤 가운데 하나로 가는 순례의 형태를 띠고 나타났다. 818년에서 842년 사이의 어느 한 시점에 사도 야고보의 것으로 여겨지는 무덤이 갈리시아 지방에서 발견되었고, 그곳은 그의 이름 상투스 야코부스(Sanctus Jacobus, 즉 산트 야고)의 이름을 따서 산티아고 데 콤포스텔라라고 불리게 되었다. 그에 대한 숭배 의식은 성직자와 왕들, 특히 알폰소 3세에 의해서 크게 활성화되었다. 그를 모신 성당을 찾는 순례객이 10세기부터 피레네 산맥을 넘어 프랑스에서 들어오기 시작했다. 951년 르퓌의 주교가 여기를 찾아왔고, 그보다 10년 후에는 랭스의 대주교가 이곳을 찾았다. 11세기에서 12세기 사이에 서유럽 전역에서 순례객들이 몰려들었다. 영국인들의 콤포스텔라 순례는 1100년경에 시작되었다. 산티아고 교회와 도시는 이 순례 행렬로 나날이 발전했다. 이미 10세기에 멀리서 온 약탈자들이 이 도시를 약탈할 만한 가치가 있다고 생각하고 공격해왔다. 968년에는 바이킹의 무리들이, 997년에는 알만소르의 군대가 이 도시를 쳐들어왔다. 12세기에는 국제 여행객의 소지품들 가운데 많은 것들이 안내 책자, 복장, 의식과 기념품, 노래와 이야기, 바스크어로 된 상품 목록, 바가지 씌우는 여관, 사기 치는 환전사(換錢士) 등의 모습으로 나타나고 있다. 위대한 대주교 디에고 헬미레스(1140년 사망)는 산티아고 대성당을 전보다 훨씬 더 큰 규모로, 그리고 그 안에서 대규모 순례 행렬이 용이하게 움직일 수 있도록 개축했다.

경건한 신앙의 두 번째 표징은 아낌없는 기부의 형태로 나타났다. 11세기 중엽에는 부르고뉴의 대클뤼니 수도원이 이 기부의 주된 수혜자가 되었다. 이 수도원은 그곳 수도사들이 전문적인 기도를 올려주는 대신 레온-카스티야 왕실로부터 무슬림의 금을 매년 얼마씩 기부받았다. 클뤼니 수도원의 "지원(支院)들"이 스페인에서 생겨나 일종의 조직망을 형성했고, 프랑스에서 온 클뤼니 수도사들은 그들이 보기에 한심할 정도로 구태의연한 스페인의 교회를 교황 그레고리우스 7세 시대의 이상주의적 개혁가들이 제시한 최신 경향에 맞추어 개혁하기 시작했다. 이 개혁운동의 지도적 인물이 프랑스인 클뤼니 수도사 베르나르 드 세디락이었는데, 그는 또다른 클뤼니 교단 출신 교황 우르바누스 2세의 동료이자 친구였다. 우르바누스 2세는 사아군의 수도원장과 톨레도의 대주교를 각각 1080-1086년, 1086-1124년에 역임한 바 있다. 베르나르가 살아 있는 동안, 대부분은 그의 대리인을 통해서 레온-카스티야의 교회는 프랑스-교황의 노선에 따라 "근대화"되었다. 베르나르 사단 출신의 프랑스 사제들이 스페인에서 주교로 활동하는 경우도 있었는데, 예를 들면 페리고르 출신 제로니모는 시드 지배하의 발렌시아에서 주교를 지냈고, 1120년 발렌시아가 소개(疏開)되고 난 뒤부터 그가 죽을 때까지는 살라망카의 주교로 봉직했다. 공의회들을 소집하여 교회의 폐해를 단죄하고, 성직자들의 도덕률을 강화시켰다. 그동안 존중되어오던 전통적인 예식들이 폐지되었고, 새로운 교회법이 통용되기 시작했다. 새로운 서체(書體) 프란세사(francesa), 즉 "프랑스식 글씨체(프랑스 카롤링거 소문자)"가 전통적인 "비시고트" 서체를 밀어내고 그 자리를 대신했다. 또한 교황청과도 유례 없이 긴밀한 관계가 확립되었다. 지금까지 알려진 바로는 1067년 이전까지는 교황 사절이 레온-카스티야의 교회를 방문한 적이 없다. 그러던 것이 그 후 90년 동안 아홉 명의 추기경이 교황 사절 자격으로 스페인을 방문했고, 그 가운데 다섯 명은 두 차례 이상 방문했다. 교회 행정과 관련된 일반적인 절차와 제도들도 프랑스에서 수입되었는데, 대성당 참사회, 교구 시노드, 그리고 주교의 방문 등이 그것들이다.

피레네 산맥 너머 서유럽 기독교 세계와의 이러한 접촉의 강화는 레온-카스티야 왕국에만 국한되지는 않았다. 나바라와 포르투갈에서도 프랑스인 주교들이 들어와 활동했다. 노르만의 기사들이 카탈루냐에서 싸웠고, 심지어 그들은 12세기에 약 두 세대 동안 카탈루냐 지방 타라고나에 반(半)독립적인 공국들을 세우기도 했다. 아라곤 왕국의 왕들이 자신들의 세력 거점이었던 하카를 중심으로 하는 산악 지역에서 에브로 강 계곡으로 영토를 확장할 때 그들을 도운 것은 혼인을 통해서 그들과 연계되었던 푸아투와 베아른 출신 프랑스 귀족 모험가들이었다. 아라곤의 왕들이 주변 농촌과 사라고사처럼 거의 황폐화된 도시에 사람들을 다시 입식시키려고 했을 때 정주할 사람들을 찾은 곳도 프랑스에서였다. 시토 수도회, 아우구스티누스 수도회, 프레몬스트라텐세 수도회(성 노르베르토에 의해서 창시된 수도 교단/역주) 등 새로운 수도 교단에 소속된 프랑스인들은 스페인에 자신들의 지원(支院)을 세웠다. 프랑스인 사업가들 —— 소매상, 수공업자, 여관주인 등 —— 은 팜플로나, 로그로뇨, 부르고스, 레온, 아스토르가, 루고 등 순례길을 따라 나 있는 도시들에 정착했다. 스페인의 지배자들은 또한 칙령 등 문서로 된 명령 같은 새로운 통치 기술을 프랑스로부터 들여왔고, 가끔은 프랑스인 관료가 직접 들어와 왕을 위해서 이런 기술을 전수하기도 했다. 예를 들면 1135년부터 1149년 사이에 알폰소 7세의 서기 일을 맡아본 제라르 드 보베가 그런 사람이다. 프랑스의 건축가들은 1078년부터 1124년 사이에 새로 지은 산티아고 데 콤포스텔라 대성당을 설계했고, 스페인의 로마네스크 조각에서는 프랑스의 강한 영향이 발견된다. 프랑스의 유명한 음유시인 마르카브룅은 알폰소 7세의 궁정을 방문했고, 그의 유명한 시「정화소(淨化所, Labador)」는 스페인을 프랑스 기사들이 그리스도의 적들과 전쟁을 통해서 정신적 상급을 받을 수 있는 "정화"의 장소라고 찬미했다. 프랑스의 전통적 서사시들은 12세기 말에 지어진 것으로 보이는 스페인의 가장 위대한 서사시「시드의 노래(Poem de Mio Cid)」에 많은 영향을 주었다.

프랑스에서 온 이주자들은 의심의 여지 없이 기술과 유행뿐만 아니라 이념도 가지고 왔다. 11세기가 지나는 동안 교회의 적들에 대항해 싸우는 전쟁은 신성하다는 개념이 힘을 얻었다. 이 개념은 1095년 우르바누스 2세에 의해서 제창된 십자군 운동에서 행동으로 전화(轉化)하게 된다. 그때까지 기독교도들은 이슬람교를 좀 이상할 정도로 무관심하게 바라보는 경향이 있었다. 이런 무관심은 차츰 호전적인 적대감으로 바뀌어갔고, 이로써 스페인은 시리아나 팔레스타인과 마찬가지로 종교전쟁의 무대가 되었다.

11세기에 기독교 스페인이 타이파 국가들로부터 조공을 받는 행위는 스페인에서 기독교 사회와 무슬림 사회의 공존을 전제로 했고, 이는 가난한 기독교도 지배자들이 황금알을 낳는 거위를 죽이고 싶어 하지 않았다는, 단순하지만 불가피한 이유 때문에 나타난 현상이었다. 그러나 공존이 반드시 둘 사이의 화목을 의미하지는 않았고, 재정적인 이익 외에 혹은 그 대안으로 영토적 확장이 전혀 고려되지 않은 것도 아니었다. 페르난도 1세는 1064년 코임브라를 정복했다. 알폰소 6세는 1085년에 톨레도를 정복했는데, 이는 이 도시가 과거 비시고트 왕국의 수도였다는 점에서 매우 중요한 의미를 가지는 사건이었다. 이런 일련의 사건들을 지브롤터 해협 건너편에서는 불안한 마음으로 바라보고 있었다. 이곳 북아프리카에서는 이슬람 근본주의자들인 알모라비데족이 11세기 중엽 아틀라스 산맥 남쪽에서 성장하여 점차 모로코 북부 지역에 대한 지배권을 확대시켜가고 있었다. 스페인 내 타이파 국들의 지배자들이 이들의 성장에 관심을 기울이지 않은 것은 후에 치명적인 결과를 초래한다. 단순하고 정통적인 신념의 소유자였던 이들은 이교도들에게 조공을 바치는 알-안달루스 지배자들의 행위가 이슬람교를 수치스럽게 만들고 모욕한다고 생각했다. 1086년 알모라비데 군대는 해협을 건너와 바다호스 근처 사그라하스에서 알폰소 6세의 군대를 대파하고, 이어 타이파의 체제 종식에 나섰다. 수년 내에 스페인 남부의 모든 타이파 국들이 사라졌다. 왕위에서 쫓겨난 그라나다의 압달라가 자신의 회고록을 저술한 것은 그가 알모라비데족의 포로로 잡혀와 모로코에서 연금된 상태에 있을 때였다. 알-안달루스는 다시 한 번 통일되었다. 그러나 이번에는 비관용적이고, 호전적인 알모라비데족 지배하의 통일이었다.

이처럼 종교적 적대는 11세기 말, 12세기 초 스페인을 종교적으로 양분하고 있던 기독교와 이슬람, 양측에서 모두 깊어가고 있었다. 스페인에서 종교 기사단이 출현한 것도 이러한 경향의 한 징후였다. 수도사로서 이슬람에 맞서 정신적으로 가치 있는 전쟁에 한평생을 바치기로 서약한 사람들로 이루어진 이 종교 기사단은 십자군 시대의 특징적인 현상이었다. 이 종교 기사단의 가장 잘 알려져 있는 예가 템플 기사단(Knights Templar)이다. 이 템플 기사단은 그 본부가 예루살렘의 과거 솔로몬 왕의 신전이 있었다고 믿어지던 곳에 세워졌기 때문에 그런 이름을 가지게 되었는데, 이 기사단은 12세기 후반 들어 이베리아 반도에서도 병력, 재산, 그리고 군사적 책무를 가지기 시작했다. 얼마 지나지 않아 이 템플 기사단을 모방한 종교 기사단이 스페인에서도 생겨났다. 레온-카스티야에서는 1158년에 칼라트라바 기사단이, 1170년에 산티아고 기사단이 —— 산티아고는 이를 계기로 이슬람인들에 대항해서 투쟁하는 기독교도들의 수호성인이라는 새로운 역할을 떠맡게 되었다 ——, 1175년에는 알칸타라 기사단이 각각 창설되었다. 아라곤 왕국에서는 몬테가우디오(혹은 몽프랑) 기사단이, 포르투갈에서는 아비스 기사단이 1170년대 초에 설립되었다. 이 종교 기사단들의 군대는 레콩키스타 전쟁에서 많은 공을 세웠고, 기사단들의 성(城)들은 새로 획득한 영토에 대한 기독교도들의 지배를 공고히 하는 데 크게 기여했다. 뒤에서 보게 되겠지만 이런 전공(戰功)의 대가로 받은 보상으로 기사단들은 부유하고 강력한 존재가 되었다.

정치 세력의 측면에서 알모라비데족의 지배는 오래가지 못했다. 이들은 자신들의 본거지인 모로코를 떠나온 후에 보다 안락한 환경이 가져다준 유혹에 급속히 물들어갔고, 그럼으로써 14세기 튀니지의 위대한 학자 이븐할둔이 처음 기술한 바 있는 이른바 "베르베르의 문화적 발전"의 순환적 형태(a cyclical pattern)를 실행했다. 1120년대부터 그들은 모로코에서는 알모하데라는, 이름이 비슷해서 혼동을 일으키곤 하는 또다른 근본주의적 부족에 의해서, 그리고 스페인에서는 자신들의 지배에 대항해 들고일어난 안달루스인들의 계속되는 반란에 의해서 동시다발적인 도전에 직면했다. 어떤 점에서는 역사가 반복되는 것처럼 보였다. 알-안달루스에서 알모라비데족의 지배가 무너지자 정치적 권위는 다시 수많은 소국가들로 파편화되었고, 역사가들은 이들을 "제2차 타이파 국들(Second Taifas)"이라고 불렀다. 기독교 지배자들은 다시 이를 이용해서 이 소국가들로부터 조공을 받기도 하고, 그들을 정복해서 영토를 확장하기도 했으며, 어떤 경우에는 두 가지를 다 하기도 했다. 레온-카스티야의 알폰소 7세(1126-1157)는 안달루시아 깊숙이 침입하여 1146년 코르도바를 정복했고, 1147년에는 알메리아를 정복함으로써 중세 카스티야에서 기독교도들이 처음으로 지중해로 나가는 항구를 확보했다. 알폰소 7세의 동시대인으로 이름이 알려지지 않

이슬람에 대항해서 전쟁을 벌이는 기독교도들에게 승리를 가져다주는 전사로서의 산티아고. 1200년경 조각된 산티아고 데 콤포스텔라 대성당의 로마네스크 양식의 이 팀파눔은 현존하는 "무어인 학살자" 산티아고 상(像) 가운데 가장 초기 작품 중 하나이다.

은 한 문필가는 알폰소 왕을 "선택된 민족의 선두에 서서 성전을 치르고 있는 구약의 한 왕"으로 세상에 소개했다. 그러나 12세기 중엽의 이 맹렬한 기독교 세력의 확대는 알모하데족이 스페인 문제에 개입하고, 이어 그들이 1173년까지 알−안달루스 전역을 지배함으로써 중단되었다. 알모하데족의 세력은 약 한 세대 동안 강하게 유지되었다. 그러나 그 후로 전에 알모라비데족이 그랬듯이 급속히 약화되었다. 1212년 카스티야의 알폰소 8세가 이끄는 기독교 군대가 라스 나바스 데 톨로사 전투에서 이들과 싸워 결정적인 승리를 거두었다. 이 전투 이후 세 개의 중요한 기독교 왕국이 무슬림들에 대해서 강하게 압박을 가했고, 이로 인해서 1250년경이면 스페인에서 이슬람의 지배는 그라나다 에미르 국으로 축소되었다.

이 세 기독교 왕국은 아라곤, 카스티야, 포르투갈이었다(나바라는 16세기 초까지 독립왕국으로 남아 있었으나 지리적 위치 때문에 재정복을 통해서 영토를 확대시킬 기회를 가지지 못했다). 스페인의 이런 정치적 분열은 중세 초기 시대의 중요한 제도적 유산이었다. 1580년부터 1640년까지의 짧은 기간을 제외하고 다시는 이베리아 반도 전체가 기독교 시대 첫 7세기 동안처럼 단일한 정치적 권위하에 통일되지 못했다. 알폰소 7세가 "황제"를 자처한 최후의 지배자였다. "황제"라는 칭호가 내포하는 반도 전체에 대한 지배권 주장은 그 후 조용히 사라졌다. 장차 정복될 무슬림 땅을 기독교 군주들이 나누어 가지는 영토 분할협정 —— 최초의 분할협정은 1150년에 있었다 —— 은 이런 정치적 분열을 당연한 것으로 간주했다. 서로 다른 제도적 관행 —— 법적, 재정적 혹은 내정(內政)상 —— 의 공고화는 그런 정치적 분열의 결과였다. 후에 이는 카스티야의 중앙집권적 관료제의 발전을 가로막는 완강한 장애물이 된다.

이 세 왕정 중에서 포르투갈의 국력이 가장 약했다. 대략 현재 포르투갈 영토의 북쪽 3분의 1에 해당하는 영토를 가지고 있었던 당시의 포르투갈은 12세기 2/4분기에 레온-카스티야에서 떨어져나왔다. 독립왕국 포르투갈의 최초의 군주 아퐁수 엥리케는 1140년 스스로 왕의 칭호를 사용했고, 그것을 교황으로부터 인정받았으며, 1147년에는 영국-플랑드르 해군의 지원하에 그의 사촌인 카스티야의 알폰소 7세로부터 리스본을 탈취했다. 정복 후 최초의 리스본 주교는 영국인이었다. 이어 그는 새로 정복한 포르투갈 중부 지역에 대한 정주 사업을 적극적으로 추진했으며, 이 과정에서 특히 알코바사의 시토회 수도사들과 토마르에 세력 기반을 두고 있던 템플 기사단의 지원을 많이 받았다. 13세기 중엽에 알가르베 지역이 재정복됨으로써 향후 약간의 변화를 제외하고는 지금까지 유지되고 있는 영토의 모습을 갖추게 되었다. 당시 포르투갈 선박들은 약탈물과 교역처를 찾아 이미 마그리브의 대서양 해안 지역을 탐사하고 있었는데, 그들은 후에 세계제국을 낳게 될 행동의 선구자들이었다.

1230년부터 레온 왕국과 항구적으로 합쳐진 카스티야 왕국은 당시 스페인의 여러 왕국들 가운데 가장 큰 왕국이었다. 페르난도 3세(1217-1252)는 라스 나바스 데 톨로사의 승리로 광대한 안달루시아 농촌 지역, 크고 작은

10여 개의 도시들, 그리고 지중해(카르타헤나)와 대서양(카디스)으로 모두 진출할 수 있는 항구를 가진 남부 해안 지방을 손에 넣었다. 이 페르난도의 정복은 역사가이자 신화 연구가인 톨레도 대주교 로드리고(1247년 사망)와 같은 선전자들에 의해서 영광스런 기독교의 십자군으로 소개되었다. 그러나 영광의 추구가 왕을 부유하게 하는 경우는 별로 없다. 영토의 정복을 택함으로써 카스티야 왕들은 조공에서 오는 수입을 잃게 되었고, 정주 사업이라는 부담스런 책임만을 떠맡게 되었다. 카스티야의 지배자들은 영국이나 프랑스 왕들에게 많은 수입을 안겨다준 세련된 관료제와 재정적, 법적기구를 발전시키지 못했다. 그들은 지금껏 오랫동안 조공과 약탈이라는 임시방편적 재정 체계를 유지해왔기 때문에 그런 기구의 필요성을 느끼지 못했다. 현금이 절실하게 필요했던 카스티야 왕들은 그들의 신민들, 특히 그중에서도 가장 취약한 집단이었던 교회 사람들을 약탈하는 것으로 문제를 해결하려고 했다. 페르난도 3세는 카스티야의 성직자들에게 전쟁 비용의 많은 부분을 전가했지만, 그 대가로 그들에게 제공한 것은 별로 없었다. 카스티야의 교회가 레콩키스타로부터 얻은 전리품으로 큰 부를 가지게 되었다는 오래된 신화가 있으나 사실은 전혀 그렇지 않다. 오히려 그 반대였으니, 교회가 전쟁 비용을 대느라 진이 빠질 지경이었다. 세속의 보호자에 의해서 더럽혀지고, 조롱당하고, 그리고 재산을 탕진한 교회 —— 이 점에서 페르난도 3세가 후에 성인품에 오른 것은 확실히 스페인 역사의 가장 기이한 역설 가운데 하나이다 —— 는 그 주된 소임인 사목 일에는 비효율적이었다. 1215년 제4차 라테란 공의회에 모인 교황 인노켄티우스 3세와 주교들이 선언한 기준에 의거하여 판단컨대, 13세기 카스티야 교회는 개탄스러운 상태에 있었다.

국왕의 빈곤이 가져온 또다른 결과는 신민들에게 특별세를 부과할 때 동의를 구하는 관행이었다. 오랫동안 왕은 유력 신민들의 조언을 받아서, 그리고 필요하다고 판단되면 왕들의 권한을 제한할 수 있는 조언을 받아 통치하는 것이 바람직하다고 생각되어왔다. 12세기 말부터 재정 압박과 로마법 부활의 영향으로 신민들의 동의를 구하는 것이 더욱 빈번해졌고, 동의를 구해야 하는 사람들의 범위 또한 넓어져, 후에는 도시 대표들까지 포함되었다. 유럽 전체를 통틀어 귀족과 성직자로 구성된 왕실회의에 처음으로 도시 대표들이 참석한 사례는 1188년 레온 왕국에서였던 것으로 알려져 있다. 그러나 기독교 스페인에서 일어나기 시작했던 이 현상은 다른 서유럽 국가들에서 에타(estates), 다이어트(diet), 팔리아먼트(parliament) 등의 이름으로 불렸던 의회의 소집이라는 비슷한 발전들과 짝을 이루고 있었다. 스페인 왕국들에서 코르테스(cortes, 카탈루냐에서는 corts)라고 불렸던 이런 신분의회는 13세기까지만 해도 아직 완전한 형태를 갖추고 있지 않았다. 그러나 이미 그것들은 정치적으로 중요한 역할을 수행할 수 있음을 보여주었다.

안달루시아 농촌 지역은 정주한 인구가 그리 많지 않았고, 크고 작은 도시들도 피난민들의 도망으로 인구가 고갈되었으며, 때로는 1248년 세비야의 경우에서처럼 무슬림 주민의 강제 추방과 같은 인위적 형태로 인구가 감소되었다. 스페인 왕들은 오래 전부터 재정주 사업을 추진하고, 그 과정을 자신의 통제하에 두기 위해서 각 개별 도시들에 푸에로(fueros, 포르투갈에서는 forais, 카탈루냐에서는 furs라고 불렀다)라는 자치법을 부여하는 관행이 있었다. 13세기 안달루시아의 푸에로들은 정주자들을 유치하기 위해서 정주 희망자들에게 여러 가지 유인책을 제공했는데, 그 내용을 통해서 우리는 상황이 매우 절박했음을 알 수 있다. 새 정주자들에게 제공했던 폭넓은 양보는 강력한 왕권의 행사를 희석시키고 약화시키는 결과를 가져왔다. 그런데 만약 12-13세기가 역사 인구학자들이 주장하고 있듯이 유럽에서 인구가 꾸준히 증가한 시기였다면 앞에서 말한 설명은 논리적으로 약간 모순된다. 새로운 증거가 나타나면 아마도 비판적 재검토가 필요할 것으로 보인다. 그러나 어찌 됐든 스페인 남부와 포르투갈의 무인(無人) 지대에 정주할 수 있는 인구원(人口源)은 1200년경 고갈된 듯하다. 북쪽 산악지역은 잉여인구를 생산 못 한 지 오래였고, 프랑스로부터의 이민은 1150년경 이후 둔화된 것으로 보인다.

이러한 상황에서는 많은 노동력을 필요로 하지 않는 분야를 특화시키는 것이 경제적 관점에서 합리적이라고 생각되었다. 이에 따라 13세기 이후 안달루시아와 알가르베 지역의 정복지를 효과적으로 이용하기 위하여 노력했던 사람들, 즉 종교 기사단들과 귀족들에 의해서 말, 특히 양 등 가축을 대규모로 방목하는 목축업이 발달하게 되었다. 1169년 포르투갈의 왕 아퐁수는 타구스 강 남쪽 정복지 전체의 3분의 1을 템플 기사단에게 하사하겠다고 약속했다. 1174년 카스티야의 알폰소 8세는 차후 자신이 정복할 땅의 5분의 1을 칼라트라바 기사단에게 하사하겠다고 했다. 이런 토지 증여를 통해서 거대한 토지 집중 현상이 나타났다. 남부 에스트레마두라 지역에서는 알칸타라, 산티아고, 템플 기사단이 각각 25만 에이커(30만 헥타르)의 땅을 획득했다. 카스티야의 대귀족 가문들 —— 라라가, 카스트로가, 구스만가 등 —— 또한 반도 남쪽에 광대한 영지를 가지게 되었다. 목축업자들은 자신들의 이익을 수호하기 위해서, 특히 에스트레마두라 혹은 라만차의 겨울 목초지에서 구카스티야 산지의 여름 목초지로 가는 목양 이동로에서 그들의 가축과 목부(牧夫)들을 보호하기 위해서 메스타(Mesta)라는 카르텔을 결성했다. 1250년경 마그리브에서 들여온 것으로 보이는 메리노 종 양(羊)은 억세고 덥고 건조한 기후에 잘 견뎠으며, 질 좋은 양모를 생산했다. 양모 생산은 국내 직물업의 발전을 가져왔고, 곧 프랑스와 영국 등 외국 직물업의 활성화에도 기여했다. 메리노 양모의 수출은 그 후 카스티야의 가장 중요한 상업 활동이 되었다.

아라곤은 "아라곤 연합왕국(Corona de Aragón)"의 약어인데, 이는 하나의 단일한 왕국이 아니라 12-13세기 동안 서로 독립된 부분들로 이루어진 하나의 연합왕국을 지칭하는 용어이다. 카탈루냐의 바르셀로나 백령은 1137년 혼인을 통해서 아라곤 왕국에 병합되었다. 하이메 1세(1213-1276)가 자서전 『공적(功績)의 서(Llibre dels Feyts)』에서 아름답고 생생하게 묘사하고 있는 것처럼, 13세기 아라곤 연합왕국의 해상 활동과 군사 활동은 왕국의 지배 영역을 크게 확대시켜놓았다. 발레아레스 제도가 1229-1235년에, 발렌시아 공국이 1238년에 각각 아라곤 연합왕국에 병합되었다.

아라곤 연합왕국 내 각 지배 영역들의 제도를 하나로 통일하거나 그것을 표준화하려는 시도는 없었다. 지배자가 행사할 수 있는 권리나 권력의 범위, 혹은 그것의 행사 방법이 아라곤, 카탈루냐, 발렌시아에서 서로 달랐다. 그럼에도 불구하고 연합은 대체로 성공적으로 유지되었으니, 그것은 역설적으로 아마도 그 구성원의 다양성 때문이었던 것 같다. 합병 이전 원래의 아라곤 왕국(아라곤 연합왕국이 아니라)은 주로 농업 지역이었다. 안달루시아와 알가르베와는 달리 에브로 강 남쪽 지역은 12세기 기독교도들에 의해서 재정복되고 난 후에도 무슬림 농민들이, 비록 기독교 문화에 동화되어가기는 했지만 그곳을 떠나지 않고 그대로 머물러 있었다. 따라서 여기에서는 왕들이 재정주 문제로 고민하지 않아도 되었다. 발렌시아 공국은 이 점에서도 대조적인 모습을 보여준다. 발렌시아 시 자체에서는 1238년 세비야에서 10년 후에 그대로 재현되는 것처럼 무슬림 주민들이 완전히 일소된 반면, 농촌 배후지에서는 무슬림 농민들이 고스란히 남아 있었다. 그들의 수는 북쪽에서 내려온 기독교도 정주자들보다 훨씬 더 많았다. 여기에서는 역사가들이 무데하르(Mudejars)라고 부른 이들 기독교도 지배하의 무슬림들 사이에 이슬람 신앙과 아랍어가 그 후 수 세기 동안 더 존속하게 된다. 또 여기에서는 카스티야나 포르투갈처럼 귀족이나 기사단이 대규모 영지를 소유하는 문제가 나타나지 않았다.

바르셀로나의 팽창은 12-13세기 카탈루냐의 사회사와 경제사에서 가장 두드러진 현상이었다. 이 시기에 바르셀로나는 제노바, 베네치아와 어깨를 나란히 할 정도로 크게 성장한, 중세 세계의 대표적인 도시 성공사들 가운데 하나였다. 그러나 그간 많은 연구를 해왔던 이탈리아 도시들에 비해 바르셀로나의 경우는 불행히도 역사가들의 관심 대상에서 비켜나 있었다. 바르셀로나의 초기 발전은 11세기 타이파 국들에서 유입된 금에 의해서 촉발되었고, 배후지에서 생산되는 농산물로 지탱되었다. 바르셀로나는 서유럽에서 중세 초기 이래로 금화를 처음으로 주조한 도시였다(1020년경부터). 이런 바르셀로나의 성장에 대하여 처음에는 알모라비데족이, 후에는 제노바인들이 제동을 걸었다. 제노바인들은 카스티야의 황제 알폰소 7세가 1147년 알메리아 정복에 나섰을 때 그에게 해군을 지원하고 그 대가로 지중해 연안에서의 무역과 관련된 여러 가지 중요한 특권을 보장받았다. 그러나 알메리아는 끝내 정복되지 못했고, 제노바의 대상인들 가운데 여럿이 거액을 투자하고 돌려받지 못함으로써 큰 손실을 입었다. 바르셀로나의 부르주아지는 그렇게 해서 생겨난 틈새를 파고들 수 있었다. 지금까지 남아 있는 많은 기록에 의하면 그들은 개방적이고 유동적인 사회에서 산업이나 수공업에 종사하는 사업가 혹은 부동산 투자가로서, 왕이나 사제, 귀족들에게 돈을 빌려주는 은행가로서 여러 방면에서 적극적인 활동을 벌였다. 그리고 거기에는 남자들뿐만 아니라 여자들도 포함되어 있었다. 아라곤-카탈루냐 해상 제국 —— 이 제국은 1300년경에 사르디니아, 시칠리아, 말타 등지까지 포함되었고, 머지않아 그리스에도 무역 전진기지를 건설하게 된다 —— 은 지중해 전역을 누비고, 나아가 멀리 흑해까지 진출하면서 활발한 해상 활동을 하는 선박들에게 전초기지들을 제공했다. 바르셀로나의 회계청에서 일하는 사람들은 튀니스나 트레비존드 등 멀리 떨어져 있는 시장들의 동향에도 촉각을 세우고 예의 주시하지 않으면 안 되었다.

중세 초기 스페인은 다양한 문화를 가지고 있었고, 한 국토 안에 서로 다른 문화가 공존하고 있었다는 점에서 다문화(多文化) 사회였다. 그러나 각 문화 간 통합은 별로 나타나지 않았다. 코란은 무슬림들에게 기독교도와 유대인이 "성서의 민족들(Peoples of the Book)"이므로 관용을 베풀라고 명하고 있다. 그러나 실제로 그들의 관용은 제한된 것이었고 —— 이슬람 지배하의 기독교도들은 새 교회를 지을 수 없었고, 교회의 종을 울릴 수도 없었으며, 공적인 종교 행렬을 거행할 수도 없었다 —— 때로는 완전히 무시되기도 했다. 1066년 그라나다에서는 유대인 대학살이 벌어져 그곳의 유대인 공동체가 완전히 소멸되었다. 1126년에는 수천 명의 기독교도들이 모로코에 노예로 팔려가기도 했다. 알-안달루스의 아랍 문학작품에서는 유대인과 기독교도들을 철저히 거부하는 태도를 엿볼 수 있다. 중세 이슬람 스페인이 오늘날 우리가 생각하고 있는 의미의 관용적인 사회였다는 주장은 근대시대 자유주의자들이 만들어낸 신화에 불과하다.

기독교도 지배하의 무데하르나 유대인들의 처지도 그와 비슷했다고 할 수 있다. 그들은 어떤 원칙 때문이 아니라 그들이 가지는 효용성 때문에 마지못해 관용되었다. 즉 그들은 기독교도들에게 유용한 존재인 한에서 관용되었던 것이다. 세비야는 이 점에서 좋은 예를 제공한다. 1248년 페르난도 3세의 "인종 청소"는 세비야를 순수한 기독교도의 도시로 만들려는 의도하에 추진되었다. 그러나 수년 후에는 이교도들을 쫓아내고 기독교도 정주자로 그들을 대체하는 것이 불가능하다는 사실이 분명해지자, 무슬림과 유대인들의 거주가 다시 허용되었다. 우리는 그 과정을 세비야의 『분할의 서(*Libro de Repartimiento*)』에서 확인할 수 있는데, 이 책은 기독교의 지배가 재확립되고 난 후 수년 동안 세비야의 토지 재산이 어떻게 분배되었는지를 기록하고 있는 일종의 토지 등기부이다. 도시의 푸에로(자치법)를 보아도 종교적 소수파들을 예속 신분에 묶어두기 위해서 많은 법령이 만들어졌다는 것, 그 결과 그들이 온갖 종류의 차별에 노출되었다는 것을 알 수 있다. 예를 들면 무데하르들은 기독교도를 상대로 소송을 걸 수 없었고, 또 같은 죄를 지어도 기독교도들보다 더 무거운 벌을 받아야 했다. 하이메 왕의 전기 같은 문학작품이나 미술품에도 무슬림과 유대인들에 대한 기독교도의 경멸적인 태도가 잘 드러나고 있다.

중세 스페인에서 서로 다른 종교 집단들 간의 관계를 연구하는 일은 상당히 어려운데, 그 이유는 지금까지 남아 있는 사료의 대부분이 법령들이고, 그것이 일상적인 사회 현실을 말해주는 것으로는 믿을 만한 증거가 되지 못하기 때문이다. 기독교도, 무슬림, 유대인은 시내 목욕탕을 함께 이용할 수 없고, 1주일 중 각기 다른 날에 이용해야 한다는 푸에로의 규정을 통해서 우리는 인종 차별이 존재했음을 확인할 수 있다. 그러나 이처럼 법령 속에서 실제 상황을 명확히 파악할 수 있는 경우는 매우 드물다. 우리는 법령이 그것을 금지했음에도 불구하고 9세기에 코르도바 근처에 교회들이 세워졌다는 증거를 가지고 있다. 푸에로의 금지에도 불구하고 무슬림과 기독교도 간에 성적인 관계가 이루어졌음을 말해주는 증거도 있다. 기독교도들이 이슬람 교도 혹은 유대인 친구와 함께 이슬람 사원이나 유대인 회당에 간 사실도 알려져 있다. 그리고 기독교 환자를 치료한 유대인 의사들의 이름도 여럿 들 수 있다. 페르난도 3세의 모후 베렝가리아 여왕이 1246년 숨을 거둘 때 그녀의 머리를 받치고 있던 베개의 진홍색 실크 커버는 이슬람의 표준적 신앙심을 나타내는 아랍어 글귀로 장식되어 있었다. 우리는 또한 한때 무슬림 의상이 점잖은 기독교도들 사이에서 유행했던 사실도 알고 있다. 이런 모든 사실들은 섣부른 일반화를 금하게 만든다. 그러나 우리가 여기서 살펴보고 있는 전 시기를 통하여 지배 집단은, 그것이 이슬람 교도

한 기독교도 기사가 승리를 거둔 후 패배하여 굴욕적인 자세를 취한 무슬림을 거만한 태도로 윽박지르고 있다. 1200년경 나바라 지방 투델라에서 만들어진 이 부조물은 중세 스페인에서 나타나고 있었던 서로 다른 문화들 간의 관계를 웅변적으로 보여준다.

든 기독교도든 간에 지배적 존재가 되기 위해서, 혹은 그렇게 비치기 위해서 여러 가지 조치를 취했다고 생각하면 무리가 없을 것이다. 종교적, 문화적 소수 집단은 거기에서 그들이 특별한 재주를 가지고 있으면 그동안 관용되었으며, 그렇지 않으면 지배 집단의 확고한 통제에 예속되었다.

무슬림이나 기독교도나 서로의 장점에 대해서는 관심이 없었다. 코르도바의 위대한 시인이며 학자였던 이븐 하슴(994-1064)은 『분파의 서(*Kitab al-Fisal*)』라는 책을 썼는데, 이것은 이슬람의 진실됨을 증명하고 찬양하는 것이었다. 그는 아랍어로 번역된 기독교 문헌들을 통해 기독교에 대해서 이미 많은 것을 알고 있었다. 그러나 그는 기독교를 반박하기 위해서 그것을 배웠을 뿐이었다. 이븐 하슴의 이런 태도는 한 세기 후에 상대편에서도 그대로 나타났다. 클뤼니 수도원장 가경자(el Venerable) 피에르는 1142년 스페인을 방문하는 동안 코란과 그 외 몇몇 이슬람 문헌을 라틴어로 번역하게 했다. 그런데 그가 이 작업을 지시한 것은 이슬람교에 대한 호의적인 관심 때문이 아니라 단순히 그것을 논박하기 위해서였다. 그는 이슬람교에 대한 자신의 논박 내용을 『사라센인들의 혐오스러운 이단과 분파』라는, 제목만으로도 그 내용을 짐작할 수 있는 책으로 정리해서 발표했다.

피에르가 고용한 번역가는 당시 스페인에서 활동하고 있던 두 명의 외국인 학자, 즉 영국인 케튼의 로버트와 독일인 카린티아의 헤르만이었다. 그들이 스페인을 방문한 원래의 목적은 천문학, 지리학, 수학 등에 관한 아랍어 저서들을 찾아 그것을 라틴어로 번역하는 일이었다. 그들은 이 점에서 시간적으로 거리가 있기는 하지만 제르베르 도리악의 뒤를 따르고 있었다. 로버트와 헤르만은 12-13세기에 그리스-아랍의 철학서와 과학서들, 그리고 그것들에 딸린 기술(記述)에 이끌려 스페인을 찾아온 수많은 학자들 가운데 일부였을 뿐이다. 이 방대한 지식이 서유럽 기독교 세계로 유입된 것은 —— 특히 아리스토텔레스의 저작들과, 그에 대한 안달루스의 박식가 이븐 루쉬드(1125-1198, 아베로에스라는 이름으로 더 알려져 있다)의 주석은 그중에서도 중요하다 —— 13-14세기 유럽의 지적 발전에 심대한 결과를 가져다주었다.

중세 초기의 문필가들은 보통 "히스파니아(Hispania)"라는 말을 아랍어를 사용하는 사람들이 알-안달루스라고 부르는 지역, 즉 이베리아 반도 가운데 무슬림이 지배하는 지역을 지칭하는 것으로 사용했다. 그러나 그라나다를 제외하고 이미 1250년경이면 기독교도들에 의해서 다시 정복된 히스파니아는 로마인들 혹은 비시고트인들의 지배하에서 그 말이 가지고 있던 문화적 정체성마저 상실하게 되었다. 거기에는 이미 언급한 바 있는 정치적, 제도적 차이 말고도 기독교도, 무슬림, 유대인 간의 어색한 종교적, 문화적 차이, 그리고 일치가 함께 존재하고 있었다. 1250년경 아랍어의 유입, 바스크 어의 확산, 초기 로망스어의 갈리시아-포르투갈어, 카스티야어, 그리고 카탈루냐어로의 분기(分岐) 등에 의해서 언어적 다양성은 700년경보

1085년 알폰소 6세가 톨레도를 정복하기 얼마 전에 타이파 국들 가운데 하나에서 제작된 것으로 보이는 이 천구(天球)는 이슬람 세계의 높은 천문학 지식의 수준을 보여준다. 서유럽의 학자들은 12-13세기에 이슬람의 이런 선진 학문을 배우기 위해서 스페인으로 몰려들었다.

다 더 복잡해졌다. 건축, 미술, 문학, 그리고 귀족적 가치와 행동 등에서 프랑스의 문화적 경향이 토착적 전통과 뒤섞였다. 거기에는 물론 긴장과 갈등이 없지 않았다. 반도에서 중심부와 주변부 간의 영원한 긴장은 바르셀로나의 흥기, 대서양과 비스케이 만 항구들에서의 해상 활동의 시작 등으로 더욱 첨예해졌다. 이 현상을 사회학적으로 표현하면 부의 대부분을 목축에 의존하는 군사적인 토지 귀족과 바르셀로나, 빌바오, 발렌시아 혹은 세비야의 부르주아지적 상업 문화 간의 초보적 가치 충돌이 나타나고 있었다고 말할 수 있다. 그 모습이 약간 다르기는 하지만 비슷한 긴장이 레콩키스타의 남쪽으로의 진전에서도 감지된다. 주유(周遊)적 성격을 가지고 있었던 카스티야의 왕궁이 점차 톨레도, 코르도바, 세비야 등을 주 거처로 정하면서 오비에도, 레온 같은 도시들은 뒷전으로 밀려나고 그 후로는 별 볼일 없는 지방 도시로 전락했다. 아라곤 연합왕국도 마찬가지였다. 인종적, 공동체적, 문화적 뒤섞임은 교회와 국가의 지배층에게 걱정거리였다. 기독교 왕들에 대한 무슬림들의 충성은 과연 믿을 만한 것인가? 유대교 혹은 이슬람교에서 기독교로 개종한 사람들은 과연 진정한 의미의 개종자인가, 아니면 언제든 과거의 신앙으로 되돌아갈 수 있는 사이비 개종자들인가? 물질적 측면에서만 본다면 레콩키스타로 인해서 카스티야의 왕들은 오히려 더 빈곤해졌다. 페르난도 3세는 그의 선조 알폰소 6세에 비해 더 가난한 지배자였다. 레콩키스타의 덕을 본 사람들 —— 종교 기사단들, 몇몇 귀족 가문들, 일부 도시들 —— 은 국왕의 통제에 덜 순종적이었고, 더 다루기 힘든 존재들이었다. 교회와 농민들도 마찬가지로 그 경향이 다르기는 하지만 자유와 자치를 짓누르는 무거운 억압을 경험했다.

제3장의 첫 머리에서 강조한 바 있는 중세 이베리아 반도 사회의 뚜렷한 다원성은 일반화를 어렵게 만든다. 중세 스페인은 "전쟁을 위해서 조직된 사회", "식민 사회" 혹은 "프론티어 사회"로 불려왔다. 그런 식의 인식 혹은 특징화는 그것이 항상 변화하는 변경 지대에 적용될 때는 설득력을 가지지만, 그 전선의 배후에서 꾸준히 확대되어간 지역들을 기술하는 것으로는 그리 설득력을 가지지 못한다. 예를 들면 산티아고로 가는 순례자들의 요구에 부응하며 살아가는 팜플로나의 소매상이 자신을 전쟁을 위해서 조

116

직된 사회의 일원으로 생각했을 것 같지는 않고, 멀리 갈리시아의 대서양 쪽 해안에 있는 시네스 수도원의 수녀도 그런 생각을 하지는 않았을 것이다. 발렌시아의 우에르타의 과수원 주인도, 그가 칼리프 지배하에 살든 타이파 국의 지배하에 살든, 시드나 알모라비데족 혹은 아라곤 왕 하이메 1세의 지배하에 있든 그리 개의치 않았을 것 같다. 또 그것은 얼마 전에 세워진 살라망카 대학교에서 신학이나 법학을 가르치는 교수들에게도 마찬가지였을 것이다.

이베리아 사회는 이미 그런 단순한 유형화를 적용시키기에는 너무 복잡해져 있었다. 13세기 중엽의 이베리아 반도에는 커다란 다양성과 활력이 존재했다. 아마도 조화보다는 활력이 더 컸던 것 같다. 어떤 관점에서 보면 의무는 수행되었으되, 그를 위해서 치러야 했던 대가는 컸다. 그리고 그 청구서는 다음 시대에 뽑아들게 될 것이었다.

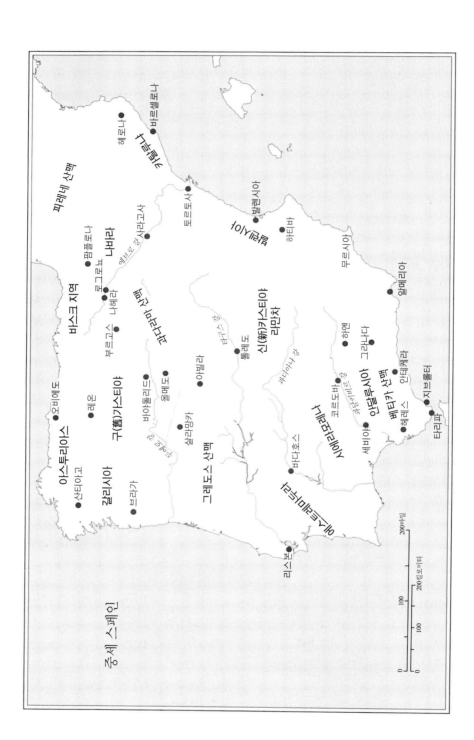

중세 스페인

피레네 산맥

바스크 지역

아스투리아스

갈리시아

오비에도
레온
산티아고
브라가

구(舊)카스티야

발렌시아
하티바
무르시아
알메리아

발렌시아
바르셀로나
헤로나

에브로 강
토르토사

팜플로나
나바라
에스텔라 산티아고사
로그로뇨
나헤라
부르고스

칸타브리아 산맥
두에로 강

바야돌리드
올메도
아빌라

타호 강
톨레도
신(新)카스티야
리만차

과달키비르 강

살라망카

그레도스 산맥

안달루시아
코르도바
하엔
그라나다
인테케라

세비야
베티카 산맥
헤레스

과디아나 강

메디나호스
바다호스

알프르투갈

리스본

타라고나
지브롤터
타리파

0   100   100   200마일

0   100   100   200킬로미터

4 중세 후기
1250-1500

앙구스 맥케이

13세기 중반부터 가톨릭 공동왕, 즉 페르난도와 이사벨의 즉위에 이르기까지의 스페인사를 연구하는 역사가들은 국왕과 영주, 교회, 그리고 도시들의 문서보관소에 소장된 문서들 외에도 여러 훌륭한 연대기들을 사료로 이용할 수 있다. 이 연대기들의 내용은 대부분 왕실 내에서 벌어진 사건, 혹은 왕이나 그의 적들의 행위에 집중되고 있는데, 그것은 물론 연대기들을 작성한 사람들이 왕실로부터 급료를 받거나, 자신들이 특정 정파에 속해 있었기 때문이다. 따라서 그런 기록을 역사적 증거로 사용할 때는 많은 주의를 기울이지 않으면 안 된다. 그런 유의 연대기 작가 가운데 두드러진 한 예를 우리는 카스티야의 고관(高官) 페드로 로페스 데 아얄라(1332-1407)에서 발견할 수 있다. 그는 자신이 모시던 왕을 배신하고 그 적대자를 지지했으며, 그 적대자가 왕위 찬탈에 성공하자 연대기에서 자신의 배신행위를 합리화했다. 이 경우 그가 기록하고 있는 폐위된 전임 왕의 성격과 전제군주적 행동 등의 내용을 곧이곧대로 받아들일 수 있을까? 물론 왕실과 밀접한 관계에 있는 연대기 작가 중에서도 예외적인 경우는 있었다. 예를 들면 카스티야의 미겔 루카스 데 이란소라는 이름의 한 대신은 궁정에서 은퇴한 후 하엔에 정착하여 연대기를 기록했는데, 그것은 이 도시와 인근 지역에서 행해졌던 마상창시합, 오락, 연극, 그리고 변경의 군사 활동 등에 관해서 귀중한 정보를 제공해준다.

이 중세 후기 스페인사를 고찰할 때 특히 몇 가지 주제를 주의 깊게 살펴

볼 필요가 있다. 그 가운데 첫 번째가 레콩키스타, 즉 711년 이베리아 반도에 침입하여 반도 대부분을 정복한 무슬림들로부터 기독교도들이 빼앗겼던 영토를 회복해가는 과정에 관해서이다. 이 레콩키스타는 제4장에서 다루고 있는 시기보다 훨씬 더 이전에 시작되었지만 중세 후반에 접어들면서 답보 상태에 들어간 것처럼 보였다. 그러나 스페인의 "분명한 운명"(즉 레콩키스타의 사명)에 대한 사명감은 결코 사라지지 않았다. 심지어 외국인들도 이 성스러운 과업에 동참했다. 예를 들면 1329년 6월 스코틀랜드 독립전쟁의 영웅 로버트 브루스가 죽었는데, 그는 살아생전에 십자군에 참가하여 이교도들을 때려잡는 것이 필생의 소원이었다. 이제 그는 그 일을 죽어서 시작할 수 있게 되었다. 즉 일단의 스코틀랜드 기사들이 방부(防腐) 처리한 그의 심장을 작은 상자에 넣어 성지 예루살렘 탈환을 위한 전쟁에 가져가기로 한 것이다. 그러나 우여곡절 끝에 제임스 더글러스 경이 이끄는 스코틀랜드 기사들은 예루살렘이 아닌 스페인으로 가게 되었다. 안달루시아의 테바 데 아르달레스 전투에서 더글러스 경은 브루스의 심장이 든 상자를 무슬림 진영 한가운데에 던졌고, 스코틀랜드 기사들은 그 상자를 구하기 위해서 적진으로 뛰어들었다. 그들은 대부분 전사했지만 상자는 구출되었으며, 브루스의 심장은 다시 스코틀랜드로 돌아가 멜로스 대수도원에 묻혔다. 이렇게 해서 브루스는 자신의 소원을 이루었으나, 그 소원이 이루어진 곳은 예루살렘이 아니라 스페인 안달루시아에서였다. 안달루시아는 제2의 성지, 제2의 예루살렘이었을까? 초서의 작품에 나오는 가공의 기사는 1344년 알헤시라스 재정복에 참전했고, 이어 지브롤터 해협을 건너 북아프리카의 마린족에 대항하여 싸웠다.

스페인은 예루살렘의 대안(代案)으로 여겨지고 있었을까? 당시 유럽 사람들 사이에는 세상이 끝나는 날에 예루살렘의 하느님께, 골고다 언덕에서 자신의 제국을 직접 봉헌할 세계의 마지막 황제가 나타날 것이라는 믿음이 퍼져 있었다. 스페인에서는 이 전승에 요하킴 사상과 세비야의 성 이시도로의 예언의 영향이 더해져 "숨겨진 자(Encubierto)", "박쥐(Murciélago)", 혹은 "새로운 다윗" 등 여러 이름으로 알려진 메시아 왕, 혹은 세계 황제 전설로 나타났다. 그리하여 새로운 왕의 치세가 시작되면 그때마다 종말론적 기대가 나타났다. 그러니까 새로 즉위한 왕이 안달루시아의 적—그리스도를 타도하고, 무슬림으로부터 그라나다를 되찾고, 바다를 건너 모든 이슬람 세계를 쳐부수고, 성지 예루살렘을 수복하고, 세계의 마지막 황제가 될 사람은 아닐까? "숨겨진 자"는 언제 자신의 모습을 드러낼까 하는 기대가 그것이었다.

문제는 실제 상황이 그 종말론적 기대와 일치해야 한다는 것이었고, 이 일치는 제4장에서 다루는 시기의 말미인 1480년 이후에야 나타났다. 1480년부터 1513년 사이에 갑자기 이 종말론적 기대를 믿을 만한 것으로 만드는 여러 가지 사건들이 한꺼번에 발생했다. 가톨릭 공동왕(Reyes Católicos), 즉 아라곤의 페르난도와 카스티야의 이사벨의 연이은 성공으로 인해서 페르난도를 예루살렘과 전 세계를 정복할 "숨겨진 자" 혹은 "박쥐"라고 말하는 예언서와 주석서, 심지어 민요까지 많이 나타났다. 이 모든 것이 미천하고 무지한 광신자들의 소행만은 아니었다. 그것은 카디스의 후작 돈 로드리고 폰세 델 레온이 1486년 카스티야 귀족들에게 돌린 계시의 편지에서 볼 수 있듯이 사회 최상층 사람들까지도 믿고 주장하는 바였다. 비밀스러운 하나의 진리가 한 신비가(神祕家)에 의해서 그에게 전해졌으니, 그 내용은 어떤 것일까?

……카스티야, 아라곤, 그리고 시칠리아의 왕이며 주군이신 위대하고 명성이 자자하며 강력한 페르난도 왕은 세상 어떤 왕이나 황제들보다 고귀하고 충일한 하느님의 가호 속에서 탄생하셨다. 하느님께서 그, 즉 "박쥐"에게 모든 승리와 모든 영광을 예비해두셨기 때문에 그에게 맞설 자는 세상 어디에도 없다. 페르난도는 "숨겨진 자"이다. 그는 성스러운 가톨릭 신앙을 조롱하고 경멸한 죄를 물어 세상 모든 배교자들을 철저하고 잔인하게 응징할 것이다. 폐하께서는 그라나다 왕국뿐만 아니라 페스, 튀니스, 모로코, 베나마린 왕조 등 아프리카 전역을 정복할 것이다. 그리고 이어 예루살렘 성전을 회복할 것이며, 손수 당신의 손으로 갈보리 언덕에 아라곤 왕국의 깃발을 꽃을 것이다. 또 로마 교구를 3년 동안 공석으로 비워둔 후 하느님의 뜻을 받들어 한 천사 교황을 그 자리에 앉히고, 자신은 황제가 될 뿐만 아니라 전 세계의 왕이 될 것이다.

그러므로 스페인은 예루살렘을 대신하는 성전의 무대가 되었다. 분명 성도(聖都) 예루살렘은 사람들의 마음속에 살아 있었다. 로버트 브루스는 1329년에 죽었다. 한편, 가톨릭 왕 페르난도는 1516년 죽기 직전에 베아타 데 피에드라이타라는 이름의 유명한 여성 환상가가 전해준 하느님의 메시지를 받았는데, 그것은 예루살렘을 정복하기 전에는 죽지 않으리라는 확신을 왕에게 심어주었다.

페르난도와 이사벨이 거둔 성공을 고려할 때 비록 그들이 통합한 카스티야 왕국과 아라곤 연합왕국이 각기 독자적인 제도와 관습을 여전히 유지하기는 했지만 스페인을 "통일"하고, "르네상스 국가"를 수립한 "근대 초"의 국왕들로 간주되어온 것은 놀라운 일이 아니다. 중세 말기는 그와는 대조적으로 분열과 내전, 그리고 혼란으로 가득 차 있었다. 예를 들면 레콩키스타는 비록 여기서 다루고 있는 시기보다 훨씬 더 이전에 시작되었지만, 14세기와 15세기의 대부분 기간 동안 정체 상태에 있다가 이때 다시 재개되어 1492년 무슬림 왕국 그라나다를 함락함으로써 비로소 성공적인 종결을 이룰 수 있었다. 1492년은 기독교도들이 그라나다를 회복함으로써 그들의 "분명한 운명"을 완수했을 뿐 아니라, 같은 해에 크리스토퍼 콜럼버스가 아메리카를 "발견했기" 때문에 "중요한 일이 특히 많았던 해"로 기억되고 있다. 그러나 1492년은 가톨릭 공동왕이 유대인들을 스페인에서 강제로 추방시킨 불행한 해이기도 했다. 제4장에서 다루고 있는 시기는 또한 스페인이 유럽 무대에서 백년전쟁에 개입하고, 콘비벤시아(convivencia, 상대적인 종교적 관용의 한 형태)가 깨어졌으며, 아라곤 연합왕국과 카스티야 왕국에서 매우 대조적인 통치 체계가 출현한 시기였다. 그리고 지중해와 대서양에서 육상과 해상으로의 팽창이 시작되고, 대단히 활기차고 흥미로운 문화적 발전이 일어난 시기였다. 여기에서는 정치적 사건들의 서술적 구조를 따라가면서 위에서 말한 중요한 문제들에 대하여 살펴볼 것이다.

14세기 발렌시아의 한 제단화. 아라곤의 하이메 1세가 무슬림과의 전쟁에서 십자군 병사들의 수호성인인 성 호르헤의 도움을 받고 있다. 그가 여기에서 큰 성공을 거두자 교황 인노켄티우스 4세는 그를 성지 예루살렘을 회복할 기독교 영웅으로 생각하게 되었다.

제4장에서 다루고 있는 시기의 시작 무렵에 아라곤의 하이메 1세(1213-1276)와 카스티야의 알폰소 10세(1252-1284)는 성공과 실패의 측면에서 흥미로운 대조를 보여준다. "정복왕(the Conqueror)" 하이메 1세는 그의 저서 『무훈의 서(*Llibre dels feyts*)』가 보여주고 있듯이, 스스로에 대해서 강한 자부심을 가지고 있었고, 스페인 내 이교도들에 대해서 그가 거둔 승리들을 고려할 때 그 자부심은 충분히 이유가 있는 것이었다. 교황 인노켄티우스 4세는 그의 이런 승리에 감동하여 그를 팔레스타인과 성지 예루살렘을 회복할 기독교 세계의 영웅으로 간주하게 되었다.

1229년에 하이메 1세는 마요르카를 정복했고, 이어 발레아레스 제도의 다른 섬들, 즉 메노르카와 이비사를 수복했으며, 1238년에는 무슬림 왕국 발렌시아를 되찾았다. 그러나 이런 성공은 상당 부분 하이메 1세가 무슬림들과 기꺼이 타협하고, 그들의 종교적 혹은 세속적 지배 기구들을 유지할 수 있게 양보한 데서 기인했다. 이는 발렌시아 왕국의 경우 특히 그러했는데, 이곳에서는 무데하르들의 반란으로 무슬림 주민들이 한 차례 더 추방되고 난 뒤에도 그들의 제도들은 여전히 살아남았다. 대체로 왕국의 북쪽에서는 무슬림들이 거의 일소되었으나 중부와 남부 지역은 발렌시아 시와 인근 지역을 제외하고는 무데하르들이 계속 남아 있었을 뿐만 아니라, 그들이 인구의 다수를 차지했다. 하티바 시는 그 좋은 예를 제공한다. 하티바의 무슬림 군 지도자와 그 도시의 100명의 유지들이 하이메 1세에게 신서(臣誓)를 바치고 그의 신민이 되었다. 이 도시와 그 외 여러 곳에서도 무슬림들은 여러 개의 모스크(이슬람 사원)를 유지했는데, 어떤 경우는 인근 모스크에서 무슬림 신자들에게 기도 시간임을 알리는 무에진(muezzin)의 시끄러운 목소리 때문에 왕이 잠을 이룰 수 없다고 불평한 적도 있었다. 무엇보다도 눌러앉은 무슬림들은 그들의 농업제도와 인력을 계속해서 사용했고, 농경지는 대개 무데하르들에게 임대되었다. 무슬림들의 발달된 관개기술이 여러 지역의 농업경제에 많은 도움을 주었으며, 특히 발렌시아와 인근 지역이 그 덕을 많이 보았다. 하티바의 경우 특히 하이메 자신이 작은 땅뙈기들로 이루어진 관개농경지(우에르타), 촌락들, 그리고 관개수로들의 풍경을 자세히 기술해놓았다. 1270년대에 하이메는 재정주 사업을 위한 기독교도 농민들의 부족에 대해서 개탄했다. 기독교도들이 다수를 이루고 있는 도시들도 여럿 있었지만 무슬림과 기독교도가 함께 살아가는 도시들 또한 많았으며, 농촌의 농경지는 대개 무어인 촌락에 거주하는 무데하르들에게 임대되었다.

카스티야 왕국의 상황은 그와 많이 달랐다. 페르난도 3세(1217–1252)는 과거 무슬림 칼리프 국의 수도였던 대도시 코르도바와 세비야를 1236년과 1248년에 각각 정복했다. 한 연대기는 세비야 정복을 기술하고 나서, 이어 그 사건이 왜 그렇게 중요한지를 다음과 같이 설명하고 있다.

세비야는 지금까지 언급한 것 말고도 고귀하고 위대한 특징들을 많이 가지고 있다. 세상에 세비야만큼 쾌적하고 좋은 위치에 자리잡은 도시가 없다. 날마다 바다에서 강을 따라 배들이 이곳에 들어온다. 수많은 종류의 배들이 세계 도처에서 온갖 물건들을 싣고 이곳에 와서 성벽 안에 정박한다. 그 배들은 여기를 빈번하게 드나들고, 탕헤르, 세우타, 튀니스, 부지, 알렉산드리아, 제노바, 포르투갈, 영국, 피사, 롬바르디아, 보르도, 바이욘, 시칠리아, 가스코뉴, 카탈루냐, 아라곤 등 세계 도처로부터 들어오며, 심지어 프랑스와 바다 건너 다른 많은 지역들로부터, 그리고 기독교 지역뿐만 아니라 무어인들의 나라에서도 온다. 이처럼 완벽하고, 풍요롭고, 풍부한 물품을 가지고 있는 도시가 또 어디에 있을까? 세비야의 올리브유는 해로로 혹은 육로로 세계 도처로 퍼져나가고 있다. 그 밖에도 세비야에는 셀 수도 없이 많은 부(富)가 있으며, 그것을 여기에서 일일이 이야기하는 것은 부질없는 짓이다…….

다른 성공들도 있지만 너무 많기 때문에 여기에서 자세히 이야기할 수는 없다. 그중 가장 중요한 점은 기독교도들이 이제 무슬림 소왕국 그라나다를 제외하고 사실상 스페인 전체를 지배하게 되었다는 것이다. 그라나다 왕국 또한 그곳의 지배자들이 카스티야 왕의 봉신이 되어 정기적으로 상당액의 조공(파리아)을 바치지 않으면 안 되었다. 무슬림 그라나다는 1492년까지 유지되지만, 여러 가지 점에서 그 독립성은 그전에 이미 크게 훼손되었다. 오늘날에도 안목이 있는 관광객이라면 그라나다 알람브라 궁 "심판의 방"의 세 둥근 천장에 그려져 있는 그림에서 이 사실을 간파할 수 있을 것이다. 14세기에 그려진 이 그림들은 스페인에서 이슬람의 최후 보루가 이미 어떤 의미에서는 침입을 당하고 있었다는 사실을 입증해준다. 주지하다시피 이슬람은 생명체를 예술적으로 표현하는 것을 금하고 있다. 그런데 이 그림들은 기독교 유럽에서나 발견할 수 있는 기사도 전설의 내용들을 담고 있다는 점에서 매우 흥미롭다. 실제로 그라나다의 이 "침입"을 그린 화가가 누구냐에 관해서 여러 가지 의문을 제기해왔다. 그들은 북유럽의 고딕 양식을 "차용해온" 무슬림들이었을까? 아니면 이탈리아인이나 프랑스인 미술가들이었을까? 아무튼 이 그림의 주제는 트리스탄과 이졸데, 에냐스, 그리고 랜슬롯 등의 인물이 포함된, 북유럽 아서 왕의 전설과 관련된 이야기에서 끌어온 것으로 보인다.

물론 페르난도 3세의 세비야 정복 이후에도 무슬림들이 기독교도들에 대하여 반격을 가해온 예가 몇 차례 있었다. 예를 들면 1264년 안달루시아의 무데하르들, 그라나다의 무슬림들, 그리고 북아프리카에서 온 마린족 군대가 반란을 일으켜 기독교도들을 궁지에 몰아넣은 적이 있다. 그러나 이 반란들은 실패로 돌아갔고, 그것이 미친 파장은 컸다. 먼저 코르도바와 세비야에서 반란 세력의 저항은 무슬림들의 추방으로 이어졌다. 그중에는

기독교도들에게 재빨리 항복함으로써 무슬림 주민들의 토지와 관습이 그대로 유지될 수 있었던 지역도 많았다. 그러나 1264년의 반란은 카스티야 왕국의 정책에 근본적인 변화를 가져와 무슬림들은 시차를 두고 여러 차례 추방되었고, 결국에는 단지 몇 안 되는 모레리아(morerías, 무슬림들의 집단 거주지)만이 남게 되었다. 그 결과 그들이 사라진 자리에 기독교도 정주자들을 입식시키는 것이 중요한 문제로 대두되었고, 레파르티미엔토(repartimiento)라는 기독교도 정주자들에게 체계적으로 땅을 분배하는 정책이 시행되었다. 예를 들면 에시하의 레파르티미엔토는 버려진 도시에 사람들을 다시 정주시키고, 농촌 지역에 다시 촌락을 건설하려는 계획적인 시도였다. 헤레스의 레파르티미엔토는 가옥의 수가 정주자보다 많았고, 몇몇 경우에는 사람이 살던 촌락이 재차 버려지고, 한동안 빈 상태로 있기도 했다. 그러나 남쪽으로 급속히 진행되어간 레콩키스타는 이미 13세기 이후

무슬림 그라나다에 대한 문화적 침입? 알람브라 궁의 왕들의 방 천장에 그려져 있는 이 그림에서는 기독교와 무어인, 양측의 귀족과 그 부인들이 전투, 사냥, 체스 게임 등 기사들의 활동에 참여하고 있다. 이슬람교는 인간이나 동물이 포함되는 그림을 금한다. 그럼에도 이슬람 지배자는 이 그림을 의뢰했으니, 이는 두 종교 간의 관용적 공존이 1350년, 즉 이 화려한 무어인의 궁전이 완성될 무렵까지도 가능했음을 보여준다.

로 카스티야 왕국의 경우 가용한 토지가 인구보다 빠르게 증가해갔음을 의미했고, 그 경향은 목축과 양(羊)의 급속한 증대를 가져왔다. 양들은 여름 초지(草地)와 겨울 초지를 오가야 했고, 이 이동방목은 남과 북을 잇는 세 개의 주 이동로와 수많은 지로(支路)들을 통해서 이루어졌다. 모든 양떼 이동로들은 100미터 간격으로 1.5미터 높이의 돌기둥을 세워 그 경로를 표시했다. 13세기에 국왕은 메스타(Mesta)라는 목양주들의 카르텔을 만들고, 이동하는 양들에게 세금을 부과하여 많은 수입을 올렸다.

이미 앞에서 언급했다시피 이 모든 도시들 가운데 세비야는 예외적인 존재였다. 약 2만4,000명에 이르렀던 세비야 인구는 이베리아 반도에서 바르셀로나 다음으로 많았고, 그중에는 세계 각지의 사람들도 포함되어 있었다. 정주자들 중에는 부르고스나 바야돌리드처럼 북부 카스티야 출신들이 많았다. 그러나 카탈루냐에서 온 사람들도 상당수에 달했고, 아라곤과 갈리시아, 포르투갈에서 온 사람들도 있었다. 또 제노바를 비롯한 이탈리아인들도 많았으며, 프랑스인, 브르타뉴인, 독일인도 있었고, 그 규모는 작지만 무슬림 공동체도 존속했다. 이 도시가 재정복되고 나서 많은 유대인들이 다시 찾아왔으며, 그들의 공동체는 이베리아 반도 내 유대인 집단 거주지들 중에서 가장 활기찬 곳 가운데 하나였다.

카스티야의 알폰소 10세는 정치적으로 그리 성공적이지 못했다. 그는 무리하게 재정을 운용했고, 신민들로부터 과중한 세금을 징수해 원성을 샀으며, 화폐를 조작하기도 했다. 또 그는 야심적인 사업을 무리하게 추진하다가 실패했고, 위험할 정도로 왕족과 귀족, 그리고 시민들과의 사이가 좋지 않았다. 예를 들면 그는 신성 로마 제국의 황제로 피선되기 위해서 많은 돈과 시간을 투자했으나 뜻을 이루지 못했고, 가스코뉴에 대한 계승권을 주장했으나 그의 누이인 레오노르에게 밀렸으며, 그 레오노르는 영국의 왕세자와 혼인했다. 또 그는 나바라에 대해서 지배권을 강요하려다가 실패했고, 수치스럽게도 자신의 아들과 분쟁을 벌이기도 했다(그 아들은 결국 그에 이어 산초 4세[1284-1295]가 된다).

그러나 이런 정치적 실패를 알폰소 10세는 그가 거둔 두드러진 문화적 성취로 만회했다고 볼 수 있으며, 그 성취는 그에게 "현왕(賢王, el Sabio)"

이라는 별명을 가져다주었다. 이 문화적 성취의 상당 부분은 고전시대, 아랍, 그리고 히브리인들로부터 전수된 지식에 의존했다. 물론 그 과정은 그보다 훨씬 더 이전에, 특히 12세기의 여러 번역학교들을 중심으로 시작되었다(그 가운데 가장 유명한 예가 톨레도의 번역학교였다). 그러나 알폰소 10세는 이 과업의 부활을 위해서 필수불가결한 요소였던 국왕의 후원을 제공하는 데 적극적이었다. 왕은 역사에서 체스 게임에 이르기까지 모든 것에 관심을 가지고 있었으며, 또한 의도적으로 라틴어보다 지역어(카스티야어)를 장려했던 것으로 보인다. 카스티야어는 법, 역사, 그리고 법원의 공식 문서를 기록하는 언어가 되었다. 그러나 『스페인의 역사(*Estoria de España*)』 혹은 미완으로 끝난 『세계사(*General Estoria*)』가 보여주듯이, 그것이 결코 검토된 문화적 관점을 제한하지는 않았다. 유명한 『7부 법전(*Siete Partidas*)』은 그보다 더 야심적인 사업으로서, 그것은 정치와 사회 생활의 모든 측면을 체계적으로 다루고 있으며, 로마 법의 영향을 많이 받았다. 귀족들과 도시들은 이 법이 지역적, 지방적 혹은 사회적 푸에로(자치법)들을 제한하는 것이었기 때문에 반대했고, 그 때문에 『7부 법전』은 알폰소 11세(1312–1350) 말년에 가서야 국가의 법으로 정식 공포될 수 있었다.

그러나 다음의 몇 가지 점에서 알폰소 현왕의 "근대성", 과학과 관련된 노력, 그리고 박식함은 과장되지 말아야 한다. 즉 그는 비록 자신의 연대기나 법률 문서를 카스티야어로 쓰게 했지만 시(詩)를 쓸 때는 갈리시아-포르투갈어를 사용했고, 과학에 대한 관심은 그의 마리아 숭배사상과 짝을 이루고 있다. 만약 누군가 그가 너무나 박식했고 심지어 이단이었을지도 모른다고 생각한다면, 왕의 성모 마리아 숭배가 그의 신앙 행위의 본질적인 한 부분이었음을 기억할 필요가 있다. 그 마리아 숭배는 한참 후에 프로테스탄트 종교개혁에 의해서 도전받았다가 가톨릭 교회에 의해서 재확인되었다.

이 모든 모순들이 「성모 마리아 찬가(Cantigas de Santa María)」에 그려져 있는 비할 데 없이 아름다운 세밀화(細密畵)들과 갈리시아-포르투갈어로 쓰인 시들에 아름답게, 그리고 문학적으로 그려져 있다. 여기에서는 파리의 도둑, 임신한 수녀원장, 살인자, 심지어 유아 살해범과 같이 흉악하기

짝이 없는 범죄자들까지 구원을 받는 것으로 나타나고 있다. 「성모 마리아 찬가」는 이런 대죄로부터의 기적적인 구원을 어떻게 설명하고 있는가? 죄인들은 그가 도둑이든 술주정뱅이 도박꾼이든, 아니면 임신한 수녀원장이든 상관없이 모두가 성모 마리아에게 간구함으로써 구원을 받고 있다. 파리의 도둑놈 엘보는 그 좋은 예이다. 그는 밤에 도둑질하러 갈 때마다 성모님께 기도를 올렸고, 그로 인해서 구원을 받았다. "오직 믿음(sola fide)"이 그를 구원했던 것이다. "오직 믿음"이라는 용어는 물론 마르틴 루터와 프로테스탄트 종교개혁을 떠올리게 한다. 그러나 종교개혁이 나타나기 훨씬 전에 「성모 마리아 찬가」의 메시지는 분명했다. 그러니까 사람들은 지엄하신 아버지(하느님)와 대면해야 할 때 어머니(성모 마리아)를 통해서 아들(예수)에게 영향을 미치도록 노력해야 한다는 것이었다. 그 고전적인 예가 테오필로의 경우였다. 테오필로는 주교가 되기 위해서 악마와 봉건적 계약을 맺었다. 그는 심지어 지옥까지 찾아가서 악마에게 충성을 맹세했다. 그러나 전능하신 성모 마리아는 그를 구하기 위해서 지옥까지 쫓아내려가는 것조차 마다하지 않으셨다.

알폰소 10세의 장남의 죽음은 사법상의, 그리고 왕조의 위기를 초래했다. 죽은 장남의 큰아들 알폰소와 장남의 동생 산초 가운데 누가 왕위를 계승할 것인가가 문제였다. 둘 중 산초가 과거의 관행에 의존하여 코르테스의 지지를 얻어 산초 4세로 즉위했다. 그러나 그는 곧 복잡한 문제에 부딪히게 되었다. 즉 아라곤과 동맹을 체결하고, 1291년 9월 에미르 아부 야쿱의 지휘하에 스페인에 상륙한 모로코 마린족과의 싸움에 재빨리 대비하지 않으면 안 되었던 것이다. 지브롤터 해협을 장악하는 것이 승리의 관건이라고 판단한 산초 4세는 타리파에 대한 공성을 감행하여 승리를 거두었고, 그 후 거듭되는 무슬림들의 공격을 이겨내고 타리파를 성공적으로 지켜냈다. 북쪽에서는 아라곤과 프랑스 가운데 누구와 동맹을 체결할 것인가 하

「성모 마리아 찬가」는 현왕 카스티야의 알폰소 10세에 의해 만들어졌다. 동정녀 마리아의 기적과 같은 권능이 100여 편에 이르는 아름다운 삽화의 주된 주제이다. 그러나 기독교도, 유대인, 무데하르, 그리고 무슬림이 뒤섞여 사는 스페인 사회의 일상생활이 그들의 의복, 무기, 건물 모양, 관습들과 함께 충실히 묘사되고 있어 당시의 사회사 연구에 중요한 자료가 된다.

스페인의 풍경은 아직도 수 세기 동안 이 나라를 괴롭혔던 폭력과 갈등을 반영하고 있다. 해발 1,036미터에 위치해 있고, 88개의 망루로 보강된 튼튼한 화강암 성벽으로 둘러싸인 아빌라는 끊임없는 전쟁에서 지역민들을 보호하기 위해서 세운 많은 요새 도시들 가운데 하나였다. 중세시대에는 무슬림들과의 갈등보다 반란이나 사적인 전쟁에 더 많은 노력과 에너지가 소비되었다.

는 문제가, 이 문제에 대한 왕실 내 귀족들의 분열로 매우 복잡한 양상을 띠었다.

아라곤 연합왕국에서는 귀족들이 1265년 에시하의 코르테스에서 이미 자신들의 이익을 수호하고, 하이메 1세로부터 여러 가지 양보를 끌어낸 바 있으며, 페드로 3세(1276-1285) 치세에 거의 정부 기구화되는 강력한 "연합"의 토대를 구축했다. 왕권을 강화하고 귀족들을 제어하려고 한 페드로 3세의 시도는 1282년 그의 시칠리아 정복의 여파만 아니었다면 성공했을지도 모른다. 그러나 교황은 그를 파문했고, 그를 타도하기 위한 성전(聖

戰)을 주장하고 그에 대한 귀족들의 충성을 무효화했으며, 아라곤의 왕위가 프랑스 왕의 아들 발루아가의 샤를에게 돌아가야 한다고 주장했다. 페드로 3세는 외침과 내전을 피하기 위해서 적들에게 굴복했다. 1283년 사라고사에서 열린 아라곤의 코르테스에서 그는 "일반 특권(privilegio general)"에 동의하여 아라곤과 발렌시아의 귀족들과 도시민들의 특권 및 관습을 존중할 것을 약속했으며, 코르테스를 매년 소집하고 그 코르테스가 전보다 더 큰 권한을 가진다는 데 동의했다. 카탈루냐에 대해서 페드로 3세는 석 달 후에 열린 바르셀로나 코르테스에서도 비슷한 내용의 요구에 동의했다. 이런 결정들은 결코 일시적인 것이 아니었다. 알폰소 3세(1285-1291)는 "아라곤 연합"과 매번 충돌했고, 군사적 위협과 국왕 수입의 붕괴에 직면하게 된 것 말고도 1287년 "연합의 특권(privilegio de la Unión)"에서 더 많은 양보를 하지 않으면 안 되었다.

카스티야에서는 소년왕 페르난도 4세(1295-1312)의 치세에 무정부 상태가 나타났다. 그의 숙부 후안은 페르난도 4세의 즉위가 불법이라고 주장하면서 자신의 왕위 계승권을 정당화했다. 아라곤의 하이메 2세(1291-1327)는 어린 왕의 적들과 동맹을 맺고, 카스티야가 분할되어야 한다고 주장하기까지 했다. 1296년 카스티야는 여러 방면에서 침공을 당했지만, 여장부의 기질을 가지고 있었던 페르난도 4세의 모후 마리아 데 몰리나가 침입자들을 격퇴시켰다. 그러나 그녀는 이 성공에 대하여 1301년 아들이 성인이 되었을 때 거의 보답을 받지 못했다. 페르난도 4세는 1308년 아라곤의 하이메 2세와 동맹을 체결했는데, 거기에는 무슬림들의 땅을 두 왕국이 어떻게 분할할 것인가에 관한 합의가 포함되어 있었다. 이 합의에서 카스티야가 그라나다를 정복하는 것으로 되었다. 그러나 그 이전에 체결된 협정들은 무슬림 왕국 전체를 카스티야가 정복하기로 한 데 비해 이번 협정에서는 중요한 항구 알메리아를 아라곤 왕국에 내주었다. 알헤시라스와 알메리아에 대한 기독교도들의 공격은 실패로 돌아갔다. 그러나 페르난도 4세는 1309년 지브롤터를 획득했다(그러나 그것을 1333년 다시 상실했다). 페르난도 4세는 1312년 스물여덟의 젊은 나이에 세상을 떠났다.

아라곤 왕국에서 코르테스를 매년 소집하려는 계획은 결국 실현되지 못했다. 1301년 카탈루냐의 코르테스를 3년 주기로 소집한다는 규정이 만들어졌고, 곧이어 같은 원칙이 발렌시아의 코르테스에도 적용되었다. 그보다 6년 후에 하이메 2세는 아라곤 코르테스의 2년 주기 소집에 합의했다. 비록 코르테스의 매해 소집이라는 이상은 실현되지 못했지만 아라곤 연합왕국에서 코르테스의 힘은 회기와 회기 사이에도 계속 활동하는 상임위원회의 출현으로 크게 증대되었다. 디푸타시오(Diputació) 혹은 제네랄리탓(Generalitat)이라는 이름의 이 상임위원회가 아라곤과 발렌시아에서도 1412년과 1419년에 각각 설치되었지만, 이들은 결코 카탈루냐의 제네랄리탓만큼 정치적으로 중요한 기구가 되지는 못했다.

카탈루냐의 제네랄리탓은 코르테스의 회기가 끝난 후에도 중요한 문제를 계속 논의하기 위해서 대표들을 뽑기 시작한 13세기 말에 출현했다. 대표들의 주요 임무는 코르테스에서 승인된 세금의 징수를 준비하고, 징수된 돈이 코르테스에서 합의된 목적에 지출되는지를 감시하는 것이었다. 1359년 이 임시 위원회는 항구적인 기구가 되었고, 1365년부터는 그 본부를 계속해서 바르셀로나에 두었다. 당시 이 기구는 두 명의 성직자, 두 명의 귀족, 그리고 세 명의 시민 대표 등 총 일곱 명의 위원(디푸타도[diputados])으로 구성되었다. 그러나 아라곤 연합왕국의 코르테스나 카탈루냐의 제네랄리탓 같은 기구들이 진정으로 민의를 대변했다고 생각한다면 그것은 오해이다. 그것들은 단지 특권적 사회집단, 즉 도시와 농촌의 과두 지배층만을 대변했는데, 이는 사실상 전체 주민의 약 3분의 2가 거기에서 배제됨을 의미한다.

카스티야의 알폰소 11세의 오랜 치세는 무슬림에 대한 중요한 승리, 도시들에 대한 국왕의 통제 강화, 사법기구의 개혁, 그리고 국왕이 죽고 난 후 심각한 왕조적 혹은 국제적 위기의 한 부분이 되는 귀족들의 음모로 특징지어졌다. 무슬림에 대한 승리 가운데 가장 중요한 것은 1340년 살라도 전투에서 거둔 유명한 승리였다. 이때 이미 알헤시라스와 지브롤터를 장악하고 있던 모로코의 마린족이 타리파를 공격해왔다. 이에 알폰소 11세는 스페인의 다른 왕국들 혹은 외국에서 온 기사들의 도움으로 이 무슬림들을 물리쳤고, 나아가 살라도 강 언덕에서 치열한 전투 끝에 결정적으로 그들을 패퇴시켰다. 이로 인해서 얻게 된 전리품도 엄청났지만 이 전투로 모로 코로부터의 침입 위협이 종식되고, 스페인의 레콩키스타에 중요한 전기가 마련되었다는 점에 더 큰 의미가 있다. 실제로 알폰소 11세와 그의 동맹 세력은 곧바로 알헤시라스 공성에 나섰고, 이 도시는 결국 1344년 기독교도들에게 항복했다.

알폰소 11세는 그의 사촌 후안 마누엘의 딸과 약혼했다. 유명한 정치적 음모가였던 후안 마누엘은 문인으로도 명성이 높았다. 실제로 그는 우아한 산문체를 의식적으로 사용했고, 생존을 보장받기 위해서 자신의 작품들을 조심스럽게 수도원에 보관했다. 그의 책 가운데 가장 유명한 것이 『루카노르 백작과 파트로니오의 우화 모음집(*Libro de los enxenplos del Conde Lucanor et de Patronio*)』인데, 이 책은 아랍인, 기독교인, 유대인들의 책에서 뽑은 이야기 혹은 우화 모음집이다. 더불어 그는 당대의 사건들에 대한 간략한 연대기를 작성하기도 했고, 사냥과 매 훈련법에 대해서도 글을 썼다.

그러나 알폰소 11세는 후안 마누엘의 딸과의 약혼을 취소하고, 포르투갈의 공주와 결혼했다. 그러나 그는 부인을 싫어했고, 레오노르 데 구스만이라는 여자와 오랫동안 사랑해온 사이라고 공개적으로 떠들고 다녔다. 알폰소 11세와 정실부인 사이에는 아들 하나만 태어난 반면(후에 그는 페드로 "잔혹왕[the Cruel]"이라고 불린다), 레오노르와의 사이에는 열 명의 자식이 있었다. 사실 이런 상황 자체가 크게 문제될 것은 없었다. 왕이나 왕자들이 혼인은 왕조의 이해관계에 따라 정략적으로 하고, 대신 진짜 사랑하는 여인을 곁에 두고 그녀와 더 깊은 관계를 맺는 것은 흔히 있는 일이었다. 게다가 당시는 『아름다운 사랑의 책』이 사람들에게 사랑을 받는 시대이기도 했다. 이 책의 저자인 이타의 대사제 후안 루이스는 자신의 아름다운 시들에서 유쾌하고 외설스런 모험을 이야기하고, 성모 마리아에게 종교적 서정시를 헌정했으며, 성직자들의 축첩을 풍자하고, "아름다운 사랑"에는 하느님의 사랑과 성적인 사랑 둘 다 포함된다고 말하기도 했다. 그러나 왕조적 이해 때문에 결정된 혼인의 측면에서 볼 때 알폰소 11세와 레오노르 데 구스만의 관계는 중요한 결과를 초래한다.

페드로 1세(1350-1369)는 권위주의적인 왕이었고, 그의 잔인한 행위는

"잔혹왕"이라는 별명을 가져다주었다. 그의 치세에 카스티야 왕국은 내전의 수렁에 빠지는데, 이는 왕의 이복동생인 트라스타마라의 엔리케가 주도하는 일단의 귀족들이 왕에게 도전하면서 벌어진 일이었다. 그런데 이 내전에서 양측 모두가 외부로부터 지지자를 끌어들였기 때문에 카스티야는 점차 백년전쟁이라는 범유럽적 전쟁의 또다른 무대가 되었다. 여기에서 페드로와 그의 상속자들은 영국의 지지를, 트라스타마라의 엔리케와 그 계승자들은 프랑스의 지지를 받았다. 엔리케는 직업적 용병들을 이끌고 카스티야로 쳐들어갔고, 1366년 스스로 왕을 자처했다. 페드로는 바이욘으로 도망갔다가, 영국의 지원을 등에 업고 카스티야 침공을 감행하여 1367년 나헤라에서 트라스타마라의 군대를 격파하고 잃었던 왕위를 되찾았다. 그러나 이 승리는 오래가지 않았고, 결국 그는 1369년 몬티엘에서 엔리케의 군대에 패하여 피살되었으며, 엔리케는 왕이 되어 엔리케 2세(1369–1379)로 즉위했다.

내전 기간 동안 트라스타마라의 엔리케는 고의적으로 반유대인 정책을 취했고, 이로 인하여 유대인들은 참혹한 피해를 입었다. 엔리케 2세가 집권하고 나서 그와 그의 계승자들, 즉 트라스타마라가의 왕들이 선왕들과 마찬가지로 유대인과 콘베르소들(conversos, 자발적으로든 아니면 강제적으로든 기독교로 개종한 유대인들)의 능력에 의존한 것은 사실이다. 그러나 이 종교적 소수자들에 대한 왕들의 보호 노력에도 불구하고 유대인들에 대한 참혹한 박해는 그치지 않았다. 그중에서도 가장 중요한 것이 1391년의 대학살 사건이다. 이 사건은 그해 6월 6일 세비야를 시작으로 급속하게 다른 안달루시아 도시들로 퍼져나갔고, 이어 톨레도, 발렌시아, 마요르카, 바르셀로나, 로그로뇨, 레리다, 하카, 그리고 심지어 페르피냥까지 확산되었다. 무자비한 학살과 증대되는 박해의 두려움은 유대인들의 대규모 개종을 가져왔다. 예를 들면 세비야에서는 시나고그(유대인 회당)들이 강제로 성당으로 바뀌었고, 유대인 집단 거주지는 사실상 사라졌다. 그 후 1449년부터 다시 여러 도시들에서 유대인 학살 사건이 발생했으며 1473년에 정점을 이루었으니, 이때 코르도바를 시작으로 주로 안달루시아 지역 도시들에서 대학살이 나타났다.

1371년 랭카스터 공작 곤트의 존이 잔혹왕 페드로의 장녀와 혼인한 후 유대인들이 의무적으로 착용해야 했던 빨갛고 노란색의 신분 표시 배지를 달고 있는 이 유대인의 초상화는 타라고나의 산타 루시아 성당에 소재하고 있다. 중세 초만 해도 유대인들은 스페인 사회의 일원으로 관용되고 받아들여졌다. 그러나 1391년 유대인 대학살 사건을 계기로 그들은 혹심한 박해의 대상이 되었고, 결국 1492년에 이베리아 반도에서 전면 추방되었다.

카스티야의 왕위를 주장했다. 트라스타마라 왕조에 대한 가장 심각한 위협이 후안 1세(1379–1390) 때 있었다. 1381년 랭카스터 공작의 동생이 포르투갈에서 전투를 벌였으나 패했다. 포르투갈의 왕위 계승권자인 베아트리스는 카스티야의 후안 1세와 혼인한 상태였고, 포르투갈의 페르난도 1세가 죽자 카스티야 왕 후안 1세는 이 이웃 왕국의 왕위를 주장했다. 그러나 이 요구는 결국 비참한 결과를 초래했는데, 포르투갈의 왕위는 1384년 아비스 기사단 단장에게 돌아갔고, 영국 궁병의 지원을 받은 포르투갈의 군대는 알후바로타 전투(1385)에서 카스티야인들에게 대승을 거둔 것이다.

알후바로타의 패배는 후안 1세로 하여금 카스티야 코르테스의 협력하에 행정과 군사 개혁에 나서게 만들었다. 그러나 위기가 그것으로 끝난 것은 아니었다. 1386년 랭카스터 공작이 라코루냐에 상륙했다. 결국 그의 침입은 실패로 끝났고, 륨링엄과 몽상 간에 체결된 평화협정(1389)은 백년전쟁 가운데 스페인의 국면을 종결시켰다. 곤트의 존은 카스티야 왕위를 포기하는 대신 대규모의 배상금과 상당액의 연금, 그리고 그의 딸 캐서린과 후안 1세의 아들(장차 엔리케 3세[1390-1406]가 됨) 간의 결혼을 성사시켰다.

프랑스인들은 계속해서 카스티야 해군력을 이용할 수 있었는데, 1372년 한 카스티야 함대가 프랑스 군과 협력하여 라로셸에서 영국군을 격파했고, 3년 후에는 카스티야인들이 부르그노프 만에서 영국 선박들을 공격하여 불태웠다. 카스티야 갤리선들은 또한 라이, 루이스, 아일오브와이트, 플리머스, 헤이스팅스, 포츠머스, 다트머스, 윈첼시 등을 공격했으며, 템스 강을 거슬러올라가 그레이브젠드를 불태우기도 했다. 디에스 데 가메스가 쓴 『엘 빅토리알(El Victorial)』이라는 아주 훌륭한 연대기는 세인트 이브스에서 사우샘프턴에 이르는 영국 해안을 따라 감행한 침략과 지중해 원정을 포함하여 카스티야 해군의 눈부신 활약을 생생하게 기록해놓았다.

1406년 젊은 나이로 죽기 전에 카스티야의 엔리케 3세는 그의 아들 후안 2세(1406-1454)의 소년왕 치세 동안 일어날지도 모를 문제들에 대비하고 싶어 했다. 그는 카스티야 왕국이 자신의 부인인 랭카스터의 캐서린과 동생 페르난도, 그리고 국왕평의회를 중심으로 통치될 수 있도록 했다. 이 섭정기 동안 사실상의 지배자가 된 페르난도는 1410년 무어인들의 요새 안테케라를 점령했고, 같은 해 아라곤 연합왕국의 마르틴 1세가 죽자 아라곤의 왕위를 주장했다. 마르틴은 후손을 남기지 못했으며, 왕위를 차지하려고 덤벼든 사람이 많았다. 이 다툼에서 페르난도가 자신의 주장을 관철시키는 데 성공할 수 있었던 정치적, 종교적 혹은 심지어 예술적인 방법은 그것이 이 시기의 상황을 잘 드러내주기 때문에 좀더 자세히 살펴볼 필요가 있다.

아라곤 연합왕국의 왕권 다툼 문제는 1412년 이른바 카스페 협약에서 국왕 선출 특별위원회가 페르난도를 왕으로 선출함으로써 해결되었다. 이에 따라 페르난도는 무엇보다도 적대자들의 저항에 맞서 자신의 국왕 선임을 확실히 하고, 이어 자신의 왕위를 보다 확고한 것으로 만들 필요가 있었다(왜냐하면 선출에 의해서 결정된 사안은 나중에 취소되거나, 아니면 그 권한이 제한될 수 있었기 때문이다). 이미 1403년에 페르난도는 당시 카스티야의 왕자 신분으로 있으면서 사적으로 동정녀 마리아를 경배하는 "항아리와 그리핀의 기사단"을 창설한 바 있었다. 그 당시 자신을 성모 마리아에게서 선택받은, 아라곤 왕으로 이미 예정되어 있었던 자로 내세우는 것보다 더 좋은 책략이 어디 있겠는가? 카스페에서의 선출이 있기 전 페르난도에게서 뇌물을 받은 왕실 문제 전문가들은 페르난도를 성모 마리아께 충성하고, 기사단을 창설하고, 대(對)무슬림 전쟁에서 승리함으로써 성모 마리아의 총애를 받고 있는 후보로 추켜세웠다. 선출되기도 하고, 동시에 예정되기도 한 왕의 존재는 분명 불가능하거나 혹은 달리 좋은 표현이 없어 하는 말이지만, 어떤 점에서는 칼뱅적인 의미를 가졌다. 어쨌든 페르난도는 왕위에 대한 자신의 독특한 생각을 그에 합당한 가치에 의거하여 해석했다.

그리하여 1414년 사라고사에서 거행된 그의 대관식에서 성직자들은 할 일이 아무것도 없었고, 왕 자신이 사실상 모든 절차를 혼자 진행했다. 페르난도가 혼자 제단에 올라가 손수 왕관을 집어들어 머리에 썼고, 역시 그 자신이 오른손에는 홀(忽)을, 왼손에는 십자가가 달린 보주(寶珠)를 집어들었다. 이때 한 가지 난감한 문제가 남아 있었는데, 대관식의 한 부분으로 기사 서임 의식을 치러야 했던 것이다. 페르난도는 이 문제를 어떻게 극복했겠는가? 그는 누구도 자기 옆에 다가오는 것을 허락하지 않았고, 자신이 직접 제단에서 기사의 칼을 집어들어 허리에 찬 데 이어 기사 서임에 필요한 뺨을 때리는 절차에서는 자신의 오른손으로 왼쪽 뺨을 때렸다.

이 대관식에 참석한 사람들과 그 광경을 설명하는 글을 읽는 사람들에게 그 예식이 무슨 의미를 가지는지 분명했음이 틀림없다. 그러나 그 대관식에 이어 벌어진 희한한 연회는 무엇을 의미하는가? 이 연회에서는 너무나 많은 일들이 일어났기 때문에 그중 일부만 기술할 수 있는데, 여기에서는 일곱 가지의 대죄(大罪), 신(神), 천사들, 대천사들, 왕들, 예언자들, 사도들, 그리고 성모 마리아가 만든 대관식 법령 등을 싣고 하늘로 올라가는 무개차가 나타난다. 다음은 연회가 벌어진 홀에서 일어난 일의 일부이다.

첫 번째 요리가 들어오기 전에 말만큼 큰 아름다운 황금으로 만들어진 그리핀이 들어왔다. 그는 목에 황금 관을 걸고 있었다. 그리핀은 앞으로 걸어가면서 입으로 불을 토하며 음식들이 지나갈 수 있도록 사람들을 물리치고 길을 터나갔다…….

왕이 식탁에 앉아 물을 받아 손을 씻고 나자 첫 번째 요리가 문을 통해서 들어왔다. 요리 쟁반에는 꼬리가 치켜올려진 공작들이 금 잎사귀와 아라곤의 문장으로 덮여 있었으며, 그들의 목에는 왕의 기사단 문장과 영대(領帶)가 걸려 있었다. 그들 앞에서는 광대들이 요란한 소리를 내고 있어 다른 소리를 전혀 들을 수 없었고, 그리핀은 그 앞에서 이곳저곳으로 불을 내뿜어 사람들을 흐트러뜨리고 있었다…….

이어 왕실 집사가 두 번째 요리와 함께 홀 안으로 들어왔다. 쟁반과 접시들에는 식용 수탉과 살아 있는 새들로 만든 황금 파이, 그리고 그 밖에도 많은 요리들이 있었다. 광대들이 앞서 말한 그리핀의 앞에 서 있었고, 그리핀은 불을 내뿜어 음식을 나르는 사람들을 위해서 길을 터주었다. 그리핀과 두 번째 요리 사이에 색칠된 목성(木城) 모양의 거대한 부유물 하나가 수레 위에 놓여 있었다. 이 목성 한가운데에는 하얀 백합들과 함께 성모 마리아의 커다란 은제 항아리가 놓여 있었다. 목성에는 여섯 명의 소녀가 감미로운 노래를 부르고 있었다. 그리고 목성 가장자리에는 커다란 황금 독수리가 왕관을 쓰고 앉아 있었는데, 그 독수리의 목에는 기사단의 훈장 혹은 아라곤 왕의 항아리 "기장(記章)"이 걸려 있었다. 목성 중앙에 있는 항아리는 성이 움직일 때마다 회전했다. 이런 모양으로 두 번째 요리가 들어왔다.

이어 성부 하느님께서 명하시자 모든 천사와 대천사들이 악기를 연주하고, 족장들과 예언자들이 천상의 목소리로 노래를 불렀으며, 왕의 식탁 앞에 나타난 첫 번째 구름이 공간 속에서 움직이고, 아름다운 금 항아리와 백합꽃을 든 천사가 구름을 타고 나타났다. 그 천사는 자신이 눈부시게 아름다운 성모 마리아의 사신(使臣)이며, 성모님으로부터 왕에게 항아리를 전하라는 명을 받았고, 그것을 정복 전쟁에 나설 때 항상 가지고 가야 한다는 내용의 시를 낭송했다…….

대주교 산초 데 로하스(왼쪽)의 제단화. 성모 마리아와 아기 예수 그리스도가 안테케라의 페르난도에게 왕관을 씌워주고 있다. 1412년 아라곤의 왕으로 선출된 페르난도는 자신의 지위를 공고히 하기 위해서 자기는 성모 마리아에게 선택받았다고 주장했다.

천사는 자신의 소임을 다하고 천국으로 돌아갔다. 이렇게 해서 접시가 도착하자 파이가 열리고, 새들이 홀 안을 날아다녔다.

그리핀이 왕의 식탁 앞에 있는 목성을 보고 독수리와 싸우기 위해서 그쪽으로 갔다. 그리핀과 함께 방패를 손에 든 무어인 복장을 한 사람들이 왔다. 이 광경을 지켜보던 독수리가 목성에서 바닥으로 뛰어내렸다. 그리고 그들을 제치고 왕의 식탁으로 다가와 그에게 경의를 표하고 나서 그리핀과 무어인들이 포위하고 있는 성으로 돌아갔다. 성을 지키고 있던 처녀들이 무어인들을 상대로 싸웠고, 이를 지켜보던 독수리는 무어인들을 부리로 쪼면서 그리핀에 맞서 싸우기 위해서 그쪽으로 갔다. 그러나 독수리는 실제로 그리핀과 싸우지 않았고, 싸우는 시늉만 했을 뿐이다. 이때 금 항아리가 열리더니 아름다운 소년이 나왔다. 그 소년은 아라곤의 문장이 그려진 천을 몸에 두르고 손에는 칼을 들고 있었으며, 용감무쌍하게 그리핀과 무어인들에게 덤벼들었다. 이때 소년의 용기에 놀라 모든 사람들이 마치 죽은 듯이 바닥에 쓰러졌고, 그리핀은 도망가고 독수리는 성의 가장자리로 날아올랐다. 이렇게 해서 왕과 그곳에 모인 사람들은 연회를 끝마쳤다.

도대체 이 모든 것들은 무엇을 의미하며, 우리는 그것을 어떻게 읽고 해석해야 하는가? 페르난도가 창설한 "항아리와 그리핀의 기사단"과 이 연회 중에 일어난 사건들이 관계가 있다는 것은 의심의 여지가 없다. 그러나 이 글에서 좀더 명확한 의미를 끌어낼 필요가 있는데, 그것은 그렇지 않으면 상관없는 해석이 끼어들 수 있기 때문이다. 그 의미가 비교적 명백한 문장은 "파이가 열리고, 새들이 홀 안을 날아다녔다"는 대목일 듯한데, 이는 영국의 한 자장가에 나오는 "그리고 파이가 열리자 새들이 노래 부르기 시작했다. 그것은 왕의 수라상에 올리기에 좋은 요리가 아니겠는가"라는 가사를 연상시킨다. 그러나 사실은 새를 지칭하는 스페인어 단어가 "아베(ave)"이며, 이는 성모 마리아께 성수태(聖受胎)를 고지하면서 천사 가브리엘이 한 말 "아베 마리아 그라티아 플레나(Ave Maria gratia plena, '은총을 가득히 받으신 마리아여')"와 밀접한 관계를 가지고 있음이 분명하다.

페르난도는 카스티야에서도 섭정직을 가지고 있었기 때문에 카스티야와 아라곤 양국에서 모두 자기 가문의 세력을 증대시킬 수 있었다. 그의 장남은 아버지에 이어 아라곤 왕 알폰소 5세(1416-1458)가 되었다. 구(舊)카탈루냐에서는 (레멘사 농민들의) 반란이 이미 고질병이 되어 있었다. 거기에다 아라곤 연합왕국의 왕들이 지중해 쪽 영토들을 중시했고, 그것은 그들의 (스페인에서의) 부재를 가져왔으며, 그 부재는 스페인 내 그들의 지배영역들에 중요한 제도적 반향을 불러일으켰다. 14세기 말부터 사르디니아, 시칠리아, 마요르카 등에 부왕의 직책이 나타났고, 알폰소 5세는 1435년 나폴리의 요안나 2세 사후 남부 이탈리아에 대한 지배권까지 획득하면서 이탈리아 정치에 많은 관심을 가지게 되었다. 그러나 그는 자신의 형제들이 카스티야에서 벌인 정치적 음모를 지원하는 데도 소홀하지 않았다. 그 형제들 가운데 하나인 후안은 카스티야에서 넓은 영지를 상속받고, 혼인을 통해 1425년 나바라의 왕이 되었으며, 나중에는 형에 이어 아라곤 연합왕국의 왕 후안 2세(1458-1479)가 되었다.

카스티야의 후안 2세가 마침내 성년이 되자 흔히 "아라곤파"라고 일컬어지는 정치 집단이 카스티야의 요직을 차지하고, 왕의 관직 임명권을 자의적으로 행사하게 되었다. 그러나 카스티야 왕은 총신 알바로 델 루나의 도움을 받아 아라곤파를 무너뜨리기 위한 오랜 투쟁을 감행했다. 이 기간 동안 힘의 균형은 계속해서 바뀌었지만 아라곤파는 결국 올메도 전투에서 결정적으로 패배했다. 그러나 8년 후에 유능한 총신 알바로 델 루나는 궁정 음모의 희생물이 되어 왕에 의해서 처형당했으며(1453), 왕 역시 그 이듬해에 죽었다. 카스티야의 후안 2세의 오랜 치세는 많은 재난과 정치적 혼란에도 불구하고, 이때 국왕 절대주의가 발전했다는 점 때문에 주목의 대상이 되었다. 왕은(혹은 왕의 배후에서 알바로 델 루나는) 절대왕권을 사용하여 일방적으로 법을 제정하고, 자신은 그 법 위에 군림하면서 스스로 하느님의 대리인이라고 말했다. 그가 가끔 코르테스의 동의를 구했고, 자신이 공포한 법이 코르테스에서 제정된 법과 동일한 효력을 지닌다고 선언했던 것도 사실이다. 그러나 그것이 그의 치세 동안 왕권이 이론적으로 크게 증대되고 코르테스의 힘이 급속히 약화되어간 사실을 은폐할 수는 없다.

문화적으로도 후안 2세의 치세는 상당히 중요하다. 왕과 그의 정신(廷

臣)들 가운데 일부는 휴머니즘에 깊은 관심을 가지고 있었는데, 그 휴머니즘은 고전 학문의 부활이라고 할 수 있으며, 휴머니스트들 가운데 몇몇은 특정의 정치적 프로그램을 개진하기도 했다. 일례로, 라틴어 서한 담당 비서 후안 데 메나는 후안 2세에게 「운명의 미로(Laberinto de Fortuna)」라는 제목의 장시(長詩)를 헌정했는데, 그것은 알바로 델 루나의 정책을 지지하는 내용이었다. 그러나 휴머니스트 학자들의 중요성은 그리 크지 않았다. 그보다 더 중요한 것은 가수 시인들의 애틋한 사랑의 시와 1428년 바야돌리드에서 개최된 요란한 "해프닝" 혹은 토너먼트 같은 궁정 혹은 기사들의 축제 등이다. 그런 문화적 경향은 르네상스 이탈리아보다는 부르고뉴 공작의 궁정 문화생활을 연상시킨다.

아이러니하게도 카스티야의 다음 왕인 엔리케 4세의 치세(1454-1474)는 이론과 실제가 얼마나 다를 수 있는지를 보여준다. 파렴치한 귀족들이 만든 무정부 상태가 치세 대부분을 차지했고, 아빌라의 소극(笑劇)으로 알려진 한 모욕적인 행사에서는 왕의 상(像)이 폐위되기도 했다. 이 내전과 무정부 상태로 얼룩진 엔리케 4세의 치세에 이어 "가톨릭 공동왕", 즉 페르난도와 이사벨의 치세가 찾아왔다. 그런데 그들은 엔리케 4세의 딸 후아나로부터 카스티야 왕위를 빼앗은 찬탈자일까? 만일 가톨릭 공동왕과 그들의 선전자들의 말이 옳다면 후아나는 왕의 딸이 아니었다. 왕의 적들은 왕이 성불구자이며 동성애자라고 주장했다. 그가 죽고 나서 벌어진 왕위 계승 전쟁에서 페르난도와 이사벨은 승리했고, 후아나는 포르투갈로 쫓겨나 그곳 수녀원에 들어가서 다시는 나오지 못했다.

"숨겨진 자" 혹은 "박쥐"(가톨릭 왕 페르난도의 별명)는 1492년 그라나다를 재정복했고, 그의 다음 목표는 예루살렘이었을지도 모른다. 그러나 물론 이러한 상황은 다른 방식으로도 읽힐 수 있었다. 유대인들에게는 가

『산페드로 데 산티아고 신도회의 책』에 그려져 있는 기사들의 모습. 14세기의 혼란한 도시생활에서 살아남기 위해서 많은 사람들이 신도회, 즉 종교와 사회생활의 모든 면을 포괄하는 인위적인 "가족"을 결성했다. 이 신도회의 주요 기능은 하느님과 성모 마리아, 그리고 성인들을 공경하는 예식을 거행하고, 죽은 회원들을 위해서 품위 있는 장례식을 행하며, 미사를 드리는 것이었다.

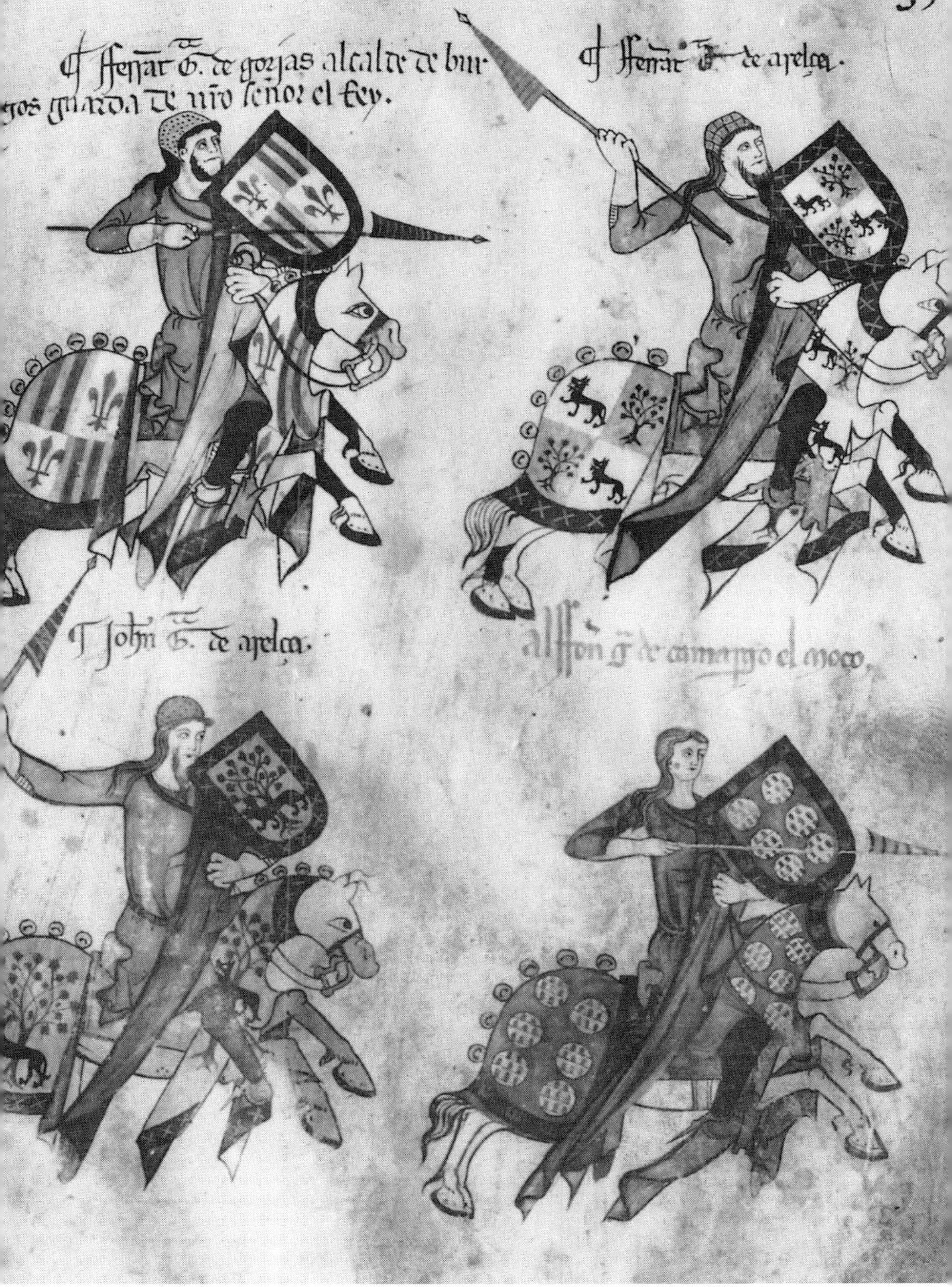

톨릭 공동왕의 성공이 메시아의 도래를 위한 산통(産痛)으로, 추방된 자들의 집결의 시작으로 비쳤다.

"스페인에서 1475년경이면 사악한 이사벨 여왕의 치세가 시작되리라는 것이 분명해졌다. 그녀는 이 모든 악을 우리에게 가져다주었다. 1483년, 장장 45년에 걸친 시련과 고통의 시기가 시작되었다. 이해에 그 곰 같은 계집이 안달루시아 전역에서 이스라엘을 추방했고, 1492년에는 스페인에 살고 있던 모든 유대인들을 내쫓았다."

사실 일부 기독교도들에게는 시간, 지리, 그리고 역사가 바뀔 수도 있었다. 가톨릭 왕 페르난도는 예루살렘을 정복하지 않아도 되었는데, 왜냐하면 예루살렘은 스페인에도 있었기 때문이다. 1490-1491년에 스페인 종교재판소에 의해서 한 기괴한 공개재판이 열렸다. 산토 니뇨 델 라 과르디아 재판이라고 알려져 있는 이 사건은 유대인 추방령이 발표되기 꼭 석 달 전 정점에 달했다. 이 재판은 라과르디아 마을(톨레도 근처)의 몇몇 유대인과 콘베르소들이 기독교도 아이 한 명을 잡아다가 십자가에 못 박아 죽였다는 혐의를 입증하려는 것이었다. 이 섬뜩한 혐의는 물론 조작된 것이었지만, 그 재판을 연 이면의 목적은 효과적으로 달성되었다. 너무나 분명한 것은 재판에서 드러났다고 주장된 유대인들의 악마적 음모가 그들의 추방을 정당화했다는 것이다. 그 재판이 가톨릭 신앙의 핵심적인 측면이기는 하지만 항상 의문의 소지를 안고 있었던 몇몇 기독교 교리들을 확인했다는 주장은 그리 분명해보이지 않는다. 유대인들은 성체가 그리스도의 몸이라는 것을 믿지도 않으면서 왜 그 성체를 모독하기 위해서 애썼을까? 그들은 그리스도 수난의 진실성을 믿지도 않으면서 왜 십자가 처형을 재현했을까? 그러나 스페인이 지금 그 자신의 라과르디아의 아기 그리스도와 자신의 십자가 수난을 가지고 있다면 마찬가지로 예루살렘도 자신 안에 가지고 있지 않을까? 16세기에 만들어진 몇몇 종교적 예술품들에서 목판 삽화들은 그 점을 분명히 말해준다. 왜냐하면 거기에서 십자가에 달린 라과르디아의 아기 예수를 볼 수 있을 뿐 아니라, 톨레도와 라과르디아의 풍경은 예루살렘과 그 주변의 풍경과 정확히 일치하는 것으로 나타나고 있기 때문이다.

시구엔사 대성당에 있는 마르틴 바스케스 데 아쿠냐의 무덤. 갑옷을 입은 채 책을 읽고 있는 그의 모습은 중세 말 카스티야 귀족들이 열망해 마지않았던 교양 있는 전사의 이상을 보여준다. 스페인에서는 이슬람에 대항한 십자군 때문에 너무나 자주 문(文)보다 무(武)가 중시되어 왔다. 그리고 그 결과 스페인에서는 휴머니즘이 다른 이웃 국가들보다 더디고 단속적(斷續的)으로 발전했다.

스페인은 후에 가톨릭 종교개혁 혹은 반동 종교개혁의 수호자가 되며, 흔히 이단을 근절하고 억압하는 일에 누구보다도 열심이었던 비관용적인 국가로 알려져왔다. 그러나 그것 말고도 또다른 중요한 유산이 있었다. 이 장의 대부분은 중세 후반기 두 부류의 주인공들에 대해서 살펴본 것으로, 하나는 정치적으로 지배하는 일에 적극적이며 레콩키스타에 참여한 사람들이고, 다른 하나는 작가 혹은 예술가로서 활약한 사람들이었다. 어떤 경우 이 두 가지 역할을 동시에 수행하는 것은 분명 어려웠다. 예를 들면 알폰소 10세의 치세는 문화적으로 중요한 성취를 이루었지만 정치적으로는 여러 가지 점에서 재난의 시기였다. 그러나 이 장에서 다루고 있는 시기의 끝 무렵에는 문(文)과 무(武)의 결합이라는 이상이 실현되기 시작했다. 이 현상을 우리는 1476년 호르헤 만리케가 산티아고 종교 기사단의 기사였던 그의 부친을 추모하며 쓴 유명한 애가(哀歌) 형식의 시에서 볼 수 있다. 「부친의 죽음에 관한 시(Coplas por la muerte de su padre)」라는 제목의 이 시에서 아들은 국왕에 대한 부친의 충성심과, 대(對)무어인 전투에서 그가 보인 용기를 칭송하고 있다. 그러나 오늘날 우리는 아들의 시가 없었다면 그의 부친 로드리고 만리케를 기억하지 못할 것이다. 마찬가지로 산티아고 의 후작 이니고 로페스 데 멘도사(1398-1458)는 그의 조카 고메스 만리케 에 의해서 문(文)에 대한 편견을 제거한 사람으로, 그리고 "우리 시대에 처 음으로 학문과 기사도를, 흉갑과 토가(교수나 법관의 예복)를 결합한 사람" 으로 그려지고 있다. 이 문과 무의 결합을 우리는 오늘날 시구엔사 대성당 의 한 무덤에서도 직접 목도할 수 있다. 이 무덤은 마르틴 바스케스 데 아 쿠냐라는 한 귀족의 형상을 보여주는데, 그는 갑옷을 입은 채 한쪽 팔꿈치 를 바닥에 괴고 비스듬히 누워 책을 읽고 있다. 군사적 용맹과 문화적 교양 을 결합하고 있는 이 유산은 황금시대의 스페인에 그대로 상속된다.

5 거짓말 같은 제국

펠리페 페르난데스-아르메스토

스페인의 패러독스는 존슨 박사의 개를 연상시킨다. 전혀 예상치 않은 순간에 갑자기 뒷다리로만 서서 잘 걸어다님으로써 사람들을 깜짝 놀라게 한 그 개 말이다. 그와 마찬가지로 가난하고, 자원도 변변치 않은 세계의 한구석에 있는 나라가 그처럼 광범한 세계의 다른 지역을 정복하는 놀라운 일을 해내리라고는 아무도 기대하지 않았다. 또한 16세기와 17세기 초의 극적인 팽창의 시기에 스페인이 내적으로 그처럼 놀라운 예술적 창조와 사회적 평화를 만들 수 있으리라고는 누구도 생각하지 못했다. 그 위업은 너무나 대단한 것이어서 이 시기는 거의 보편적인 찬사와 더불어 "스페인의 황금시대(Edad de Oro española)"로 칭송되어왔다.

역사가들은 지금까지 스페인의 문화적 성취와 정치적 위세를 당연한 것으로 여기고, 대신 그 후에 나타난 스페인의 몰락을 설명하기 위해서 고심해왔다. 그러나 사실은 후자보다 전자가 훨씬 더 놀라운 것이었다. 서유럽이 한 세기 이상 스페인의 우위를 견뎌내는 동안 이 일종의 원더보이 왕정(Wunderkind monarchy)은 거짓말처럼 세계 최대의 제국으로 성장해갔다. 그 이후 유럽의 많은 전쟁과 외교 모임들에서 스페인이 다시 주변부적 위치로 돌아가고, 궁극적으로 세계제국들 가운데 평범한 한 예로 위축되고만 것은 다시 네 발로 걷는 개처럼 정상적 상태로 돌아간 것이었다.

이 시기에 스페인이 취한 그답지 않게 호전적인 태도를 설명하기 위해서 전통적 역사는 몇몇 매력적이기는 하지만 경향성을 가지는 해석을 제기해왔다. 특정한 정치적 의도를 가진 학자들은 통일된 국민국가의 조숙한 "근대성"이 다른 나라들이 가지지 못한 이점을 스페인에 가져다주었다고 주장했다. 어떤 사람은 종교의 통일이 통일된 목표를 제공하고 군사적 열정을 고무시킴으로써 세계 강국으로 발돋움할 수 있는 출발점이 되었다고 주장했다. 그런가 하면 어떤 사람은 중세로부터 물려받은 십자군적 사고, 혹은 그것의 세속적 표현이라고 할 세계제국에 대한 고대 유럽적 전통에서 차용한 세계정책(Weltpolitik)의 이데올로기를 지적하기도 했다. 국민적 특성의 미덕과 악덕에 관한 상호모순되는 주장이 제시되기도 했는데, 이에 따르면 한쪽에서는 스페인인들의 절제심과 금욕정신이 성공을 가져왔다고 주장하는 사람이 있는가 하면, 어떤 사람은 스페인인들의 낭비벽과 무절제가 "황금시대"를 과도한 지출로 덧씌우고, 위대한 스페인을 속 빈 강정이 되게 했으며, 그것은 결국 건전하지 못한 신용을 가지고 충동구매를 한 꼴이었다고 말한다. 또 어떤 사람은 스페인의 부상(浮上)을 행운의 소산으로 돌려, 프랑스의 약화로 인한 일시적 "힘의 공백"과 뜻밖에 얻게 된 아메리카 은의 획득으로 인한 일시적인 노다지가 스페인 제국을 가져왔다고 말한다. 결정론 쪽으로 기운 사람들은 스페인의 그런 갑작스런 부침에 잘 놀라지 않으며, 대신 그들 자신들만의 냉정한 논리를 가지고 있다. 예를 들면 스페인의 위업은 "도전과 응전"의 패턴에 의해서 예언되었다는 것, 즉 가난에서 도망치려는 자들의 제국이고, 결핍에 의해서 단련된 천재들의 문명이었다고 말한다.

오늘날 대부분의 학자들은 이런 전통적 접근을 거부하고, 좀더 진실에 가까운 "근대 초" 스페인 사회의 모습을 기술(記述)하기 위해서 노력하고 있다. 그들이 만든 그림들이 축적되어갈수록 그것은 제국의 위업을 이룰 준비가 되어 있는 사람들의 개요로서 점점 더 설득력 있는 것으로 비추어지게 된다. 즉 스페인은 통일된 국민국가는 아니었지만 한동안 잘 굴러갔던 정치체였고, "근대적" 중앙집권 국가는 아니었지만 그리 어렵지 않게 국민들의 복종을 이끌어낼 수 있는, 널리 확산된 국민정신과 관습을 가진 국가였으며, 재정적으로 풍부하지는 않았지만 당시의 기준으로 볼 때 그리 나쁘지 않은 생산적 재정을 가지고 있었다. 영웅적 무용(武勇)은 아니지만 육지와 바다에서 끈질기게 군대와 함대를 유지할 만한 능력을 보유하고 있었고, 문화적 통일이 아닌 평화로운 변화를 지향했으며, 독특한 미덕이나 악덕이 아닌 특별한 몇몇 장점, 특히 기술의 혁신과 창조적 예술을 선호하는 비교적 다수의 교육받은 엘리트층을 가진 사회였다는 것이다. 동시에 그 문제의 중심에는, 이 시기 스페인 사람들이 이루어낸 업적이 취약하다는 것은 항상 분명했으나 그것의 지속성 역시 언제나 감동적이었다는 역설이 존재한다.

연기 주임의 채찍 : 국가의 성격

살라망카 시(市) 에스쿠엘라스 메노레스 광장에 서서 옛 살라망카 대학교의 파사드를 올려다보면 큰 메달 모양의 양각 부조물(浮彫物)을 볼 수 있다. 이 부조물은 —— 특히 햇살이 비스듬히 비쳐 그림자를 만들면 그 부조의 형태가 더욱 선명하게 드러나는데 —— 아라곤과 카스티야, 다시 말해서 스페인의 왕과 여왕의 모습을 새겨놓았다. 어떤 점에서 보면 이 부조물은 위세(威勢)와 통합의 이미지를 과시하기 위해서 고안된 페르난도와 이사벨 초상의 한 전형이다. 여기서 두 사람은 묵직한 왕관을 쓴 채, 당시 지배적이었던 르네상스적 미의식에 따라 중심이 되는 축(왕권을 상징하는 홀이 그 축이 된다)을 가운데 두고 좌우대칭으로 배열되어 있으며, 어울리는 포즈로 홀을 붙잡고 있다. 두 왕이 모두 사망한 후 얼마 지나지 않아 제작된 이 작품은, 그들이 살아 있을 때 공인된 초상화와 날카로운 대조를 이룬다. 즉 이 부조에서는 왕이 여왕보다 조금 더 크게 표현되어 있다. 왕과 여왕이 살아 있을 때는 세력 균등의 법칙이 확고했기 때문에 어떤 예술가도 두 사람 가운데 한 사람을 더 크게 표현할 수 없었다.

1520년대에 이 대학교의 파사드를 제작하게 되었을 때 카스티야는 다시 한 번 공동 군주의 지배하에 있었다. 그러나 이번에는 공동 군주의 한편이자 다른 한편의 모친이기도 했던 후아나 1세가 미친 사람으로 간주되어 국사(國事)에서 배제되었기 때문에 그녀는 명목상의 군주에 불과했으며, 그녀의 아들 카를로스 1세 —— 신성 로마 제국 황제 카를 5세(이하 카를 5세

로 칭함) —— 가 사실상 단일 군주였다. 페르난도를 이사벨보다 약간 크게 표현한 것은 전통적 관행의 연장으로서 카를 5세의 남성 우위적 사고를 보여주며, 이는 당대의 요구에 부응하는 것이었다. 그러나 그것이 페르난도와 이사벨 두 사람이 자신들의 관계를 인정받고 싶어 한 방법은 아니었다. 그들의 치세에 발표된 거의 모든 문서들은 비록 두 사람이 같이 있지 않을 때라도 두 사람의 공동 명의로 발표되었다. 그들은 "서로 좋아하는 사람", "하나의 정신에 의해서 지배되는 두 몸", "같은 마음을 공유하는 사람들"이었던 것으로 알려져 있다. 그들의 선전물은 두 사람 간의 통합뿐만 아니라 두 사람의 사랑에 대해서도 알리고 선전했다. 사랑의 매듭과 "멍에와 화살"은 두 사람이 가장 선호한 장식이었다. 부부 간의 멍에가 사랑의 무기를 묶고 있었다. 국왕이 내리는 칙령의 헌납본에는 입맞춤을 나누는 두 군주의 형상이 그려져 있다. 그 입맞춤은 사랑하는 사람 간에 하는 입맞춤(basia)이라기보다는 의식적인 입맞춤(oscula)이었지만, 어쨌거나 입맞춤은 입맞춤이었다.

선전은 보통 진실을 은폐하는 역할을 한다. 치세 초기에 페르난도와 이사벨이 진심으로 하나로 결합되어 있다는 이미지를 만들려고 했던 진짜 이유는 그들이 감추지 않으면 안 되었던 둘 간의 라이벌 의식과 불화 때문이었다. 1460년대 내전 기간 동안 이사벨이 카스티야 왕위를 계승할 후보 가운데 한 사람으로 떠올랐을 때, 그녀는 오직 남편만이 구해줄 수 있는 치명적인 육체적 약점을 가지고 있었다. 그녀는 여자의 몸이었고, 당시의 심성에 따르면(당시는 팔로피오가 실험을 통해서 여자의 몸이 어떻게 작동하는지 아직 밝혀내기 전이었다) 여자는 신이 남자를 만들려다가 실패해서 생겨난 존재로 간주되었다. 이사벨이 모든 공적 무대에서 자신의 옆에 페르

살라망카 대학교의 파사드에 있는 페르난도와 이사벨을 둘러싼 제국주의적이고 휴머니즘적인 장식은, 그 과업이 현실화되는 두 사람의 손자(카를 5세)의 치세의 가치를 반영하고 있다. 좌우 균형과 등치(等値)는 공동왕 치세 초상화 제작에서 전형적인 기법이었다. 그러나 여기에서는 페르난도가 이사벨보다 약간 더 두드러지게 표현되고 있는데, 이는 사실주의에 충실하려는 것이 아니라 마찬가지로 공동왕의 한편이었던 카를 5세의 권위가 명목상의 공동 군주였던 그의 모친보다 더 우월하다는 사실을 말하려는 것이었다.

난도를 세운 것은 필수불가결한 장비의 계산된 배치였다. 그것은 두 사람이 각각 상속받은 영토를 정치적으로 통합하기 위한 프로젝트를 주장하려는 것이 아니라, 당장 코앞에 닥친 위기를 극복하기 위함이었다.

이사벨이 살아 있는 동안 그녀와 동등한 권력을 행사하는 대가로 페르난도는 지금 당장 자신의 왕위 계승권을 주장할 수 없었을 뿐 아니라, 아내와의 사이에서 태어난 자식들을 위해서 과거의 상태(카스티야와 아라곤이 분리되어 있던 시기)로 되돌아갈 수 있는 권리도 포기해야 했다. 페르난도와 이사벨, 두 사람 사이의 갈등은 1475년 세고비아에서 열린 한 회의에서 이사벨이 한 것으로 알려진 언급의 행간에서도 분명히 드러나는데, 이때 왕국의 통치에 관하여 그녀와 남편 간의 의견 차이가 해소되었다. "폐하……하느님의 가호로 폐하와 저 사이에는 일치만 있어야 하며, 갈등이 있어서는 안 될 것입니다." 이는 역설적으로 일치가 이루어지지 않았고 갈등이 있었음을 말해준다. 요컨대 통합의 이미지는 두 군주의 동맹에 존재하고 있던 갈라진 틈을 은폐하는 벽지였던 것이다. 그들의 동등성은 닮은꼴을 한 두 사람 간의 그것이었다. 두 사람 사이의 애정이 나중에는 진실한 것이 되었을지도 모른다. 그러나 처음에는 그런 척 가장하는 것으로부터 시작되었다.

그들의 선전은 역사가들에게 깊은 인상을 심어주었고, 많은 경우 그것을 그대로 믿게 만들었다. 정치 상황이 힘과 통합의 신화를 요구할 때면 언제나 페르난도와 이사벨의 기억이 그를 위한 도구로 동원되었다. 1640년 카탈루냐인들의 반란에 의해서 왕정의 결속이 위협받게 되었을 때 한 현명한 예수회 수도사는 왕(페르난도)을 "우리의 영원한 영웅", "카스티야를 위해서 아라곤에서 태어난" 반도 통일의 예언자이자 모범으로 추앙하는 한 저서를 출간했다. 1938년 "국민진영"(프랑코파)의 한 역사가는 그가 글을 쓰고 있을 때 자신을 포위하고 있던 "빨갱이" 군대에 대한 저항의 표시로 이사벨 여왕을 "스페인의 창건자"로 칭송했다. 프랑코 체제는 스스로 자신의 선배라고 생각한 사람들(즉 이사벨과 페르난도)의 이름과 표상을 이용하여 자기의 중앙집권화 정책과 소수 문화 차별 정책을 정당화했다. "멍에와 화살"은 팔랑헤(1933년 호세 안토니오 프리모 데 리베라가 창시한 파시스트

적 이념을 지향하는 정치 단체/역주)의 상징물이 되었다. 역사 부도들에서
는 거의 완전히 통일된 이베리아 반도의 인상이 순식간에 앞에 있는 물건
을 사라지게 하는 사기성 마술에 의해서 더욱 강화되었는데, 그것은 전에
는 따로따로 나뉘어 있던 왕국들 —— 카스티야, 아라곤, 그라나다, 나바라
—— 을 페르난도가 사망하는 1516년 무렵 하나의 색깔로 단일화했다. 사실
당시 스페인의 상황은 정치적 다원성의 소멸이 아니라 기껏해야 한 단일
왕조가 여러 이질적인 영역을 다스리게 되었음을 의미하는 것에 불과했는
데도 말이다. 1467년 이사벨의 두 남자 형제 중 하나가 왕실 내 동물원의
귀한 동물들을 칼로 찔러 죽이는 것으로 다른 하나를 괴롭혔다. 이때 사슴
과 곰 새끼들, 그리고 표범이 죽고, 늙은 산양 한 마리만 살아남았다. 스페
인은 가끔 순화되지 않는 "역사적 공동체들"과 동화되지 않는 분열주의적
경향들로 가득 찬, 그리고 단호한 제재(制裁) 혹은 파괴적 정책(중앙집권적
정부가 분리주의를 근절하기 위해서 대학살을 저지른 젊은 시절 알폰소 왕
의 그것처럼)에 의해서 강요되는 중앙집권화를 통해서 다루어져야만 하는
제어되지 않은 무리들로 여겨져왔다. 페르난도와 이사벨은 보통 최초의,
그리고 일부 기술(記述)에 의하면, 매우 노련한 "연기 주임의 채찍"을 휘두
른 사람들로 여겨져왔다.

왕조사의 변덕은 가끔 이베리아 반도 내 여러 왕국들을 개인적 결합으로
묶어놓았다. 때로는 이 협정들이 항구적인 것으로 되기도 했다. 또 어떤 경
우에는 이 협정들이 특정 지배자들로 하여금 반도 전체에 대해서 제국의
칭호를 사칭케 하거나, 혹은 점차 통일적인 제도의 확산과 공동 엘리트의
형성을 낳기도 했다. 아라곤과 카스티야의 통합은 어떤 점에서 볼 때 그런
에피소드들 가운데 하나였다. 그러나 당대인들은 두 왕국의 통합에는 뭔가
특별한 것이 있음을 곧 알게 되었다. 그들은 완곡하게나마 "스페인"의 군
주들에 대해서 이야기하기 시작했다. 페르난도는 자신의 이베리아 반도 내
왕국들을 자식들에게 분할해서 물려줄 생각을 한 마지막 군주였다. 스페
인의 통합은 부분적으로는 카스티야가 가진 힘이 그 동력이 되었는데, 카
스티야는 한동안 반도의 다른 왕국들에 비해 그 힘을 두드러지게 꾸준히
키워오고 있었다. 페르난도와 이사벨은 새로운 정복지들을 카스티야 왕국

에 포함시킴으로써 그 추세를 더욱 확고히 했다. 이로써 한때는 비슷한 힘을 가진 국가들의 경쟁 무대였던 이베리아 반도에 이제 하나의 주도 세력이 나타났고, 1580년에는 카스티야 체제의 밖에 있던 반도 내 마지막 왕국인 포르투갈마저 상속을 통해서 카스티야의 지배 영역이 되었다. 이러한 왕조 혁명의 배경을 고려하지 않고서는 그 이후 스페인 역사를 이해하기가 어렵다.

그것은 유례 없는 형태로 통합된, 여러 국가들로 이루어진 단일한 시스템을 낳았다. 그럼에도 불구하고 그 국가들은 서로 유기적으로 통일되어 있지 않았고, 각 왕국들 혹은 각 왕국 내 여러 지역들은 고유의 법과 관습을 유지했다. 그것은 배타적 지역주의에 의해서 사분오열된 세계였다. 스페인은 16세기에는 생각지도 못할 만큼 의식적인 중앙집권화 정책이 효과를 발휘했던 19세기에 와서도 리처드 포드가 볼 때 여전히 "서로 융합되지 않은 한 무리"로 남아 있었다. 이들은 광대하고 순화되지 않은 왕국들이었고, 제도적으로 거의 통일되어 있지 않았다. 통치는 협력적 성격을 가지고 있었고, 양도된 권위의 지방적, 지역적 조직망을 통해서 조정되었다. 변경 지역에서는 국왕의 권위가 유명무실했다. 왕의 서신이 전달되면 관리들은 마치 그 서신이 그것을 보낸 사람의 일부라도 되는 것처럼, 성인의 유골을 대하듯이 예를 갖추어 그것에 입 맞추고, 그에 복종한다는 의미로 머리 위로 치켜올린 다음, 공공장소에서 사람들에게 큰 소리로 읽어주었다. 그러나 성인의 유골이 그러하듯이 왕의 서신은 대개 사람들의 삶을 변화시키지 못했다. 서신 영접 의식이 끝나면 그것은 "복종하되 따르지 않는" 관례에 따라 한쪽에 내팽개쳐져 있는 경우가 많았다.

군주들은 일부 측면에서만 "절대적"이었다. 그리고 어쨌든 법령의 개념이 아직 성숙한 상태에 있지 않았던 이 시기에 절대주의는 제약 없이 행사할 수 있는 입법권보다는 공포되지 않은 사법권으로 이해되었다. 더욱이 제5장에서 다루고 있는 전 시기를 통해서 세속적 정치 이론의 중요성이 점점 커지고 있었지만 주권은 국가 지상(至上)의 권력 혹은 법에 대한 절대적 지배보다는 신에 대한 의무 관계로 이해되었다. 톨레도의 휴머니스트 수사 알론소 오르티스는 "군주들은 신을 두려워해야 한다. 만일 그 두려움이 사라지면 그들은 악의 구렁텅이에 떨어지고 말 것이다"라고 경고했다. 왕과 참주를 구분하는 엄격한 기준은 백성에 대한 봉사, 즉 공공의 선이었다. 연대기 작가들은 아직도 "백성의 목소리는 하느님의 목소리이다"라는 중세시대 금언을 인용하곤 했다. 그러므로 국왕의 통치는 소수 제한된 백성 —— 소규모의 정치적 국가 —— 으로부터 항상 동의를 구해야 하는 것은 아니지만 항상 조언을 구하지 않으면 안 되었다. 왕들은 영주들을 통해서 농민들의 의견을, 도시 자치체들을 통해서 도시민들의 의견을 경청해야 했다.

특히 카스티야는 대부분의 다른 유럽 국가들에 비해 왕의 뜻에 "충실했고", 다루기가 쉬웠으며, 그 주민들은 왕의 요구에 기꺼이 응하는 편이었다. 그에 비해 아라곤 지배 영역들(카탈루냐, 아라곤, 발렌시아 등)은 반항적인 태도로 악명이 높았다. 논평자들에 따르면, 이곳(아라곤) 신민들의 왕에 대한 충성은 그들의 관습과 자유를 수호하겠다는 약속을 왕이 지키는지 여부에 달려 있었다. 카스티야의 지배 영역들보다는 아라곤 연합왕국을 구성하는 국가들이 대의제 기구와, 그들의 고유하고 무효화할 수 없는 법을 훨씬 더 잘 유지했다. 스페인의 왕들은 설사 그것을 원했다고 해도 그들이 지배하는 여러 왕국들에 대해서 통일된 지배권을 행사할 수는 없었을 것이다. 또 종교적 측면과 관련된 것 말고는 18세기까지 그렇게 하려고 시도하지도 않았다. 발루아가 공작 지배하의 부르고뉴 혹은 17세기 영국 왕들의 지배 영역들과 마찬가지로 페르난도와 이사벨이 후대 왕들에게 물려준 스페인은 상호 협력과, 시간이 지나면 정치적 공생까지도 가능한, 한 왕조의 지배하에 묶인 연합체였다. 그러나 그것은 상충하는 이해관계와 상이한 전통에 의해서 여전히 분열된 상태에 있었다.

권력의 조직망은 주로 관직 임명권과 선전, 친전 왕정(親展王政), 그리고 설득과 같은 전통적 수단을 통해서 퍼져 있었으며, 후에 적이 될 수도 있는 왕국 내 권력원의 협력을 확보하는 데 요구되는 신중한 판단이 그것을 지지했다. 궁극적으로 복종은 국왕의 힘이 아니라 신민들의 의지에 달려 있었다. 그 신민들의 의지를 매수하거나 강요할 수 없다면 구워삶아서 얻어내거나, 아니면 풍부한 신화를 통해서 그것을 이끌어내야 했다. 마키아벨리가 페르난도를 정치적으로 자신에게 유리한 사위(펠리페 1세)의 죽음을 축하하기 위해서 화려한 옷을 입는 현실정치가(Staatspolitik)의 화신으로 묘사한 것은, 그를 세속적 가치에 따라 행동하는 "근대적" 군주로 인식케 하는 잘못된 이미지를 심어주었다. 진짜 페르난도는 예언자들이 그에게 기대한 군주상, 즉 예루살렘에 아라곤 왕기를 꽂고, 세상의 끝날까지 세계를 지배할 "약속된 왕"이라는 천년왕국적 기대를 실현하기 위해서 애쓰는 "중세적" 인물이었다고 보는 것이 옳을 듯하다. 콜럼버스는 자신의 항해가 예루살렘 정복에 필요한 비용을 조달하는 데 큰 도움이 될 것이라고 약속함으로써 왕(페르난도)을 미소 짓게 했다고 주장한 바 있다. 그러나 그 미소는 보통 빈정거림의 의미를 가진 것으로, 즉 제노바 출신 몽상가를 비웃는 냉철한 현실주의자의 능글맞은 웃음으로 여겨져왔다. 그러나 오히려 그 웃음은 즐거워서 짓는 미소, 즉 그들의 선전이 의도한 반향을 불러일으켰음을 깨닫고 난 후 짓는 득의의 미소였을 가능성이 더 높다.

예언적 전통은 16세기 내내 스페인 왕실을 감싸고 있었고, 심지어 심약한 17세기 왕 펠리페 4세 때까지도 왕실 주위를 배회하고 있었다. 카를 5세는 최후의 세계제국 황제로 묘사되었고, 실제로 일이 잘 풀리는 동안에는 그렇게 보였다. 펠리페 2세가 태어났을 때도 그와 비슷한 예언이 있었다. 그러나 펠리페 2세는 그 예언을 부풀리고 조장하지는 않았는데, 아마도 그런 예언이 이단적인 행위라고 생각했던 것 같다. 그보다 그는 자기 가문을 성화(聖化)하는 또다른 가문 신화를 택했는데, 축복받은 성사(聖事)의 수호자로서의 합스부르크 가문의 역할을 강조하는 것이 그것이었다. 그는 또한 대중적 뿌리를 가진 한 국왕관(國王觀)을 계발했는데, 우리는 오늘날 그 증거를 그의 주도로 건축된 엘 에스코리알 궁전의 정문 파사드에서 볼 수 있다. 거기에 조각된 왕들은 스페인의 왕들이 아니라 고대 이스라엘의 왕들로서 선택받은 민족을 이끌고 신앙의 시험을 통과했던 사람들이었는데, 그것은 펠리페 2세의 불철주야 의무에 헌신하는 삶, 그러나 궁극적으로는 보답받지 못한 삶과 비슷했다. 펠리페 2세의 계승자들 역시 같은 자기 인식의 그림자 속에서, 역경 속에서 금욕생활을 실천하거나 "신앙의 칼"을 휘두르면서 살았다. "평판"이 현실보다 더 중요했다. 자원과 업적 간의 간극은 일종의 외면화된 사이코마키아(psychomachia), 즉 선과 악의 우주적 싸움(그 싸움에서 무어인과 유대인, 이단자, 그리고 이단의 후원자들이 악의 편에 섰다)에서 전사 왕들의 선전관을 공유하는 신민들로 채워졌다.

느슨한 그물망이 가끔은 가장 탄력적인 것이기도 하지만, 전통적인 통치술만으로 왕정의 지배권을 세계 전역으로 확산시킬 수는 없었다. 복종을 이끌어내기 위해서는 명령이 전달되어야 했으므로, 이 장에서 다루고 있는 시기에 정치적 커뮤니케이션의 기술에 변화가 나타났다. 페르난도와 이사벨은 국왕이 직접 통치하는 방식의 계승자였다. 프랑스의 왕들과는 달리 그들은 사회 구성원 전체에 미치는 마법적 손길을 가지고 있지 못했다. 대신 자신들에게 정의를 청하려고 찾아오는 모든 사람들의 청원과 불평을 들어주는 관대한 신념으로, 매주 열리는 접견에서 비천한 청원자들을 손수 만났다. 그들은 62대의 우마차에 일종의 이동식 궁정을 꾸려 전국을 떠돌아다니며 왕의 존재를 신민들이 직접 느끼게 했다. 그들은 톨레도에서 두에로 강 계곡을 잇는 왕국의 전통적 대로(大路)를 따라 느릿느릿 이동하면서 대부분의 세월을 보냈다. 그들은 또한 다른 군주들은 가본 적이 없는 지역에까지 들어갔다. 그들은 갈리시아를 방문했고, 안달루시아의 신민들과도 자주 만났다. 거미줄처럼 퍼져 있는 그들의 순회 경로는 그들이 시도했다고 자신 있게 말할 수 있는 유일한 종류의 "통일"을 이루었다.

그들은 우리가 알고 있는 한, 카스티야 역사에서 가장 활동적이었던 고등 사법기관을 가동시켰다. 국왕의 커뮤니케이션이 미치는 범위는 14세기에 종이의 사용이라는 기술적 혁명에 의해서 이미 확대되어 있었다. 페르난도와 이사벨은 인쇄술의 사용이라는 또다른 혁명을 주도했다. 그것은 새로운 경험이기는 했지만, 어떤 점에서는 그들의 끊임없는 여행의 대안이기도 했다. 즉 그것을 통해서 국왕 존재의 파편들을 신민들에게 전할 수 있었다. 페르난도의 계승자(카를 5세)도 기질적으로 돌아다니기를 좋아하는 사람이었다. 즉 자신이 직접 나서서 챙기기를 좋아하는 구식의 군주였다. 그러나 그도 문서 업무 혁명을 더욱 확대시켰다. 그는 하부 기관들에서 보내온 공문서에 주석을 달아 되돌려보내는 관행 —— 이는 그의 아들 펠리페 2세 때 완벽한 모습으로 나타난다 —— 을 시작했다. 관료 조직의 고정화는 행정 기능을 특정 지역에 고정시키는 경향이 있었다. 고등법원은 바야돌리드와 그라나다에, 아라곤의 왕국들과 포르투갈의 것을 포함하여 궁정과 국가의 여러 평의회들은 마드리드 혹은 바야돌리드에 고정되었다. 정책 결정부는 펠리페 2세가 바로 그 목적을 위해서 건립한 엘 에스코리알이라는 왕궁 겸 수도원에 세워졌다. 중세의 특징적인 국왕 기념물은 대영묘였다. 그러나 그 이후로는 왕궁으로 바뀌었다. 전에는 이동의 용이함 때문에 선호되었던 태피스트리(거기에 그려진 솔로몬과 헤라클레스의 그림을 왕이 머무는 곳 어디서든지 벽에 내걸 수 있었다)가 점차 왕의 예술품 수집 목록에서 빠지고 회화와 조각품이 그것을 대체해나갔다. 행정부는 점차 쿠리아(Curia)를 중심으로 운영되었고, 소수 지식인들의 수중에 집중되어갔다. 펠리페 3세와 펠리페 4세는 —— 각각 나태와 무능에 의해서 —— 국사를 총신들(validos)에게 의존했는데, 여기서 총신은 왕과 다름없는 권력을 쥔 경영자로서 문서 출납과 궁정의 복도를 지배했다.

그렇지만 스페인은 이 시기에 비록 직업적 관료제가 성장하고, 또 그 관료제를 쇄신하기 위해서 새로운 교육기구가 발전하기는 했지만 —— 대학 도시들에 의식적으로 엘리트들을 수용하는 칼리지들이 세워졌다 —— 결코 관료제적이고 중앙집권적인 혹은 "근대적인" 국가가 되지는 못했다. 오히려 카를 5세와 펠리페 2세 시대에 세금과 지대를, 그리고 사법권을 행정상의 편의, 경제 혹은 현금의 필요 때문에 지방 유력자들에게 넘기는 등 16세기에 "영주제의 부활"이 나타나기도 했다. 그러나 카스티야가 획득한 해외 제국은 "근대적" 국가의 한 형태였다는 평가가 유력하다. 왜냐하면 시간과 거리의 제약 때문에 반도 내 전통 귀족들의 지배권이 이곳 식민지에는 효과적으로 미치지 못했고, 국왕들은 이곳에서 자신의 권력을 지키기 위해서 경계를 늦추지 않았기 때문이다. 여기서는 상속이 가능한 관직이 드물었

엘 에스코리알 궁의 입구 안뜰을 내려다보고 있는 왕들은 고대 이스라엘의 왕들로서, 펠리페 2세의 개혁적 교회 정책을 합리화하는 의미로 요시야, 예호소팟, 헤제키아 등이 포함되어 있는데, 이들은 사제들을 채찍질하고 성전을 정화한 지배자들로 알려져 있다. 예컨대, 이 파사드는 신앙의 시련을 이겨내며 성스러운 역사 시기를 막 시작한 "새로운 이스라엘로서의 스페인의 개념을 표현하고 있다.

다. 선출직은 그 중요성이 떨어졌다. 법관직은 국왕이 임명한 관리들에게만 돌아갔다. 성직 수여권도 왕의 소관이었다. 정부는 마닐라와 미초아칸(멕시코의 한 주/역주) 신민들의 세세한 생활까지 통제하려고 했다. 원주민 노동자들의 부담을 그들이 감당할 수 있는 범위 내로 제한하려고 했고, 그들 개개인의 정체성은 거리에서 칼을 찰 수 있을 정도였다. 대체로 "봉건적" 성격을 가진 몇몇 영지들과, 국왕의 권리가 사실상 몇몇 교회들에 양여되고 있던 "특권 지역"을 제외하고, 해외 제국은 시공간상의 어려움에서 비롯된 왜곡과 비효율성에도 불구하고 마드리드의 지배하에 운영되었다.

정치적 국가 : I. 귀족

스페인의 군주들은 그들이 고분고분한 사회를 지배하고 있는 한 성공적이었다. 여기에서 귀족들의 협력은 필수적인 요소였다. 당대 대귀족들(ricos hombres)의 저택들은 간섭을 배제하고 아랫사람들의 저항을 짓밟기 위해서 결합된 부와 무용(武勇)을 보여준다. 그것들은 견고하고, 각(角)지고, 어떤 공격도 막아낼 수 있도록 지어졌으며, 화려한 장식에, 가끔은 환상적인 갤러리나 혹은 사치스런 계단 난간을 가지고 있기도 하다. 비록 그 중에서도 가장 두드러진 예 ── 과달라하라의 멘도사 가문의 저택들 ──는 당시 지배 가문이 그 도시에서 결코 확고하게 장악하지 못했던 이 지역을 지배하려고 한 시도를 보여주고 있지만 말이다. 10여 개의 가장 유력한 가문들은 톨레도 주교구(이 주교구는 기독교 세계를 통틀어 그 명성에서 로마 교구 다음이라고 할 수 있었다)를 제외한 어떤 다른 주교구보다도 더 많은 수입을 향유했다.

군주들은 왕국을 통치하면서 그들의 지위 자체가 국왕에 대한 봉사의 전통을 의미했던 귀족 계급과 별다른 이해의 갈등을 느끼지 않았다. 왕들은 귀족들의 결혼 시장의 중매인으로서 그들이 가진 특권적 지위를 효과적으로 이용했다. 그 결과 가운데 하나는 족내혼(귀족들 간의 결혼)을 통해서 카스티야 고위 귀족층의 잘 짜인 조직망이 만들어졌다는 것이다. 1502년 멘도사 가문의 두 사촌 남녀는 그들이 다른 모든 후보들보다는 촌수가 멀다는 이유로 결혼을 허가받았다.

왕과 여왕은 당대에 팽배해 있던 귀족들의 에토스(ethos), 즉 기사도와 "모든 것을 정복하는 사랑"을 예찬하는 사람들 중 하나였다. 한 베네치아 대사는 그라나다 정복을 "사랑으로 승리한 전쟁"으로 기억했다. "그가 사랑하는 부인 앞에 수치스런 모습으로 나타나기보다는 1,000개의 목숨을 감수하고서라도 모든 강적들과 모든 역경을 쳐부수지 않는다면 그 얼마나 천박하고 비굴한 사람인가?" 심지어 펠리페 2세처럼 마상창시합을 좋아하지 않는 왕들도 기사도적 가치에 부응하여 사냥터에서 귀족들과의 모임을 가졌으며, 전쟁과 통치에서 귀족들의 유일한 봉사가 필요할 때는 전통적인 노블리스 오블리제(noblesse oblige, 높은 신분에 따르는 도의상의 의무)를 이행하도록 압박을 가했다. 만약 기사도가 17세기 초에 아직도 사회를 성형(成形)하는 중요한 요인이 되지 않았더라면 세르반테스의 풍자는 그 신랄함을 많이 잃고 말았을 것이다.

귀족과 국왕 간의 동맹은 또한 제어되지 않은 지배 계층의 불법적인 만행이 가끔은 처벌을 면제받거나, 혹은 심지어 장려되기도 했음을 의미했다. 페르난도와 이사벨의 치하에서 일어난 가장 야만적인 사례는 카스티야의 한 대신의 동생 돈 페르난도 데 벨라스코의 경우인데, 그는 자신을 유대인 지대 징수인으로 착각하고 실수를 범한 술 취한 시골뜨기 한 사람을 불에 태워 죽였다. 이에 대해서 피해자의 가족들이 가해자를 법정에 고소하자, 왕은 벨라스코의 행위가 모욕에 대한 정당한 행동이었다는 판결을 내렸다. 그러나 가장 눈에 띄는 사례가 항상 가장 전형적인 예는 아니었다. 몇몇의 경우 귀족들의 습관이 순화되고 있음을 말해주는 징후가 있었고, 그것은 부분적으로 궁정생활의 영향에 기인했다. 의심의 여지 없이 국왕들은 자신들도 의식하지 못한 사이에 결국에는 스페인에서 궁정귀족을 만들어낼 귀족 길들이기 과정을 시작한 것이었다.

문필가들은 15세기 스페인에서 널리 읽혔던 아리스토텔레스와 그의 주석가들의 영향을 받아 고귀한 신분은 덕의 계발에 달려 있음을 지적하면서("가문이 아니라 하느님께서 인간을 만드셨다") 귀족의 진정한 성격에 의문을 제기했다. 디에고 데 발레라는 귀족의 구성요소들이 지적 능력과 연계되어 있다는 생각을 개진했다. 그는 "나는 육체적 힘으로뿐만 아니라 마음과 이해의 힘으로도 어떻게 왕에게 봉사할지를 안다"라고 말했다. "문(文)과 무(武)" 간에는 분명 적의(敵意)가 여전히 존속하고 있었다. 그러나 귀족들이 관료들과 만나고 혼인을 맺었던 궁정에서는 혼재된 가치를 가진 세계가 형성되었다. 귀족들은 자녀들을 대학에 보내기 시작했다.

귀족들은 또한 부(富)와 보다 깊은 관계를 맺게 되었다. 스페인의 가장 위대한 바로크 시인 공고라는 "두카트 금화(ducats)가 공작(公爵, dukedoms)을 만들고, 크라운화(crowns, 옛 영국의 5실링 은화/역주)가 코로넷(coronets, 왕자들이 쓰는 작은 관/역주)을 만든다"고 빈정거렸다. 이것은 "자본제 발전"의 결과가 아니라 옛날부터 있었던 사실이었다. 그것은 자신이 먹고 사는 데 문제가 없는 사람임을 입증하기 위해서 항상 이쑤시개를 가지고 다녔던 『토르메스의 라사리요(Lazarillo de Tormes)』에 나오는 기사, 혹은 17세기 중엽 시우다드레알의 두 명의 구두닦이 귀족 같은 하급 귀족들의 지독한 가난과 공존해왔다. 자신이 귀족이라고 하는 확신은 왕의 인가, 출생, 조상으로부터 물려받은 면세 특권, 혹은 무어인이나 유대인 조상에 의해서 오염되지 않은 "순수한" 피 등에 의해서 얻어질 수 있었다. 그리고 무엇보다도 귀족 신분은 왕에 대한 봉사를 통해서 하사되고, 여러 세대에 걸쳐 유지되었다.

모든 귀족들은 가문에 상관없이 왕에 대한 봉사가 사람들을 고귀하게 만드는 덕성을 가지고 있다는 데 동의했던 것 같다. 당대의 대가문들은 대부분 진짜 유서 깊은 혈통을 가진 가문들이 아니었다. 구수비대(vieille garde)의 대부분은 14세기에 벌어진 내전에 참여했던 북부 산지 전사들의 후손이었다. 가장 최근 귀족에 편입된 사람들은 다른 종류의 국왕 관리들, 즉 전사 가문과 혼인관계를 맺거나 그들을 흉내내는 사람들이었다. 귀족과 왕실 간의 이해관계의 일치는 다른 어떤 특정 상황보다도 스페인의 위대함을 보장하는 것이었다. 있을 수도 있었던 왕과 귀족 간의 적대(敵對)는 왕국이 가지고 있는 자원의 지속적인 분배를 통해서 귀족이 권력에 깊숙이 개입함으로써 해소되었다. 당대 유럽의 여러 왕정들 가운데 스페인만이 유일하게 귀족들의 심각한 반란을 겪지 않았다. 진짜 권력투쟁은 왕과 귀족 간이 아니라 귀족과 도시들 사이에서 벌어졌다.

정치적 국가 : Ⅱ. 도시

에르난 코르테스가 아스텍 세계의 언저리에 도착했을 때 그가 취한 첫 번째 행동은 도시를 건설하고, 부하들로 하여금 자신을 그 도시의 수장으로 선출하게 하는 것이었다. 이런 그의 행동은 지금까지 자신의 의심스런 권위를 합법화하려는 시도로, 혹은 카스티야 도시 반도(叛徒)들과의 유대감의 표현으로 해석되어왔다. 그러나 다른 측면에서 보면 그것은 그런 상황하의 스페인인이라면 누구라도 취할 수 있는 일반적인 태도였다. 황량한 변방에서 영국인 두 사람이 만나면 클럽을 만들고, 스페인인 두 사람이 만나면 도시를 세운다는 말이 있다. 17세기 초의 도덕론자 후안 파블로-마르티르 리소는 카스티야가 "도시들로 이루어진 왕국"이라고 말했다. 마키아벨리의 눈에 비친 스페인의 인상은 도시들이 점점이 박힌 넓은 황무지였다. 안톤 반 빈게르데는 이 문명의 기지들(도시들)을 그림으로 그려 펠리페 2세에게 헌정했으니, 그것은 한 도시풍 왕국의 앨범이었다. 역사가들은 근대 초 사회를 통상 "농촌적" 사회라고 말한다. 그러나 스페인은 자신을 도시적 사회라고 상상하고 생각했다.

어느 정도 지위를 가진 도시들은 —— 만일 그 도시들이 라이벌 도시들의 성장을 어떤 한계 내에 묶어두는 데 성공하면 —— 스스로 자치권을 행사하고, 그들 자신의 영역 내에서뿐만 아니라 주변의 종속적인 지역에서까지 지배권을 행사할 수 있었다. 분쟁이 일어나면 페르난도와 이사벨은 거의 항상 도시 과두 엘리트들보다는 귀족 가문의 손을 들어주었다. 한 유명한 사법권 분쟁에서 왕들은 세고비아 시로부터 두 개의 마을과 1,200명의 주민을 빼앗아 그것을 자신들이 모야 후작으로 신분을 올려준 한 궁정 관리에게 넘겨주었다. 시민들은 자기 아이들을 두들겨 패서 그 수치를 기억하게 했다. 그러나 시의 계속적인 청원에도 불구하고 왕들은 양보하지 않았다. 부르고스 시의회의 지배권을 두고 벌인 싸움에서 왕들이 대가문 벨라스코가(家)에게 보인 편애는 오늘날에도 그 가문의 무덤용 소성당의 장엄한 돔 천장 안에 기억되고 있다. 왕들의 모노그램(이름의 첫 글자를 짜맞추어 만든 결합문자)이 특권의 징표처럼 붙어 있는 그들의 대저택은 지금도 육중한 자태로 부르고스 시를 위압하고 있다.

    페르난도가 죽고 나서 몇 년 후에 카스티야의 몇몇 도시들이 그동안 상실한 자유를 회복하기 위해서 마지막 저항(코무네로스 반란)을 일으켰으나 왕정과 귀족은 힘을 합쳐 이를 분쇄했다. 1520년에 일어난 이 반란은 부분적으로 외국인 군주의 즉위에 대한 불만 때문에 촉발되었다. 네덜란드 출신의 군주 카를 5세는 스페인 출신의 그의 아들 펠리페 2세가 네덜란드에서 불러일으킨 것과 비슷한 반감을 스페인 신민들 사이에 불러일으켰다. 부분적으로 그 반란은 가구세(家口稅)를 부과할 것이라는 소문이 촉발한 격앙된 분위기의 산물이었다. 그러나 그것은 또한 오랫동안 쌓여온 반감의 표현이기도 했는데, 즉 두 세대 동안 줄곧 자치권을 상실해온 도시들이 중앙정부에 대해서 표출한 분노의 표현이었던 것이다.

    반란의 원인은 폭력적인 좌절(violent frustrations)이었다. 즉 시의회를 둘러싼 파당 간 분쟁의 형태를 띤, 통제되지 않은 보복의 악순환에 기인했다. 반란 전 부르고스는 왕실과 밀접한 관계를 가지고 있었던 오렌세가와 델라 모타가, 그리고 그 지역의 최고 유력 가문이면서 카스티야 대신직을 세

166

습적으로 독점하고 있던 벨라스코가(이 가문에게 부르고스 지배는 지역 정치에서 매우 중요했다) 간의 불화로 분열되어 있었다. 1520년경 부르고스 시의회 의원 가운데 9명이 델 라 모타 가문 사람들이었다. 그들과는 적대 관계에 있던 한 사람은 "행운은 그들의 장점을 도무지 알 수가 없는 사람들에게만 돌아간다"고 빈정거렸다. 도시 반란 —— 그리고 가끔씩 돌발적으로 발생한 소요들 —— 은 대개 민주적 분노의 표현이 아니라, 엘리트 지배 계층 간에 벌어진 권력 다툼의 표출이었던 것이다.

도시의 지위는 규모의 문제라기보다는 생각하는 방식의 문제였다. 스페인에서는 그 규모 면에서 소수의 몇몇 도시만이 플랑드르나 이탈리아 도시들에 견줄 수 있었다. 16세기에 세비야와 마드리드 정도가 나폴리 혹은 로

안톤 반 빈게르데는 펠리페 2세가 1570년대에 예술을 풍요롭게 하고, 과학 프로젝트와 백과사전 프로젝트를 추진하기 위해서 스페인에 초빙한 많은 플랑드르인 중 한 사람이었다. 반 빈게르데는 왕국의 많은 도시들을 측량하는 기사이자 그것을 스케치하는 화가였다. 이 그림에서 보이는 톨레도 시는 당시 인근에 있는 마드리드가 수도로 지정되면서 귀족들이 그리로 몰려가기 시작하고, 세비야와 바야돌리드의 성장이 종교적 공동체들을 그쪽으로 끌어들이고 있었기 때문에 상대적으로 쇠퇴기에 접어들었다.

마에 견줄 수 있는 대도시로 성장했다. 세비야는 1534년 약 5만5,000명의 인구에서 1570년에는 10만 명 정도의 인구를 가진 대도시로 성장했다. 마드리드의 인구는 같은 기간에 1만2,000명에서 약 4만 명으로 증가했으며, 한 세대 후에는 그 두 배 이상이 되었다. 이 두 도시는 (16세기 말에) 기독교 세계 내 최대 도시들의 반열에 올랐으며, 16세기 동안 대부분의 다른 도

부르고스에서 정치권력은 도시 상업 귀족들과, 카스티야의 대신직을 세습적으로 차지해왔던 벨라스코 가문이 불안하게 나누어 가지고 있었다. 벨라스코 가문이 돈을 내어 지은 건물과 예술품들은 그 가문의 야심적 표현이었다. 특히 위압적인 거대한 묘지 소성당은 1482년에 시작하여 1494년 완성되었고, 독특한 부르고스 양식으로 지어졌는데, 이는 스페인에서 일자리를 발견하고 여기에서 가문을 일으킨 독일과 플랑드르 예술가들과의 문화교류를 통해서 발전해 나온 양식이다.

시들도 인구가 증가했다. 펠리페 2세 치세에 인구의 변화에 대하여 기록을 남긴 370개의 크고 작은 도시들 가운데 234개 도시에서 인구가 증가했다고 말하고 있다. 인구가 전반적으로 증가 추세에 있던 그 당시에 대부분의 도시들은 농촌 인구의 흡수를 통해서 빠르게 성장했다. 카스티야의 인구조사에 따르면 납세자 수가 1530년부터 1591년 사이에 8분의 3가량 늘어났다. 그러나 세비야와 마드리드를 제외하고는 그 뒤를 잇는 바야돌리드, 바르셀로나, 발렌시아 등 비교적 큰 도시들도 3만 명에서 4만 명을 넘지 않았다. 전통과 권위를 자랑하는 도시들은 그 규모가 작았는데, 부르고스 인구가 1530년에 약 6,000명, 레온이 1591년에 약 3,600명에 불과했다.

도시들은 기능 면에서도 간단하게 정의될 수 없었다. 바야돌리드는 관리들의 도시였으며, 그 번영의 원천이 그곳에 소재한 고등법원에 있었다. 이 고등법원은 왕국 내에서 왕을 제외하면 최고위 법정으로서 처음에는 바야돌리드에만 있다가 왕국의 통치가 더 복잡해지자 카를 5세가 그라나다에 또 하나의 고등법원을 설치했다. 바야돌리드의 유동인구는 대개 소송과 관련된 사람들이었다. 그들은 여기서 자신들의 순서를 기다리다가 죽어갔고, 종교 교단들은 여기에 집결해서 법관들을 상대로 로비를 벌였다. 1530년의 인구조사 결과 6,750명의 이 도시 가장(家長)들 가운데 2,000명 혹은 3,000명이 고등법원과 직접적으로 관련된 직업에 종사하고 있었다. 이에 비해 부르고스는 상인들의 도시였다. 즉 내륙의 상업 중심지로서, 이 도시가 가지고 있던 7,000-8,000마리의 노새, 중부 고원 지대(메세타)와 칸타브리아 해안의 항구를 오가는 대상(隊商) 행렬들이 이 도시의 성격을 잘 말해주었다. 이 도시의 공식 연대기 작가는 부르고스를 베네치아에 비유했다. 베네치아의 대사(大使) 역시 두 도시가 비슷하다고 말했다. 그가 볼 때 부르고스의 "주민 대다수가 부유한 상인들"처럼 보였다. 반면에 시우다드레알에는 상공업 엘리트 계층이 없었다. 이 도시는 17세기 말 후안 데 로하스가 시의회 의원이 되기 전까지는 시의회 의원 중 상인 출신이 아무도 없었다. 그리고 그 역시 재산이 더 늘어나면서 무역에서 손을 떼고 땅을 구입하는 데 투자했다. 오직 바르셀로나만이 고대 도시 공화국의 특징을 유지하면서 자신의 대사를 로마 교황 사절에 버금갈 정도로 요란한 수행단과 함께 다른 나라 왕실에 파견하곤 했다. 그러나 스페인에는 당시 기준으로 볼 때 제법 큰 공동체들이 상당히 많았다. 전국에 걸쳐 인구의 대다수는 1,500-2,000명 정도의 소읍들에 집중되어 있었다. 이 소읍들은 오늘날의 관점에서 보면 작은 농촌 마을들이지만 거기에 거주한 당시 사람들은 스스로를 도시 사람으로 여겼다.

근대 초 스페인인들은 도시에 대한 편애에도 불구하고 스페인의 농촌적 얼굴을 발견했다고 말할 수 있다. 빈번한 기근은 과학적 농업경제를 자극했다. 궁정생활의 따분함은 한적한 농촌생활을 찬양하는 명상시(冥想詩)를 자극했다. 자연신비주의(nature mysticism)는 그 실행자들에게 그때까지 그 가치가 저평가되고 있던 시골 풍경의 아름다움을 재인식하게 만들었다. 그러나 무엇보다도 민중들의 문화를 개혁하려는 종교적 열정이 복음전도자들로 하여금 지금까지 덜 복음화되었던 농촌으로 달려가게 만들었다. 보다 큰 세력에 의해서 시민적 평화가 도시들에 강요되었고, 그것은 일종의 스페인의 종교개혁(Spanish Reformation)에 의해서 농촌으로 확산되어갔다.

평화적 종교개혁 : I. "민중들"의 종교

페르난도와 이사벨은 "하느님을 영광스럽게 하는 데 스페인을 바치려는" 그들의 노력에서 놀라운 성공을 거두었다. 종교재판소의 창설, 전례 없이 심도 있게 진행된 교회개혁, 피정복 무어인 다수의 (적어도 겉으로는) 기독교로의 개종, 스페인 내 유대교의 고통스런 근절 등이 그것이었다. 그 이후의 왕들 또한 열정적으로 선왕들의 정책을 따랐다. 카를 5세는 왕국 전역에서 그때까지 남아 있던 무어인들을 추방했다. 펠리페 2세는 반란에 대한 대응으로서 그라나다 무어인의 후손들을 다른 곳으로 분산시켰다. 펠리페 3세는 그것이 막대한 경제적 피해를 가져올 것이라는 것을 잘 알면서도 사실상 모든 무어인 후손들 —— 약 27만5,000명 —— 을 스페인에서 추방했다. 이 장에서 다루고 있는 시기의 모든 군주들은 스페인에서 이단자들을 (종교재판을 통해서) 태워 없애기 위해서 분투노력했다. 종교재판소는 가난한 사람들과 무지한 사람들이 가진 불만의 사회적 안전판 노릇을 했다.

그들은 일반 법정에서는 이웃을 고발하거나 사회적 상위자들에 도전하지 못했으나 종교재판소에는 그렇게 할 수 있었다. 페르난도와 이사벨의 치세 이후로 종교재판소는 많은 사람들이 생각하고 있는 것처럼 피에 굶주린 법정이 결코 아니었다. 그러나 그것은 무분별하고 근거 없는 이단 고발을 조장함으로써 사회를 이롭게 하기보다는 해를 끼쳤다. 그것이 사회적으로 "나름의 역할"을 수행했음은 분명하다. 그러나 사실 그것은 비밀스런 소송절차와 수많은 밀고 조직을 통해서 불안감을 조장하고, 이웃과 이웃을 이간시켰으며, 공포 분위기를 확산시킴으로써 사회의 분열과 침체를 가져왔다.

만일 종교적 통일이 그런 정책들의 목표였다면 그것은 실패할 수밖에 없었다. 왜냐하면 종교적 통일을 결정적으로 저해한 사람들은 이단이나 이교도가 아니라 수없이 다양한 가톨릭 전통 그 자체였기 때문이다. 트렌트 공의회에서 고위 성직자들은 교회를 "진정 하나되게" 하려는 노력의 일부로 성모 마리아와 수난당하는 그리스도에 대한 보편적 숭배를 강조했다. 이에 대해서 농민들은 교회가 제시하는 상징물들을 수호신에 대한 그들의 지역적 필요에 따라 각색하는 것으로 반응했다. 그리스도와 그의 모친은 원래의 보편적 의미를 상실하고, 이곳의 성모님, 저곳의 그리스도가 되었다. 축일과 금식일을 번갈아가며 한 치의 빈틈도 없이 지킬 것을 요구하는, 공경에 목말라 있는 성인들은 종교에 엄격한 지역적 경계를 강요했다. 사실 악마들 역시 도처에 깔려 있었다. 그 악마들은 확인되지 않는 수많은 환상 속에서 수녀 마리아 델라 크루스를 밤에 채찍질하고, 수녀 이사벨 데 헤수스에게 매음을 사주하며, 그리스도와 성인들로 가장했다.

지역적 성격이 강한 종교예식 때문에 하나의 보편 교회에 속해 있다는 인식이 제대로 발전하지 못한 곳에서는 정신적 고향 마을의 성인들이 악마의 역할을 대신했다. 지역 종교는 그리스도의 솔기 없는 옷에 나 있는 꿰맨 자국이었고, 그리스도의 완벽한 몸에 난 종기였다. 카탈루냐에서는 사제들이 —— 한 근대사 전문가가 말하고 있는 것처럼 —— "성모 마리아에 대한 호칭이 소시지 종류보다 더 많은" 농촌에서 여러 가지 색깔의 지역 신앙에 대항해 싸워야 했다. 카스티야에서는 "리안사레스의 우리들의 성모 마리아 혹은 우르다의 그리스도……가 다른 성모 마리아들과 다른 그리스도들보다 더 높다고 평가되었으며," 교회 비판가들에게는 교회가 곧 여러 개로 쪼개질 것처럼 보였다.

바르셀로나로부터 테네리페의 산비센테 델 레알레호에 이르기까지 전국에 걸쳐 교구의 속죄 행사 혹은 시정부의 서약 행사 때 지금도 행해지고 있는 의식들의 상당수는 그 기원이 17세기까지 거슬러올라간다. 모든 지역에서 종교적 시간은 농촌의 전통적 리듬에 따라 맞추어져 있었고, 축일과 금식일은 결핍과 포식의 부침(浮沈)에 맞추어져 있었다. 농촌 기독교도들의 신은 여전히 항상 자애롭지만은 않은 자연을 인격화한 조물주처럼 보였다. 보통 "민중적" 혹은 "지역적" 종교의 속성으로 간주되는 "과도함들" 중 일부는 그 조물주를 달래기 위한 것이었다. 엉터리 재판, 메뚜기, 쥐, 제비에게 내리는 파문, 그레고리우스 성인을 모신 예배당에서 가져온 성수로 해충을 구제하는 행위 등이 그런 것들이다. 돈키호테가 어떤 귀부인의 유괴로 착각했던 성모상을 짊어지고 가는 채찍 고행자들의 행렬처럼 가뭄은 집단적 고행 행위를 고무시켰다. 이는 내세에서의 구원보다는 현세에서의 삶을 중시하는 종교였다. 펠리페 2세에게 바쳐진 보고서를 분석한 윌리엄 크리스천 주니어의 연구에 따르면, 745건의 서약 가운데 82퍼센트가 질병이나 자연재해 —— 대부분 역병이나 페스트의 유행 —— 와 관련된 것이었다.

아빌라의 성녀 테레사는 한 프란체스코회 수도사가 서인도 제도에서 맡은 소명에 대해서 설교하는 것을 들고 난 후 그리스도의 첫 번째 음성을 듣게 되었다. 천상의 목소리는 그녀에게 "여기 스페인에도 복음을 애타게 기다리는 또다른 서인도 제도가 있다"고 말했다. "스페인 내에도 서인도 제도와, 태산과도 같은 무지가 있다"는 말은 16세기 말 일종의 유행어였다. 사제들이 그들의 양들에 대해서 정신적 요구를 증대시킴에 따라 바다는 좁혀지는 것처럼 보였다. 1615년 한 예수회 선교사는 "여기에도 그들이 과연 하느님을 믿는 것인지 알 수 없는 사람들이 널려 있는 마당에, 왜 우리 수도회 신부님들이 길 잃은 영혼들을 찾아 일본이나 필리핀까지 가는지 알수가 없다"고 썼다. 1603년 칸타브리아 해안에 있는 산티야나의 한 도미니쿠스 수도원장은 그 지역 주민들이 "기독교 신앙에 대해서 아무것도 모르므로 수많은 미신의 희생물이 되고 있다"고 한탄했다.

교회 지도자들은 농촌 —— 지금까지 복음의 손길이 미치지 못한 지역 —— 에 뚫고 들어가기 위해서 자원을 동원하는 것으로 이에 응했다. 16세기의 이 "경건한" 사람들과 복음을 알지 못하는 사람들 간의 만남은 민중 종교와 지식인 종교 간의 갈등, 혹은 보편적 기독교와 지역적 기독교 간의 다툼으로 설명할 수 있다. 스페인에서 그것은 또한 적어도 부분적으로는 농촌 신앙과 도시 종교 간의 대립이기도 했다. 1603년 페드로 데 오냐는 "교회의 삶은 농촌의 삶이 아니라 도시의 삶이다"라고 말했고, 사실 사제들은 구원의 물을 가지고 농촌의 황무지를 비옥하게 하는 문제 앞에서 절망하는 경향이 있었다. 분명히 오냐의 말은 옳았다. 전체 인구 중 1퍼센트 이상이 성직자인 나라에서 사제가 부족하다는 말은 믿기 어려울지 모른다. 그러나 교단들과 교구들이 워낙 도시에 집중되어 있었으므로, 도성을 벗어나 외곽 농촌 지역에서 사제를 만나 성사를 받을 수 있는 기회는 극히 드물었다.

너무나 확고하게 자리잡고 있어서 바꾸기 어려운 관습은 성화(聖化)될 수 있었다. 한 가지 공동의 노력은 사회적 의식(儀式)의 전유(專有)였다. 결혼은 그 가장 분명한 예이다. 16-17세기에 유럽 대부분에서 당사자들끼리 하는 결혼을 금하고, 모든 남녀의 결합을 교회의 감시하에 두려는 캠페인이 벌어졌으며, 이 운동의 성공으로 결혼은 혁명적인 변화를 경험했다. 표면상으로 보면 스페인의 종교재판소는 신앙 문제를 관장하는 기구였다. 그러나 실제로 16세기 후반 종교재판소 소송 건수의 대부분은 속인들의 성생활을 교회의 통제하에 두려는 일과 관계된 것이었다. 중혼(重婚)은 16세기 나머지 기간 동안 종교재판소의 가장 중요한 관심사였다. 교회 지도자들은 그때까지 성관계에 대해서 명백한 견해를 내놓지 않았다. 그러나 그들은 이제 그것이 자신들의 통제하에 있어야 부작용이 가장 덜하다는 데 의견을 같이했다. 그들의 캠페인은 자비심도 자비심이지만 권력욕이 그 동기로 작용했다. 1551년 한 덕망 높은 로비스트가 말하고 있듯이, "증인을 대동하지 않은 모든 결혼을 무효로 하는 것이 절대적으로 필요하다"고 보았는데, 이는 "수많은 처녀들이 남자들에게 속아 결혼 약속을 믿고 몸을 허락하여 죄를 짓고, 집을 뛰쳐나와 파멸의 길로 들어서고 있었기 때문"이었다.

근대 초기의 복음화 노력은 농촌에서뿐만 아니라 전통적인 환경과 교구 생활의 규제에서 뿌리 뽑힌 군중들의 상황 때문에 사제들의 사목이 시급했던 곳에 집중되었다. 이 운동이 가장 큰 성과를 거둔 곳은 아마도 군대였던 듯하다. 이는 스페인의 군대가 유럽에서 가장 큰 규모를 자랑했던 16세기 말에서 17세기에 발전한 대규모적이고, 적극적인 군종 사제들이 있었기 때문만이 아니라 그 군대가 교구 조직으로부터, 그리고 가정생활의 안락에서 배제된 뿌리뽑힌 사람들에게 제2의 가정이었기 때문이었다. 스페인의 군대는 이론상 서약을 하고 성전을 수행하는 직업이었기 때문에 종교적 영감을 필요로 했다. 특히 종교적인 사람들 —— 사제가 되려다가 못 된 사람들 혹은 종교적 성향이 강한 사람들 —— 이 군생활에 매력을 느꼈던 것 같다. 예를 들면 헤로니모 데 파사몬테는 사제직을 위한 훈련 수단으로 생각하고 입대했노라고 말했고, 그의 동료 자서전 작가 알론소 데 콘트레라스는 군생활 중간에 수행자로 보낸 일곱 달을 회상하면서, 힘들고 외로운 동굴에서 산 이 시절만큼 행복했던 때는 없었노라고 말했다. 예전에 그는 자신의 아드레날린에 빠져 있는 호색가로, 그리고 험한 생활을 한 악한으로 악명이 높았다. 가톨릭 종교개혁 시대에 새롭게 등장한 전교(傳敎) 지향의 수도회들 —— 그중에서도 예수회는 가장 두드러지고 역동적이었다 —— 은 세비야, 마드리드 같은 변두리에 빈민굴을 가진 신흥 도시에, 그리고 신세계의 예속적인 상태의 원주민들에게 끌렸던 것과 같은 이유로 군종 사제직에 매력을 느꼈다.

평화로운 종교개혁 : Ⅱ. 민중적 신비주의

이 장에서 다루고 있는 시기의 스페인의 특징적인 종교는 신비주의였다. 십자가의 성 요한이 감옥에서 탈출한 뒤 처음으로 생각한 것은 자신을 숨겨주고 있던 수녀들에게 그의 책 『영혼의 어두운 밤(La Noche oscura del alma)』을 읽어주는 것이었다. 신심 깊은 처녀들과 그들의 지도자들은 분명히 그가 내뱉는 매우 에로틱한 언어를 이해하는 데, 혹은 적어도 그것을 묵인하는 데 별 어려움이 없었던 것 같다. 영적 충만감이 성적 만족감과 같을 수는 없을 것이다. 그러나 "사람들은 다른 적절한 비유 대상을 찾을 수 없기 때문에 이 둘을 비유한다"고 성녀 테레사는 말했다. 시인들의 절정감을 알고 있는 사람이라면 분석은 이 모든 일을 우스꽝스러워보이게 만들 것이다. 그러나 신비주의는 우리의 이야기에서 대단히 중요한 부분을 차지하고 있기 때문에 달리 방법이 없다.

16세기에 신비주의는, 이를테면 가톨릭 교도들의 프로테스탄티즘이었다. 즉 신심 깊은 사람들이 이단에 빠지지 않으면서 선행과 틀에 박힌 의무의 연속이라는 진부한 일상을 깨뜨리고, 마르타의 적극적인 생활을 통해서 마리아의 더 좋은 몫(mejor parte)에 이르는 방법이었다. 신비주의자들은 성사와 교회 지도부를 기피하고, 중재자로서의 교회의 권위에 반대하면서 직접 신에게 다가갔다. 신자와 하느님 간의 직접적 관계를 중시하는 것이 주류 프로테스탄티즘의 본질이라면 불의 혀로 영혼을 점화하고, 태풍으로 그것을 부채질하는 신비주의만큼 양자의 직접적 관계를 중시하는 것이 어디 있겠는가? 교회에 의해서 인정받은 신비주의는 많은 열정적 신앙인들이 프로테스탄티즘을 받아들임으로써만이 그들의 탐구에 대해서 자유를 느낄 수 있었던 시기에 위대한 성인들을 가톨릭 교회 안에 머물게 했다.

신비주의가 특권 계층에 국한된 배타적이며 엘리트적인 신앙 형태라고 생각해서는 안 된다. 신비주의는 복음주의적 사고를 가진 전교자들이 일반인들의 가슴속에 불러일으키려고 했던 적극적인 기독교의 한 부분이었다. 성녀 테레사와 십자가의 성 요한은 진정한 신비주의 복음 전도자들이었다. 비야누에바의 성 토마스는 신자들에게 행한 모든 설교와 조언을 신비주의적인 방식으로 했다. 디에고 데 에스테야와 루이스 데 그라나다가 만든 일반인들을 위한 가톨릭 기도서도 (비록 세련되거나 대담한 것은 아니었지만) 그와 비슷한 충고들을 포함하고 있었다. 생각 없는 미술평론가들이 엘 그레코(1541-1614)를 신비주의자에서 매너리스트로 품격을 떨어뜨리려고 해왔지만 그는 신비주의적 사고로 충만해 있었고, 그의 작품들 —— 특히 인물들이 불꽃으로 변형되거나 구름같이 흐릿하게 분해된 모습으로 나타나는 말년의 그림들 —— 은 종교개혁의 시대에 가톨릭 신앙의 가장 빛나는 기념비들 중 하나라고 할 수 있다. 그의 작품들에서는 16세기 명상적 신비주의에서 즐겨 다루어지고 일반인들도 쉽게 이해할 수 있는 한 가지 주제가 잘 표현되었는데, 별이 빛나는 밤의 묵상이 그것이었다. 별이 총총한 밤에 수사 루이스 델 레온은 흥미로운 시 한 편으로 신비스런 효과에 이르기 위해서 진지한 노력을 시도했으나 결국 그것을 얻는 데는 실패했다. 사회 전반의 계몽에 적절한 기독교적 훈련의 한 형태로서 신비주의는 돈이 들지 않는다는 한 가지 두드러진 장점을 가지고 있었다. 그것을 획득할 수 있는 사람들에게 신비주의적 절정감은 어느 예술작품 못지않게 생생한 하느님과의 만남이었다. 그러나 그 만남은 대가를 치르지 않아도 되었다.

평화적 종교개혁 : Ⅲ. "공식적" 종교

178쪽 그림에서 종교는 전면(前面) 오른쪽에 무기, 십자가, 그리고 성배(聖杯)를 땅에 떨어뜨린 채 풀죽은 모습으로 서 있다. 오직 스페인 왕정만이 풍만한 아마존 여전사의 모습으로 무대에 등장하여 그녀, 즉 종교를 구할 수 있다. 한편 무대 전면에 나오는 인물들의 순결한 힘은 후면에 나오는 적들 —— 설명 방식에 따라 뱀 혹은 투르크인으로 표현되고 있다 —— 의 남근숭배적 악의와 대조를 이룬다. 이 티치아노의 걸작 알레고리 「종교를 구하러 온 스페인」은 아마도 1570년대 초에, 그러니까 엘 에스코리알 건축 공사가 거의 끝나가고 투르크인들에 대항하기 위해서 신성동맹이 구축되고 있을 때 구상되었던 것 같다. 이것은 스페인인들의 모종의 자화자찬적 전통 속에서 당시의 선전자들이 이상화했던 스페인과 교회 간의 관계를 상징해왔다. 즉 스페인은 하느님의 칼, 기드온(이스라엘 민족을 미디언 사람의 압박에서 해방시켜 40년 동안 사사[judge]가 된 이스라엘의 용사/역주)

엘 그레코는 최근 학자들에 의해서 전형적인 매너리스트 화가로 재평가되어왔다. 그러나 실제로 그에 관해서는 어떤 것도 전형적이지 않으며, 그의 정신세계에서 신비주의는 매너리즘보다 훨씬 더 두드러진다. 이 그림 「방문」을 비롯해 말년에 그린 작품들에서 특히 그러한데, 여기에는 환영(幻影)이 화가가 즐겨 읽은 텍스트들 가운데 하나 —— 아레오파구스 재판관 디오니시우스가 쓴 것으로 알려진 비잔틴의 신비주의 논문 —— 에서 "미지의 구름"이라고 명명한 것으로부터 반쯤 그 형체를 드러내고 있는 것처럼 보인다.

보통 「종교를 구하러 온 스페인」으로 불리는 이 티치아노의 알레고리는 전통적으로 1571년 레판토 해전을 승리로 이끈 신성동맹을 기념하는 의미를 가진 것으로 생각되었다. 그러나 실제로 그것은 보다 보편적인 의미를 가진 선전화(宣傳畵)라고 할 수 있으며, 적절한 변화를 주어 —— 예를 들면 이단의 뱀을 사악한 투르크인으로 바꾸어 —— 다른 버전으로 재생산하여 외교적 선물로 써먹을 수도 있었다.

의 칼, 신앙의 수호자 다윗의 돌팔매로 표현되었다.

궁정의 선전은 전국에서 제기되는 제안들에도 그대로 반영되었다. 1575년 쿠엥카 인근 라스 메사스의 주민들은 "가톨릭 공동왕의 후손으로서……그분들의 가톨릭적 명성을 계승하신" 펠리페 2세에 호소하는 자신들을 그리스도께 청을 드리는 사마리아 여인들에 비유했다. 1590년 스페인의 정신적 풍경의 지형학자를 자처했던 수사 안토니오 발타사르 알바레스는 스페인을 "적들에게 포위된 가톨릭 신앙의 보루"로 그렸는데, 이는 흥미롭게도 포위된 "프로테스탄트의 섬"을 찬미했던 영국의 선전을 연상시킨다. "오늘날 전 세계에서 스페인이라고 불리는 이 작은 구석 땅 말고는 우리의 진실한 하느님께서 핍박받지 않고 학대받지 않는 곳이 없다. 하느님께서는 이곳 스페인에 피신하시어 황송하옵게도 당신의 위대한 자비가 머물 공간을 찾고 계셨다."

"가톨릭 왕(Catholic King)"이라는 펠리페 2세의 칭호는 선왕으로부터 물려받은 것이다. 그러나 그는 그 칭호에 합당한 군주가 되기 위해서 노력했다. 1560년대 말에 개종 경험과 비슷한 것을 겪고 난 뒤 그의 신앙심은 누가 보아도 진실하고, 외부의 영향에 쉽게 흔들리지 않았다. 그 경험은 아마도 그의 아들이자 후계자였던 돈 카를로스의 비극적 죽음과 연관이 있는 것 같은데, 그 아들은 갑작스런 광기를 보인 끝에 부왕의 명령에 따라 감금되었다가 죽었다. 그러나 동시에 펠리페 2세의 가톨릭적 이미지는 모종의 아이러니를 은폐하고 있었다. 젊은 시절 그는 전혀 다른 모습을 보여주었는데, 젊었을 적의 그는 화려한 갑옷을 입은 이교적 분위기의 르네상스 군주로 나타났던 것이다. 개종 후에도 그는 교황들과 싸우고, 필요하다고 판단되면 이단자들을 보호하거나 그들과 협력하기도 했으며, 교회 재산을 주저 없이 몰수하기도 했다. 그의 내밀한 신앙, 간소한 의식에의 지향, 빈번한 구약 인용, 그리고 정신적 기도의 열정적 봉행(奉行) 등은 그를 어떤 점에서는 주류 가톨릭 신앙보다 종교개혁의 신앙에 더 가까워보이게 만든다. 그가 즐겨 읽은 종교서적들은 루터의 기분을 상하게 했을 것으로 생각되는 것이 거의 없었고, 모두가 중세 말의 내밀한 경신(敬神), 성서 내용에 대한 묵상, 신비주의적 공경, 그리고 비판적 자성의 전통에 포함되어 있는 것이었다. 그리고 이것들은 프로테스탄트 개혁가들이 하느님과의 직접적이고 개인적인 교통을 모색할 때 그들에게 영감을 주었던 요소들이다.

한편으로 프로테스탄티즘에 대한 적의가 에스코리알 궁의 화강암 속에 구현되고, 미술 속에 표현되고 있는 것처럼 보인다. 그러나 에스코리알의 파사드 뒤편에 서 있는 왕들 중에는 요시야, 예호소팟, 그리고 헤제키아와 같은, 고위 사제들을 하찮게 여기고 성전에서 오물들을 없앤 프로테스탄트 적 영웅들이 포함되어 있다. 축복받은 성사의 후견인, 즉 펠리페 2세도 문화적 측면에서 보면 그의 신앙의 적들과 크게 다르지 않았다. 그의 종교정책 또한 16세기 다른 왕들의 그것과 비슷했다. 즉 그는 성직 임명권을 자신이 가지고, 사제들에게 세속 사법권을 강요하고, 종교교단들을 해체했으며, 자신의 주도로 개혁을 강요하는 등 "에라스무스적" 정책을 유지했다.

근대 초 스페인에서 지식인들의 종교문화가 독특한 것이라기보다는 유럽 일반의 관점에서 이해될 수 있었다는 점은 이미 오래 전부터 인정되고 있다. 예를 들면 한 학파는 근대 초 스페인 지식인들의 종교문화가 "에라스무스주의", 즉 로테르담의 에라스무스와 특히 깊은 관계를 가진 비판적이고 기독교-휴머니즘적 경건으로 충만해 있었다고 주장했다. 다른 학자들은 국제적 규모의 대탁발 교단들 가운데 하나에서 유래한 프란체스코 교단의 중요한 영향에 관심을 기울였다. 오늘날 그와 같은 글들은 종교개혁을 포함하는 더 광범한 맥락 속에서 고려하는 것이 가능하다. 오늘날 학계의 경향은 종교개혁을 16세기에 서쪽과 동쪽 기독교 세계 모두가 함께 했던 대복음화 운동의 한 부분으로 재평가하는 것이다. 16세기는 보다 열정적이고 좀더 헌신적인 형태의 기독교, 그리고 그 어느 때보다도 다양한 신분의 사람들과 다양한 교육 수준의 사람들을 두루 포함하는 기독교로 넘어가는

티치아노를 제외하고는 어떤 화가도 안토니스 모르(1512-1575)만큼 펠리페 2세로부터 많은 그림을 수주(受注)한 사람은 없었다. 안토니스 모르는 플랑드르 출신으로 1552년부터 네덜란드에서 궁정화가가 되었다. 이 화가에 대한 펠리페의 높은 평가는 1549년 제작된 이 초상화에서 비롯되었다. 우리가 일반적으로 가지고 있는 엄숙한 모습으로 검은 옷을 입고 있는 펠리페 2세의 이미지는 그가 상복을 자주 입어야 했던 인생 후반에 생겨난 것이었다. 젊은 시절 그가 가졌던 자기 인식이 군주의 당당함을 과시하는 듯한 이 화려하고 멋진 모습에 표현되어 있다.

"이행의 시기"였다.

16세기 스페인인들이 과거로부터 물려받은 종교서적 가운데 가장 중요한 것은 스페인의 종교재판소 소장과 섭정을 역임하고, 교육의 후원자이기도 했던 추기경 시스네로스가 펴낸 문집(corpus)이다. 추기경은 고전에서 영감을 받은 휴머니스트적 커리큘럼이라는 화려하지만 분광 렌즈를 통과하면서 굴절된 상태로가 아니라, 전통적 신앙의 눈을 통해서 초기 교부 시대의 교회를 바라보았다. 그는 성서, 신비주의, 그리고 진정한 참회를 통해서 신의 은총을 직접 체험하는 것을 강조하는 책을 좋아했다. 이러한 관점에서 볼 때 시스네로스의 정신세계는 인간과 신 간의 가장 직접적인 접근 루트를 모색하는 데 관심이 있었던 루터의 그것과 닮았다. 만일 시스네로스가 스페인에서 프로테스탄티즘을 미연에 방지하는 데 기여했다면 그것은 지금까지 많은 사람들이 주장해온 것처럼 그의 교회개혁이 효과적이어서라기보다는 종교개혁가들에 앞서 먼저 좋은 패를 내놓음으로써 그들이 가지는 호소력을 약화시켰기 때문이었다고 할 수 있다. 시스네로스의 종교 문집은 에라스무스의 모든 정보를 공유하거나 특별히 휴머니스트적인 계보를 보여주지는 않았지만 그(에라스무스)의 기독교관의 종교적 혹은 학문적 특징 가운데 일부를 예기(豫期)하고 있었다. 우리는 유명한 문구를 적용해 시스네로스가 알을 낳고 에라스무스가 부화시켰다고 말해서는 안 되고, 후미 거북(북미산 식용 거북/역주)의 알들의 경우가 그렇듯이 같은 알이 스페인이라는 따뜻하고 쾌적한 토양에서 저절로 부화되었다고 말해야 할 것이다.

명성의 대가

그러나 스페인의 평화로운 종교개혁은 스페인을 근대 초 유럽 여러 나라들을 황폐화시킨 종교전쟁의 참화에서 비켜나게 하지는 못했다. 1560년대부터 거의 한 세기 동안 계속된 네덜란드인들의 반란은 스페인 왕들로 하여금 막대한 인적, 물적 자원을 쏟아붓게 함으로써 스페인의 부를 고갈시켰다. 또한 스페인 왕정은 30년전쟁이라는 당대 최대 규모의 종교전쟁이 안겨다준 부담으로 거의 허리가 끊어질 지경이었다. 이 전쟁은 제1차 세계 대전과 마찬가지로 「요한의 묵시록」에 나오는 네 명의 기사 외에 다섯 번째 기사, 즉 도저히 이길 수 없는 열강들까지 한꺼번에 풀어놓은 것과 같았다. 이것들은 너무나 많은 희생을 요구했고, 게다가 스페인 왕정은 지중해 동쪽에서 투르크에 대항한 "기독교 세계의 수호" 및 아메리카와 필리핀의 반항적인 변경 지역의 평정 등 멀리 떨어진 전선에서 벌어지는 끊임없는 전쟁으로 이미 지칠 대로 지쳐 있었다. 1580년부터는 역시 광범한 지역에 산재한 포르투갈 제국의 방어라고 하는 또 하나의 부담이 그 위에 더해졌다. 라리스탄의 토담 요새, 브라질의 사탕수수 생산지, 벵구엘라(대서양 남쪽에서 시작하여 아프리카 서해안을 따라 북쪽으로 올라가는 해류/역주) 해류를 따라 가는 항로, 이 모두가 해적들에게는 수지맞는 것이기도 하고 방어도 허술했기 때문에 군침 도는 목표물이 되었다. 벨라스케스가 계획하고, 수르바란도 참여한 펠리페 4세의 마드리드 궁전 장식 계획은 스페인의 승리를 헤라클레스의 과업에 비유했는데, 일면 일리가 있는 말이었다. 그것은 광범하게 분산되어 있고 불리한 환경에서 역경을 딛고 이루어낸 놀라운 위업이었다.

왕정은 놀라운 불굴의 의지를 가지고 어려움을 견뎌냈다. 군사적 힘은 도덕적으로는 한 국가의 성공에 대한 비난할 만한 척도이다. 그러나 그것은 적어도 객관적으로 계량화할 수 있다는 장점을 가진다. 시기적으로 멀리 떨어진 두 주요 대회전(大會戰) —— 1497년의 체리뇰라 전투와 1643년의 로크르아 전투 —— 에서의 패배 사이의 기간에 스페인 왕들의 군대는 무적이라는 명성을 얻었다. 그들은 전략이나 기술 면에서 어떤 비결을 가지고 있지는 않았다. 그런 장기적 성공을 어떤 천재적 무장(武將)들의 공으로 돌리는 것은 설득력이 없다. 그것은 힘줄과 정신, 즉 병참과 군대의 사기로 이루어진 것이었다.

펠리페 2세가 말했듯이, "모든 것은 한 가지로 귀결되었으니 돈, 더 많은 돈이 그것"이었다. 비록 이 시기 유럽의 모든 국가들이 재정적으로 어려운 상태에 있었지만 카스티야인들은 —— 적어도 17세기 말까지는 —— 국왕의 요구에 매우 순종적인 편이었다. 세금 요구에 대해서 어떻게든 벗어나고 지연시키려는 행태는 세르반테스가 1587년 왕의 징세관으로 에시하의 가난한 농민들을 방문했을 때 직접 경험한 바 있었다. 그들은 온갖 법적 수단을 다 동원하여 징세 요구에 저항했으며, 심지어 이 위대한 소설가를 한동안 종교재판소 감옥에 가두기까지 했다. 그러나 그들은 결국 세금을 냈다. 국가 비상시에 납세자들은 놀라운 희생정신을 보여주었다. 1588년 영국과의 전쟁에서 아르마다(armada, 무적함대)가 패배하자 수십 개의 도시들이 자발적으로 돈을 거두어 국가에 헌납했다. 1621년 한 문필가는 왕들은 왕국의 외과의사이지 흡혈귀들이 아니며, "자신들이 머리가 되는 신체"의 피와 살을 튼튼하게 하기 위해서 출혈의 기회는 피해야 하는 존재라고 썼다. 펠리페 4세가 1625년 왕위에 올랐을 때 "카스티야의 내 가련한 납세자들"이라고 한 한탄은 —— 그는 납세자들이 전임자들의 명성을 유지하기 위해서 "그들의 생명의 피 이상의 것"을 내주었다고 말했다 —— 그가 습관적인 수사학(修辭學)의 희생자였음을 보여주기도 하지만, 그의 언급에 진실성이 담겨 있다는 데는 의심의 여지가 없다.

　그러나 재정적 탄력성이 한계치에 근접하고 있었음을 말해주는 증거가 쌓여가고 있었다. 펠리페 4세의 치세가 길어지고, 왕정의 부담이 점점 더 가중되어감에 따라 세금에 비판적인 사람들의 태도는 점점 더 대담해지고 집요해져갔다. 치세 말에 한 이론가는 "왕들의 부는 번영하는 신민들을 가지는 데 있다"고 썼다. 이 무렵 세금에 관해서 글을 쓴 도덕론자들은 왕에 대한 의무를 거부한 신민들의 죄 이상으로 과도한 세금을 의회에서 통과시킨 대표들의 죄를 강조했다. 이 우선순위의 뒤바뀜은 보다 광범한 독자층을 겨냥하는 책들에서 지역어로 표현되었다. 지금껏 스페인의 승리를 위해서 그 대가를 지불해왔던 정치 문화의 중요한 일부가 잠식되고 있었던 것이다. 세금의 도덕적 성격에 대한 펠리페 4세의 우려는 그의 치세 말에도 치세 초기 때와 마찬가지로 강렬했다. 차이가 있다면 치세 말에는 그가 총애하는 편지 상대인 봉쇄 수녀원의 수녀 마리아 데 아그레다로부터 시답지 않은 조언과 격려를 받고 있었다는 점일 것이다. 1661년 그녀는 왕에게 "하느님의 가호로 저는 가난한 이들의 세금이 경감되기를 바랍니다"라고 말했다.

국왕의 재정에서 세금 다음으로 중요한 것이 신세계의 은광이었다. 1550년대 중반부터 1620년대까지 은 생산량이 크게 증대되고, 그 수준이 꾸준히 유지되었다. 그러나 스페인의 은광이 가지는 중요성은 본질적으로 심리적인 것이었다. 사실 그렇지도 않으면서 "끝없이 유입되는 것으로 인식된"이 새로운 부는 왕들에게 돈을 빌려주는 외국인 은행가들을 부추겨 펠리페 2세로 하여금 엄청난 대규모 사업들을 계획하게 만들었다. 그러나 스페인의 재정을 위해서 아메리카 귀금속이 한 기여는 항상 세금 수입에 비해 적었다. 재정의 마술은 많이 가지고 있으면 그보다 더 많은 것을 빌릴 수 있다는 데 있었다. "나는 한번도 이 대부와 이자 문제에 대해서 신경을 쓴 적이 없다"라고 펠리페 2세는 말했다. 그런데 1584년 그의 공식 수입은 —— 그리고 아마도 실제 수입 역시 —— 600만 두카트에 약간 못 미친 것으로 추정되는 데 비해 그의 부채는 거의 7,400만 두카트에 이르렀다. 이 같은 수치는 세수입이 증대하고 귀금속이 계속해서 지금처럼 들어온다면 크게 문제될 것이 없었다. 그러나 1620년대 무렵 카스티야의 재정적 잠재력은 고갈되고 있음이 분명했고, 은 생산은 급감하고 있었다.

　나폴레옹은 사기(士氣)와 돈의 비중을 10대 1이라고 말했다. 그런데 왕정의 사기가 돈보다 더 먼저 고갈되기 시작했다. 16세기 중엽 정복자들의 문헌에 나타나는 스페인인들의 자화상 —— 신에 의해서 영도되는, 승리를 위해서 선택된, 신 같은 민족 —— 은 이제 자기폄하로 바뀌었으니, 피카레스크 문학에서 그려지는 스페인의 "못된 놈" 버전, 팸플릿 작가들이 그리고 있는 자연적 질서에서 벗어난 마법에 걸린 국가의 이미지가 그것이었다. 사람들은 이제 몰락을 말하기 시작했다. 16세기 말부터 스페인 국가에 관한 도덕적, 정치적 담론의 주된 의제는 신께서 스페인을 버렸다는, 그리고 스페인인들은 신앙의 시험을 통과하지 못했으며, 다소 이르기는 하지만 이전에 파멸한 제국들이 갔던 길을 그대로 답습하고 있다는 생각 혹은 두려움이었다. 오늘날 우리는 이 1590년대를 하나의 전환점으로 보고 있다. 이 1590년대는 제국적 시도가 빈번하게 나타난 시기였다. 펠리페 2세는 프랑스와 영국 정복을 시도했고, 캄보디아와 중국에 대한 원정을 계획했다. 그러나 이 시기는 또한 감축이 시작된 시기이기도 했다. 1598년 프랑스와의 평화조약에 이어 1604년 영국과의 조약, 1609년 네덜란드 반도들과의 휴전이 이어졌다. 왕정은 평화를 추구하는 쪽으로 한걸음 물러서고 있었던 것이다.

스페인은 장기간의 황금시대, 혹은 적어도 상당 기간 동안의 호황기를 구가했다고 할 수 있다. 펠리페 3세의 총신이었던 레르마 공이 이끄는 극도로 부패한 체제는 어쩌면 그 상징이라고도 할 수 있는데, 그는 자신의 부동산 투기를 위해서 마드리드에서 바야돌리드로 수도를 옮겼다가 다시 마드리드로 옮겨오기도 했다. 그런데 갑작스럽고 가공할 만한 인구 감소가 그런 밝은 미래를 불가능하게 만들었다. 인구 감소의 주범이었던 페스트는 아마도 도시생활을 선호하는 스페인인들이 가진 경향성의 한 치명적인 함정이었던 것 같다. 16세기 말에서 17세기 초에 반복적으로 출몰한 유례 없는 역병으로 카스티야 인구의 거의 10분의 1이 감소한 것으로 생각된다.

제국 방어의 요구는 평화시에도 계속되었다. 저하된 사기는 연이은 군대 폭동으로 나타났다. 아메리카 귀금속 유입은 1610년부터 우려를 자아내기 시작했다. 30년전쟁의 발발은 스페인을 다시 전보다 더 광범한 개입이라는 감당할 수 없는 대전략 속으로 끌어당기고 있었다. 이때 스페인에서는 1621년 펠리페 3세가 죽고 새로운 체제가 도덕적 재무장과 불길한 낙관론이 분출하는 가운데 시작되었는데, 이 새로운 체제는 왕정의 위신과 하느님의 총애를 회복하겠다는 결심을 굳히고 있었다. 줄어드는 수입에 비추어 이런 야심을 실현시키기 위해서는 한 가지 방법밖에 없었으니, 지금까지 부담에서 제외되어온 사회 계층과 특권을 향유해온 왕국들에게 카스티야의 가난한 신민들이 하는 것처럼 제국 운영 비용을 분담하게 하는 것이었다.

1620년대 초부터 1640년대 초까지, 불굴의 노력이 경주된 20년의 기간 동안 이 정책은 탁월한 권력과 타의 추종을 불허하는 열정의 소유자였던 총신 올리바레스 백작과 동일시되었다. 어떤 점에서 그는 최고의 정신(廷臣)이었다. 그의 화려한 정치적 역정은 왕의 침실 변기에 입을 맞추는 것으로 시작되었으며, 그의 성공의 정점은 그가 왕의 식탁에서 함께 식사를 하는 것으로 나타났다. 그는 권력에 대해서 진정한 프로 정신을 가진 지칠 줄

모르는 사업가였다. 그는 뒤뚱거리는 걸음걸이에 한시도 가만히 있지 못하고, 남에게 호령하기를 즐기는 사람이었다. 그는 자신을 그리는 화가 앞에서 왕이나 취할 수 있는 포즈를 취했다. 그가 스페인을 다스린 시기는 국가가 최악의 상황에 처해 있을 때였다. 그는 귀족들의 격려와 후원을 필요로 했다. 그러나 귀족들은 로마 제국의 원로원 귀족들이 그랬던 것처럼, 중앙 정부에 봉사하는 대신 지방에서의 권력 행사를 주장했다. 올리바레스는 펠리페 2세가 가지고 있었던 것과 같은 우수한 군대가 필요했다. 그러나 그러기에는 인력과 전문성, 그리고 돈이 부족했다. 그는 무엇보다도 재정적으로 지금까지 특권을 누려온 사람들로부터 돈을 끌어내고자 했다. 그러나 그것은 지금까지 유리한 세금 체제를 통해서 무거운 과세로부터 보호받고 있었던 반도 내 주변 왕국들의 의심을 샀다. 뒤돌아보면 올리바레스의 말년에는 벙커의 분위기가 있었던 것 같다. 반란이 들끓고 외국의 군대가 공격해들어오고 있을 때, 그는 무기력하게 지도를 펼쳐놓고 그 위에서 병력과 함대를 이리저리 이동시킬 수 있을 뿐이었다. 이 장에서 다루고 있는 시기의 초입에 이루어진 반도 여러 왕국들의 통합은 그가 권좌에서 물러날 무렵이면 곧 해체될 위기에 직면해 있었다.

가장 심각한 위협은 1640년 카탈루냐인들의 반란, 즉 자신들의 공국을 스페인 왕정에서 분리시키려는 시도에서 비롯되었다. 그들의 반란은 전쟁이 불러일으킨 긴장에 대한 반응이었고, 왕으로부터 내려오는 습관적인 요구에 대한 분노의 표현이었다. 그러나 같은 시기에 영국에서 발생한 "대반란"(영국 혁명)과 마찬가지로 카탈루냐인들의 반란은 치밀한 준비 없이 시작된 것이었고, 적극적인 지지가 결여되어 있었다. 반란 지도자들 대부분이 바르셀로나의 상업 귀족 가문 사람들이었다. 그들은 자신들이 두 개의 불 사이에 끼어 있음을 알게 되었는데, 하나는 군인, 비적, 그리고 전쟁에 의해서 감정이 악화된 농민들의 전통적, 천년왕국적 반란이고, 다른 하나는 올리바레스가 그들을 진압하기 위해서 데리고 온 통제되지 않는 점령군이었다. 이런 상황에서 반란 지도자들은 유일하게 가능한 제3세력, 즉 프랑스에 도움을 청하는 쪽을 택했다. 그리하여 그들은 카탈루냐를 "우리의 정체를 유지한다는 전제하에, 샤를마뉴의 시대처럼……프랑스 왕의 지배를 받는 공화국"이라고 선언했다.

점차 프랑스인들과 반도(叛徒)들은 서로에 대한 환상에서 깨어나게 되었다. 1648년 다른 전선들에서의 평화가 스페인에게 숨 돌릴 여유를 가져다주었고, 마침 프랑스는 이때 그동안의 전쟁으로 인한 피로와 소년왕의 즉위로 시달리는 것 외에도 국내의 내전으로 혼란에 빠져 있었다. 카탈루냐에서 약 3만 명의 인명을 희생시킨 것으로 알려진 1650-1654년의 대역병은 반도들에게서 반란을 계속할 의지를 앗아갔고, 도덕론자들로 하여금 비탄에 빠진 양심에 채찍질을 하게 만들었다. 1652년경 반란은 바르셀로나로 한정되었고, 결국 이 도시도 13개월의 공성 끝에 굴복하지 않으면 안 되었다. 그러나 바르셀로나 공국은 승자들로부터 매우 관대한 대접을 받았고, 그 때문에 비슷한 위기가 후에 다시 재발하게 된다. 구조적 문제, 즉 카탈루냐와 왕정의 다른 지역과의 관계는 바뀌지 않았던 것이다.

17세기 중엽의 위기로부터 그렇게도 많은 것이 살아남은 것이 대단해보인다. 그들의 충성심이 시험을 받고, 그들의 정복이 불안전하게 된 왕정의 모든 지역들 가운데 포르투갈, 북부 네덜란드, 자메이카, 그리고 카탈루냐의 두 주(州)만이 항구적으로 상실되었을 뿐이다. 물질적 회복 또한 스페인의 특별한 힘의 범위 밖에 있지 않았다. 역병은 17세기 후반 들어 수그러들었다. 은 생산도 1660년대부터 회복되었다. 그러나 당대의 야심적인 기준에 따르면 왕정은 실패했다. 펠리페 4세가 서거한 1665년 2,200만 두카트에 이른 부채도 잃어버린 "위신"을 회복하기에는 충분치 않았다. 17세기 말 스페인의 예술과 문학은 기술적 솜씨, 바로크적 표현, 마치 살아 있는 듯한 사실주의, 종교적 찬미 등에서 여전히 두드러졌다. 그러나 되돌아보건대 그것은 세속적 야심으로부터 한걸음 물러나 있는 한 사회를 재현한 것처럼 보인다. 인생의 꿈, 죽음의 고통, 부패와 허영의 덧없음을 표현하는 (버려져 썩어가는 피의 영광과 국가) 데에서 두드러진 그런 사회 말이다. 후안 데 발데스 레알(1622-1690)이 세비야의 "자비의 빈민구호소" 내 성당에 참회자들을 끌어모은 그림은 현인의 책, 영웅의 무기, 기념비적 예술품, 개선문 등 위대함의 잔해로 둘러싸여 있고, 사지는 내뻗쳐진 채 긴 낫을 들고 서 있는 한 해골인(骸骨人)의 모습을 표현하고 있다. 이런 그의 작품은

1672년 후안 데 발데스 레알이 세비야에 있는 "자비의 빈민구호소" 내 성당에 그린 「참회에의 초대」는 선행, 성사, 죽음, 그리고 영광으로 이어지는 한 가지 계획의 일부였고, 그것은 죽어가는 병자들을 자신의 손으로 돌봐주는 귀족들로 이루어진 신도회에 잘 어울리는 것이었다. 인생무상을 의미하는 상징들 중에는 스페인의 승리를 기념하여 노르틀링겐에 세워진 개선문의 스케치가 포함되어 있다.

한때 피카레스크적 익살의 중심지였던 세비야의 과거 분위기와는 사뭇 다르다. 17세기 후반 신앙 양식은 소름끼치는 형상을 한 고행자들에 의해서 규정되었으니, 그들의 고통스런 "십자가의 길" 예식은 지금까지도 성 부활 주간에 시내 전역에서 그들 모두의 이미지를 지배하고 있다. 호황기의 멋진 옷을 입은 젊은이들은 "자비의 빈민구호소"의 음울한 회원이 되어 역병으로 죽은 사람들을 자신의 손으로 묻어주고 가난한 사람들의 상처를

세비야의 성 부활 주간 행렬에서의 성대한 참회 의식 —— 골고다 언덕의 수난을 재연하고 있다 —— 은 17세기에 지금의 형태를 갖추었다. 예술양식은 후안 마르티네스 몬타녜스류의 극사실주의 전통을 따르는 조각가들에 의해서 확립되었다. 반면 이 도시의 호황기는 역병, 위기, 그리고 내성(內省)에 그 자리를 넘겨주었다. 후드는 중세적 양식의 것으로서, 공적인 회개를 하는 동안 고행자의 익명성을 보장하기 위해서 디자인되었다.

돌봐주었다. 돈 후안의 흥청거림에서처럼 번영은 이제 죽은 자들의 축제로 바뀌었다.

스페인이 세계에서 위세를 떨치게 하는 데 기여했던 필수적인 요소들 ——

자기희생적 납세자들과 봉사 지향의 귀족 —— 을 이끌어내는 것이 이제 점점 힘들어 지고 있었다. 귀족들의 전통적인 정신은 약해져갔고, 경제적 어려움은 그 봉사의 범위를 더욱 위축시켰다. 17세기 말 스페인 대가문들의 부채 증가와 무기력증의 이유는 분명치 않다. 그러나 그 사실 자체에는 의문의 여지가 없는 듯하다. 최근 연구들에 의해서 축적된 자료는 1681년 베네치아 대사의 다음과 같은 언급이 사실임을 말해준다. "왕의 금고에 얹혀살지 않는 귀족, 혹은 왕의 연금 없이 자신의 수입으로만 살아갈 수 있는 귀족은 없다. 그러므로 직책에 이끌려 마드리드로 옮겨온 대귀족들은 물질적 이익보다는 공허한 작위만을 가져다줄 뿐인 그들의 영지를 버렸다." 이 말에는 물론 어느 정도 과장이 섞여 있다. 그러나 그들이 곤경에 처해 있었다는 데에는 의심의 여지가 없다. 곤경은 17세기 중반의 위기 이후 점점 두드러진 현상이 되었고, 많은 가문들이 파산하거나 파산 일보 직전에 있었다.

그러므로 왕정은 1665년 펠리페 4세의 죽음으로 비슷한 위기가 찾아왔을 때 그것을 이겨낼 힘이 고갈되어 있었다. 그 상황은 이런 위기의 시기면 으레 나타나는 요소들의 집합체였으니, 어린 왕, 대비의 섭정, 그리고 국왕의 충성스런 조언자들이 배제되고 대비에 의해서 선택된 인기 없는 총신 등이 그것이다. 그러나 스페인은 포르투갈의 상실에도 체념하지 않고 한쪽의 전쟁에 개입했고, 프랑스의 기회주의적 침입은 또다른 쪽의 전쟁에 개입하게 만들었다. 당대의 강자를 자처했으며 포르투갈과 카탈루냐의 반도(叛徒)들을 상대로 한 전쟁의 영웅이기도 했던 왕의 서자 돈 후안 호세 데 아우스트리아는 여러 가지 전략을 써서 정권을 장악하려고 했고, 결국 1676년 협박을 통해서 권력을 수중에 넣었다.

그는 올리바레스가 그랬던 것처럼 약간 허풍쟁이에다가 정력적인 활동가였다. 또 그는 올리바레스처럼 국민들을 자극하여 국가 통합 노력을 재개하려고 했다. 그러나 그는 「요한의 묵시록」의 모든 기사들, 즉 역병, 전쟁, 기근, 그리고 인플레이션의 내습에 맞서 싸워야 했다. 그는 1679년 한 풍자가가 비꼬았듯이 "백성들이 고통에서 해방될 것이고, 왕국이 지켜질 것이며, 그리고 우리의 운명이 개선될 것이라는" 기대에 부응하지 못하고, 어려운 문제들에 패배한 상태로 죽고 말았다. 그의 최고 업적은 한동안의 평화였는데, 그는 이 평화를 더 이상의 영토 상실 없이 프랑스와의 협상을 통해서 이루어냈다. 그가 남긴 최악의 유산은 텅 빈 국고와 급감하는 세수입으로 인한 위기였다. 그의 계승자들이 과세 청부업자들을 제거하기 위해서 도입한 대담한 세제는 상황을 더욱 악화시켰다. 이 새로운 시도에 수반하여 행해진 과세 평가의 수정은 20퍼센트가량의 세수입 감소를 가져왔다.

한편으로 새로운 어두운 그림자가 왕정을 엄습해오고 있었으니, 왕위를 이을 승계자가 없는 상황이 야기시킬 불확실한 전망이 바로 그것이었다. 카를로스 2세는 보통 일종의 근시안적 신앙심 외에는 아무런 장점도 가지지 못한 무능한 정신박약아로 묘사되어왔다. 그러나 실제로 그는 자신의 비참한 건강에 맞서 싸워 이기지는 못했지만 성실하고 생각이 깊은 왕이었다. 총신을 두지 않고 직접 통치하려고 했던 그의 노력은, 비록 결과적으로 통치 방향이 혼란스럽고 일관되지 않는 것으로 나타났지만 그 의도는 높이 살 만한 것이었다. 그러나 그는 계승자를 생산한다는, 군주로서의 가장 기본적인 의무를 다하지 못했다. 재혼도 했고, 심지어 1699년에는 그의 발기부전이 마법사의 음료를 마셨기 때문이라는 주장에 무당을 불러 굿을 하기도 했지만 효과를 보지 못했다. "스페인의 문제"는 이제 유럽 정치의 초미의 관심사가 되었으니, 카를로스가 죽으면 스페인 제국은 어떻게 될 것인가 하는 것이 그것이었다. 결과적으로 스페인은 오랫동안 염원해온 평화를 누릴 수 없었다.

프랑스인을 후계자로 임명하라는 압박의 일환으로 1690년대에 개시된

기독교는 로마 제정 후기에 스페인에 확고한 토대를 마련했다. 서툰 라틴어로 쓰여 있는 옵티무스의 비문(碑文)에는 "옵티무스여, 세상사에 지극한 관심을 가지고 계신 주 하느님을 바라보라. 그분은 너에게 당신께서 약속하신 하늘나라의 궁전을 내리셨다. 너는 그리스도의 집에서 편히 쉬리라"고 쓰여 있다. 여기에서 그리스도의 집은 아마도 259년 톨레도의 원형경기장에서 순교하고, 옵티무스와 같은 공동묘지에 묻힌 주교 프룩투오수스와 그의 부제들인 에울로기우스와 아우구리우스를 위해서 지은 사당을 가리키는 것으로 보인다.

레케스빈토 왕(649–672)이 톨레도의 한 교회에 봉헌한 왕관. 이런 왕관은 제례용으로 사용되었고, 1년 중 중요한 행사 때 대제단에 내걸렸다. 이 사진 속의 왕관은 다른 여러 왕관들 및 제례용 장식품들과 함께 1849년 톨레도 근처 과라사르에서 발굴되었다. 늘어뜨린 장식에서 기증자의 이름을 볼 수 있다.

"가톨릭 공동왕" 페르난도와 이사벨. 이 두 사람의 혼인은 아라곤과 카스티야의 왕조 간 통합을 가져왔다. 가톨릭 공동왕은 그라나다의 정복, 스페인으로부터 유대인 추방, 그리고 콜럼버스 항해의 지원 등으로 유명하다.

(앞쪽 도판 설명) 코르도바의 대모스크(메스키타)는 8세기부터 10세기까지 알-안달루스 지배자들의 연이은 승리와 이슬람 신앙을 과시하려는 목적으로 지어졌다. 사진에서 보이는 미랍(mihrab)은 기블라(qiblah), 즉 무슬림들이 그곳을 향해 기도를 바쳐야 하는 메카의 방향을 가리킨다.

사냥은 궁왕의 가장 중요한 소일거리로서 귀자들 간에 동료애를 다지는 의식의 성격을 가지고 있었다. 루카스 크라나흐는 원래 프리드리히 폰 작센의 대적들에게 봉사하는 선전가들 중 하나였다. 그러나 1547년의 전투에서 프리드리히는 카를 5세의 포로가 되었고, 이를 계기로 크라나흐는 카를에게 봉사하게 되었다. 크라나흐는 1550년 일흔여덟의 나이에 카를의 궁정에 들어가 자신의 아들과 함께 일련의 대작을 완성했다.

스페인 수석 궁정화가의 자리에 오른 아라곤 장인(匠人)의 아들 프란시스코 고야(1746−1828)는 독특한 양식을 발전시켜 근대 미술에 커다란 영향을 미쳤다. 그의 후기 작품은 사회 부정과 초자연적인 것, 전쟁의 해악에 대한 강박관념이 주류를 이루었지만 초기의 주요 업무로 그린 왕궁 태피스트리의 밑그림으로 쓸 일련의 그림들은 백성들의 평화로운 생활 전반을 묘사했다. 그는 「오지그릇 판매상」에서 일반 시장에서 볼 수 있는 인물들을 전면에 배치하고 귀족의 마차를 배경으로 처리했다. 상인과 매혹적인 고객 간의 거래가 남녀 간의 익살맞은 희롱 속으로 빠져들어가는 것처럼 보이며 (전통적인 쪼그랑할멈이 이를 부추기고 있다), 우아한 부인이 단정한 차림의 병사 두 명의 호감을 사려고 하는 것처럼 보인다. 사회적 서열의 장식물 이면에 있는 공동의 인간 정서가 모든 사람들을 결속시키고 있다.

제2공화정의 선포를 기념하는 포스터. 공화정을 뜻하는 전통적인 여성 초상과 나란히 첫 내각의 각료들이 등장하고, 아래에는 1930년 독재를 전복하려다가 처형당한 카탈루냐 운동의 지도자와 두 명의 공화군 장교들이 있다. 이 포스터는 공화정 초기의 들떠 있는 낙관주의를 보여준다. 당시에는 정부가 수십 년에 걸친 사회 부정과 정치적 타락을 쇄신할 수 있을 것으로 생각했다.

가우디(1852-1926)는 오늘날 매우 독창적인 카탈루냐 모더니즘 건축가로 알려져 있다. 유럽의 발전에서 영향을 받은 그는 카탈루냐의 애국자로서 그 지역의 공예 전통, 특히 철세공에 관심을 가졌다. 경건한 가톨릭 신자였던 그는 보수적인 가톨릭 신흥 부유층의 후원을 받았으며, 그들을 위해서 아파트 ── 카사 바트요는 1904-1906년에 지었다 ── 를 건축해주었다. 그의 후원자들 가운데는 그를 윌리엄 모리스와 러스킨에게 소개해준 기업가 에우세비 구엘 백작도 있었다.

프랑스의 스페인 침입 —— 결국 카를로스는 1700년 그가 죽기 직전에 프랑스의 요구대로 했다 —— 은 스페인을 유럽 열강의 전쟁터로 만들어놓았다. 그 군대들은 뼈다귀를 보고 달려드는 말똥가리들처럼 스페인을 놓고 싸웠다. 그러나 이 유감스러운 결과를 스페인이 불가피한 몰락에 의해서 굴복한 증거로, 혹은 외과의사들에 의해서 해체될 수밖에 없었던 "유럽의 병자"로 간주되어야 할 증거로 생각해서는 안 될 것이다. 반대로 외국 열강의 탐욕은 전리품의 가치에 의해서 자극되었다. 17세기 말의 스페인은 아마도 끝없는 몰락으로 보기보다는 전쟁에 의해서 계속 지연되고 방해를 받아온 회복으로 보아야 할 것이다. 거짓말 같은 스페인 제국의 시대에 획득된 "스페인의 우위"는 더 이상 회복할 수 없었다. 그러나 왕정은 새로운 세기에 다시 자신의 복원력과 존재를 증명할 것이었다.

6 세계적인 강대국의 성쇠
1500-1700

헨리 카멘

세계적인 강대국의 등장

1597년 스페인의 한 주석가는 "다른 제국들은 모두 폭력과 무력을 통해서 등장했는데, 오직 스페인 제국만이 정당한 방식을 통해서 생겨났다. 그 대부분의 지역이 상속을 통해서 합쳐진 것이다"라고 기술했다. 이 주장은 결코 과장된 것이 아니다. 스페인 "제국"을 구성하는 방대한 지역들을 체계적인 정복을 통해서 통합했을 리가 없다. 반도의 각 지역들이 이러한 목적을 달성할 인력이나 무기를 가지고 있지 않았던 것이다. 페르난도와 이사벨을 통한 카스티야와 아라곤 연합왕국의 결성이 스페인 제국을 만든 연쇄적인 상속 사슬의 시작이었다.

제국을 형성하는 데 정복의 요소는 작은 부분을 차지했다. 1483년 카스티야 원정대가 카나리아 제도를 점령하기 시작했다. 반도의 내란을 종식시키고 그라나다의 무슬림 정복 사업을 완수(1492)한 페르난도와 이사벨의 군대는 매년 신규 충원되다가 재정복(레콩키스타)이 끝나자 해체된 임시적인 군대였다. 1504년 이후 점령군이라기보다는 명목상의 군대로 머무르고 있던 나폴리에서 이탈리아의 대(對)프랑스 군사작전에 참여하기 위해서 스페인은 특수부대를 신설해야만 했다. 그에 뒤이어 소규모 원정대들이 오란과 알제 같은 북아프리카 연안의 주요 요새들을 점령하는 데 발벗고 나서기도 했다. 이 당시 스페인의 주적(主敵)은 이웃 국가인 프랑스였으며, 피레네 산맥 국경의 안전을 확보할 목적으로 페르피냥을 유지하기 위한 노력을 경주하기도 했다. 이어서 나바라를 합병(1512)했다. 그라나다와는 달리 아프리카의 요새들과 카나리아 제도는 그 어느 것도 공식적으로 "정복하지" 않았다. 이들을 점령하기 위해서 군대를 주둔시키지도 않았으며, 이들 각각은 통치상의 완전한 독립을 누리고 있었다. 나폴리와 나바라, 그리고 다른 지역들을 결속시켜준 것은 "스페인" 왕실에 대한 공통의 충성심이었다. 외국의 주석가들은 이 스페인의 왕실(Crown of Spain)이란 말을 머지않아 카스티야와 아라곤의 통치자들과 동일시하게 된다.

스페인은 1492년 아메리카 발견과 1516년 합스부르크 왕가의 스페인 왕위 계승이라는 두 가지 주요 사건의 극적인 조명을 받으며 국제무대에 등장했다. 스페인인들이 콜럼버스와 그의 후계자들이 이루어낸 발견의 중요성을 깨달은 것은 그보다 훨씬 뒤의 일이었다. 아메리카의 스페인인 제1세대는 자신들의 활동을 카리브 해에 국한시켰다. 널리 알려진 최초의 정복 원정에 착수한 것은 30여 년 후였다. 1521년에는 에르난 코르테스가 아스텍 제국을 정복했고, 1532년에는 프란체스코 피사로가 잉카 제국 최후의 왕 아타왈파를 체포했다. 이들의 공적은 흔히 다수에 대한 소수의 승리와, 원시문화에 대한 유럽의 무기와 전문기술의 승리로 신화화되었다. 정복자들이 성공을 거둔 것은 사실 불가사의한 일이 아니었다. 피사로와 코르테스는 둘 다 아메리카 제국들 내의 내분 상태를 이용할 수 있는 행운을 누렸다. 코르테스의 테노치티틀란 공격은 아스텍의 통치에 반발하여 스페인인들에게 명백한 우위를 제공해준 수많은 인디오 동맹 세력의 값진 도움이 없었다면 아마도 무위로 끝나고 말았을 것이다. 정복자들은 그 후 수십 년 동안 대륙 전체에 걸쳐 아메리카 원주민들을 잔인하고 교활한 방식으로 정복해나갔다. 스페인인 정주자들의 신세계 정착은 16세기 중엽까지 확실하게 진행되었다. 아메리카 정복에 직접적인 간여를 하지 않았으며, 병력은 물론 선박도 지원하지 않던 마드리드 정부는 어느 날 자신이 세계에서 가장 부유한 대륙의 주인이 되었음을 발견했다.

신세계가 스페인에 제공해줄 것은 귀금속 이외에는 거의 아무것도 없었다. 1500년경부터 1600년 사이에 아메리카로부터 금 15만 킬로그램과 은

코르테스가 이끄는 소수의 스페인인들이 위대한 아스텍 민족을 정복하는 데 성공하자, 페루의 피사로 같은 다른 사람들도 이에 경쟁적으로 뛰어들었다. 사실 인디오 동맹 세력의 지원이 없었더라면 스페인의 성공은 불가능했을 것이다. 이 그림에서는 코르테스가 아스텍의 수도 테노치티틀란을 점령하는 데 공을 세운 틀락스칼라 인디오들이 스페인인들을 호의적으로 환영하고 있다.

740만 킬로그램 이상이 스페인으로 들어왔다. 이러한 부에 접근할 수 없었던 새로운 영토의 백인 정주민들은 토지와 원주민 노동력을 착취하여 자신들의 자원을 만들어야만 했다. 사탕수수 재배가 이런 식으로 카리브 해와 대륙으로 확산되어나가기 시작했으며, 다른 작물들도 그 뒤를 이었다. 그러한 와중에 토착민들은 서서히 사라져갔다. 도미니쿠스회 수도사 바르톨로메는 히스파니올라 섬이 철저하게 파괴된 것을 사탕수수 제분과 인디오 노예제 탓으로 돌렸다. 에르난 코르테스처럼 새로운 기회를 찾던 사람들은 다른 부를 찾아 카리브 해를 떠났다. 백인들이 자신들의 도구와 가축들을 데리고 와서 정착하기 시작하자 대륙의 생물학적인 환경이 바뀌기 시작했다. 1600년 무렵 신세계에서 가장 널리 경작된 작물은 이제까지 알려지지 않은 밀이었다. 인디오들은 토지와 생계를 함께 박탈당했다. 정복 이전에 대략 900만 명에 달하던 페루 인구가 1620년 무렵에는 60여만 명으로 줄었다.

제국이 신세계에서는 거의 인식할 수 없을 정도로 서서히 확장된 것과는 대조적으로 1516년 젊은 카를 5세의 제위 계승은 즉각적인 영향을 미쳤다. 상당수의 카스티야 엘리트들은 단명으로 끝난 코무네로 반란(1520–1521)에 가담함으로써 외국의 합스부르크 왕조에 대한 거부 의사를 밝혔다. 하지만 1520년 카를이 신성 로마 황제로 선출된 것은 스페인인들에게 더욱 흥미로운 새로운 운명을 약속해주었다. 신임 황제는 재위기의 대부분을 반도 외부에서 보내기는 했지만, 머지않아 자신의 군사비용을 지원하기 시작하고 독일 전역으로 확산되던 이단들에 맞설 능력이 있음을 확신시켜준 자신의 스페인 상속령을 매우 소중히 여겼다. 한편 스페인인들은 처음으로 유럽을 배우기 시작했다. 에라스무스의 저작들은 북유럽의 인문주의 문화를 스페인 지식인들에게 소개했다. 젊은 알바 공작 같은 스페인 군인들이 북유럽 무대에서 활약했다. 황제의 고해신부 에르난도 같은 학자들이 북유럽의 대학에 자리를 잡고 독일에서 자신들의 저작들을 출판했다. 스페인의 엘리트들이 유럽과 신세계로 팽창할 기회를 맞이하여 자신의 운명을 합스부르크가(家)의 그것과 열정적으로 동일시하기 시작했다.

세계의 헤게모니 유지

스페인은 세계적인 왕정을 거느리면서 상당한 혜택을 누렸다. 왕정의 일원이 된 지역들은 일정한 세금만 냈으며, 그것도 해당 지역 내에서 사용해야 했다. 그러나 이 지역들은 카스티야를 대상으로 하는 교역을 통해서 실질적인 기여를 했다. 그리고 병력을 제공할 수도 있고, 전비 마련에 도움을 줄 수도 있었다. 그 덕분에 상대적으로 가난한 스페인인들이 극히 제한된 군사력으로 세계제국을 건설하는 놀라운 위업을 달성할 수 있었다. 펠리페 2세 군대가 생캉탱에서 프랑스 군을 물리친(1557) "스페인"의 군사적 승리들 가운데 최초의 것은 사실 네덜란드인들이 지휘하는 다국적군이 거둔 것이었다. 스페인인들은 불과 그 병력의 12퍼센트를 차지했을 뿐이다. "스페인"이 거둔 제국적인 성취의 선봉에는 언제나 네덜란드인들과 이탈리아인들이 있었다. 이들은 주로 군사기술을 지원했으나 더욱 확실하게 막대한 경제원조도 제공했다. 1528년에 카를 5세와 동맹을 맺고 지중해에 스페인의 해군력을 성립시킨 것은 바로 도리아 제독이 지휘하는 제노바 함대였다. 이때부터 이탈리아인들은 스페인이 제국의 임무를 수행하는 선봉에 있었다. 1571년 레판토에서 터키인들을 상대로 거둔, "스페인"의 해전 사상 가장 영예로운 승리는 그 재원의 대부분을 스페인이 공급하기는 했지만 함선과 병력의 3분의 2는 이탈리아인들이 제공한 군대에 의한 것이었다.

제국을 소유한다는 것은 또한 책무를 수반함을 의미했다. 가장 중대한 문제는 아마도 통제와 관련된 부분이었을 것이다. 극복할 수 없는 제국의 방대한 거리 —— 아메리카는 평균 3개월 거리에 있었다 —— 는 효율적인 우편업무와 자문방식을 필요로 했다. 왕실은 언제나 각 지방의 관료들을 통해서 제국을 적절하게 다스렸다. 카를 5세는 제국의 포괄적인 통치 체계가 불필요하다고 보았다. 하지만 왕권이 최종적으로 자리를 잡게 된 카스티야에서는 합스부르크 통치자들이 페르난도와 이사벨의 관행에 따라 중앙과 지방 간의 연계를 강화하기 위해서 실제로 정부 부처 역할을 하는 "평의회(Council)"를 마련했다. 신설된 평의회는 카스티야의 통치를 위한 것(예를 들면 그 중요성이 막대한 재정평의회)과 주로 자문 역할을 하며 각 지역의 귀족들로 구성된 것(각각 1494년과 1555년에 창설된 아라곤 평의회와 이탈리아 평의회) 등 두 가지 유형이 있었다. 카스티야가 다른 지역의 내정에 간섭하는 경향이 늘어나기는 했지만, 왕정이 중앙집권 조직으로 바뀐 적은 한번도 없었다. 모든 지역에는 일반적으로 상당한 정도의 자치·영역이 있었다. 정확히 말하자면 스페인 "제국주의"는 실제로 스페인인들과 이탈리아인들, 독일인들, 플랑드르인들, 유럽의 유일한 "초강대국"에 봉사하면서 득을 보려는 직업과 국적이 다양한 셀 수 없이 많은 사람들 간의 방대한 국제 협력 활동이었다.

펠리페 4세는 1626년에 "많은 왕국들이 이 왕실과 결부되어 있어서 획득한 것을 방어하기 위해서든지, 아니면 적을 격퇴하기 위해서든지 제국

내에 전쟁이 없을 수는 없다"고 말한 적이 있다. 스페인 지배권의 범위 자체가 침략 의지를 불러일으켰다. 16세기 초에 프랑스 국왕은 콜럼버스가 발견한 신세계는 스페인 국왕의 사적인 소유물이 아니라 온 인류의 유산이라고 매우 설득력 있는 선언을 했다. 그는 "아담의 유언장에 세계가 창조될 때 내 몫을 주지 말라는 구절이 있는지 보고 싶다"고 말했다는 이야기가 있다. 방어와 전쟁의 필요성은 초기부터 중대 사안이었다. 하지만 스페인은 카를 5세의 정책을 수행하는 데 놀라우리만치 미미한 역할을 감당했다. 이를테면 전장에서는 그를 위해서 복무하는 "스페인" 군대가 없었다. 1520년대 이탈리아에 주둔한 카를 군대 가운데 스페인 병사들은 5분의 1도 채 되지 않았으며, 1540년대 독일에 주둔한 군대 가운데는 6분의 1도 채 되지 않았다. 스페인이 실제로 군사강국으로 등장한 것은 펠리페 2세 치세 때뿐이었다. 그는 1560년대 이후 서부 지중해에 해군 방위를 구축하는 데 몰두했다. 그 결과 1570년대에는 부왕이 그곳에서 보유한 것의 4배에 달하는 해군을 거느리게 되었다. 포르투갈을 점령하여 스페인에 복속시킨 1580년 이후에는 대서양으로 진출했다. 영국으로부터 바다를 지키고 아메리카 교역로를 감시하는 것을 주요 목적으로 하는 강력한 함대가 새로 창설되었다. 당시 스페인이 통제하던 군대의 규모 또한 극적인 증가를 보였다. 1587년 한 해에 펠리페 2세가 보수를 지급하는 병력 수가 그의 전 영토에 걸쳐 10만 명 이상(모두가 반도 출신은 아닐 것이다)인 것으로 추정되었다.

다음의 주요 문제는 연이은 전쟁으로 심각한 타격을 입은 재정 안정 문제였다. 그의 독일 영지에 기반을 둔 다국적 제국의 수반인 카를 5세는 전쟁을 잘 해결해나갔으며, 재위기간의 대부분을 전장에서 보냈다. 그는 정복을 통해서 네덜란드 영토를 확장시켰고, 터키 군에 맞서 몸소 빈을 방어했으며, 제노바인들을 끌어들여 지중해의 해군을 지휘하게 했고, 1535년에는 친히 군사작전을 지휘하여 북아프리카 군주들에게서 튀니스를 탈취하

아프리카의 정복자로서 황제 카를 5세를 그린 플랑드르 태피스트리가 그의 경력 초기의 패기를 보여준다. 일부를 아메리카로부터 충당한 스페인의 재원(財源)이 그가 벌인 전쟁의 주요 버팀목 역할을 했다. 그는 가톨릭 교회에 대한 스페인의 충성에 고무되어 말년을 반도에서 보냈다.

AFRICAE
SVBIVGATORI

는 데 성공했다. 하지만 이것은 모두 대개는 카스티야 재무국의 어깨에 그 부담이 돌아간 값비싼 대가를 지불한 것이었다. 그는 가장 믿을 만한 자금 출처가 이베리아 반도라는 사실을 누구보다도 잘 알고 있었다. 1540년에는 "내 스페인 영지가 아니라면 나는 살아남을 수 없을 것이다"라고 기술했다. 그의 치세 말기에 카스티야 국고(國庫)는 정규 수입의 68퍼센트를 전쟁 빚을 갚는 데 지출했다. 카를의 재정 체계를 다룬 라몬 카란데의 방대한 연구는 그의 치세 동안 황제가 유럽 은행가들 —— 대부분 이탈리아인들과 독일인들 —— 로부터 대략 2,900만 두카트(ducat)를 빌렸고, 평균 32퍼센트의 이자를 지불했다는 사실을 보여준다. 펠리페 2세는 1559년 카토-캉브레지 조약으로 간신히 전쟁을 모면했지만 부채는 여전히 안고 있었다. 1565년 네덜란드에 개입하기 직전 카스티야 세입의 84퍼센트가 이 부채를 갚는 데 지출되었다. 펠리페의 치세 말기에는 국가의 전체 부채가 연 수입의 8배에 달했다. 한 세대 후 총신 올리바레스가 집권한 시기에는 국가 지출의 93퍼센트 이상이 외교정책에 지출되고 있었다.

특히 사카테카스와 포토시 광산이 은을 쏟아내기 시작한 펠리페 2세의 치세 당시에는 부채의 일부가 아메리카산(産) 은으로 충당되었다. 이른바 왕실이 주장한 정당한 몫(5분의 1) 이외에도 신세계로부터 각종 세금 수입이 들어왔다. 펠리페 치세 동안 국가가 아메리카로부터 공식적으로 받은 총수입이 6,450만 두카트를 넘었다. 또한 이루 헤아릴 수 없는 막대한 액수가 개인 상인들을 통해서 반도 경제에 유입되어 악성 인플레이션을 조장하고 있었다. 이것이 초기 단계에는 생산에 도움을 주었으나 장기적으로는 스페인 사람들의 생계에 심각한 영향을 미쳤다. 그러나 아메리카의 은이 정부의 필요를 채워주기에는 결코 충분하지 못했다. 그것은 대개 왕실 은행가들에게 선금으로 저당잡혀 있었다. 제국의 재원을 마련하기 위한 실제 부담은 갈수록 카스티야의 납세자들에게로 돌아갔다. 정규 재원에서 들어오는 펠리페의 연 수입이 그의 치세 동안 세 배로 증가했지만 같은 기간 동안 카스티야 납세자의 부담은 대략 430퍼센트나 늘어났다. 같은 기간 동안 명목 임금은 불과 80퍼센트밖에 증가하지 않았다. 카스티야의 많은 주석가들이 인정하고 있는 것처럼 전쟁이 이렇다 할 혜택을 가져다준 것은 아니

1545년에 처음 개발된 볼리비아 포토시의 대규모 광산은 풍부한 은광 때문에 한 세기 이상이나 채굴되었으며, 산기슭에는 생산자들과 기계와 노예들로 이루어진 온전한 공동체가 생겨났다. 스페인이 신세계로부터 받은 부의 상징인 포토시의 은광은 곧 멕시코의 은광에 자리를 내주게 된다.

었으며, 십중팔구는 경제성장 과정을 저해했을 것이다. 내수 경제에 투자되었을지도 모르는 이윤은 사실상 군비로 지출되었다. 더욱이 전쟁은 사그라지지 않고 17세기까지 장기적으로 이어지는 국가 파산의 사슬을 촉발시켰다. 펠리페 2세 치하의 카스티야 재무국은 카를 5세가 야기시킨 부채 부담에서 헤어날 수 없어서 매 20년마다 파산을 선고했다. 그의 후계자들 치하에서도 유럽에서 가장 높은 비율로 치솟는 통화팽창으로 말미암아 파산은 더욱 악화되었다.

스페인은 왕정 내 각 지역들의 협력에 끊임없이 의존했기 때문에 아이러니하게도 자체의 군사적인 지위에는 거의 신경을 쓰지 않았다. 스페인은 제국으로서의 역할이 정점에 이르렀을 때도 주로 무방비 상태의 비군사화

국가로 남아 있었다. 카를 5세는 반도 외부에서 전쟁을 수행함으로써 국가에 직접적인 영향을 미치지는 않았다. 1562년 스페인의 한 정부 관리는 "이곳에 여러 해에 걸쳐 유지된 평화"가 스페인을 군사적으로 후진 상태에 머물게 만들었다고 논평했다. 그 결과 펠리페 2세의 치세 내내 반도는 공격에 매우 취약한 상태에 놓았다. 이것이 터키의 침략 가능성을 늘 두려워한 상황을 설명해준다. 1570년 그라나다 무어인들의 폭동을 진압하기 위해서 국가는 실제로 모든 필요한 무기를 이탈리아로부터 수입해야만 했다. 1596년에는 영국군이 가장 중요한 항구 가운데 하나인 카디스를 거의 아무런 저항도 받지 않은 채 3주간이나 점령했다.

하지만 제국의 장치와 재정을 강화하는 것은 다른 유럽 열강들에게 불가피하게도 공격적인 것으로 비추어졌다. 1559년 초 베네치아 대사는 아무래도 펠리페 2세의 치세 전체에 적용될지도 모르는 말을 통해서 그는 "왕국을 확장시키기 위해서 전쟁을 도발하지는 않았지만 보유하고 있는 영토를 보존하기 위해서 평화를 유지했다"라고 이야기했다. 이것은 틀림없이 만족스러운 카토-캉브레지 강화조약으로 고무된 것이기는 하지만, 곧 국제적인 세력 정치의 현실에 부딪쳐 산산조각이 나고 마는 헛된 꿈이었다. 심지어 너무나 자주 잊어버리는 한 가지 사실은 스페인이 유럽 역사에서 주변국들의 영토를 병합한 적이 전혀 없는 유일한 제국이었다는 점이다. 스페인이 휘말려들어간 연이은 전쟁은 제국의 의무, 무엇보다도 기본적인 방위의 의무에서 나온 논리적인 결과물이었다.

1535년 카를 5세의 튀니스 점령에서부터 1565년 터키 군의 몰타 섬 포위공격에 대한 성공적인 봉기에 이르기까지 스페인의 방위에 대한 관심은 주로 지중해에 집중되어 있었다. 브로델은 이 시기를 멋지게 개관하면서 팽창적이고 침략적인 터키 제국에 직면한 분열된 기독교 세계의 장기 드라마를 추적했다. 스페인 반도는 발렌시아 연안을 습격하는 무슬림 해적선들에

16세기 터키 제국의 팽창은 서유럽 기독교 세계, 특히 아무런 도전을 받지 않은 채 무슬림의 해상권이 오랫동안 유지된 지중해 세계의 주된 위협이었다. 베네치아와 교황청과 스페인 왕실 간의 동맹은 마침내 기독교 열강들로 하여금 1571년 레판토에서 터키 군에 대해서 해군의 압도적인 승리를 거둘 수 있게 해주었다. 이 그림은 세비야의 막달레나 교회에 소장된 것이다.

게 비밀 지원을 해주는 상당수의 무슬림 주민들(이른바 전혀 기독교화되지 않은 무어인들)이 있어서 더욱 취약했다. 이러한 장기적인 갈등 국면은 그 유명한 레판토 해전의 승리(1571) 이후에야 사실상 종결되었다. 당시 해전에 참전했던 사람들 가운데 하나인 세르반테스는 이를 역사상 가장 위대한 전투로 찬미했고, 서유럽 각처에서는 이를 터키 제국에 대해서 대규모 격퇴를 가한 것이라고 환영했다. 이러한 성공은 조만간 스페인으로 하여금 네덜란드의 불만 세력을 진압하는 데 더 많은 자원을 쏟아붓게 해주었다. 그곳에는 1567년에 알바 공작이 1만 명의 군대를 이끌고 가 있었다. 플랑드르 귀족들은 특권을 유지하고 싶어서 자신들의 내부 사정에 대한 스페인의 역할이 증대되는 것을 거부했다. 플랑드르인들과 스페인인들은 이교도의 증가를 통제하기 위한 조처를 두고 의견이 달랐다. 이 문제가 펠리페 2세에게 무장간섭할 적절한 구실을 제공해주었다. 브뤼셀에 도착한 후 몇 달이 지나자, 알바는 분쟁평의회를 통해서 강경한 진압정책을 폈다. 네덜란드인들은 이 평의회를 1,000명 이상의 가톨릭 신자와 프로테스탄트 신자를 규탄하고 처형했다고 해서 더욱 그럴듯하게 "피의 평의회(Council of Blood)"라고 불렀다. 펠리페 2세는 이 주제넘은 폭도들을 엄단하는 것이 분쟁을 해소할 수 있는 길이라고 확신했다. 하지만 스페인의 이러한 대처는 저항을 강화시켜줄 뿐이었으며, 결국에는 오렌지 공(公) 윌리엄이 이끄는 네덜란드인들의 민족 봉기를 촉발시키고야 말았다.

스페인의 외교정책은 결코 의식적인 팽창주의가 아니었다. 따라서 1580년에 펠리페 2세가 왜 그의 군대를 파병해 이웃의 포르투갈 왕국을 병합했는지 설명하기 위해서는 상당한 노력이 필요했다. 그는 가장 강력한 왕위(그의 조카 세바스티안이 포르투갈 군을 이끌고 아프리카의 무슬림들과 싸우다가 1578년 그곳에서 사망하는 바람에 공석이었다) 계승권을 지니고 있었다. 그는 또한 영국군과 프랑스 군이 간섭할지 모른다는 두려움에 사로

16세기 후반 무렵 네덜란드와 아메리카에 대한 영국 해군의 간섭이 스페인에게는 제일가는 위협이었다. 1588년 펠리페 2세가 보낸 대함대는 플랑드르에서 침략에 필요한 군대와 랑데부하는 데 실패하고 영국의 대응에 이어 북해의 바람으로 말미암아 뿔뿔이 흩어지고 말았다. 이 그림은 스페인이 겪은 군사적인 대재앙을 상상을 통해서 재구성한 것이다.

잡혀 있었다. 이들은 상대 후보인 크라토의 소(小)수도원장 안토니오를 후원하고 있었다. 결국 펠리페의 군대가 점령한 이후 포르투갈은 제국 내의 자치를 보장받았다. 그는 리스본을 2년 이상이나 수도로 삼았다. 하지만 이 병합은 권력에 굶주린 스페인의 이미지를 확인시켜주는 데 일조했을 뿐이다. 제국은 이제 그 정점에 달했다. 스페인 기(旗)가 필리핀 제도와 부에노스아이레스에 내걸렸다. 이런 방대한 권력망 가운데 가장 취약한 지점이 네덜란드 반란자들의 완강한 저항이었다.

네덜란드의 반란이 이제 스페인의 운명을 좌우하는 커다란 악몽이 되었다. 그것으로 인해서 엄청난 빚더미 위에 올라앉은 재무국으로부터 점점 더 많은 액수의 돈을 가져다 썼으며 왕실을 더욱 심각한 파산으로 몰아넣었다. 1566년 이전에는 스페인 카스티야와 지중해와 플랑드르의 연 군사비 총지출이 200만 두카트에 이른 적이 없었는데, 1570년대에는 400만 두카트를 넘어섰고, 1598년 무렵에는 1,000만 두카트로 추정되었다. 네덜란드가 단일 규모로서는 가장 큰 재정 유출처였다. 1570년대에는 이곳에 평균 150만 두카트를 매년 송금했다. 1584년 오렌지 공 윌리엄이 (스페인의 사주로) 암살당하자 영국이 네덜란드 반란자들의 보호자로 자처하고 나섰다. 다수의 다른 요소들과, 특히 신세계의 스페인 영토에 대한 영국의 공격(프랜시스 드레이크와 존 호킨스 같은 함장들의)이 펠리페에게는 새로운 위협으로 다가왔다. 그의 대응은 영국을 공격하고 서유럽을 유순하게 만들어 네덜란드 문제를 더욱 쉽게 해결할 목적으로 해군 원정을 준비하는 것이었다. 하지만 준비하는 데 1,000만 두카트가 소요된 대함대는 끊임없는 문제들로 골치를 앓았다. 침략이 성공할 경우 펠리페가 생각한 영국 왕위 후보자가 될 스코틀랜드의 메리 여왕이 엘리자베스 여왕에 대한 반대 음모에 가담한 이후 1587년에 처형되고 말았다. 그리고 내정된 함대 지휘관인 노련한 산타크루스 후작이 뜻밖에도 죽고 말았다. 함대가 1588년 메디나 시도니아 공의 지휘 아래 출항했지만 플랑드르의 육군 부대와 예정된 랑데부를 하는 데 실패하고 우수한 영국 해군의 공격을 받았으며, 북해로 부는 바람에 휘날리고 말았다. 아일랜드의 대서양 연안을 도는 끔찍한 항해를 거쳐 가까스로 함대의 절반가량이 스페인 항구로 귀항할 수 있었지만 이미

1만5,000명 정도의 병력을 잃은 후였다. 영국군이 환호성을 지른 것과 대조적으로, 아마도 이것이 스페인에는 당 세기 가운데 가장 불운한 순간이었을 것이다. 다른 어떤 사건도 정부와 백성들 모두에게 평화가 필요하다는 사실을 이보다 더욱 확실하게 심어준 예는 없었다. 9년 뒤 또다른 대(對)영국 원정에 실패한 후 펠리페의 수석 제독은 그에게 "폐하께서 영국에 대한 공격을 계속 시도하시려면 때와 규모를 잘 맞추는 데 유의하셔야 할 겁니다. 그렇지 않으면 강화를 맺는 게 더 낫습니다"라고 조언해주었다.

통제력 상실

마드리드의 한 관리는 1600년에 "플랑드르 전쟁은 스페인의 몰락을 자초했고 지금도 그러하다. 각료들은 그것에 반대하며 백성들도 그것을 종결시키기를 요구하고 있다"고 논평했다. 플랑드르 현지에 있던 스페인 장군도 1607년에 "취해야 할 길이 오직 한 가지 있는데, 그것은 희생이 크고 오래된 이 전쟁을 종식시키는 것이다"라고 인정했다. 펠리페 2세의 보수적이고 제국주의적인 정책에 맞서 점차 증대하고 있던 반대 압력이 이제 수면 위로 떠올라 스페인인들 사이에 아르비트리스타(arbitristas)로 알려진 정치 평론가들의 저작들 속에서 자신들의 표현을 찾은 토론과 논쟁의 세기를 불러일으켰다. 평화를 향한 움직임은 펠리페 3세의 치세 초기에 스페인이 그 주요 적국들과 맺은 강화조약으로 나타났다. 그 조약들 가운데 하나가 12년간 지속될, 반란을 일으킨 네덜란드와의 휴전(1609)이었다.

그러나 평화는 스페인이 마음대로 선택할 수 있는 사항이 아니었다. 펠리페 2세가 사망한 지 채 반세기도 되지 않아 제국은 네덜란드를 비롯한 유럽 열강들의 사면에 걸친 압력을 받게 되었다. 네덜란드는 아시아와의 무역을 강화하고 브라질에 대한 군사적, 상업적 침투를 시작했다. 마드리드의 한 각료는 만일 네덜란드를 제지하지 않는다면 "우리는 서인도 제도를 상실하게 될 것이고, 다음에는 플랑드르를, 그다음에는 이탈리아를, 그리고 마지막으로는 스페인 자체를 잃어버리게 될 것이다"라고 주장했다. 1618년 보헤미아에서 일어난 국지전이 장차 30년전쟁이 될 전쟁을 향한 첫

걸음을 내디뎠다. 이 30년전쟁은 유럽의 다른 지역으로 신속히 확산될 우려가 있었으며, 스페인으로 하여금 또다시 병력을 모집하게 만들었다. 1621년 네덜란드와의 12년에 걸친 장기 휴전이 만료되자 군사적인 대비의 필요성이 제기되었다.

스페인의 입장은 이전보다도 한층 더 방어적이었다. 한 각료는 "우리가 네덜란드를 정복할 수 있다고 약속하는 것은 불가능을 추구하는 것이다"라고 고백했다. 하지만 한 제국이 과연 자신의 역할을 방어적인 것에만 국한시킬 수 있었을까? 다른 사람들은 독일의 30년전쟁에 대한 스페인의 간섭을 솔직히 공격적인 것으로 보았다. 1625년에는 영국과 프랑스도 스페인과 전쟁 상태에 돌입했다. 위기는 잠깐이었다. 새 왕 펠리페 4세는 1626년에 "모든 유럽이 우리에게 대항하고 있지만 우리는 지지 않았다"라고 자랑스럽게 말할 수 있었다. 이 시기의 군사적인 성공은 틀림없이 놀라운 것이었다. 1625년 세 차례의 주요 승리는 제국이 반격을 가할 수 있음을 보여주었다. 네덜란드로부터 브라질의 바이아 항구를 재탈환했고, 네덜란드에 있던 스피놀라 장군은 벨라스케스의 걸작인 유화 「라스 란사스」에서 불후의 명성을 얻게 된 위업인 브레다를 재점령했으며, 카디스에서는 영국 함대가 격퇴되었다.

성공의 흐름은 단기간에 끝났다. 스페인의 전력은 다음 몇 년에 걸쳐 급속도로 쇠약해졌다. 1628년 네덜란드의 한 제독은 쿠바를 출발해서 대서양을 횡단하던 아메리카의 보물을 실은 전 함대를 탈취했다. 1635년 프랑스가 스페인에 선전포고를 하고 30년전쟁에 직접 뛰어들면서 군사적인 시나리오는 완전히 바뀌었다. 스페인의 관측자들은 심각한 순간이 다가왔음을 의심하지 않았다. 프랑스가 그 평판에 걸맞는 군사적인 업적을 이룬 적이 거의 없기는 하지만, 그래도 방대한 자원을 지니고 있었던 것이다. 그와는 대조적으로 스페인은 한 세기의 마지막 4분의 3을 전쟁으로 소모했다. 다음 세대에 스페인의 적국들은 스페인 제국의 가장 취약한 모든 지점들을 공략하는 데 성공했다. 네덜란드의 트롬프 제독은 다운스 전투(1639)에서 스페인의 해군력을 괴멸시켰으며, 독일에서는 스페인의 동맹 세력들이 심각한 패배를 당했다. 스페인의 총신 올리바레스는 "하느님께서 우리에게

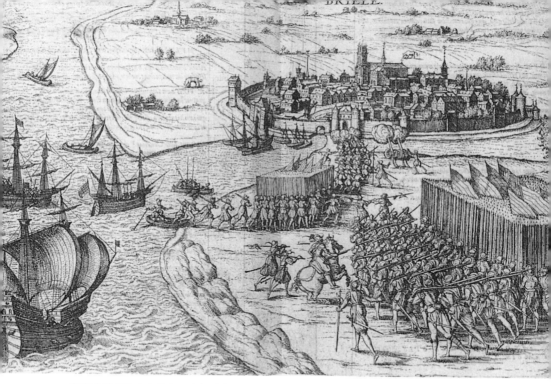

1572년 반란군이 소항구 브릴을 점령한 것이 네덜란드 반란의 가장 중요한 국면이었다. 스페인은 네덜란드에 대한 통제를 회복하려고 시도하면서 결코 극복하지 못할 특별한 장애물에 부딪쳤다. 그림에서는 스페인 군이 육지와 바다에서 도시를 포위하고 있다.

평화를 원하신다. 왜냐하면 우리에게서 전쟁을 수행할 모든 수단을 빼앗아 가고 계시기 때문이다"라고 불평했다. 곧 최악의 사건이 들이닥쳤다. 1640년에 카탈루냐가, 이어서 포르투갈이 왕실에 반란을 일으켜 반도의 통일을 영원히 파괴시킬 듯이 위협했다. 3년 뒤인 1643년 플랑드르의 스페인 군이 프랑스에 대한 공격을 시도하다가 훗날 위대한 콩데(great Condé)로 역사에 명성을 떨치게 될 젊은 엥기엥 공이 지휘하는 프랑스 군에 의해서 전멸당하고 말았다. 이 패배가 스페인을 결코 무력하게 만들지는 않았다. 하지만 그것은 스페인이 제국으로 등장한 이래 전투에서 한 부대가 처음으로 전멸된 사건이라는 점에서 의미가 있었다.

1645년에 정부의 한 각료는 "그 대가가 무엇이든 간에 평화가 필요하다"라고 기술했다. 이미 뮌스터와 오스나브뤼크에서는 30년전쟁을 종결하기 위한 협상이 시작되었다. 그 어느 곳에도 전면 붕괴를 피할 길이 없는 것처럼 보였다. 1648년 카탈루냐와 포르투갈의 반란이 아직 진압되지 않았고, 아라곤에서는 분리의 음모가 있었으며, 시칠리아와 나폴리에서는 혁명이 성공을 거두었다. 그리고 전염병과 반란이 반도를 교란시키고 있었다. 10월에 뮌스터에서 체결된 강화조약에서 스페인은 네덜란드의 연합 제주(諸州)를 독립국가로 최종 인정했다. 모두가 베스트팔렌 조약으로 알려진 이 평화협정들 대부분은 프랑스가 주도했다. 프랑스는 독일에 평화가 이루어져야 하지만 스페인과의 전쟁은 계속되어야 한다고 결의했다.

스페인의 무력함은 1648년에서 1652년 사이에 프랑스를 휩쓴 (프롱드의 난으로 알려진) 내란을 이용할 수 없었던 데에서 너무도 극명하게 드러났다. 1652년 단기간의 군사적 성공(프랑스 군으로부터 바르셀로나를 되찾은 매우 중요한 사건)이 전세를 역전시키지는 못했다. 1655년 크롬웰의 영국이 전쟁을 선포한 것이 결정적인 영향을 미쳤다. 영국 해군이 히스파니올라 섬을 점령했으며, 로버트 블레이크의 해군이 1656년에서 1657년 사이에 서인도 제도의 보물선단을 파괴시켰다. 위축된 스페인은 결국 1659년 프랑스와의 피레네 강화에 응하고 말았다. 스페인은 피레네 국경의 카탈루냐 군(郡)들과 네덜란드의 일부 요새들을 상실했다. 스페인은 또한 프랑스의 젊은 루이 14세와 마리아 테레사 공주 간의 결혼을 승인했다. 이 강화는 세기를 통해서 지속된 유럽에 대한 스페인 헤게모니의 종말을 알려준 것이었다. 스페인은 펠리페 2세가 스페인 제국의 자원을 축적하기 시작한 1560년경부터 그 자원이 무너져내린 1660년경까지 국제정치의 흐름을 주도했다.

그 후 제국의 이상보다는 오히려 경제적 현실이 정부의 정책 입안자들을 괴롭히기 시작했다. 서유럽 국가들의 대부분은 17세기 초부터 고전적인 불황의 국면, 곧 무역 감소를 동반한 생산과 가격의 하락을 겪기 시작했다. 학자들은 스페인의 경우 어려움의 주요 원인이 인구 위기였다는 결론을 내렸다. 반도 대부분 지역의 출산율은 1580년경부터 감소했으며, 1600년경의 대규모 전염병으로 인구 수준은 더 큰 타격을 입었다. 근대 초 스페인이 겪은 최악의 전염병은 1647-1652년의 것이었다. 발렌시아와 마요르카에서는 인구의 5분의 1이 사망했고, 바르셀로나와 세비야에서는 절반가량의 인구가 사라졌다.

당시는 스페인인들이 자신들의 전통적인 가치에 의문을 제기하고 나선 위기의 시기였다. 학자들 간의 케케묵은 전통은 이러한 반응의 부정적인 측면을 강조하는 것이었다. 일부 정치평론가들은 사회의 "쇠퇴"를 강조했고, 작가들은 환멸이라는 주제에 관심을 쏟았으며, 일부 예술가들은 종교성과 염세주의를 우선적으로 다루었다. 제국의 짐이 카스티야를 가장 무겁게 내리누르고 있었기 때문에 가장 아우성치는 반응을 보인 사람들 역시 카스티야인들이었다. 많은 사람들이 제국의 짐을 져야 하는 것이 왜 하필이면 카스티야여야 하는가, 라고 질문을 던졌다. 다른 작가들은 스페인 제국의 역사 전체를 폄하했다. 로페 데 데사는 1618년에 서인도 제도와 플랑드르와 이탈리아 같은 다른 국가들이 스페인 왕국에 합병된 이래 제대로 된 것이 하나도 없었다는 주장을 폈다. 아직도 왕실의 빛나는 보석으로 보이던 아메리카가 일부에게는 더 이상 그렇게 보이지 않았다. 산초 데 몬카다는 1619년에 "스페인의 빈곤은 서인도 제도의 발견에서 비롯되었다"라고 선언했다. 가장 냉소적인 비판을 한 사람은 아마도 시인 케베도였을 것이다. 그는 1604년 네덜란드의 한 통신원에게 글을 쓰면서 "거기에서는 우리 병사들과 우리 금을 소비하고, 여기에서는 우리 자신들을 소비하고 있다"라고 논평했다.

　전체적으로 볼 때 위기가 이러한 부정적인 태도에만 국한되어 나타난 것이 아님을 알 수 있다. 스페인 위기의 심각성은 사상가들로 하여금 경제정책(정치평론가들의 특별한 관심)뿐만 아니라 공식 정책의 기초가 되는 모든 기본 원리들도 의문시하게 만들었다. 부의 불평등과 인종적 편견, 사회 부정에 대한 공격이 쏟아졌다. 제국의 각 지방에서는 지역적인 요구들이 표면화되었다. 포르투갈과 카탈루냐의 반란은 왕정 도처에서 찾아볼 수 있는 불만의 일부에 불과했다. 1641년 안달루시아와 1648년 아라곤에서도 분리주의를 겨냥한 귀족들의 음모가 있었다. 가장 심각한 움직임인 1647-1648년 나폴리의 반란은 지중해 제국을 회복이 불가능하도록 산산조각내고야 말 것 같았다. 1657년 갈리시아에서는 인쇄된 팸플릿을 통해서 포르투갈의 탈퇴를 하나의 선례로 삼아야 한다고 호소했다. 당대에 거의 알려지지 않은 비판자 가운데 한 사람은 후안 데 팔라폭스였다. 아라곤의 덕망 있는 고위 성직자인 그는 멕시코의 주교로서 그곳에서 예수회와 싸우면서,

네덜란드에서 80년가량의 군사작전을 펼친 스페인의 군사력은 더 이상 대처할 능력이 없었다. 1641년 겨울을 배경으로 한, 스나이어스의 에어쉬흐라리스 포위공격을 연상케 하는 이 그림은 성벽으로 둘러싸인 도시의 방대한 요새가 캔버스 전체를 압도하고 있는 반면, 앞쪽에는

누더기를 걸치고 추위에 떨고 있는 스페인 징집병들이 떼지어 몰려 있음을 보여준다. 몇 년
뒤 베스트팔렌 조약(1648)에서 스페인은 네덜란드의 독립을 공식 승인했다.

이 프란체스코 리치의 그림에 나타난, 1680년 마드리드의 마요르 광장에서 개최된 인상적인 이단 정죄예식(아우토 데 페)은 스페인 종교재판소가 실시한 최후의 대규모 종교재판이었다. 이 장관은 경제 위기와 군사적인 재난 같은 당시 스페인의 현실 문제들과 대조를 이루었다.

그리고 다음에는 그의 고향 아라곤의 주교로서 동족들의 무지 및 미신과 싸우면서 여러 해를 보냈다. 그는 1650년경에 기록한 논평에서 스페인 제국의 임박한 몰락을 내다보면서 카스티야의 과도한 지배를 비난했다. 그는 어리석은 일치보다는 사상과 문화의 다양성이 더 낫다고 인정할 경우라야 스페인이 그 임무를 수행할 수 있을 것이라고 생각했다.

1665년 만성적인 병에 시달리던 카를로스 2세가 왕위를 계승하자 스페인은 즉시 국제적인 경쟁 무대가 되었다. 그 이후에는 직계 상속자가 없었다. 카를로스는 두 명의 왕비 오를레앙의 마리 루이즈(1679)와 노이부르크의 마리아나(1689) 그 누구에게서도 자녀를 얻지 못했다. 프랑스 루이 14세의 주도로 유럽 열강들은 상속자가 없을 경우에 대비해서 스페인 왕정을 분할하기 위한 몇 차례의 비밀 협정을 맺었다. 동시에 프랑스는 몇 차례의 공공연한 군사작전을 통해서 세계 도처의 스페인 영토를 야금야금 집어삼키고 있었다. 스페인은 엑스라샤펠 강화조약(1668)을 통해서 네덜란드의 주요 도시들을 양도했고, 나이메헨 강화조약(1678)을 통해서는 프랑슈-콩테와 아르투아 지역을 양도했으며, 라이스윅 강화조약(1697)을 통해서는 서인도 제도의 히스파니올라 섬을 넘겨주었다. 카를로스는 35년간이나 통치하여 세상을 놀라게 했으며, 한치의 국토도 양도해서는 안 된다는 조건 하에 왕위를 루이 14세의 손자 앙주 공에게 물려줌으로써 마지막 충격을 안겨주었다. 그가 불모의 상속지를 남긴 것은 아니다. 스페인은 수십 년에 걸친 문제 제기와 위기를 거쳐 기타 유럽의 표준에 적응할 채비를 갖추었다. 엘리트들은 유럽 사상가들의 저서를 탐독하고 있었고, 종교재판소는 거의 작동되지 않았다. 젊은 지식인들 사이에는 새로운 과학운동이 확산되고 있었다. 그들은 유럽으로부터 고립된 것을 인정하고 후회했다. 1687년 발렌시아의 의사 후안 데 카브리아다는 "우리는 야만인들과 마찬가지로 유럽이 이미 지니고 있는 지식과 새로운 제도들을 제일 마지막으로 수용하게 되었다"라고 한탄했다. 1677년에서 1679년까지 수상을 지낸 돈 후안 호세는 진보적 사상의 후원자로 유명했다. 이때가 최초의 의학 전문학교가 생겨난 시기였다.

후속 세대들은 합스부르크 스페인의 위대한 세기들을 실패한 것으로 비판했다. 계몽시대의 작가들에 이어 19세기 자유주의 시대의 지식인들이 정치평론가들의 비관주의를 이어받았다. 1800년대 스페인 의회에서 에밀리오 카스텔라르는 "대스페인 제국보다 더욱 끔찍하고 혐오스러운 것은 없었다. 그것은 마치 전 지구 위에 수의(壽衣)를 펼친 것처럼 확장되었다"고 큰 소리로 비난했다. 스페인 제국은 다른 제국들과 마찬가지로 어두운 측면을 지니고 있어 험담꾼들의 비난을 살 것들이 많았다. 하지만 그것은 또한 서구 문명을 진전시키는 데 의미심장하고도 이따금씩은 풍성하게 하는 역할을 하기도 했다.

7 밀물과 썰물
1700-1833

리처드 허

초기 5대에 이르는 부르봉 군주들 —— 펠리페 5세(1700-1746)*와 페르난도 6세(1746-1759), 카를로스 3세(1759-1788), 카를로스 4세(1788-1808), 페르난도 7세(1808-1833) —— 치하의 스페인 역사는 두 시기로 나누어볼 수 있다. 스페인 국가와 해상제국은 18세기 들어 합스부르크 왕조 말기의 곤경에서 벗어나 상대적으로 융성한 카를로스 3세 치세를 맞이하기에 이르렀다. 그 후 프랑스 혁명과 나폴레옹 보나파르트의 제국주의적인 야욕으로 말미암은 전쟁과 수난과 고통은 스페인을 소진시켰으며, 스페인 최초로 민주적인 군주정에 대한 실험을 하게 했고, 제국의 대부분을 상실하게 만들었다.

밀물

앙주 공 필립(후에 스페인의 펠리페 5세가 된다/역주)은 카를로스 2세가 유언으로 물려준 스페인 왕국의 영토를 받아들이면서 빈의 합스부르크 왕가에 맞서 자신의 지배권을 방어해야만 했다. 빈의 합스부르크 왕가는 가족의 주요 영지가 자신들의 숙적인 루이 14세의 손자에게 넘어가는 것을 앉아서 바라보고 있을 수만은 없었다. 카스티야의 지배층은 펠리페 5세를

---

* 펠리페 5세는 병약한 루이 15세로부터 프랑스 왕실을 상속하기를 바라면서 1724년 자신의 아들 루이에게 왕위를 양위했다. 하지만 7개월 뒤에 루이 1세가 사망하자 다시 왕위에 복귀했다.

유럽과 아메리카의 스페인 제국을 그대로 보존할 최상의 희망이라고 보고 그를 지원했다. 아라곤 왕실의 지도부는 처음에는 그를 승인했지만 전쟁이 발발하자 충성의 대상을 또다른 왕위 후보자인 카를로스 대공으로 바꾸었다. 그것은 펠리페가 루이 14세의 절대주의를 모방하지 않을까 하는 염려 때문이었다. 1702년에는 영국과 네덜란드가 오스트리아에 가세했고, 1년 후에는 스페인과 프랑스의 왕조 결합을 두려워한 포르투갈이 그에 합세했다. 카스티야는 오직 프랑스의 지원을 받았을 뿐이다. 펠리페는 두 번이나 마드리드에서 잠시 쫓겨났다. 하지만 그의 군대는 두 차례의 주요 전투인 1707년 알만사 전투와 1710년 브리우에가 전투에서 승리를 거두었다. 지치기도 하고, 카를로스가 신성 로마 제국의 차기 황제가 되기 위해서 스페인을 떠나기도 해서 국제분쟁의 당사자들은 결국 강화 제의를 받아들이게 되었다. 펠리페 군이 1707년 아라곤과 발렌시아를 장악했지만 카탈루냐는 그의 지배력에서 벗어나 있었다. 이제 카탈루냐에서 동맹국들의 군대가 철수하자 그 주민들은 카스티야와 프랑스 군의 처분에 놓이게 되었다. 바르셀로나는 2개월간의 포위공격에 결사적으로 항전했지만, 결국 1714년 9월 항복하고 말았다.

위트레흐트 조약(1713)과 라슈타트 조약(1714)은 스페인 왕위 계승 전쟁을 종결지었다. 스페인은 전 영토를 보존하는 데 실패했다. 오스트리아는 스페인령 네덜란드와 사보이로 넘어가게 된 사르디니아를 제외한 이탈리아 내의 스페인 영토를 차지했다. 영국은 지브롤터와 메노르카 섬을 점령하여 이 지역들을 차지했다. 스페인이 자신의 아메리카 제국을 고스란히 유지하기는 했지만, 아시엔토(asiento)로 알려진 식민지와의 노예무역 독점권은 영국에 양보하지 않을 수 없었다. 그와 더불어 매년 상품을 실은 500톤 급 선박 한 척을 보내도 좋다고 허락해주었다. 영국은 이를 구실로 대량 밀무역을 감행하게 되었다.

부르봉 왕조하의 스페인의 운명은 합스부르크 시절과 마찬가지로 여전히 유럽의 국제무대와 어떤 관련을 맺느냐에 달려 있었다. 유럽에서 영토를 상실하면서 그 에너지를 아메리카로 돌릴 수 있게 되었지만 유럽의 주문, 혹은 좀더 정확히 말해서 이탈리아의 주문을 벗어날 수는 없었다. 젊고

유럽의 다른 지역과 마찬가지로 스페인에서도 18세기에는 왕궁 건설의 열정이 일어났다. 마드리드 인근 산맥에 자리잡은 라그랑하로 더 잘 알려진 펠리페 5세의 산일데폰소 여름 궁전은 그가 자란 베르사유 궁전의 우아한 기풍을 반영하고 있다. 건물의 우아한 파사드와 반듯한 정원, 물이 샘솟는 분수는 유쾌한 기분을 느끼게 해주며, 펠리페 2세가 지은 엘 에스코리알의 차가운 벽 및 교회의 위압적인 돔과는 날카로운 대조를 이룬다. 여기서는 돔이 수수하다. 하지만 이 돔은 베르사유 궁전과는 달리 건물의 중앙에 위치해 있다. 베르사유 궁전에는 국왕의 거처들이 건물 중앙에 있고 소성당은 한쪽에 덧붙여져 있다. 스페인의 부르봉 군주들은 스페인의 계몽사상과 마찬가지로 스페인의 가톨릭적 정체성의 세례를 받았다.

당당한 왕비인 펠리페의 두 번째 아내 파르마의 이사벨이 아들 카를로스를 위해서 이탈리아 영토를 탐냈다. 왜냐하면 카를로스의 배다른 형이 스페인에 대한 우선 상속권을 지니고 있었기 때문이다. 카를로스는 1731년 파르네세가(家)의 가계가 끊기자 영지를 차지하게 되었다. 3년 후에는 스페인군이 오스트리아로부터 나폴리와 시칠리아를 되찾았으며, 카를로스는 두 시칠리아 왕국의 왕이 되었다. 그가 1759년 배다른 형의 뒤를 이어 스페인 왕위를 계승하기 위해서 떠날 무렵 나폴리는 그의 계몽 덕분에 이탈리아 지식의 중심지로 변모되어 있었다.

오스트리아 왕위 계승 전쟁(1740-1748)은 스페인으로 하여금 또다시 이탈리아 내의 오스트리아 지배에 도전할 기회를 제공해주었다. 하지만 스페인은 1739년 아시엔토를 구실로 한 영국의 밀무역을 저지하기 위해서 아메리카의 해전에 몰두하고 있었다. "젠킨의 귀 전쟁(War of Jenkin's Ear)"은 비록 단기간에 끝났지만 전기를 마련해주었다. 1748년 이후 영국이 오스트리아를 대신해 스페인의 주적으로 떠올랐으며, 스페인은 해상제국을 지키고 지브롤터와 메노르카를 되찾기 위한 전쟁을 치렀다. 부르봉 왕가의 통치자들은 콜럼버스의 세계를 선용하기 위해서 페르난도와 이사벨의 결혼 정책 이래 짊어진 유럽의 짐을 마침내 벗어던졌다.

페르난도 6세는 프랑스 해군과 더불어 영국의 그것에 필적할 해군 육성 정책을 폈다. 하지만 불행하게도 스페인의 이런 노력이 상대국의 그것만큼 훌륭한 함선이나 선원들을 만들어내지 못했다. 왕가협정(Family Pact)으로 알려진 것을 통해서 프랑스와 동맹 관계에 있던 스페인은 7년전쟁(1756-1763)과 미국 독립전쟁(1779-1783)에 참전했다. 7년전쟁에서 프랑스는 영국에 캐나다를 내주었지만 스페인은 그 위치를 유지했다. 프랑스가 플로리다를 상실한 대가로 스페인에 대해서 루이지애나를 보상해주었기 때문이다(스페인과 프랑스 양국이 영국과 다시 전쟁에 돌입한 1800년에 스페인이 루이지애나를 프랑스에 반환하자, 보나파르트는 그것을 즉시 미국에 팔아버린다). 카를로스 3세는 미국 독립전쟁 당시 1년 이상이나 지브롤터를 포위하면서 그것을 회복하려고 안간힘을 썼다. 완강한 영국군의 방어는 스페인 군을 물리쳤다. 하지만 스페인 군은 단기간의 작전을 통해서 메노르카와 플로리다를 탈환했다.

펠리페는 아라곤 지역에 대해서 승리를 거두면서 합스부르크 왕가를 괴롭혀온 반도의 서로 다른 지역을 어떻게 효율적으로 통치할 것인가 하는 문제를 해결할 수 있었다. 30년전쟁과 스페인 왕위 계승 전쟁을 통해서 동부 왕국들의 자치권(fuero)으로 말미암은 폐해가 드러났다. 그들은 전시 과세를 피하고 자신들의 반란을 정당화시켰다. 펠리페는 이것이 재발하지 않도록 대책을 강구했다. 그는 1707년 아라곤과 발렌시아의 자치권을 폐지하고 이 왕국들로 하여금 "카스티야의 입법과, 카스티야 내와 그 법정 내의 관행과 관습, 통치 형태를 가감 없이" 따르도록 했다. 1494년에 문을 연 아라곤 평의회가 폐지되고 그 업무는 카스티야 평의회로 이관되었다. 발렌시아와 아라곤의 최고위 관료는 이제 부왕(副王)이 아니라 총사령관들이었다. 누에바 플란타(Nueva Planta, 신계획)로 불린 1716년 법령을 통해서 카탈루냐에서도 이와 비슷한 개혁이 시행되었으며, 모든 법정에서는 카스티야어가 사용되어야 한다는 단서가 추가되었다. 이 지역들의 코르테스 또한 사라졌다. 펠리페가 치세 초기에 아라곤과 카탈루냐의 코르테스들을 소집한 적이 있지만, 1709년에는 발렌시아와 아라곤의 프로쿠라도르들(procuradores, 코르테스에 참가하는 도시 대표들/역주)을 카스티야의 코르테스에 통합시키고, 1724년에는 카탈루냐의 프로쿠라도르들을 그렇게 했다. 1760년과 1789년의 새로운 치세 초에 아스투리아스의 왕자를 국왕으로 승인하기 위해서 카스티야의 코르테스가 불과 두 차례밖에 더 소집되지는 않았지만, 명칭은 아직 아니라고 할지라도 그것은 사실상 스페인 코르테스의 기능을 수행했다.

이러한 조치들은 잉글랜드와 스코틀랜드를 단일 의회의 영국으로 결합시킨 통일령(Act of Union)과 같은 시기에 단행된 것으로서, 자국의 분열이 가져다주는 위험을 줄이고 이웃 국가의 약점을 적극 이용하기 위해서 강력하고 독립적인 주권국가를 건설하는 유럽의 일반적인 발전 경향에 따른 것이었다. 그러나 스페인 왕정의 중앙집권화가 완벽하게 진행되지는 않았다. 펠리페의 편을 든 바스크 지방과 나바라가 자신들의 자치권을 유지하고 있었기 때문이다. 이것이 18세기에는 거의 아무런 문제도 되지 않았지만 1833년 이후에는 왕국의 가시가 되고 만다. 바스크와 나바라의 기관들을 제외하고는 그 어떤 기관도 루이 14세 이후 프랑스의 고등법원과 지방 삼부회가 국왕들에게 도전했듯이 국왕의 말에 도전할 수가 없었다.

이제는 스페인 정부가 된 카스티야 정부 또한 좀더 효율적인 방향으로 수정이 가해지고 있었다. 펠리페는 합스부르크 왕조로부터 평의회 형태의 정부를 물려받았다. 대표적인 것이 전쟁과 외교를 관장하는 국가평의회였지만, 가장 강력한 것은 고등법원과 자문기관 역할을 한 카스티야 평의회였다. 고문검사들이 청원과 기획서를 접수하여 평의회가 검토할 안을 작성했다. 이는 평의회의 승인을 거쳐 왕령과 법령, 혹은 드물게는 국가의 중대

사안으로 지정해 국본조칙(國本詔勅)으로 선포하도록 국왕에게 제출되었다. 이와 비슷한 성격의 식민지 평의회는 제국 문제를 다루었고, 재정과 전쟁, 기사단, 종교재판을 담당한 평의회들도 있었다. 그 구조가 까다로워서 펠리페는 루이 14세로부터 국무(외무)와 재정, 사법, 교회, 전쟁, 해군, 식민지 등의 각 행정 부문을 관장할 일종의 장관(각료라고 부르게 될) 제도를 도입했다.

이렇게 하여 평의회 형태와 부처 형태의 이중적인 정부구조가 생겨났다. 시간이 흐르면서 장관들이 더 많은 업무를 맡게 되었다. 특히 행정이 그러했다. 카스티야 평의회를 제외한 각종 평의회는 고등법원 수준으로 전락했다. 국가평의회는 부르봉 왕조하에서도 계속 존재했지만 그 권위는 추락했다. 국가평의회 의원직은 순전히 명예직이었다. 18세기의 통치자들은 이런 식으로 오늘날의 통치구조를 위한 길을 닦아놓았다.

국왕을 보필하는 고문들은 국제적인 경쟁국들에 맞서기 위해서 어떻게 하면 국가를 경제적으로 부강하게 만들까 하는 문제를 늘 염두에 두었다. 왜냐하면 돈이 곧 군자금이었기 때문이다. 아라곤 왕국들의 자치권에서 자유로워진 펠리페는 재산과 소득에 대한 세금들을 신설했다. 이 세금들은 카스티야의 그것에 맞먹는 세입을 얻기 위한 것이었지만, 너무 단순한 나머지 카스티야의 판매세와 소비세가 얼마나 억압적이고 비효율적인지를 보여주는 데 그쳤다. 페르난도 6세는 카스티야의 세제를 근대화하기 위해서 진지한 노력을 기울였다. 1749년에 그는 각 지방에 감독관을 파견했다. 이 감독관은 프랑스로부터 모방한, 펠리페 5세가 잠시 시행한 적이 있는 공무원으로서 국왕을 대신하여 정책과 재정 문제를 다루었다. 이 감독관들은 재무장관 라엔세나다의 지휘 아래 카스티야의 모든 도시에 거주하는 개인들의 재산과 소득을 상세히 조사했다. 이는 놀라운 업적으로서 지도력이 뒷받침될 경우 스페인 공무원들의 능력이 대단할 수 있음을 보여준 것이었다. "라엔세나다의 토지대장"은 귀족 지주들과 교회 단체들이 자신들의 몫을 완전히 지불할 경우 세율이 얼마나 낮아질 수 있는지를 보여주었다. 특권 계층은 이에 경악하여 카를로스 3세가 개혁을 포기할 때까지 그 도입을 지연시키는 데 성공했다. 카스티야의 왕실 세금은 복잡하고 비능률적이었다. 징세업무를 청부업자들에게 하청으로 내주었고, 그들은 협정 액수 이상으로 세금을 거두어 착복했다.

수 세기 동안 그래 온 것처럼 가톨릭 교회가 국가의 정치와 경제에 커다란 역할을 담당했다. 교회는 왕실의 가장 강력한 동맹 세력이었다. 중세시대에 무슬림에 대항하여 그랬던 것처럼 이제는 전시에 적과 프로테스탄트 세력에 대항해서 백성들을 동원했다. 카스티야의 성직자들은 스페인 왕위 계승 전쟁을 교회를 약탈하고 수녀들을 겁탈했다는 비난의 대상이 된 영국군에 대한 십자군 전쟁으로 삼았다. 국왕들은 그 답례로 대규모 영토를 주교와 수도원의 관할권 아래 두었다. 십일조의 9분의 2(tercias reales)와 각 교구별 최고 부농의 십일조 전액(excusado)이 왕실로 들어갔기 때문에 교회는 또한 왕실의 가장 믿을 만한 수입원을 제공했다. 이 수입은 화폐가 아니라 현물로 받았기 때문에 인플레이션의 영향을 받지 않았으며, 인구 증가로 경작지가 늘어남에 따라 그 액수도 자동적으로 증가했다.

교회의 사회적 역할 또한 막대했다. 대지주는 차남을 부유한 성직에 들어가게 했으며, 검은색의 통상복을 입은 사제가 마을을 지배했고, 농민의 자녀가 수사나 탁발수사로 성공할 수 있었다. 수 세기에 걸쳐 죽음에 임박한 사람들이 자신의 부의 일부를 종교단체에 기부하거나 자선기금으로 내놓았다. 라엔세나다의 토지대장에 따르면 교회의 재산과 그 기부가 대부분 경작자들에게 임대해준 토지에서 나온 카스티야 지방 농업 소득의 5분의 1을 차지했다.

스페인 군주들은 페르난도와 이사벨 이래로 스페인 주교직의 후보 추천권을 지니고 있었으며, 그라나다와 식민지의 교회에 대해서는 보통 추천권(patronato universal)으로 알려진 완벽한 세속권을 향유하고 있었다. 이러한 배경에다가 클레멘스 11세가 카를로스 대공을 지지하고 나선 것에 분개한 펠리페 5세는 스페인 교회에 대한 국왕의 통제를 강화하고자 했다. 그의 시도는 장기간의 부침을 겪은 뒤 1753년 페르난도 6세 치하의 정교협약(政教協約)으로 마무리되었다. 이 협약은 국왕의 주교 추천권을 확인하고, 그것을 교회의 다른 고위 직책으로 확장시켰으며, 교회 재산도 과세 대상임을 선언했다. 그리고 로마가 스페인 탄원자들로부터 거두어들이던 수임료를 감소시켰다. 카를로스 3세는 더 나아가 스페인 내에서 교황의 교서와 칙령이 공포되기 위해서는 왕의 승인이 필요하다는 기존의 제도(exequatur)를 재확인했다.

18세기에 가톨릭 교회는 교리와 예배 형태, 교황의 역할 문제를 둘러싼 내분으로 홍역을 앓았으며, 세속 통치자들의 세속권에 대한 도전에 직면했다. 가톨릭의 많은 통치자들은 교황과 교황청의 권한을 제한하고자 했으며, 이러한 시도는 교회가 도덕적으로 타락했다고 생각하는 성직자들의 지지를 받았다. 이러한 성직자들은 비난의 초점을 예수회에 두었다. 이들은 예수회가 해이한 도덕을 가르치고 있다고 비난했다. 이 성직자들은 교황청으로부터 이단 선고를 받은 프랑스 집단의 이름을 따서 얀센파로 알려졌다. 그 논쟁점은 다른 지역에서와 마찬가지로 스페인에서도 논란의 대상이 되었다. 스페인의 얀센파는 화려한 교회 장식과 사치스런 행렬, 기타 이목을 끄는 신앙 행위들에 이의를 제기했다. 그들은 이것들이 진정한 신앙 정신을 손상시킨다고 말했다. 전통적인 성격의 스페인 종교재판소는 얀센주의 입장을 지닌 신학자들의 저서를 금했다. 그들의 저작을 찬미하는 사제들은 종교재판소를 혐오하고 두려워했다. 그들은 그 저작들을 불태우지 않으려고 했지만 그것이 그들의 생명을 앗아갈 수도 있었다.

카를로스 3세는 예수회에 대하여 비타협적이었다. 아메리카에서는 예수회 선교사들의 충성이 의심스러웠으며, 스페인에서는 카를로스의 고문들이 대학교수단 내의 예수회 수사들과 명망 있는 가문들 간의 동맹에 분개했다. 이 동맹은 예수회 수사들의 제자들을 왕실회의와 교회의 고위직에 오르게 했다. 이러한 네트워크의 피해를 본 재력이 없는 학생들 가운데 페드로 로드리게스 데 캄포마네스가 있었다. 그는 카스티야 평의회의 고문검사로서 경제 문제에 관한 국왕의 주요 고문이 되었다.

포르투갈과 프랑스 국왕들은 예수회 수사들을 자신들의 왕국에서 추방했다. 이러한 예를 따르기 위한 구실이 전혀 예상 밖의 지역에서 튀어나왔다. 3년간의 흉작이 1766년 봄 무렵 식량 부족 사태를 야기하여 스페인 중부 도시들은 기근에 허덕였다. 마드리드의 평민들은 또한 도시 정화와 경비를 강화한 이탈리아인 후작 에스킬라체 재무장관의 고압적인 대응에 분개했다. 종려주일에는 악인의 신분을 숨긴다는 이유로 전통 케이프와 모자를 금하는 구질서를 강화하려는 시도에 반발하여 군중이 들고일어났다. 3일간의 격렬한 소요는 국왕을 아랑후에스로 피신하게 만들었으며, 에스킬라체를 이탈리아로 추방시켰다. 빵 가격으로 말미암은 폭동은 70여 군데의 다른 장소로 번져나갔다. 카를로스는 대중의 신망을 받을 수 있는 사람이 필요하다는 것을 알아채고 장군이자 대공인 아란다 백작을 카스티야 평의회의 의장으로 임명했다. 아란다와 캄포마네스가 이 평의회에서 개혁 프로그램을 이끌어나가게 된다. 마드리드와 다른 도시에서는 확고한 지배에 뒤이은 시의적절한 양보를 통해서 질서를 회복시켜나갔다.

에스킬라체의 폭동은 1520년 코무네로들의 반란 이래 카스티야의 왕권에 대한 가장 심각한 위협이었으며 부르봉 기(期)의 전환점을 이루었다. 한 비밀 위원회는 예수회 수사들이 마드리드 폭동을 선동한 음모에 가담했다는 결론을 내렸다. 그래서 캄포마네스는 예수회 수사들을 "스페인과 아메리카의 선동가이자 분쟁의 진원지"라고 고발하는 기소장을 작성했다. 카를로스 3세는 1767년 이들을 스페인에서 추방하라는 명령을 내렸다. 대략 5,000명의 예수회 수사들이 추방을 당했으며, 이들은 교황령으로 이주했다. 상당수가 국왕에 의해서 임명을 받은 대다수의 스페인 주교들은 자신들도 이 추방을 승인한다는 내용을 교황에게 알렸다. 프랑스와 스페인, 포르투갈의 압력으로 교황은 6년 뒤에 예수회를 폐지했다.

카를로스 3세는 예수회의 재산을 몰수하고 예수회 교리의 교육을 금했다. 그의 고문들은 이런 기회를 활용하여 대학에 대한 왕권을 강화했다. 1767년에는 유럽 지성계에 이름이 잘 알려진, 캄포마네스의 협력자 파블로 데 올라비데가 세비야 행정관으로 임명되었다. 그는 세비야 대학교 내의 예수회 재산을 접수하면서 데카르트의 논리학을 옹호하며 스콜라 철학을 거부하는 커리큘럼 수정을 단행했다. 이에 자극을 받은 캄포마네스는 카스티야 평의회로 하여금 다른 대학교들에도 철학 커리큘럼 개정을 지시하여 근대 물리학과 천문학, 인식론, 자연법, 국제법을 포함시키게 했다. 교수단원들 대부분이 중대 개혁을 피하고자 했음에도 불구하고 주요 대학교 내의 교수들과 학생들은 근대 과학과 정치이론에 점차 익숙해져갔다.

교육개혁은 교육받은 스페인인들 사이에 확산되고 있던 계몽사상의 정신을 따른 것이었다. 계몽사상의 흐름은 여러 갈래에서 나왔다. 제일 두드러진 원천은 오비에도의 베네딕트회 교수 페이호오의 저작들이었다. 그가 쓴 『일반 비평극(*Teatro crítico universal*)』(9권, 1727-1739)과 『서한집 (*Cartas eruditas*)』(5권, 1742-1760)은 대중의 미신적인 행위와 관습의 실체를 밝히고 여러 세대의 독자들을 사로잡을 흥미 있는 문체로 외국의 과학과 의학 지식의 진보를 기술했다. 발렌시아는 인문주의자 그레고리오 마얀스와 의학교수 안드레스 피케르가 있어서 근대 사상의 또다른 중심지가 되었다. 헤로니모 데 우스타리스와 호세 델 캄피요 이 코시오는 펠리페 5세의 궁정에서 스페인의 제조업과 상업, 인구의 증진을 촉구하는 저작들을 썼다. 그들은 합스부르크 시대 정치평론가들의 전승을 따라 썼지만, 루이 14세의 장관 콜베르의 중상주의 사상도 따랐다. 세기 중반이 지나면서 국왕의 심복 베르나르도 워드와 캄포마네스는 경제 규제를 완화시켜야 한다고 주장했다. 스페인인들이 비록 당대 물리학의 진보에는 이렇다 할 만한 기여를 한 바 없지만, 스페인과 아메리카의 식물 연구에는 두각을 나타냈다. 페르난도 6세가 설립한 마드리드의 식물원이 곧 일류 식물원이 되었다.

세기 중반이 지나면서 외국 저서들, 특히 경제학자들과 식물학자들의 저서들이 스페인어로 번역되기 시작했다. 물론 종교재판소가 몽테스키외와 볼테르, 루소 등 주요 계몽사상가들의 저작을 금지했다. 하지만 관심 있는 스페인인들은 밀수 서적이나 다른 경로를 통해서 계몽사상에 대해서 배웠다. 그러나 외국의 선량한 기독교인들을 분개하게 만든 이신론과 무신론은 피레네 산맥 남쪽에서 사실상 아무 청중도 얻지 못했다. 스페인이 진정한 계몽사상을 지니고 있기는 했지만, 북유럽의 그것과는 형태가 달랐다.

사람들의 마음을 들뜨게 만든 것은 새로운 사상의 실용적인 측면, 곧 국가를 발전시킬 수 있다는 내용이었다. 이런 정신이 가장 전형적 스페인 계몽사상 기관인 국우회(國友會)들의 영감의 원천이었다. 1764년 국왕이 바스크의 귀족 16명에게 "국우회"를 구성하여 농업과 공업, 상업, 예술, 과학을 장려해도 좋다고 승인해주었다. 이들의 활동이 캄포마네스를 감동시켰다. 그의 영향력으로 마드리드와, 스페인 및 아메리카의 다른 지역에 50개 이상의 그와 유사한 단체들이 설립되었다. 마드리드 경제협회를 비롯한 매우 활동적인 단체들은 새로운 방식의 농업과 제조업을 소개하고 직업학교를 설립하며, 상품을 제공하고 대중집회를 개최하며 회고록을 발행하는 등 해당 지역을 위해서 많은 공헌을 했다. 평민들과 계몽 사제들, 그리고 귀족들이 집회에서 상호 교류를 했다. 카를로스 3세는 마드리드 협회에 여학교에서 학생들을 가르치는 여선생들의 입회도 허락하라는 지시를 내렸다. 스페인 여성들이 상점을 경영하고 농장을 관리하는 일은 있었지만 특허를 받은 협회에 가입하는 것은 획기적인 일이었다.

국우회들의 애국정신과 평등정신은 이상사회의 비전을 보여주었고, 그것이 스페인 지배 엘리트의 영감을 자극했다. 이상사회의 중심인물은 자신이 소유한 땅을 경작하여 풍성한 수확을 거두어들이고, 가정에 따스함과 기쁨과 조국애가 넘치게 하는 소농이었다. 이것은 18세기 작가들의 말로 다시 표현된 고대의 이상사회였다. 농부와 더불어 일반인들을 위해서 일반 상품을 생산하는 선량한 기술자와, 윤리의 미덕을 가르치는 수수하고 헌신적인 사제가 이 사회의 일원이 될 것이다. 대중이 번영하면 국가의 복지가 이루어질 것이다.

이러한 이상적인 풍경 속에서 게으른 귀족들과 사치스런 교회들이 설 자리는 없었으며, 가난에 쪼들린 노동자들은 사라지게 된다. 카를로스 3세와 그의 고문들은 군주정이 귀족을 필요로 하지만 특권은 사회에 대한 봉사와 하층민에 대한 동정을 수반한다는 몽테스키외의 견해에 기꺼이 동의했다. 고야(1746-1828)는 왕립 태피스트리 공장을 위해서 기획한 스페인인들의 삶을 다룬 그림들 속에 질서정연한 사회관계의 정신을 불어넣었다.

이런 정신은 새로운 면모의 국왕을 필요로 했다. 펠리페 5세는 왕궁을 베르사유 궁전풍으로 짓고자 하는 유럽적인 열광을 공유하고 있었다. 그는 대규모 마드리드 궁전을 건축하기 시작했으며, 세고비아 근처의 산지에 라 그랑하(La Granja)로 잘 알려진 멋진 여름 궁전을 지었다. 카를로스 3세는 이 왕궁들과 궁중예법을 유지하면서도 군주정의 이미지를 바꾸었다. 그는 홀아비로서 비교적 소박하고 순결한 생활을 했으며, 몇몇 신하들과 도보 사냥을 즐겼다. 그가 말을 탄 모습이나 덮개 없는 마차를 탄 모습을 볼 수 있다. 그는 손수 마차를 몰다가 잘 차려입은 사람이나 성직자를 만나면 모자를 벗어 인사를 건네고, 하층민들을 보면 다정하게 목례를 했다. 루이 14세가 만든 전통적인 국왕의 초상화에는 위엄 있는 복장과 무대장치가 등장했다. 하지만 고야는 총을 들고 사냥개를 동반한 채 투박한 사냥복을 걸친 모습의 카를로스 3세를 그렸다. 그가 국왕임을 알 수 있게 해주는 유일한 암시는 그의 가슴을 가로지르는 리본이었다. 티치아노와 벨라스케스가 그린 카를로스의 초상화는 종래의 모습을 담고 있었지만, 고야의 그림은 왕권신수의 군주보다는 신생 공화국의 아버지에 더 잘 어울리는 소박하고 따뜻한 이미지를 보여주었다.

1766년의 에스킬라체 폭동을 겪은 이후 정부의 정책은 이러한 새로운 정신을 반영해나가기 시작했다. 유럽의 전쟁들로부터 해방되고 국내와 아메리카의 경제 팽창으로 국력이 신장된 스페인 국왕은 사회개혁의 호사를 누릴 수 있었으며, 그 사회개혁이 번영을 가져다줄 것이라고 확신했다. 특권과 차별은 타도의 대상이었다. 카를로스 3세는 이달고(hidalgo, 하층 귀족)들이 "하는 일 없이 빈둥거리며 사회의 짐이 되지 않도록" 그들의 육체노동 금지를 폐지했다. 시청의 문호를 이제까지 천시되어온 직업들 —— 재단사, 제화업자, 가죽수선공, 대장장이, 목수 —— 에게도 개방했다.

지방정부는 특히 안달루시아의 대도시에서는 콘체른과 같은 것이었다. 다수의 시의원들은 관직을 보유하고 있었는데, 그것은 조상이 국왕으로부터 매입한 것이었다. 그래서 그들은 1일 노동자들의 비참한 상황에 개의하지 않은 채 마치 소수 지배의 공화국처럼 도시를 경영했다. 1766년 폭동을 일으킨 많은 사람들은 자신들의 굶주림을 시의회의 탓으로 돌렸다. 카를로스 3세는 공동체의 이해를 보호하기 위해서 하원의원으로 불리는 새로운 시의회 의원직을 신설하자는 캄포마네스의 안을 받아들였다. 새 의원들은 일반 가장(家長)들 전원에 의해서 선출되었다. 캄포마네스는 보통선거를 통해서 시민들을 동원함으로써 유력자들의 지배력을 분쇄하고자 했다.

개혁이 소기의 목적을 달성하지는 못했다. 증거 자료는 신임 관리들이 평민들의 권익을 옹호하기보다는 시의원들로부터 매수를 당하거나 무시되기 일쑤였다는 것을 암시해준다. 한 가지 적절한 예로 미래의 식량 부족을 예방하기 위한 국왕 프로젝트를 들 수 있다. 국왕이 시정부들로 하여금 우선은 에스트레마두라와 다음으로는 라만차와 안달루시아, 1768년에는 스페인 전국의 토지 없는 주민들과 빈민들에게 공유지를 소농장 규모로 분배해주라는 지시를 내렸다. 그런데 곧 불평이 쏟아졌다. 가장 좋은 토지는 부자들에게로 돌아가고, 자본이 부족한 빈농들은 규정된 연 수수료를 내지 못해서 분배지를 상실하게 되었다. 마드리드의 개혁가들은 좋은 법이 사회를 개혁할 수 있다는 계몽 신앙에 물들어 있었다. 그들은 단순한 것처럼 보인다. 왕령(王令)은 사실 뿌리 깊은 기존의 사회 관습과 태도에 거의 아무런 영향도 미치지 못했다. 근대 초의 다른 지배자들과 마찬가지로 국왕에게는 자신의 법을 시행할 만한 충신들의 네트워크가 없었다.

그러나 인적이 드문 시골에서는 국왕과 그의 고문들이 자신들의 이상적인 공동체를 건설할 수 있었다. 그들은 간선도로를 만들 전략의 일환으로 여행객들이 산적의 희생물이 되곤 하는 시에라모레나와 코르도바 서부의 무인지경의 세비야행 길을 따라 새로운 정주지를 건설했다. 올라비데가 이 프로젝트를 담당했다. 정주민들은 신축 가옥과 농기구, 가축과 더불어 세습적인 가족 규모 농장의 차지권을 부여받았다. 농장의 합병이 금지되고, 교회의 규모는 작았으며, 종교 교단들은 금지되고, 시정부의 공무원은 언제나 선출로 구성되었다. 첫 번째 정주민들로 선택된 사람들은 절제와 근면으로 소문난 독일 가톨릭 교도들이었다. 하지만 곧 스페인인들의 수가 더욱 많아졌다. 올라비데가 풍성한 곡물 수확을 자랑했지만, 그 주요 원인은 아마도 처녀지에 있었을 것이다. 시민들은 또한 삼과 아마와 생사를 재배했으며, 직조공들은 개혁가들의 이상적인 농촌경제인 아마포와 모직물을 생산했다. 엄격한 규제는 19세기 들어 풀렸다. 하지만 현재 상당수가 농업 중심지로 된 이 도시들은 아직도 그들의 민주적 기원과 정방형의 거리, 소박한 교회 건물과 가옥, 카를로스 3세에게 바친 헌물을 자랑하고 있다.

또다른 정신이 18세기 국왕의 정책에 영향을 미쳤다. 그것은 당시 유럽에서 유행하던 국경 내의 경제적 자유에 대한 신념이었다. 이는 대체로 유럽 대부분의 지역에 공통적으로 나타난 인구 증가에 대한 대응책이었다. 1712년에는 대략 750만 명이던 스페인 인구가 1786년에는 1,050만 명으로 늘어났다. 18세기 중반 이후 에스킬라체 폭동에 앞서 일어난 것과 같은 도시의 식량 부족 사태에 직면하여 국왕의 고문들은 전통적인 형태의 규제를 포기하고 시장의 힘이 공급을 유발하게 내버려두었다. 농촌 스페인에서도 시장경제가 낯선 것은 아니었다. 현물로 지불된 지대와 십일조의 수취인들이 그것들을 도시 시장에 공급했으며, 소토지 소유자와 차지인들 또한 잉여 수확물과 가축을 내다팔았다. 그러나 곡물 거래는 빵 가격을 억제하기 위해서 전통적으로 엄밀한 규제의 대상이었다. 1765년에 국왕이 이를 자유화시켰다. 새로이 등장한 경제적 자유에 대한 신념은 특권적인 이동목축업자 집단인 메스타에게도 영향을 미쳤다. 메스타는 임대한 목장의 사용권을 수 세기 동안이나 보장받아왔었다. 메스타의 수장에 선출된 캄포마네스는 이 사용권을 폐지하는 데 합의했다. 지주들은 이제 경작을 위해서 논밭의 울타리를 칠 수 있게 되었다. 그는 또한 부동산의 양도를 금한 귀족 가문과 교회의 한정상속제(장자상속제[mayorazgos]와 부동산 양도불가제[manos muertas])가 가져다주는 숨막힐 듯한 결과에 대해서도 우려를 표명했다. 하지만 아직 이 제도의 폐지를 실행에 옮길 정도로 때가 무르익지는 않았다. 그런데 상당수의 농촌 재산은 실제로 매매되고 있었고, 마드리드의 건물은 소유주가 자주 바뀌었다.

제국정책 또한 경제적 자유를 부추겼다. 팽창하는 아메리카 제국의 경제는 유럽의 상품 시장을 확대시켜주었다. 외국 간섭자들의 도전을 받고 있던 스페인은 이 시장을 국내 생산품 시장으로 확보하려고 애를 썼다. 1717년에 카디스는 세비야를 대신하여 아메리카행 선적을 관리하는 왕실 관청인 통상원의 소재지가 되었으며, 이 도시는 프랑스와 아일랜드, 바스크, 카탈루냐, 세비야 출신의 국제 상인 공동체가 번성하면서 세기 내내 식민지 무역의 주요 항구 역할을 했다. 하지만 이들은 펠리페 5세가 북유럽의 무역

시에라모레나와 안달루시아의 새로운 농업 정주지들은 카를로스 3세 치세의 주요 업적으로 평가되었다. 이것이 동시대인들에게 계몽 군주라는 이미지를 심어주었다. 1768년 코르도바와 세비야 사이에 설립된 라루이시아나는 4대 주요 도시 가운데 하나였다. 조그만 광장과 수수한 교회가 정주지들을 대지주들과 종교단체들로부터 자유로운, 농민들과 수공업자들의 생산 공동체로 만들려는 계획을 실현시켜주었다.

회사들을 모방하기로 결정하면서 아메리카 무역의 독점권을 상실하기 시작했다. 펠리페 5세는 1728년 베네수엘라 무역 독점권을 가진 카라카스의 왕립 기푸스코아(바스크) 회사를 설립했다. 이 회사는 그 수요가 점차 늘어나는 초콜릿을 공급했다. 1755년에는 바르셀로나의 카탈루냐 회사가 쿠바를 제외한 서인도 제도와의 교역에 뛰어들었다. 카를로스 3세는 1765년 바르셀로나의 해운업자들과 스페인의 다른 일곱 개 항구에 서인도 제도를 전면 개방하면서 다른 정책을 도입했다. 그 결과에 만족한 국왕은 1778년 법령을 통해서 이 항구들로 하여금 멕시코를 제외한 아메리카의 모든 식민지와 교역을 할 수 있게 해주었다. 멕시코는 1789년까지 카디스의 거래 영역으로 남아 있었다. 스페인과 그 제국은 외부 세계로부터의 보호를 꾀하면서도 점차 거대한 자유무역 지대로 변하고 있었다.

스페인 항구들을 통해서 아메리카로 유입되는 상품의 대부분은 외국산이었지만, 식민지들과의 손쉬운 교역이 스페인 국내 산업의 성장에도 박차를 가했다. 바스크 지방은 철과 구리 제품을 생산하고 있었고, 발렌시아는 비단으로 유명했으며, 카탈루냐의 전통적인 양모산업도 번성했다. 바르셀로나의 상인들은 스페인과 식민지용 "염색 면직물"을 날염하는 초보적 형태의 공장들을 설립함으로써 당시 유럽의 우아한 면포 패션을 따랐다.

중앙 고원 지대의 경제를 움직이는 주요 힘은 궁정과 정부가 있고 부재지주 귀족과 부유한 종교단체들이 있는 마드리드 시장이었다. 유럽의 다른 수도들과 달리 마드리드는 수로를 통한 물 공급이 어려웠다. 1780년대까지 20만 명에 달하는 주민들에게 식량과 연료를 공급하기 위해서 좋은 날씨에는 매일 평균 700여 대의 짐마차와 5,000마리의 짐승이 필요했다. 곡물 가격이 상승함에 따라 카스티야의 농민들은 방목지를 밀 재배지로 바꾸었으며, 안달루시아의 지주들은 포도주와 올리브유 같은 시장성 있는 생산품으로 전환했다.

정부는 카스티야 경제를 개선할 방도를 모색했다. 프랑스의 관례에 따라 상당수의 왕립공장들을 설립하여 주로 자기와 유리, 양질의 옷감 같은 외국의 사치품을 대신할 대용품을 생산하게 했다. 대부분의 공장들은 마드리드와 중앙 카스티야의 다른 도시들에 자리를 잡았다. 베틀 800여 대를 갖춘 규모가 제일 큰 과달라하라 공장은 유행에 민감한 스페인인들이 더 이상 스페인산 양모를 가지고 영국에서 만든 옷을 입을 필요가 없게 만들겠다는 생각에서 양질의 모직물을 생산했다. 하지만 이 공장들은 중부 스페인의 수송비용 때문에 손실을 입게 되었다. 라엔세나다는 도로 개선을 왕실의 주요 목표로 삼았다. 정치적 중앙집권화를 반영하는 1761년의 종합방안은 마드리드를 안달루시아와 발렌시아, 카탈루냐, 갈리시아의 항구들과 연결시키기 위한 것이었다. 이 네트워크는 1790년대의 위기로 말미암아 중단될 당시 일부가 완공되었다.

스페인 경제의 전반적인 상태는 양호했다. 예를 들면 1인당 소득이 증가하고 있었고, 미래의 전망도 좋았다. 그런데 역설적이게도 카스티야가 정치적으로는 국가를 장악하고 있었지만 경제적으로는 주변부에 뒤지고 있었다. 그 원인은 주로 해상 접근이 용이하지 않다는 데 있었다. 이곳에서는 수확에 미친 일기의 영향에 따라 곡물 가격의 변동이 심하게 나타났다. 주변부 지역은 이와 대조적으로 서유럽 해상경제의 일부를 이루고 있었다. 이 지역의 도시들은 프랑스와 시칠리아와 북아프리카산 곡물을 세계 표준 시세로 공급받을 수 있었고, 지중해 연안은 북유럽에 포도주와 견과류와 말린 과일을 수출했다. 안달루시아의 대규모 농장들은 국내외의 시장에 곡물과 올리브유, 포도주를 실어보냈다. 안달루시아의 인구밀도가 높은 도시들과 계층화된 계급구조는 카스티야의 농촌 마을들과는 딴판의 세계였다. 스페인은 19세기 정치의 전조가 되는 세 개의 상이한 지역, 곧 저개발된 내륙과 과두제(寡頭制)적이고 농업적인 안달루시아, 북부와 동부의 번영하는 주변부로 분할되고 있었다.

매우 적극적인 개혁 시기는 6년이라는 단기간으로 막을 내렸다. 아란다 백작의 거만한 태도가 국왕의 분노를 자아내어 카를로스 3세는 1773년 그를 카스티야 평의회 의장직에서 해임하고 베르사유 주재 대사로 임명했다. 그로 인해서 개혁가들은 그들의 주요 보호자를 상실했으며, 올라비데는 대표적인 희생자가 되었다. 그의 대학개혁과 농업 이주지 내의 종교단체들에 대한 엄격한 통제에 불만을 품은 성직자들은 종교재판소에 그를 고발했다. 종교재판소는 그를 체포하여 2년간 투옥한 다음 1778년에 왕실 관료와 귀

내부 교통을 개선하는 것은 18세기 유럽 각 정부들의 주요 관심사 가운데 하나였다. 페르난도 6세와 카를로스 3세는 도로를 건설하는 데 주력했다. 마드리드를 주요 항구들과 연결시킨다는 1761년 계획은 비록 완성되지는 않았지만, 특히 산악 지역을 여행하는 데 괄목할 만한 진전을 가져다주었다. 최상의 도로는 지역사회가 번창하는 지역 —— 바스크 지방과 카탈루냐, 발렌시아 —— 에 있었다. 그 가운데 하나는 카를로스 4세 치하에 완성된 발렌시아에서 바르셀로나에 이르는 도로였다. 이 구간은 이전에는 걸어서 넘을 수밖에 없었던, 프랑스의 관찰자 알렉산드르 드 라보르드가 "여행자들의 절망 지대"라고 부른 콜 데 발라게르에 급커브를 만들고 보호 기둥을 설치해 정복했다. 이 도로는 스페인의 다른 도시들에서와 마찬가지로 노새가 이끄는 승합마차가 두 지역을 연결할 수 있게 해주었다.

족들 및 성직자들로 이루어진 청중 앞에서 고해자의 복장을 한 채 손에 양초 한 자루를 들고 무릎을 꿇은 그에게 이단의 죄를 뒤집어씌웠다. 그는 8년간의 감금형을 선고받았지만, 동정심을 보인 종교재판소장의 묵인하에 곧 프랑스로 탈출했다. 프랑스는 그를 영웅으로 환영해주었다.

　1776년에 국왕은 얼마 전에 플로리다블랑카 백작의 칭호를 받고 카스티야 평의회 고문검사를 지낸 호세 모니노를 국무장관에 임명했다. 국왕은 또한 캄포마네스에게 백작의 작위를 수여하고 그를 카스티야 평의회 의장직에 기용했다. 카를로스 3세는 플로리다블랑카와 은밀한 이야기를 나누었으며, 1787년에는 플로리다블랑카가 제의한 대로 그가 주재하는 장관회의를 매주 개최하라고 지시했다. 이 최고 국무위원회는 근대의 내각에 해당하는 것으로서 플로리다블랑카에게 무소불위의 권력을 가져다주었다. 플로리다블랑카와 캄포마네스가 카를로스 3세 치세의 말년을 주도했다. 이들이 개혁과 계몽사상의 확산을 계속 지원하기는 했지만 1760년대와 같은 적극성은 없었다. 이런 분위기 속에서 1780년대는 부르봉 왕조의 즉위 이후 뿌린 씨앗들로부터 풍성한 수확을 거두었다.

1783년 영국과의 강화는 10년에 걸친 경제적 번영을 가져다주었고, 시장 지향의 농업이 점증하는 스페인 도시들과 해외의 수요를 충족시켜주었다. 식민지와의 무역을 자유화한 1778년 법령이 이제 효력을 나타낼 수 있게 되었다. 그래서 식민지 수출이 전쟁 전의 두 배 수준으로 늘었다. 신민들과 더불어 국왕도 수익을 거두었다. 카탈루냐에서는 아메리카와의 교역이 포도주와 금속제품, 그리고 무엇보다 직물 분야에서 급증세를 나타냄으로써 해당 산업의 발전을 촉진시켰다. 스페인과 아메리카의 사치 시장을 겨냥하여 단순 면직물을 우아한 염색 면직물로 만드는 공장들이 매년 늘어났다. 그들이 사용한 면직물의 대부분은 수입된 것이었지만, 염색 가공으로 인해서 카탈루냐는 초기 산업혁명의 주요 중심지가 되었다. 잠시 바르셀로나를 방문한 영국의 개혁가 아서 영은 그 활기에 대해서 이렇게 기록했다. "거리를 걸을 때마다 대규모의 활기찬 산업 현장을 볼 수 있다. 가는 곳마다 낡은 엔진의 삐걱거리는 소리를 들을 수 있다."

마드리드에서는 이와 유사한 흥분이 예술계와 문학계로 파고들었다. 고야가 가장 인기 있는 초상화가로 떠올랐다. 1789년 카를로스 4세가 그를 궁정화가로 삼으면서 그의 성공은 절정으로 치닫는다. 스페인 사회를 풍자한 『모로코인의 편지(Cartas marruecas)』의 원고를 돌려 읽은 호세 데 카달소와 상류층의 가치에 비판적인 입장을 보인 시인이자 극작가인 토마스 데 이리아르테, 캄포마네스의 피후원자이자 세비야의 올라비데 서클 회원을 지낸 적이 있는 열렬한 사랑을 받은 시인이자 궁정판사인 가스파르 멜초르 데 호베야노스 등 스페인 최고의 문필가들은 서로를 격려하며 새로운 사상과 새로운 양식을 검증해나갔다. 호베야노스는 스페인이 낳은 18세기의 가

장 위대한 시인 멜렌데스 발데스의 후원자였다. 멜렌데스 발데스의 사회철학은 학생들로 하여금 살라망카 대학교의 인문학에 뛰어들게 했다. 그는 또한 니카시오 데 시엔푸에고스와 마누엘 킨타나 같은 차세대 시인들에게 영감을 불어넣어주었다. 이들의 시는 목가적인 연애에서 사회비평과 동시대의 과학으로 그 주제를 바꾸었다. 그들 가운데 극작가 호베야노스는 펠라요와 누만시아의 방어자들 같은 민족 영웅들을 노래하면서 애국적인 의무와 계몽의 미덕을 가르쳤다.

인쇄술의 발전과 더불어 우아한 판본의 『돈키호테』와 『엘 시드』와 기타 고전들, 그리고 특히 정치경제를 다룬 동시대의 외국 서적들에 대한 번역서들이 출판되었다. 마드리드에서 발행된 정기 간행물들이 주요 도시들을 넘어 지방 중소 도시에 있는 사제들과 공증인들, 그리고 기타 구독자들에게까지 전달되었다. 카뉴엘로는 너무 지나치다고 판단하고 당국이 그에게 침묵을 강요할 때까지 잡지 『엘 센소르(*El Censor*)』(1781-1787)의 통렬한 풍자를 통해서 얀센파와 경제학자의 사상을 외쳤다. 소토마요르의 『세마나리오 에루디토(*Semanario erudito*)』(1787-1791)는 "스페인의 많은 현자들이 남겨준 교훈"을 실어 과거의 불행을 폭로했으며, 다른 잡지들은 외국의 최근 지식 뉴스를 전해주었다.

교양 계층의 스페인인들은 한 세대가 못 되어 번영과 진보에 대한 느낌, 카를로스 3세의 말년을 특징짓는 지적인 활기에 대한 향수를 느끼게 된다. 심술궂은 성직자들과 고집 센 유력자들이 개혁에 대해서 분통을 터뜨렸지

군주들은 초상화에서 왕복과 기타 통치 복장을 입고 있어야 한다는 것이 루이 14세 시대 이래 용인되어왔다. 카를로스 3세가 그의 치세 초기에 스페인으로 불러들인 멩스는 이러한 전통에 따라 자신의 후원자를 전신갑주를 입은 것으로 그렸다. 고야는 카를로스의 치세 말기에 국왕의 복장을 국왕이 좋아하는 놀이인 사냥 복장으로 바꾸었다. 여기서 국왕을 나타내는 유일한 암시는 가슴을 가로지르는 리본이었다. 고야는 사냥복을 입은 채 소총을 들고 사냥개를 데리고 있는 벨라스케스가 그린 펠리페 4세의 초상화에서 영감을 받았다. 하지만 고야의 시대에 그의 초상화는 카를로스와 그의 각료들이 발전시킨 새로운 개념의 군주정을 반영했다. 국왕은 백성들과 친밀했고, 멕시코에서 만든 메달에 새겨진 대로 "조국의 아버지"였다. 고야는 왕권신수의 군주보다는 다른 "조국의 아버지"인 대서양 건너 카를로스의 공화주의 협력자 조지 워싱턴에 더 잘 어울리는 따뜻함과 소박함을 전달해주었다.

만, 신망을 받는 군주에 대해서는 아무도 공개적인 저항을 하지 못했다. 이들 아래에는 방대한 다수가, 곧 바스크의 대장장이들과 카탈루냐의 직조공들, 발렌시아의 요업가들, 갈리시아의 어부들, 카스티야의 목축업자들, 안달루시아의 농촌 노동자들, 그리고 모든 지역의 농민들과 노새몰이꾼들, 도공들, 방적공들, 미망인들이 여느 때와 다름없이 계속 생계를 이어가고 지방 시장에서 물건을 사고팔며, 종교 축제와 개인의 통과의례를 즐기고 모든 인생을 특징짓는 기쁨과 경쟁, 육체의 질병을 겪고 있었다. 그들에게는 새로운 사상의 거품들이 안중에도 없었다. 그러나 그리 머지않아 국가 문제가 사회를 혼란스럽게 만들고, 군주정이 뒤흔들리며, 구체제가 종언을 고하게 된다.

썰물

카를로스 4세는 부친의 뒤를 이은 무능한 계승자로 역사에 기록되고 있다. 비록 과단성이 떨어지기는 하지만 그가 이렇게 가혹한 평가를 받을 정도는 아니었다. 그는 자신의 책임을 신중하게 감당했으며, 신민들의 복지에 깊은 관심을 보였다. 그러나 유럽을 강타한 프랑스 혁명의 돌풍 속에서 스페인의 복지를 유지할 수 없었다.

새로 즉위한 국왕은 왕세자로 있을 때 아란다 백작을 치켜세운 반면, 벼락출세한 것으로 보인 플로리다블랑카 백작의 권력에 분개하던 귀족들 무리와 교류를 했었다. 그럼에도 불구하고 카를로스 4세는 플로리다블랑카를 계속 수상직에 머무르게 했다. 권위가 플로리다블랑카의 정신을 무디게 만들었으며, 프랑스로부터 들려온 자칭 국민의회가 왕권을 거부했다는 소식은 그의 합법적인 정체(政體) 코드와 맞지 않았다. 그는 프랑스에서 일어난 사건들을 스페인인들이 모르게 해야 한다는 생각에 세관원들과 종교재판관들을 동원하여 프랑스 출판물을 몰수하고 스페인 잡지에 대한 검열을 실시했다. 그러나 기사와 문건들이 몰래 유포되었으며, 일부 스페인인들은 몇몇 혁명적 개혁들에 감탄을 표시했다. 계몽사상에 심취한 다른 많은 유럽인들과 마찬가지로 플로리다블랑카는 불안에 휩싸여 자신이 최근 추진한 활동들에 대해서 의문을 품게 되었다. 그는 1791년 정기 간행물의 발행을 중단했으며, 국우회의 활동들을 억제했다. 그리고 가장 대표적인 개혁 세력인 캄포마네스와 호베야노스를 요직에서 해임시켰다.

하지만 그의 권위에도 불구하고 프랑스로부터 밀려든 파도는 플로리다 블랑카를 압도해버렸다. 왕위를 지키는 데 혈안이 되어 있던 루이 16세는 스페인의 사촌에게 압력을 넣어 프랑스의 새로운 입헌군주정을 공개적으로 승인하게 했다. 이에 카를로스 4세는 1792년 2월 나이 든 심술쟁이를 해임하고 그가 통제하던 국무위원회를 폐지했으며, 그 자리에 아란다를 앉히는 것으로 반응했다. 아란다는 프랑스 국왕을 지원하고자 했지만, 프랑스 공화국이 선포된 이후 1792년 8월 진행된 루이 16세의 폐위는 그가 할 수 있는 일이 아무것도 없음을 보여주었다. 국왕은 11월에 그를 해임했다.

카를로스 4세는 자신이 최근에 대공의 직위에 오르게 한, 매력이 넘치는 20대에 근위병을 지낸 마누엘 고도이를 수상의 자리에 앉힘으로써 궁정을 놀라게 했다. 아란다의 측근들은 고도이의 등장을 마리아 루이사 왕비의 영향으로 돌렸다. 그들은 왕비가 고도이를 자신의 정부(情夫)로 삼았다고 비난했다. 가장 그럴듯한 설명은 부왕 휘하의 고문들로부터 벗어나기를 바란 카를로스 4세가 고도이의 능력에 감명을 받아 그를 충실한 부하로 삼았고, 1820년 국왕이 망명 중에 사망할 때까지 고도이가 그의 신임을 받게 된다는 것이다. 그는 1798년 이후 2년간을 제외하고는 카를로스 4세 치세의 주요 인물로 남게 된다.

고도이에 대한 첫 번째 주요 도전은 프랑스로부터 시작되었다. 프랑스의 국민공회는 1793년 1월 루이 16세를 처형한 이후 스페인과 영국에 선전포고를 하고 그 반응을 기다렸다. 스페인 전쟁은 피레네 산맥 양쪽에서 진행되었다. 1793년 스페인의 진격은 1794-1795년 카탈루냐와 바스크 지역에 대한 프랑스의 침입으로 이어졌다. 이들 두 지역 모두 자체 방어에 나섰지만 마드리드에 대한 그들의 충성을 의심하고 있던 고도이는 1795년 강화 협상을 통해서 북스페인에서 물러나는 대가로 프랑스에 스페인령 산토도밍고 섬의 절반을 양도하기로 했다. 카를로스 4세는 고도이에게 "평화의 왕(Prince of the Peace)"이라는 직함을 하사했다. 2년 뒤에는 총애의 표시로 고도이에게 국왕의 친사촌과의 결혼을 허락해주었다.

평화는 스페인에 단지 짧은 휴식을 제공했을 뿐이다. 여전히 프랑스와 전쟁을 벌이고 있던 영국이 스페인–프랑스 협정을 괘씸하게 생각했으며, 그 해군이 스페인 선박에 공격을 가했다. 스페인은 1796년 8월 프랑스 공화국과 동맹을 체결한 다음, 곧 영국에 선전포고를 했다. 부르봉 왕가의 프랑스 가계가 사라졌음에도 불구하고 왕가협정이 부활되었다. 1802년 3월 아미앵 조약을 통해서 영국과 스페인 프랑스 간의 전쟁이 종결되기는 했지만, 1년 후 프랑스와 영국 간의 적대감이 재발되었다. 카를로스 4세는 중립을 지키고자 했다. 하지만 보나파르트가 "중립 보조금" 지불을 요구했으며, 영국이 스페인 선박에 대한 공격을 재개했다. 스페인은 1804년 12월 영국에 다시금 선전포고를 했다.

공개적인 전투를 거의 치르지 않은 전쟁으로 한 국가가 그렇게 큰 재난을 당한 경우는 거의 없었다. 영국 해군은 스페인과 아메리카 간의 무역을 대부분 차단했다. 카디스의 상인들은 1798년까지 음산한 해협에 머물러 있었다. 원료를 입수하거나 최상의 고객에게 접근하는 것이 불가능해진 카탈루냐의 면직공업은 사실상 중단되었으며, 노동자들은 군정장관이 제공하는 수프 급식소에 의존했다. 1802년의 강화가 잠시 동안의 회복을 가져다주었지만, 1804년 이후 영국의 봉쇄 조치는 식민지 무역을 다시 파멸로 이끌었다. 스페인은 영국에 아메리카 시장을 빼앗기고 있었고, 1780년대의 활기를 잃어버렸다.

전쟁이 왕실에게는 재정적인 재난이었다. 아메리카로부터의 송금과 관세 둘 다를 잃었다. 부유층에 타격을 가하고 노동 계층을 배려하고자 하는 계몽정신에 입각해서 마련한 신설 조세는 악의를 불러일으킬 뿐이었다. 보다 수월한 방법은 미국 독립전쟁 당시 카를로스 3세가 도입한, 법화(法貨)로 통용된 발레스 레알레스(vales reales)라고 불린 이자부어음 발행 조치를 통해서 화폐 공급을 늘리는 것이었다. 카를로스 4세는 1793년 이후 새로운 발레스 레알레스를 대량으로 발행했다. 대중은 순식간에 그것에 대한 신뢰를 잃고 그것을 액면가격보다 훨씬 낮은 가격으로 교환했다. 국왕과 그의 고문들은 왕실 파산이 프랑스 혁명을 초래했다는 사실을 떠올리며 괴로워했다. 카를로스 4세는 1798년 3월 고도이를 사임시키고 다른 사람들로 하여금 재정 위기의 해결책을 찾게 했다. 그 업무가 신임 재무장관 미겔 카에타노 솔레르에게 떨어졌다. 그의 해결책은 중대 결과를 수반하는 정책을 시행하는 것이었다.

호베야노스는 1795년에 마드리드 경제협회가 의뢰한 토지개혁 보고서를 마무리했다. 그가 작성한 「토지법안 보고서」는 스페인 계몽사상이 낳은 걸작품이다. 그것은 카를로스 3세 당시 개혁가들의 주된 관심인 교회와 귀족의 방대한 한정상속 토지가 농업생산에 미치는 부정적인 영향에 대한 해결책을 담고 있었다. 호베야노스는 애덤 스미스를 치켜세웠으며, 한정상속이 폐지는 아니라고 하더라도 적어도 완화는 되어야 한다고 주장했다. 자유로운 시장 활동은 유능한 소농들에게 토지를 제공해줄 것이고, 따라서 시장도 활성화될 것이라고 했다. 호베야노스는 카를로스 3세의 개혁을 특징짓는 경제적 자유의 개념을 극단적으로 몰고 가서 그것을 소농의 이상과 결부시켰다. 여기에는 하나의 이론 틀 속에 자유주의 경제학과 자유민주주의의 배아들이 결합되어 있다. 19세기는 이들이 부자연스런 동료였음을 보여준다. 왜냐하면 토지 시장의 자유화가 소규모 자작농보다는 자본가적 토지소유자에게 더 이로운 것으로 나타나기 때문이다. 그러나 이러한 미래를 알지 못하던 스페인의 18세기 개혁가들은 이 두 목적 간의 모순을 보지 못했다.

이러한 논쟁들은 솔레르에게 그가 필요로 하는 영감을 제공해주었다. 1798년 9월 국왕은 병원과 기타 자선기관들, 성직록, 기념 미사와 같은 종교 활동들을 후원하는 교회 소유 재산을 경매에 부친다는 포고를 내렸다. 1806년 매물 공급이 바닥나자 국왕은 교회와 종교 교단이 직접 소유한 재산의 7분의 1을 판매해도 좋다는 교황의 허가를 받아냈다. 국왕은 또한 장자상속권 소유자들에게 재산을 팔아도 좋다고 허가해주었지만 그 반응은 매우 미미했다. 판매 수익금은 발레스 레알레스를 되사는 데 사용되고, 왕실은 전(前) 소유주들에게 3퍼센트의 이자를 지불해주었다.

1808년까지 아마도 교회가 관리하는 재산의 6분의 1에 달하는 방대한 양의 토지와 건물이 개인의 수중으로 들어간 것으로 보인다. 주로 사회개혁을 거부한 사람들이 교회의 한정상속 해제로부터 이득을 보고 번성하게 되었다. 스페인인들 —— 심지어 장자상속권을 가진 사람들조차도 —— 은 자유로운 부동산 시장이 주는 혜택을 맛보고 있었다. 이러한 과정이 사회 구조를 크게 바꾸지는 않았지만 이달고와 사제와 왕실 자문관으로부터 상인, 제빵업자, 농민에 이르는 기업정신을 가진 모든 사람들에게 토지와 건물을 획득할 기회를 제공해주었고, 그로 말미암아 경제발전이 촉진되었다. 하지만 이것은 보수적인 성직자들의 분노를 자아냈고, 빈민층의 안전망을 찢어놓았으며, 이후 파산에 직면할 정부들에 하나의 선례를 제공해주었다.

군주정이 직면한 이러한 문제들 위에 신의 활동이 개입되었다. 서인도 제도를 휩쓴 황열병이 1800년 카디스에 도착해 안달루시아로 퍼져나갔다. 1803년에서 1804년의 수확이 폭우의 피해를 입었으며, 마드리드와 카스티야에는 기근이 만연했다. 스페인인들은 위기가 진정되는 것처럼 보일 때인 1805년 10월 「관보(Gazeta)」를 통해서 영국 해군이 트라팔가르 곶에서 프랑스와 스페인의 연합함대를 물리쳤다는 소식을 접하게 되었다. 교회 재산의 매각 처분에서 나온 수익금을 애초의 훌륭한 의도에도 불구하고, 발레스 레알레스를 되사기보다는 전쟁과 비상사태에 지출해야만 했다. 발레스 레알레스는 1805년경 겨우 액면가격의 절반 정도로 교환되고 있었다.

슬픈 아이러니는 이러한 상황이 고도이 정부의 계몽정신을 모호하게 만들었다는 점이다. 국우회가 활동을 재개했고, 킨타나와 레안드로 페르난데스 데 모라틴을 필두로 한 스페인 문필가들이 활개를 치기 시작했다. 새로운 비평 잡지들도 등장했다. 고도이는 1797년 『사제들을 위한 농업기술 주간지(*Semanario de agricultura y artes dirigido a los párrocos*)』를 창간하여 교구 사제들이 보급할 농업과 기술에 관한 유용한 정보를 제공해주었다. 캄포마네스조차도 이렇게 확실한 전파 방식은 생각해내지 못했었다.

대중은 스페인이 당면한 난관들을 알고 있었던 것으로 보이며, 대중이란 으레 그렇듯이 그들의 지도자에게 책임을 전가했다. 이 경우에는 고도이가 그 대상이었다. 감수성이 예민하지만 그렇게 총명하지는 않은 젊은 왕세자 페르난도가 아란다 파벌의 잔여 세력(아란다는 1798년에 사망했다)을 결집시키는 작전의 중심이 되었다. 그들은 왕비와 왕비의 정부(情夫)가 카를로

평화의 왕 마누엘 고도이는 언제나 그가 마리아 루이사 왕비의 정부로서 권좌에 오른다는 이야기들 속에 등장하는 주인공이었다. 소문의 내용은 이들 두 사람이 고도이를 다음 국왕으로 삼기로 계획했다는 것이다. 그의 명성에 손상을 가하기 위한 적극적인 작전의 일환인 이 그림은 장차 페르난도 7세가 되는 왕세자의 위탁으로 그려진 35장의 풍자화 가운데 하나로, 선술집과 그와 유사한 장소에 복사 배포되었다. 대중의 복수가 제왕에 대한 고도이의 꿈을 좌절시킨다. 화려한 의상을 입은 한 쌍의 커플이 그의 등 위에 올라 왕비와의 대담한 정사를 통해서 성공을 도모하고자 한다는 상스러운 시에 맞춰 민속춤을 추고 있다. 한쪽에는 "초리소(순대쟁이)"라는 그의 놀림 명을 상징하는 푸주한의 칼과 돼지머리가 그려진 갑옷이 놓여 있다. 프랑스의 마리 앙투아네트가 정적들의 비난을 산 성적 타락과 마찬가지로 항간에 자자하게 떠도는 마리아 루이사의 간통은 절대왕정을 불신하게 만들었으며, 그 몰락을 초래하는 데 일조했다. 하지만 스페인에서는 국왕의 상속자가 자신의 어머니를 헐뜯었던 것이다.

스 4세의 사망 후 페르난도를 제거하고 통치자가 되려는 음모를 꾸미고 있다는 소문을 퍼뜨렸다. 보수적인 성직자들은 고도이의 나쁜 평판이 평민들에게 전달되도록 거들고 나섰다. 카를로스 4세는 갈수록 국가를 경영할 자격이 없는, 아무것도 모른 채 자기만족에 빠져 살고 있는 오쟁이 진 남편으로 비추어졌다.

피레네 산맥 너머에서는 여느 때처럼 동맹국 스페인에서 가능한 한 많은 것을 짜내고 싶어 하는, 프랑스의 황제에 즉위한 나폴레옹이 스페인 왕실의 분란을 이용하기 위해서 기회를 노리고 있었다. 그는 양측 모두의 접근에 대하여 호의적인 반응을 보여주었다. 1806년 11월 고도이는 자신에게 일정한 몫이 주어져야 포르투갈 정복에 착수한다는 내용의 조약을 프랑스와 협상했다. 한편 페르난도는 보나파르트의 한 공주에게 청혼을 해도 좋다는 나폴레옹의 은밀한 제의에 호의적인 반응을 보였다.

이제 나폴레옹이 직접 개입할 수 있게 되었다. 1807년 11월 스페인과 프랑스의 연합군이 포르투갈을 정복했으며, 포르투갈 왕가는 브라질로 피신했다. 전쟁은 신속하게 끝이 났다. 하지만 프랑스 군은 귀국하지 않고 계속 스페인에 머물러 있었다. 스페인인들이 프랑스 군에 대해서 의구심을 품었지만 그들이 고도이로부터 페르난도를 구출하려고 한다는 소문이 나돌았다. 아랑후에스에 왕족을 모시고 있던 고도이는 프랑스 군이 마드리드로 접근하자 그들이 배신하지나 않을까 의심했다. 하지만 그가 행동을 취하기 이전에 1808년 3월 17일 밤 페르난도의 측근들이 폭동을 부추겼다. 고도이는 이틀 밤 뒤 그의 은신처에서 발각되었으며, 총신의 목숨이 위태로울까 봐 겁을 집어먹은 국왕 카를로스는 페르난도에게 왕위를 양위했다.

아랑후에스 폭동은 스페인 구체제의 종말을 알리는 것이었다. 그 소식을 접한 마드리드의 군중들은 고도이와 그 친척들의 저택들을 약탈했다. 전국의 신민들은 고대하던 페르난도가 즉위했다는 소식을 듣고 기뻐했다. 이러한 대중적인 축하는 왕실의 평판을 떨어뜨리고 국가적인 사건들에 대한 광범한 계층의 관심을 불러일으킨 소요와 재난에서 비롯된 결과였다.

카를로스 4세는 곧 성급하게 양위한 것을 후회하면서, 그것은 협박 아래 서명한 것이므로 무효라고 선언했다. 그 무렵 프랑스 군이 마드리드와 바르셀로나를 점령하고 북스페인으로 진격하고 있었다. 양측 왕위 후보자들은 왕권이 누구의 것인지를 결정하는 데 나폴레옹의 지원이 필요하다는 사실을 알게 되었다. 나폴레옹은 음모를 계획하고서 페르난도를 프랑스의 바욘으로 불러들인 다음, 프랑스 군대로 하여금 카를로스와 마리아 루이사와 고도이를 같은 장소로 데려오게 했다.

나폴레옹은 왕위 요구자 두 명을 자신의 면전에 세워놓고 왕위를 부친에게 돌려주라고 페르난도에게 압력을 가했다. 그러자 카를로스는 왕위를 나폴레옹에게 양도하는 것이 스페인을 위한 최상의 길이라고 확신한다면서 그렇게 했다. 나폴레옹은 그 왕위를 당시 나폴리와 시칠리아의 왕이던 그의 형 조제프에게 넘겨주고 스페인의 성문헌법을 승인하기 위해서 스페인 명사 집단을 바욘에 불러모았다. 조제프는 마드리드로 떠났으며, 나폴레옹은 페르난도와 카를로스, 마리아 루이사, 고도이를 프랑스의 서로 다른 성에 억류했다.

　나폴레옹은 스페인인들이 조제프의 즉위에 반대하지 않을 것이라고 생각했으나 그것은 큰 오산이었다. 프랑스로 떠난 페르난도의 출발이 불안을 자아냈으며, 1808년 5월 2일 마드리드의 서민들은 남은 왕족들이 프랑스로 불려가는 것을 방지하기 위해서 봉기를 일으켰다. 프랑스의 수비대가 이를 잔인하게 진압했다. 다른 일부 도시에서도 봉기가 일어났지만 카스티야 평의회 산하 스페인의 공공기관들이 봉기를 규탄하고 분쟁을 중단시켰다.

　며칠 후 카스티야 평의회는 왕조가 바뀌었다는 내용을 공포했다. 자신들의 젊은 우상을 탈취당했다는 사실을 졸지에 알게 된 신민들이 이번에는 진정하지 않았다. 나폴레옹을 당해낼 재간이 없다는 경고에도 불구하고 발렌시아와 사라고사, 오비에도, 세비야의 군중들은 주저하는 관리들에게 페르난도 7세의 이름으로 프랑스 군에 선전포고를 하라고 촉구했다. 6월경 프랑스 군에 의해서 점령당하지 않은 스페인 전역이 전쟁에 동원되었다.

　계몽 개혁가의 외투를 걸친 조제프 보나파르트는 새로운 신민들에게 일반 대중의 어리석은 행위들을 멀리하라고 촉구했으며, 시위들은 실제로 더 나은 부류의 사람들을 깜짝 놀라게 만들었다. 프랑스 군이 통제하고 있는 지역에서는 위험을 모면하려고 애쓰는 고도이의 전 부하들과 계몽 군주의 권위를 신봉하는 자들을 포함하여 저항할 이유를 찾지 못한, 왕의 명령을 받아들이는 데 길들여진 대부분의 단순한 사람들 등 많은 스페인인들이 조제프를 지원하고 나섰다. 이들은 친불파(afrancesados)로 알려지게 되었다.

　봉기가 성공한 곳에서는 왕실 관리들과 고위 성직자들, 그리고 기타 저명인사들이 페르난도 7세의 이름으로 자신들의 지방을 지휘하는 지방위원회를 구성했다. 그들은 합법적인 군주의 퇴위에 대한 거부 의사를 정당화하기 위해서 국민주권과 인민 의지의 개념을 인용했다. 그들의 주장이 혁명적이기는 했지만 그들은 지역의 명사들이었고, 그 정신은 기본적으로 상황을 통제하려는 보수적인 것이었다. 갑자기 공적인 검열로부터 자유로워진 잡지들은 무신론의 프랑스 군에 맞서 종교와 국왕과 조국을 수호하자고 스페인인들을 부추기는 성직자들과, 일반 사람들의 설교와 선언들 일색이었다. 영국은 7월 4일 지원 요청에 따라 스페인과의 전쟁을 종결했다. 영국은 한 세기 전과 마찬가지로 포르투갈에서 작전을 개시해 마드리드의 새로운 프랑스 왕조에 맞선 스페인의 봉기를 지원했다. 그리고 여느 때와 마찬가지로 스페인 제국과의 교역에서 그 대가를 얻고자 했다.

7월 19일 안달루시아로 가는 길목의 바일렌에서 벌어진 최초의 주요 전투에서 놀랍게도 스페인이 승리를 거두었다. 프랑스인 포로들은 카디스 만의 감옥선으로 이송되었으며, 조제프는 마드리드에서 비토리아로 도망을 쳤다. 여러 위원회들이 상호 접촉을 벌였으며, 9월에는 그 대표들이 아랑후에스에 회동하여 페르난도 7세의 이름으로 통치할 최고 중앙위원회를 구성했다. 위원장으로 덕망이 있는 플로리다블랑카 백작을 선출했으며, 그 위원들 중에는 호베야노스도 있었다. 이 둘은 카를로스 4세에 의해서 추방된 적이 있는 인물들이었다. 위원회가 맡은 주요 과업은 자금과 군대를 마련함으로써 전쟁을 준비하는 것이었다. 하지만 절박한 재원의 필요성에도 불구하고 교회 재산의 매매를 중단하기로 한 결정과, 일부 문필가들이 스페인의 정치구조를 문제삼았다는 이유로 종교재판소를 활성화하여 애국 언론을 통제하려고 한 시도에서 위원회의 보수적인 정신이 명백하게 드러났다.

나폴레옹은 스페인인들의 무례함에 격분한 나머지 11월에 새로운 부대를 피레네 산맥 너머로 파병하여 12월에는 마드리드를 탈환했다. 그는 일시 왕권을 자임하고서 종교재판소를 폐지한 다음, 그의 군대로 하여금 봉기를 종결시키게 했다. 중앙위원회는 나폴레옹의 손아귀에서 벗어나기 위해서 세비야로 피신했다. 플로리다블랑카는 세비야로 가는 도중에 사망했다. 위원회는 1809년에 군 작전을 계속 수행하기 위해서 안간힘을 썼다. 위원회는 필사적인 노력의 일환으로 육지의 해적들이라고 불리고, 다음 몇 년간 나폴레옹 군을 야금야금 갉아먹을 소규모 게릴라 부대를 인가해주었다.

호베야노스를 비롯한 위원회 내외의 주요 인사들은 국왕 부재시의 유일한 합법적 권위체인 코르테스를 소집하라고 촉구했다. 점점 더 많은 사람들이 성문 헌법을 제정해야 한다고 주장했다. 나폴레옹이 혁명의 원칙에 따라 그들에게 성문 헌법을 제공하기는 했지만, 그는 적이었다. 그리고 스페인인들이 이러한 모범을 필요로 하지도 않았다. 킨타나와 다른 사람들은 사적인 자리에서 스페인의 중세 코르테스가 헌법을 대변했지만 합스부르크의 절대주의가 그것을 파괴했다고 이야기해왔었다. 스페인은 단지 옛 제도들과 코르테스의 회합이 만들 수 있는 그 무엇인가를 부활시키기만 하면 되었다.

1810년 1월 프랑스 군의 신속한 안달루시아 진입으로 위원회의 지배력이 약화되었다. 위원회는 반도와 아메리카 양 지역의 코르테스 구성을 위한 선거를 소집했다. 하지만 5명의 섭정이라고 불린 그 위원들은 카디스로 피신하여 부당한 망신을 사며 사임했다. 호베야노스는 낙담한 가운데 아스투리아스의 고향으로 가는 선상에서 사망했다. 스페인의 군부대들이 사라지듯이 카를로스 3세의 영광을 장식했던 마지막 인물들이 사라졌다.

새로운 섭정 기구는 무력해보였다. 카디스가 포위되었으며, 부에노스아이레스와 카라카스에서는 식민지인들이 섭정 기구가 아니라 페르난도에게 명목상의 충성을 바치는 최고 위원회들로 왕권을 대신했다. 이제 안달루시아 지방을 자신의 발아래 두게 된 조제프 왕은 그 전역에 걸쳐 개선 행진을 했다. 이렇게 중대한 시기에 나폴레옹이 지휘관들에게 카탈루냐와 나바라, 바스크의 주들을 점령하라는 명령을 내림으로써 조제프의 승리를 망쳐놓았다. 그것은 분명 그 지역들을 프랑스에 합병시키려는 속셈이었을 것이다. 이 전략은 스페인의 심장부를 차지하겠다는 조제프의 바람을 무너뜨렸다.

프랑스의 통제 밖에 있던 지역에서는 스페인인들이 코르테스 의원들을 선출했으며, 아메리카의 식민지인들도 마찬가지였다. 의원들이 잠시 행방불명된 경우에는 카디스에 살고 있던 그 지역 출신 사람들이 대표를 선출했다. 중앙위원회는 코르테스에게 주교와 대공들로 구성되는 상원을 두도록 했지만, 그들에 대한 소집령이 내리지는 않았다. 1810년 9월 24일 첫 회의를 열기에 충분한 수의 의원들이 카디스에 모였다.

상당수의 얀센파 사제들을 포함한 다수의 의원들은 군주정의 급진적인 변화에 관심을 가졌다. 그들은 아구스틴 아르구웨이예스와 디에고 무뇨스 토레로 신부의 지도하에 정신 면에서 중앙위원회 및 섭정 기구와 상당히 다른 강력한 개혁주의 성향을 코르테스에 제공했다. 그들은 자유당원들로 알려지게 되었고, 여기에서 자유주의자라는 정치적 명칭이 유래되었다. 이러한 분위기를 상징하는 코르테스의 첫 활동은 주권이 국민을 대표하는 자신들에게 있음을 선언하고 정치적 문제에 대한 언론의 자유를 선포한 것이었다. 이러한 자유는 다음 몇 년간 카디스뿐만 아니라 다른 자유 도시들에서 팸플릿과 잡지들이 쏟아져나오게 함으로써, 적극적이고 당파적이며 대개는 신랄한 스페인의 정치 언론을 경험하게 해주었다.

코르테스는 1812년 3월 자신들이 부여받은 주권을 이용해서 헌법을 선포했다. 주권이 국민에게 있다고 선언했으며, 국민을 "양 반구에 있는 모든 스페인인들의 연합"으로 정의했다. 스페인인들은 가톨릭 신자여야 하고 다른 신앙은 허용되지 않았다. 헌법은 매우 광범한 남성 선거권(하인과 범죄자, 이렇다 할 소득이 없는 사람, 수사는 투표할 수 없었다)에 의해서 선출된 단원제 코르테스의 제한된 의회군주정을 확립했다. 국왕은 세습적이고 불가침이었으며, 제한된 거부권을 지니고 있었다. 하지만 그의 각료들은 그들의 활동에 대해서 코르테스에 책임을 져야 했다. 지방 간의 차이와 영주 재판권, 귀족의 특권들은 폐지되었다. 시의회들은 선거를 통해서 구성하고 세습적인 레히도르들(regidores)을 몰아냈다. 자유주의자들의 헌법은 혁명적 자유의 영향을 받은 부르봉 계몽 정책의 논리적인 목적, 곧 식민지나 지방의 특권을 배제하고 시민들이 자신들의 문제에 대해서 직접 토론하고 입법자들을 직접 선출하는 대서양 너머까지 아우르는 법적인 동등자들로 이루어진 가톨릭 사회를 구현한 것이다. 카를로스 4세가 계몽 전제주의의 평판을 나쁘게 만들었지만, 각료의 책임제가 고도이의 재현을 방지해줄 터였다.

스페인 전역에 단일한 정치 체제를 부여하는 것은 한 세기 전에 그랬던 것처럼 수십 년 내에 카스티야 외부의 적대감을 불러일으킬 터였다. 그러나 18세기 후반의 번영과 프랑스 군에 대한 공동의 투쟁 때문에 과거의 지역 간 갈등의 기억이 당분간은 나타나지 않았다. 자유주의 체제에 대한 직접적인 위협은 다른 방면에서 나왔다.

자유당원들은 얀센파의 지지를 얻어 헌법상의 시민권과 양립이 불가능한 종교재판소의 폐지 작업에 착수했다. 종교 범죄는 이제 주교 법정의 재판을 받게 되었다. 혀를 깨물며 침묵을 지키고 있던 보수적인 성직자 계층은 여기서 그들이 활용할 수 있는 하나의 구실을 발견했다. 그들은 이 작업을 종교에 대한 공격이라고 보았으며, 자유당원들을 나폴레옹의 대리인들이라고 불렀다. 그들은 자유당원들이 제공한 언론의 자유를 통해서 국민들에게 자신들의 메시지를 전했다. 대부분의 스페인인들이 문맹이었기 때문에 설교를 통한 전달이 더욱 효과적이었다.

코르테스가 국민을 개조하는 동안 스페인 게릴라 병사들은 프랑스 군을 쉴 새 없이 괴롭히고 있었다. 그것은 서로에게 무자비한 전쟁이었다. 웰링턴 공작이 이끄는 스페인 군과 영국군, 포르투갈 군이 서서히 공세로 돌아섰다. 1812년 8월 조제프는 마드리드를 잠시 떠나야만 했으며, 1813년 3월에는 영원히 떠났다. 1813년 6월 연합군이 비토리아에서 그의 군대를 격파했으며, 조제프는 주요 친불파를 동반한 채 프랑스로 피신했다.

헌법에 따라 선출된 최초의 정기 코르테스가 자유당원들이 근소한 차이로 다수를 차지한 가운데 1813년 10월 마드리드에서 열렸다. 12월에는 나폴레옹이 페르난도를 스페인의 국왕으로 인정하고서 우호관계를 유지하기를 바란다는 말과 함께 그를 돌려보냈다. 코르테스는 그가 먼저 헌법에 대한 서약을 해야 한다고 선포했다. 하지만 페르난도는 자유주의 체제에 반대하는 의원들의 말에 귀를 기울였다. 그는 군사적인 지원을 확신한 가운데 1814년 5월 4일 발렌시아에서 카디스에서의 코르테스 회합은 불법적이며 헌법은 무효라는 내용의 법령에 서명했다. "고대하던" 페르난도를 되찾기 위한 6년간의 전쟁에 지쳐버린 대부분의 스페인인들은 국왕의 선언을 환영했다. 단지 마드리드에서 코르테스를 옹호하는 소규모의 시위가 몇 건 있었을 뿐이다. 국왕의 군 지원 세력은 주요 자유당원들을 체포하고, 민간인들을 아프리카의 군 요새로 보냈으며, 사제들을 수도원에 구금시켰다.

카스티야 평의회와 영주권, 시의회 등 구체제의 기관들이 복구되었다. 페르난도의 법령은 "합법적인" 코르테스를 약속했지만, 그것은 결코 소집되지 않았다. 교황은 반혁명의 보루인 예수회를 재건했고, 예수회 수사들은 환영을 받으며 스페인으로 돌아왔다. 부활된 종교재판소는 모든 자유주의적 출판물을 근절하고 금지하는 일에 착수했다. 종교재판소는 조제프 왕이 스페인의 주요 인물들을 끌어들이기 위해서 도입했거나, 아니면 카디스의 자유당원들에 의해서 설립된 프리메이슨 집회소에 가담한 자들을 수색했다. 신성동맹하의 다른 국가들과 마찬가지로 스페인에서도 왕정복고의 목적은 통치자들이 프랑스 혁명 이전에 향유한 정통성을 회복하는 것이었다. 하지만 페르난도의 조처들은 사실 군주정이 전체 신민들의 중재자로 존재하기보다는 그중의 일부를 편애한다는 점을 분명히 한 것이어서 정통성을 어긴 것이었다.

헌법 지지자들은 페르난도의 폭넓은 인기에도 불구하고 그것을 포기하지 않았다. 그들 가운데는 코르테스하에서 전투를 치른 다수의 장교들도 있었다. 프리메이슨 집회소들은 음모자들에게 비밀 의식들로 가득한, 프랑스 혁명을 조직한 것으로 잘못 알려진 일종의 결사(結社)를 제공해주었다. 다음 몇 해 동안 군 집단들은 헌법을 지지하는 봉기를 몇 차례 시도했으나 실패로 돌아가고, 그 지도자들은 처형되고 말았다.

스페인 신민들과 달리 아메리카의 주민들은 페르난도의 복귀를 환영하지 않았다. 이에 페르난도는 스페인의 주권을 회복하기 위해서 군대를 파병했다. 그 군대가 처음에는 성공을 거두었으나, 1818년경에는 패전을 거듭했다. 그 결과 아르헨티나와 칠레가 해방되었으며, 시몬 볼리바르에 의해서 남아메리카의 북부 지역이 해방되었다. 카디스에서는 또다른 군대가 준비되고 있었다. 1820년 1월 1일 그 사령관 가운데 한 명인 라파엘 데 리에고는 1812년 헌법을 "선언함으로써" 그의 병력들로부터 열대 지방에서 복무하는 두려움을 없애주었다. 리에고를 진압하기 위해서 출동한 장군이 그의 편으로 전향했으며, 스페인 북부의 일부 도시들은 합헌적인 시의회를 구성했다. 페르난도는 별다른 선택의 여지를 찾지 못한 가운데 3월 7일 "합헌적인 길을 따라 백성들을 지도하겠다"는 선언을 했다. 스페인은 군대에 의해서 정부가 바뀌고 다른 사람들이 그 뒤를 따르는 최초의 성공적인 군사 봉기를 경험했다.

코르테스가 선출되어 6월 9일에 회합을 가졌다. 자유당원들 다수가 1814년에 자신들이 상실했던 자리를 다시 차지했다. 종교재판소는 물론 폐지되고 예수회 수사들은 추방되었다. 서원을 포기한 수사들에게는 연금을 약속했으며, 회원이 24명 이하인 수도원들을 폐지했다. 그들은 카를로스 4세 때보다 훨씬 더 불어난 국채를 상환하기 위해서 교회 재산을 매각했다. 여전히 소농 사회를 이상으로 여기고 있던 그들은 재향군인들과 토지 없는 농민들에게 주인 없는 토지를 제공하기로 의결했으며, 장자상속제를 폐지했다. 또한 교양 있는 유권자들에게 필요한 공교육의 자유화를 법제화했다.

새로운 시대에 자유당 연합이 와해되고 말았다. 코르테스 외부에서는 프리메이슨 집회소들이 늘어나고, 보다 급진적인 자유당원들은 대중을 선동하는 애국 클럽을 설립했으며, 자유 언론은 더욱 격렬해졌다. 시인 프란체스코 마르티네스 델라 로사를 수반으로 하는, 카디스에서 길들여지고 망명객을 통해서 소식을 제공받는 정치인들이 입법부를 통제했다. 언론과 가두의 급진적인 선동이 그들의 신경을 날카롭게 만들었다. 그들은 영국과 마찬가지로 상원과 제한 선거가 있는 것으로 헌법을 수정하기를 바랐다. 그들은 온건파(Moderados)로 알려지게 되었다. 극단파(Exaltados)인 열혈당원들은 이들에 맞서 당시의 단원제 민주주의 헌법을 고수했다. 리에고가 그들의 카리스마적인 지도자였다. 그들은 군대의 일부와 지방 수도의 시의회에서 강세를 보였으며, 이를 통해서 코르테스 선거에 영향을 미칠 수 있었다. 1822년 선거에서 리에고를 수반으로 하는 열혈당원들이 코르테스를 장악하게 되었다.

스페인 안팎에서 체제에 대한 반대가 거세게 일어났다. 새 법률은 성직자 계층의 적대감을 강화시켰다. 흔히 수사들이 이끄는 게릴라 병사들이 정부를 상대로 무장 궐기했다. 군대가 일부 왕당파들을 추적하여 살해했다. 내전 초기에 피를 보게 된 것이다. 헌법을 반대하는 적들은 1822년 북카탈루냐에 그들이 이제 더 이상 자유롭지 않다고 말한 국왕을 대신하여 다스릴 섭정 기구를 설립했다.

자유주의자들에 대한 페르난도 7세의 무자비한 보복은 1823년 11월 9일 마드리드 구시가지의 한 조그만 광장에서 라파엘 데 리에고 장군을 처형함으로써 절정에 달했다. 보수주의자들은 1820년 혁명을 개시하고 나중에 열혈당을 이끈 리에고를 무종교와 무정부의 화신으로 보았다. 리에고는 군 지휘관들에게 버림을 받고 페르난도를 절대왕권에 복귀시킨 프랑스 군의 포로로 사로잡혀 마드리드로 이송되어 대역죄의 판정을 받았다. 그의 적들은 그에게 모멸감을 더해주기 위해서 조롱하는 군중들 앞에서 그를 당나귀가 이끄는 석탄 바구니에 태워 교수대로 끌고 갔다. 하지만 스페인 자유당원들은 1820년에 처음 부른 「리에고 찬가」를 여러 세대에 걸쳐 불렀다.

국외적으로는 스페인 국민이 나폴레옹과 싸우면서 만든 1812년 헌법이 유럽 전역의 입헌정치 지지자들에게 하나의 횃불이 되었다. 1820년에 스페인의 선례를 따라 포르투갈과 이탈리아 일부 지역에서 혁명들이 일어나 헌법이 제정되었다. 신성동맹 지도자들은 이탈리아의 혁명 세력을 쳐부수었으며, 페르난도의 비밀 요청을 환영했다. 영국의 중재 시도는 헌법을 바라지 않은 국왕의 비타협적 태도 때문에 실패로 돌아가고, 열혈당원들은 1808년에 자신들이 그랬던 것처럼 스페인 국민이 주권을 수호해내리라고 확신했다.

1823년 4월 루이 18세는 신성동맹의 축복을 받으며 페르난도의 합법적인 권위를 회복시키기 위해서 프랑스 군을 스페인에 파병했다. 아무도 들고일어나지 않았으며, 스페인 군은 프랑스 침입군의 상대가 되지 않았다. 코르테스는 국왕을 데리고 세비야와, 이어서 카디스로 피신했다. 이번에는 카디스가 포위공격에 오래 저항하지 못했다. 코르테스는 9월에 항복했다. 페르난도는 사면을 약속했음에도 불구하고, 프랑스 사령관의 간섭에 의해서 구조된 주요 자유주의자들의 사형을 선고했다. 그러나 리에고는 마드리드에 포로로 이송되어 유죄 판결을 받은 다음, 수모를 더하기 위해서 당나귀 뒤의 바구니에 넣어 끌고 가는 처형을 당했다. 교회 재산을 매입한 자들은 아무런 보상도 받지 못한 채 그 재산을 상실했고, 예수회 수사들이 복귀했다. 하지만 프랑스의 압력으로 종교재소가 부활되지는 않았다.

1812년 헌법의 좌절은 소생산자들의 평등 사회에 대한 계몽사상의 이상이 좌절된 것을 의미했다. 열혈당원들은 자신들이 평민들을 대표한다고 주장했다. 그러나 교수대로 끌려가는 리에고에게 조롱을 퍼붓고, 며칠 뒤 페르난도의 복귀를 환영하는 마드리드 군중의 광경이 그들의 신념을 뒤흔들어놓았다. 온건당원들은 이미 그 신념을 잃어버린 지 오래였다. 그 이상은 스페인 사회의 현실이 아니라 사람들의 마음속에 공식화되었다. 계몽 전제 군주가 평민들 속에서 군주정의 힘을 발견하고 그들의 이익을 위해서 일할 수는 있지만, 아직 대체로 경건을 유지하고 있던 평민들은 그들에게 투표권을 부여하는 헌법을 수호하려고 들지 않고 그들의 설교자들이 이야기해준 대로 자신들의 해방 수단에 위협을 가했다. 계몽사상의 자유시장 사회에 대한 이상은 미래의 온건파에 의해서 채택되어 살아남았다. 그 이유는 그들이 대변하게 될 경제적 강자들에게 그것이 혜택을 제공해주었기 때문이다. 스페인의 헌법들은 1931년까지 양원제를 채택하고, 1891년까지 성년 남자 선거권이 제한된다.

아메리카 대륙의 방대한 제국 또한 종말을 고했다. 자유당원들은 헌법을 부활시키면 반역자들이 무기를 버릴 것이라고 착각했다. 하지만 이러한 개혁들이 멕시코의 크리오요들(Creoles)을 위협했으며, 다른 지역의 혁명 세력들도 독립과 무역의 자유를 포기할 생각이 없었다. 스페인은 푸에르토리코와 쿠바, 필리핀을 여전히 보유하고 있었다. 이들은 결국 현세적인 이득이 될 제국의 향연에서 떨어진 부스러기들로서 대륙의 손실로 말미암은 타격을 완화시켜주었다.

제국의 상실은 한 시대의 종말을 의미했다. 부르봉 통치자들이 유럽 대륙의 낭비를 근절함으로써 번영기가 이어졌다. 그러나 프랑스 혁명이 낳은 갈등을 스페인이 피할 수는 없었다. 경쟁국들은 이제 대륙 영토가 아니라 아메리카 식민지에 있다고 생각되는 재산에 눈독을 들였다. 그리고 합스부르크 왕조 치하에서와 마찬가지로 유럽 전쟁에 휘말려든 결과 스페인의 국력이 쇠약해졌다. 1793년 이후의 시기가 얼마나 파괴적이었던가 하는 것은 논란이 되고 있는 문제이다. 1811-1812년 카스티야에는 기근이 재발했으며, 마드리드에서는 수만 명이 사망했다. 황열병이 전쟁 중에는 카디스, 1821년에는 바르셀로나 등 여기저기에서 창궐했다. 1815년 이후 카탈루냐와 바스크 지방, 안달루시아에 만연한 밀무역은 왕실 재원을 사취했고, 법에 대한 존경심을 떨어뜨렸다. 공공부채가 우후죽순처럼 불어났지만 왕실은 아메리카와 더불어 주요 수입원을 상실했다. 하지만 스페인 경제는 일단 전쟁과 기근이 끝나면 회복되기 쉬운 농업이 주였으며, 유럽이 스페인의 특산품을 구입하게 될 것이다. 다른 한편으로, 전쟁은 스페인의 아메리카 시장을 폐쇄하는 대신 영국 제품에 대한 문을 열어주었다. 카디스는 지방 항구로 전락해버렸다. 반도 주변부의 산업 지역이 스페인과 서인도 제도의 시장으로 회복의 기미를 보이기는 했지만, 그것이 초기 산업혁명의 선도자가 될 가능성은 좌절되고 말았다. 스페인은 국제무대와 경제적 차원에서 이제 더 이상 강대국이 아니었다.

수천 명에 달하는 자유주의 망명자들은 지브롤터와 런던, 파리에서 살았다. 그들은 또다시 절대군주정을 타도할 음모를 꾸몄다. 그들의 계획은 실패로 돌아가고 다수가 처형되었다. 지원은 뜻밖에도 국왕에게서 나왔다. 헌법에 반기를 든 스페인인들은 더 많은 자유주의자들이 처형되기를 바랐다. 광적인 가톨릭 교도들은 종교재판소가 재건되지 않은 것에 대해서 분개했다. 그들은 그것 없이는 종교가 안전하지 못할 것이라고 말했다. 불만 세력들은 자칭 사도파(Apostólicos)라는 이름으로 결집한 다음, 페르난도에게 자녀가 없었기 때문에 제위 계승자가 된 국왕의 동생 돈 카를로스에게서 리더십을 구했다. 그들은 페르난도도 자유롭지 못하다고 주장했으며, 그 동조자들은 1827년 카탈루냐에서 반란을 일으켰다. 페르난도는 그들의 주장을 반박하기 위해서 몸소 출정했으며, 반란은 실패로 돌아갔다. 그는 자신이 상인 계층과 보다 온건한 자유주의자들의 지지를 얻어야 할 필요가 있다는 교훈을 얻었다.

파리의 1830년 7월 혁명은 절대주의에 반대하는 국왕을 프랑스 왕위에 앉히고, 신성동맹의 위협을 제거해주었기 때문에 자유주의의 입지를 강화시켰다. 같은 해에 페르난도의 네 번째 부인인 그의 젊은 조카딸 마리아 크리스티나가 여성 왕위 계승자 이사벨을 출산했다. 펠리페 5세가 스페인 왕위 계승 전쟁을 끝내면서 여성은 왕위를 계승할 수 없다는 살리카(Salica) 법을 도입했었다. 1789년 코르테스가 이 법을 폐지했지만 카를로스 4세가 이 국본조칙을 공포하지 않았었다. 페르난도가 그것을 왕비가 임신 중일 때 공포했다. 따라서 이사벨의 출생은 돈 카를로스의 왕위 계승권을 박탈하는 것이었다. 돈 카를로스는 즉시 그것의 타당성을 부정하고 나섰다. 페르난도는 온건파의 지원을 얻도록 정부를 개편하고, 사면을 통해서 정치범들을 석방했으며, 자유주의 망명자들의 스페인 귀환을 허락해주었다. 국왕의 건강이 쇠약해짐에 따라 돈 카를로스의 지지자들은 무력을 통해서 그를 왕위에 앉힐 채비를 했다. 1833년 9월 페르난도가 사망하자 스페인은 내전으로 치닫게 되었다.

8 자유주의와 반동
1833-1931

레이몬드 카

I

　드물지만 1830년대의 스페인을 방문한 관광객들은 부르주아 유럽의 물질주의를 피해 선진 산업국가들이 상실해버린 전통사회의 인간적 가치들을 보존하고 있는 국가를 발견했다고 말했다. 영국의 장관이 "일류 부랑아들과 거드름쟁이들, 프랑스 극장 이류 배우들의 평범한 제자들"이라고 기술한 사람들의 지배를 받는 그런 사회는 발전이 불가능한 것으로 생각되었다. 하지만 스페인 헌법들에 표현된 스페인 정치 엘리트들의 공공연한 목표는 스페인 체제를 사회, 경제적 발전의 전위라고 생각된 재산과 지식을 소유한 사람들에게 권력을 부여하는 자유주의 의회군주제로 바꾸는 것이었다. 심지어 1834년의 보수적인 헌법조차도 이른바 왕국의 기본법들을 "시대와 문명의 발전이 요구하는 진보"에 일치시켜야 한다고 주장했다.

　하지만 선출된 코르테스를 정치 체제의 근간으로 삼는 자유주의 입헌정치를 위한 온갖 노력이 안정된 정부를 구성하는 데는 실패했다. 단명으로 끝난 파산한 정부들은 농촌 반동 세력들의 완강한 저항에 직면했다. 주력을 바스크 지방에 두고 카탈루냐와 아라곤에 전진기지를 세운 카를로스파는 1833년에서 1839년까지 지속된 잔인하고 희생이 큰 내전을 통해서 자유주의 군대의 힘을 못쓰게 만들었다. 카를로스주의는 페르난도 7세의 동생 돈 카를로스와 1843년 성년에 달할 때까지 어머니 마리아 크리스티나에게

이사벨 2세의 미성년기 동안 반동적인 돈 카를로스에 맞선 그녀의 왕위 주장에 대한 옹호는 그녀를 자유주의 스페인의 상징이 되게 했다. 그녀는 경험이 없는 소녀로서 왕위에 올랐기 때문에 입헌군주정의 관례들을 거의 이해하지 못했다. 1860년대 정부 내에서 신가톨릭 반동 세력을 지지하면서부터 그녀는 진정한 자유주의 스페인에 대한 "전통적 장애물"의 화신이 되었다. 일련의 재정 스캔들로 불신을 당하던 그녀는 1868년 혁명으로 망명길에 올랐다. 아름답지는 않지만 인정이 많은 그녀가 존경받는 "빅토리아 군주정"의 모델은 아니었다. 전하는 바에 따르면 성 불능의 배우자와 결혼한 관계로 그녀의 불륜에 대한 소문이 끊이질 않았다.

섭정을 위탁한 페르난도의 세 살짜리 딸 여왕 이사벨 2세 간의 왕조 갈등 그 이상이었다. 그것은 중세의 특권(푸에로)이 허용한 바스크 지방의 자치 옹호와 더불어 교회를 박해하고 약탈한 불경건한 자유주의자들에 맞선 십자군 운동이었다. 자유주의자들은 모든 스페인인들에게 단일 헌법을 부과하기로 결의한 "자코뱅식" 중앙집권주의자들이었다. 역사적인 옛 지역들이 프랑스 모델에 기초한 획일적인 주들로 대체되었다. 카를로스주의는 종교성이 깊은 농촌이 자유주의 도시들을 대상으로 벌인 전쟁이었다. 카를로스파에게는 빌바오가 소돔과 고모라였다. 카를로스 부대가 빌바오를 탈취하는 데 실패하면서 파벌주의에 시달린 카를로스주의는 좌절될 운명에 처하게 되었다.

따라서 자유주의자들은 카를로스파 반동 세력에 맞서 이사벨의 왕위를 옹호한 자들로 정의되었다. 1834년에서 1868년까지의 정치투쟁은 온건당을 구성하게 된 "질서의 사람들"인 반(反)카를로스파 연합의 보수 진영과 진보주의자들인 "자유 옹호자들" 간의 투쟁이었다.

자유주의의 약점은 사회적 기반이 견고하지 못한 데 있었다. 심지어 1900년까지도 인구의 3분의 2가 농업에 종사하고 있었고, 스페인인들의 60퍼센트가 문맹이었으며, 부르주아 자유주의의 자연스런 기반인 도시들은 농촌이라는 무지의 바다에 떠 있는 섬들이었다. 진보당과 온건당은 모두 광범한 부정행위를 동원하여 무지하고 무관심한 유권자들을 조종함으로써 권력과 임명권을 놓고 경쟁하는 명사들의 정당이었다. 정치인들은 독립적인 권력 기반이 없었기 때문에 장군들에게 자신들의 "검"이 되어 장교들의 반란인 프로눈시아미엔토(pronunciamientos)를 통해서 자신들을 집권시켜 달라고 호소했다. 이것이 내각에서 진보당과 온건당의 권력 변화를 만들었다. 주요 정치인들은 대중적인 인쇄물을 통해서 카를로스 전쟁 당시의 자유주의 옹호자로 알려진 민족의 영웅이 된 장군들이었다. 진보당의 "검"이었던 발도메로 에스파르테로와 후안 프림, 온건당의 라몬 마리아 나르바에스, 1860년대 자유주의 연합의 레오폴도 오도넬이 그들이었다. 하지만 프로눈시아미엔토가 일련의 군사 쿠데타는 아니었다. 집권 내각이 반역 장군들의 우세한 힘에 굴복하는 것으로 사건이 공식화되면서 프로눈시아미엔토가 유혈의 전쟁으로 귀결되는 경우는 드물었다. 정치 변화의 이러한 군사적

메커니즘은 시민사회가 약한 저개발 국가들에서 특징적으로 나타난다.

장군들은 자신들을 군사적인 불만 세력이 아니라 정당 정치인으로 생각했다. 모든 프로눈시아미엔토는 민간의 지원과 정당 프로그램을 지니고 있었다. 이런 점에서 그들은 1936년 7월 국민전선 장군들이 기도한 군사적 정권 탈취 시도와 달랐다. 정치를 불안정하게 만든 자들은 단지 야심 있는 장군들만이 아니었다. 비정상적인 사생활과 수상한 금융 거래로 비난을 사고 있던 마리아 크리스티나와 그녀의 딸은 헌법상의 특권을 시종일관 남용하여 온건당원들에게 유리하도록 각료들을 임명했다. 그 결과 자유주의 입헌정치의 역학을 엉망으로 만들었다. 선거 결과로 집권하는 대신 궁정이나 성공한 프로눈시아미엔토에 의해서 구성된 내각들은 고도로 중앙집권화된 정부의 지방 공무원들에 대한 내무장관의 방대한 권력을 이용해서 위로부터 충분한 과반수를 만들어낼 수 있었다. 선거 부정이 스페인에만 있는 독특한 현상은 아니었다. 하지만 내무장관이 누린 완곡한 표현의 "도덕적 영향력"이 그것을 다른 국가들과 구별시켜주었다.

온건당과 진보당은 그들의 헌법상의 교리와 민간인 지지 세력의 성격에 의해서 구별되었다. 진보당의 기본 교리는 투표권을 지닌 소수의 재산 소유자들을 통해서 구현된 국민주권이 헌법에 명시되어야 한다는 것이었다. 만일 이사벨 여왕이나 그녀의 오랜 미성년 기간 동안 섭정을 한 그녀의 모친이 진보당원들을 공직에서 추방하기 위해서 헌법을 무시한다면, 무력에 의한 폭정에서 스페인을 구출하는 것이 진보당의 의무였다. 그것은 서서히 일어나는 시위원회들의 지방혁명이나 혹은 더욱 일반적으로 고전적인 프로눈시아미엔토의 형태를 취할 수 있다. 그 어느 것이든 도시의 진보당 지지층, 곧 도시 군중 및 유일한 수입원으로 정부의 하급직을 "탐낸" 다수의 하층 중산계급 구직자들에 대한 호소를 필요로 했다. 1840년대에 3,000명의 구직자들이 몇 안 되는 우체국 일자리에 지원했다. 방대한 엽관(獵官)제도를 통해서 프로눈시아미엔토에 성공한 이후 장군들이 진급과 직함을 보상받듯이 진보당 정치인들이 이 소박한 지지자들에게 보상을 해주리라는 기대가 있었다. 이들은 시위원회를 조직하고 바리케이드에 가담한 자들이었다.

진보당은 일단 집권하자 혁명의 전리품을 지키기 위해서 민병대를 조직했다. 재산을 소유한 모든 세대주에게 개방된 민병대는 급진적인 시의회의 사설 군대였다. 온건당은 의용군을 명사들의 지배를 종식시키는 것으로 간주했다. 그들은 이제 구두 수선공과 재봉사, 푸주한, 제복을 입은 이발사를 따르게 되었다는 것이다.

그들의 이름이 함축하고 있듯이 진보당은 자신들을 정치, 사회, 경제적 근대화의 투사로 생각했다. 그들의 "주피터"는 전하는 바에 따르면 런던의 금융시장에서 출세의 길을 찾은 유대인 후안 멘디사발(1790-1853)이었다. 여기저기서 발생한 지역의 도시혁명들을 통해서 권력을 장악한 그는 1835년 카를로스주의와 사활이 걸린 투쟁에 몰두한 파산한 국가의 수상이 되었다. 그가 제시한 정부의 신용 안정 방안은 먼저 수도회와 다음으로 재속 성직자 계층의 토지재산을 몰수하여 그것을 정부공채 소유자들에게 우선적으로 경매 처분한다는 것이었다. 진보당원들이 가톨릭교의 적은 아니었다. 그들의 "검" 에스파르테로는 미신적이라고 말해도 좋을 정도로 경건하기까지 했다. 하지만 수도원이 병영으로 바뀌거나 파괴됨에 따라 가톨릭 교도들에게는 진보당원들이 신성모독적인 반교권 가두 폭도들의 동맹 세력으로 보였다. 진보적인 자유주의와 반동적인 교회 간의 불화는 결코 치유되지 않았다.

토지의 매매는 파산을 막기 위한 재정 대책 그 이상인 것으로 생각되었다. 진보당의 성서는 애덤 스미스와 그 추종자들의 저작들을 반추한 작품인 플로레스 에스트라다의 『경제정책의 흐름(*Curso de economía política*)』이었다. 경쟁의 미덕을 믿는 자들은 구체제의 중대 결함이 자유로운 토지시장의 결여라고 보았다. 따라서 양도할 수 없는 교회의 법인토지가 매매를 통해서 개인들에게로 "해방되었을" 뿐만 아니라 귀족의 한정상속이 폐지되어 귀족들이 일련의 영주 부과금을 시장에 의해서 지대가 설정되는 절대 소유권으로 전환할 수 있게 되었다. 시장경제를 완성하기 위해서 길드의 독점도 폐지되었다.

경제발전의 처방책으로서 개인의 절대 소유권의 이름으로 법인재산에 공격을 가한 것은 19세기의 진정한 자유주의 혁명이었다. 급진주의자들은

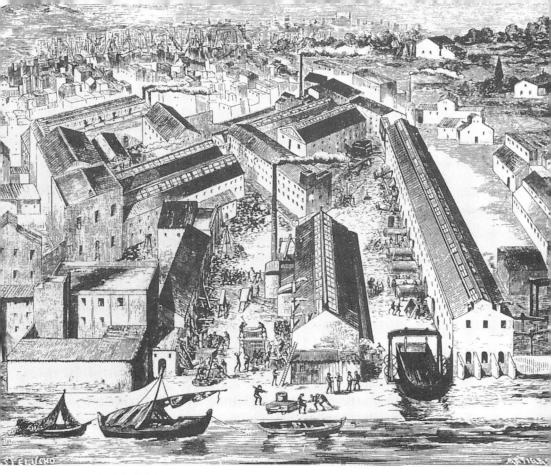

높은 관세 장벽의 보호를 받은 바르셀로나의 면공업은 바르셀로나를 "스페인의 맨체스터"로 만들었다. 19세기 중반 들어 바르셀로나의 산업이 다양화되기 시작했다. 마키니스타 테레스트레 이 마리티마 회사가 주요 금속, 기계 공업체로 변신했다. 이 회사는 스페인 최초의 철도 엔진을 제작했지만 1860년대 후반에 철도 붐이 가라앉으면서 심각한 타격을 입었다. 그리고 상당수의 숙련 노동자들을 거느리고 있어서 1900년대에는 파업에 시달렸다.

나중에 이것을 상속할 것이 없는 농촌 프롤레타리아트들에게 유리한 토지 개혁을 단행할 중대한 기회 상실로 보았다. 현금이나 할인된 정부공채로 매매된 토지는 내부 정보를 가지고 있고 정부에 연줄이 있는 투기꾼들에게 넘어갔으며, 지역 명사들과 실제 농민들에게 넘어가기도 했다. 자유주의 토지혁명에서 빈민들은 농촌 사회의 "유력자들"에게 굴복했다. 무산자들은 과세와 징집(부자들은 병역을 돈으로 해결할 수 있었다)의 대상이었음에도 불구하고 시민권을 인정받지 못했다. 자유주의 헌법들은 투표권을 재산 소유자들에게 국한시켰는데, 온건당이 제정한 1845년 헌법의 경우 그 비율이 성년 남성 인구의 1퍼센트에 불과했다. 진보당은 단지 도시의 숙련공들에게도 투표권을 주었다는 점에서 달랐을 뿐이다.

1840년대에는 민주당이 소외된 자들의 불만을 대변한다는 목적을 내걸고 출범했다. 그 지지 기반은 산업 프롤레타리아트가 형성 중이던 바르셀로나와 안달루시아 및 레반트의 도시들이었다. 민주당원들은 진보당원들의 중용적인 태도를 거부하고 남자의 보통선거권과 토지 없는 자들에 대한 농경지 분배, 고용주들과 싸울 노동자협회의 합법화를 요구했다. 민주당 지도부는 민주적 군주제를 용인하고 있었지만, 그보다 더 좌익은 모호한 형태의 유토피아적 사회주의를 공화주의 중에서도 특히 자치 단위들이나 자치 주들로 구성된 스페인을 "아래로부터" 창출해내겠다는 연방주의 형태의 공화주의와 결합시키고 있었다. 공화당은 근대에 걸맞지 않는 불법적인 것이라며 군주제를 거부했다. 진보당은 프로눈시아미엔토에 성공하기 위해서 민주당원들의 지지가 필요했다. 민주당원들은 시위원회들을 조직하고 열성파를 동원해서 바리케이드를 칠 수 있었다. 하지만 이 동맹은 불안정한 것이었다. 진보당 정치인들과 불만에 가득 찬 장군들은 왕실로 하여금 온건당원들을 몰아내고 자신들을 관직에 등용하도록 만들고 싶었다. 민주당원들은 왕실을 이용할 목적으로 제도를 장악하는 데 만족하지 않았다. 1850년대에 들어서는 부패한 왕실을 폐기하고자 했다. 산미겔 장군은 1845년에 바리케이드가 "파멸과 피와 무질서"로 지주들을 위협하고 있다고 경고했다. 고상한 진보당원들도 일단 권력을 장악하자 민주당원들의 품에서 벗어나고자 했다.

온건당원들은 진보당원들의 지나침에 맞서 질서를 옹호하는 자유주의의 과두 세력이었다. 그들 중에는 고위 공무원들과 성공한 법률가들, 저널리스트들, 궁정 귀족들, 농촌의 명사들, 그리고 고위 성직자들이 있었다. 그들은 버크 계열의 보수주의자들로서 "추상적인" 국민주권 교리를 거부하고 1845년 헌법에 담긴 국왕과 코르테스의 공동주권을 구현하는 이른바 "역사적" 헌법을 지지했다. 그들은 섭정 여왕의 지원을 확신한 가운데 진보당의 지지 기반인 선출로 구성된 시위원회와 사설 군대인 민병대를 파괴하기로 결의했다. 온건당이 섭정 여왕의 지원을 받아 시정부 내 진보당의 보루를 파괴하려고 하자 진보당원들은 그들의 검인 에스파르테로에게 호소했다. 에스파르테로는 1841년에서 1843년까지 섭정 마리아 크리스티나와 온건당 지도자들을 추방시켰다. 두 정당의 치명적인 약점은 파벌 형성을 통해서 안정된 정부 수립을 불가능하게 만들 정도의 힘을 지니고 있었다는 것이다. 진보당원들은 1843년 7월 정치인들이 에스파르테로의 군 측근에 대한 편애에 불만을 제기하면서 분열되었다. 이들은 결국 나르바에스 장군이 이끄는 온건당의 프로눈시아미엔토에 의해서 10년간 정권에서 물러나게 되었다.

진보당원들은 친영파였고 벤덤과 애덤 스미스 찬미자들이었다. 온건당원들은 친불파로서 프랑스의 행정적 중앙집권주의를 통해서 지방정부에 대한 진보당의 지배력을 파괴할 수단을 찾았다. 그들의 1845년 헌법에 따라 시장들이 중앙정부의 임명을 받았으며, 이 시장들은 의회의 안전한 다수를 확보해줄 온건당의 선거 요원들이 되었다. 온건당은 경제발전 촉진과 건전하고 능률적인 행정부를 통해서 상승하는 자본가 계급의 "물질적 이해"에 호소함으로써 안정된 정부를 구성했다. 그들은 낡은 과세제도를 정비하고 프랑스 헌병대를 본따서 공공질서 유지와 재산 보호를 목적으로 하는 군 경찰부대인 치안대(Guardia Civil)를 창설함으로써 행정개혁에 영속적인 흔적을 남겼다. 민병대는 폐지되었다. 대학개혁을 통해서 교수들이 공무원으로 전환되었다. 진보당이 교회 재산을 공격하면서 에스파르테로는 바티칸과 공개적인 갈등에 빠졌다. 교회의 영향력을 사회 질서의 보루로 인식하고 있던 온건당은 1851년 정교협약을 통해서 로마와의 타협을 성사시켰다. 교황은 국가가 성직자에게 보수를 지급해주는 의무를 지는 조건하에 토지 매매를 인정해주었다.

나르바에스는 1845년 헌법이 진보당원들을 공직에서 추방하도록 작동할 경우 그에 따른 통치를 시도했다는 점에서 자유주의자였다. 그러나 온건당은 진보당의 장군이 마드리드 거리에 유럽의 1848년 혁명을 끌어들이지 않을까 두려워했다. 당내 절대주의적 반동 세력의 사도인 후안 도노소 코르테스(1809-1853)에 따르면 "문제는 독재와 자유 사이가 아니라 혁명독재와 정부독재 사이에 있었다." 나르바에스는 헌법을 포기하고 독재자가 되었다. 그는 임종시에 "나는 적이 없다. 그것은 내가 그들을 모두 사살했기 때문이다"라고 말한 것으로 알려져 있다. 왕실은 군사독재로부터 돌아서 전(前) 급진주의 저널리스트이자 철학 교수인 브라보 무리요(1803–1873)라는 인물의 민간 권위주의에 의지했다. 그가 이룬 영구적인 업적 때문에 온건당원들은 행정개혁가들로 알려졌다. 그는 마드리드를 근대적인 도시로 탈바꿈시키는 데 필수적인 신선한 물 공급을 위한 이사벨 2세의 운하 건설에 착수했다. 그는 헌법을 기초한 자유주의자들에 대해서 별 관심이 없었으며, 실제로 그들을 "견장에 홀린 것으로" 무시했다. 그는 사회의 현실을 반영하고 민간 정부의 능률을 보증해줄 헌법을 제안했다. 그의 후임자는 상원의 군사적 과두 세력의 반대에 봉착해서 그들의 지도자들을 추방시킨 부유한 자본가였다.

그 결과는 1854년 혁명, 곧 오도넬이 이끄는 망명 장군들 및 바리케이드에 참여한 민주당원들과 더불어 옛 영웅 에스파르테로에게 충성을 바치는 진보당원들의 프로눈시아미엔토였다. 2년간 집권한 진보당원들은 남자 보통선거권에 입각한 헌법을 초안했다. 그러나 혁명을 성공시킨 연합이 1856년에 붕괴되고 말았다. 오도넬은 에스파르테로의 사임을 요구했고, 진보당원들은 다시 바리케이드에 호소하고자 했으나 실패했다. 자유주의 계파의 파벌주의가 장교단으로 하여금 다시 정치의 조정자로 나서게 만들었다.

1854년 혁명은 정치적인 실패로 끝났다. 1856년 헌법은 전혀 시행되지 않았다. 하지만 단지 정치적 실패만을 본다면 진보당의 2년이 가지는 의미를 놓치게 된다. 진보당원들은 "물질적 이해"에 대한 호소를 국가 쇄신의 신조로 삼았다. 곧 자본주의와 신용과 자유무역이 구체제의 남은 찌꺼기를 파괴시킬 것이라는 내용이었다. 시유지의 매매는 개인의 절대 소유권 명의의 법인 소유에 대한 최후의 공격이었다. 이번에도 피해를 본 것은 빈민층이었다. 진보당 2년간의 코르테스는 조림, 철도, 전신, 도로, 은행 등 모든 측면의 경제생활에 관심을 보였다. 바로 이러한 입법조치(회사법과 광산법)는 1866년까지 지속될 번영과 팽창의 법적 구조를 마련해주었다.

2년간의 진보당 내각이 붕괴하고 완고한 오도넬이 수상의 자리에 올랐

스페인의 중소 도시들은 1840년대부터 1850년대에 근대화되기 시작했다. 그 첫 단계는 성벽의 파괴였다. 이로 말미암아 구시가지 너머로 주택 건설을 확장하는 것이 가능해졌다. 필수적인 것은 깨끗한 물을 공급하는 일이었다. 루카스 벨라스케스가 그린 「마드리드에 도착한 물」에 표현된 것처럼 물 도착은 열렬한 환영을 받았다.

다. 4년 7개월에 달하는 그의 장기 내각이 정치적 안정에 대한 전망을 제공해줄 것으로 보였다. 오도넬은 진보당 2년간의 계승자로서 경제 팽창 프로그램에 의한 "물질적 이해"를 이용할 생각이었다. 베니토 페레스 갈도스는 자신의 소설 『오도넬』에서 여주인공이 한 부유한 자본가의 저택 앞에서 신

비적인 체험을 한 뒤 민주당 애인을 버리게 만든다. 수상은 멕시코와 본국 근처의 모로코를 대상으로 일련의 해외 모험에 착수하여 애국적 열정을 자극하고 군대를 주둔시키고자 했다. 카를로스 전쟁에서 오도넬이 그랬듯이 모로코에서는 프림이 국민적 영웅으로 떠올랐다. 그러나 "자유당의 조화" 를 달성하려는 다른 모든 시도와 마찬가지로 자유주의 연합은 붕괴되고 말았다. 여왕이 이때 정치적 자살 행위를 범했다. 그녀는 왕실 내 신가톨릭 보수 세력의 영향을 받아 권력을 맡겨주면 끝까지 충성할 각오가 되어 있는 진보당원들을 공직에서 추방되어야 할 혁명 세력으로 간주했다. 추방된 자들은 철수 —— 부패한 선거 관행에 대한 항의를 뜻하는 정치인들의 거부 —— 를 시도해본 후에 혁명 세력이 될 수밖에 없었다. 에스파르테로에 이어 진보당의 "검"이 된 프림은 일련의 유산된 프로눈시아미엔토를 시도한 끝에 민주당의 도움을 구했다. 하지만 이 동맹이 그의 마음에 든 것은 아니었다.

1868년 9월 혁명은 이사벨의 배제조치로 공직에서 추방된 정치가와 장군들, 자유주의 연합파, 프림의 진보당원들이 만들어낸 프로눈시아미엔토였다. 장군들은 지지의 범위를 확대하기 위해서 도시의 반항적인 민주당원들에게 호소했다. 이사벨은 망명길에 올랐으며, 9월 연합의 임시 정부가 수립되었다.

II

1868년 명예혁명에 폭발적인 대중 지원을 제공해준 비참한 상황은 주기적인 위기의 결과였다면, 그보다 앞선 "혁명들"은 흉작의 결과 높은 곡물 가격에 직면한 도시 대중의 불만이 폭발한 것이었다. 스페인의 외국 무역은 1852년부터 1862년 사이에 배가 되었다. 1860년대 후반에는 주요 철도망이 부설되었다. 공장의 굴뚝은 바르셀로나의 산업 풍경을 바꾸어놓았다. 그러나 이런 경제적 호황은 1866-1867년 철도 건설이 줄어들고 은행들이 파산함에 따라 무너져내렸다.

이러한 위기는 선진 유럽 경제의 불확실한 재난에서 전형적으로 나타나는 것이었다. 하지만 스페인은 아직 공업이 이륙 단계에 있지 않았다. 스페인은 철도 건설 사업의 비용이 많이 드는 불리한 지리적 여건에 처해 있었으며, 값싼 석탄도 없었고, 민족 자본과 사업 기술도 부족한 상황이었다. 토착 자본가들이 실패한 이곳에서 1860년대와 1870년대에 우엘바의 구리와 황철광 자원을 개발하기 위해서 대기업을 설립한 것은 바로 외국의 자본과 기술이었다. 남웨일스인들에게 용광로용 저인광을 제공한 빌바오 주변의 노천 철광산을 설립한 것은 외국 자본 —— 주로 영국 자본 —— 이었다.

이 문제는 격렬한 논쟁을 불러일으켰다. 외국 자본가들은 스페인 광물자원의 개발이익을 얻기 위해서 외국 지배인들이 관리하는 식민지를 설립했다는 비난을 받았다. 철도 상품의 자유로운 수입을 허용함으로써 바스크의 금속공업이 번창할 가능성이 애초에 좌절되고 말았다고 주장하기도 했다. 프랑코 장군에 의해서 부활된 이러한 민족주의적인 주장들은 거짓이다. 외국 자본이 없었더라면 스페인 광물자원은 그대로 땅속에 묻혀 있었을 것이다. 만약에 철도가 바스크 용광로의 강철 생산에 달려 있었더라면 그것은 전혀 건설되지 않았거나, 수십 년이 지체되었을 것이다. 바스크 광산업 수익의 대부분은 영국 제철업자에게로 돌아갔지만, 일부는 스페인에 남아 바스크 소유의 용광로와 제강소, 조선소, 은행에 투자되었다. 진보당원들은 자유무역주의자들로서 외국 투자의 중요성을 깨닫고 그것을 가능하게 하는 법적인 틀을 마련했다.

1868년 스페인 공업의 주축은 여전히 카탈루냐의 섬유회사들이었다. 이 회사들은 내륙의 숙련공 사업을 파멸시키고 스페인의 첫 도시 프롤레타리아트를 창출해 민주당원들에게 지지 세력을 제공해주었다. 그들은 고용주들과 싸울 결사를 요구하며 이들을 지원하고 나섰다. 근대화와 새로운 발명들 —— 자동 물 정방기와 증기동력의 공장 —— 은 러다이트 기계 파괴와 방화를 촉발시켰다. 그러나 노동자들과 고용주들이 한 가지 요구, 곧 영국 면직물 수입에 대한 보호조치에 대해서는 뭉칠 수 있었다. 1830년대에 리처드 포드는 "맨체스터(Manchester)"라는 단어가 카탈루냐인들에게는 욕이 되어버렸음을 발견했다. 특히 1898년 쿠바와 푸에르토리코행 수출 손실이 발생한 뒤에는 직물 제조업자들이 고율의 관세로 보호를 받는 내수시장의 전면 독점을 주장했다. 이것은 불가피하게도 소비자 가격을 상승시켰고, 카탈루냐 제조업자들로 하여금 세계시장에서 경쟁력을 가지게 해주는 인센티브를 앗아가버렸다.

상대적으로 정체된 농업 활동은 이러한 공업과 상업의 근소한 성장에도 미치지 못했다. 영국에서처럼 진보적인 지주나 교육받은 부유한 농부들이 거의 없었다. 갈리시아의 손바닥만한 땅뙈기나 건조한 메세타에 분산된 카스티야 농민들의 농지에서 농업혁명이 일어난다는 것은 불가능했다. 대토지의 경우 19세기 중반의 토지 매매로 증대된 경지 면적의 확장을 통해서 생산이 증대되었다. 그리고 역동적인 수출 부문도 존재했다. 안달루시아의 셰리주가 영국으로 수출되었으며, 이 셰리주 무역이 비평가이자 수필가인 존 러스킨 가문을 부자로 만들어주었다. 레반트의 과일들은 북유럽으로 수출되었다. 스페인은 여전히 부유한 지역과 가난한 지역의 이중경제 체제였다. 국민경제의 부재는 지역 간의 격심한 가격차에서 명백히 드러났다.

북유럽의 선진 산업사회와 비교해보면 스페인의 성과들을 평범한 것으로 보이게 만드는 격차를 발견할 수 있다. 그럼에도 불구하고 성장은 불균형적으로 주변부에 국한된 채 일어났으며, 내륙은 침체된 지역으로 남아 있었다. 조지 바로가 『스페인의 성서(The Bible in Spain)』에서 적어도 대도시에서는 1830년대의 지저분한 지방 관습이 보다 안락하고 부르주아적인 생활양식에 자리를 내주었다고 묘사한 대로 "물질적 이해"가 스페인 사회를 변혁시키고 있었다. 신선한 물이 공급되면서 아름다운 추억의 물장수들이 마드리드 거리에서 사라졌다. 이것은 초기의 기술 진보가 낳은 실업의 한 예에 해당했다.

이렇게 변화하는 사회 속에서 구귀족은 경제적으로 아무런 변화를 입지 않았다. 그들은 영국의 귀족과 비교해볼 때 세력에 치명타를 입은 왕실을 제외하고는 정치적인 타격을 거의 입지 않았다. 1830년대부터 1840년대에 등장한 신귀족은 장군들과 부동산 투기꾼, 저명한 정치 저널리스트, 법률가 등 정치 엘리트의 핵심을 구성하는 명사들이었다. 영국의 관찰자들은 자신들이 스페인 사회의 "민주주의"라고 부른 것에 깊은 감명을 받았다. 서민 출신이 사회의 최상층에 오를 수 있었고, 영국 사회의 속물근성과 엄격한 계급 구분이 스페인에서는 강하지 않았다. 에스파르테로는 마부의 아들이었다. 교회 내에 오랫동안 존재해온 이러한 사회적 이동이 정치생활의 한 특징으로 남아 있었다. 19세기 후반의 위대한 보수주의 지도자들인 카노바스와 마우라는 무명의 시골뜨기들이었다. 이는 글래드스턴과 솔즈베리 후작, 밸푸어와 같은 동시대 영국인들과 현저한 대조를 이룬다.

신귀족은 대개 어느 곳에서나 신흥 부유층의 저속함과 유행을 좇는 모방성을 보여주었다. 철도와 부동산 투기를 전문으로 한 호세 데 살라망카는

은행가인 플라케르의 가족이 부르주아 생활의 즐거움을 누리고 있다. 이들은 1840년대에 등장하기 시작한 성공한 군인, 저널리스트, 법률가, 은행가, 정치인들로 구성된 신흥 도시 중산 계급의 전형이었다. 이들 가운데 다수는 1830년대 교회 토지의 매매로부터 이득을 보았으며, 1860년대의 철도 붐 당시 투기를 했다. 카탈루냐와 바스크 지방 이외의 지역에서는 공업에 종사하는 사람들이 거의 없었다. 마드리드는 오랫동안 숙련공과 공무원들의 도시로 남아 있었다.

스페인 최초의 개인 욕실을 설치했고, 나폴레옹의 요리사를 고용했다. 안달루시아의 대지주 나르바에스는 마드리드에 대저택을 지었으며, "글자 그대로 다이아몬드에 싸인 채로" 그곳에 나타났다고 영국의 각료는 기록했다.

은행업에서 건축과 예술에 이르기까지 모방의 대상이 되는 모델은 제3제국의 프랑스였다. 마드리드의 1860년대는 파리와 마찬가지로 왕실이 연루된 금융과 섹스 스캔들의 시대였다. 유럽의 기성품으로 수입된 낭만주의 운동이 스페인 전역을 휩쓸고 지나갔다. 낭만주의 운동은 천부적인 재능을 가진 시인 구스타보 아돌포 베케르를 배출했고, "전형적인" 관습을 묘사하는 사실주의 문학을 등장시켰다. 고야의 상속자는 없었다. 자신만만한 신흥 부르주아지의 예술시장에는 종래의 초상화가들이 작품을 공급했다.

스페인의 문화생활이 외국인들에게는 이류로 보였다. 그럼에도 불구하고 문학협회, 특히 아테네오 데 마드리드(1837)의 설립은 정치 및 사회 생활에서 지식인들의 체통을 확립하고, 그와 더불어 지식에 근거한 공공 토론의 장을 연 것이었다. 그러나 이 토론은 그것이 영국과 프랑스에서 획득한 지위를 차지하지 못했다. 언론은 정당들과 결속되어 있었으며, 그 발행 부수도 보잘것없었다. 공화주의에 이데올로기적인 기반을 두었던 새로운 지식인 계층은 1860년대 사회의 저속함과 정치적 타락, 형식적인 종교성, 그리고 미숙한 실용주의를 거부했다. 철학 교수인 에밀리오 카스텔라르(1832–1899)는 왕실 스캔들에 대한 그의 통렬한 공격으로 군주정의 위신을 무너뜨린 공화주의의 최대 웅변가이자 논객이었다. 교수직에서 해직된 다음 그가 제기한 "교수직의 자유"와 언론의 자유에 대한 줄기찬 요구는 민주주의자들과 공화주의자들의 슬로건이 되었다. 지적인 쇄신이 무명의 독일 철학자 카를 크라우제(1781–1832)를 따르는 제자들의 작업이었다는 것은 스페인의 문화적 고립에 대한 기이한 논평이다. 철학적이라기보다는 신비적인 체계의 크라우제주의는 스페인 쇄신에 대한 처방으로 교육을, 그리고 수입된 실증주의와 반대로 실용보다는 도덕적 목적을 크게 강조하는 프로테스탄트의 자기 개선 윤리의 한 변형으로 설명할 수 있다. 크라우제주의가 남긴 유산은 개방적이고 관용적인 사회의 이상이었다. 이러한 이유 때문에 가톨릭 교도들은 그것을 이교도의 주장이자 교회의 사회 교육적 영향에 대한 프리메이슨과 프로테스탄티즘 상속자들의 직접적인 공격으로 간주했다. 크라우제주의자들은 1876년 자유주의 엘리트의 사설 학교가 된 자유교육원을 설립했다. 그 소재지가 나중에 루이스 부뉴엘과 가르시아 로르카, 살바도르 달리가 수학한 마드리드 대학교가 되었다.

III

1869년의 헌법을 수반한 1868년 혁명은 1812년의 헌법과 마찬가지로 스페인 역사의 한 분수령이었다. 그것은 진정한 대의 체제의 전망을 제공한 것으로 보였다. 하지만 9월 연합이 해체됨에 따라 그것은 실패로 돌아가고 말았다. 9월 혁명을 이끈 정치인들은 정치적 안정과 평화의 유일한 보증으로서 사람들의 충성을 부르봉 왕정으로 돌리려는 무질서 상태에 빠져들지 않도록 5년간 안간힘을 썼다. 각 행정부는 나름대로 자체의 이해관계와 일치하는 지점에서 혁명을 안정화 —— 혁명 노선을 유지하는 것으로 기술된 과정 —— 시키고자 했다. 이렇듯 반복적인 시도가 실패로 돌아간 핵심 요인은 9월 연합의 구성 및 권력과 관직 임명을 둘러싼 구성 세력 간의 상반된 주장에서 찾아야 한다. 누가 혁명을 "일으켰는가?" 그 혜택을 누가 차지했는가?

9월의 낙관주의를 무너뜨린 것은 스페인 자체 내 정당들 간의 대립뿐만이 아니었다. 9월 혁명의 활력을 빨아먹은 혁명의 암은 자유주의자들이 20년에 걸쳐 소홀히 해온 유산인 쿠바 전쟁이었다. 1868년 식민제국의 최대 유물은 여전히 총사령관의 절대권력과 스페인 공동체 내의 그의 동맹 세력에 달려 있었다. 현지의 크리오요들은 스페인 반도인들로 구성된 정부에 분통을 터뜨렸다. 사탕수수 재배지의 번성 여부가 대미 수출에 달려 있었기 때문에 스페인 커넥션이 경제적으로는 시대착오적인 것이었다. 관대한 자치를 허용했더라면 크리오요들이 만족했을지도 모른다. 이베리아 반도인들과 마드리드의 동맹 세력이 이 자치를 거부하자 그들은 쿠바의 독립을 위해서 반란을 일으켰다. 그 결과는 스페인 군의 쿠바 파병을 수반하고 정부로 하여금 혁명에 대중 지원을 제공하며 맺은 두 가지 약속, 곧 징병 폐지와 식료품세의 폐지를 포기하게 만든 잔인한 게릴라전이었다.

처음에는 강경한 연합주의자 세라노가 섭정을 한 데 이어 진보당 당수 프림이 수상을 지낸 임시 혁명정부는 연합파와 진보당, 민주당으로 이루어진 9월 연합의 충성을 지휘할 입헌군주정 수립을 시도했다. 1869년 헌법은 민주당원들에게 이른바 "자유주의의 성과물"인 보통선거와 배심제도, 종교의 자유를 인정해주었지만, 국왕이 적합해야 한다는 것을 전제로 군주정을 존속시켰다. 민주당원들이 보기에 "소수의 신사들"은 "다른 사람들(즉 민주당원 자신들)이 나무를 흔들어 떨어뜨린 과실"을 요구했다. 더욱 극단적인 민주당원들은 군대에 의해서 진압된 지방 봉기를 통해서 반란을 "계속 밀고 나가려고" 했다. 실망한 지방의 열성파들은 중앙집권 공화정에 반대되는 연방 공화정의 이상에 뛰어든 공화주의자들이 되었다.

강경한 진보당원이자 가장 유능한 세기적인 군 정치가 프림은 국왕 아마데오 디 사보이아를 옹립했지만, 국왕이 1870년 12월 마드리드에 도착한 날 프림은 암살당하고 말았다. 아마데오는 자신을 진보당의 국왕으로 본 연합파의 냉대를 받았으며, 진보당과 민주당 정치인들의 분쟁에 휩싸여 안정된 내각을 구성할 수 없었다. 그는 1873년 2월 절망 가운데 왕위를 양위했다.

이후 1873년의 제1공화국은 혼란 속에 빠져들었다. 병사들은 "견장을 제거하라"고 외치며 장교들에 대한 복종을 거부했다. 4명의 공화국 대통령은 그들 가운데 한 사람이자 연방제 이론가인 피 이 마르갈이 지방 열성파들의 이른바 "미숙한 열정(puerile enthusiasm)"이라고 부른, 제헌 코르테스를 기다리지 않은 즉각적인 연방 공화정 수립 시도를 막을 수 없었다. 그들은 안달루시아와 레반트의 도시들에 독립적인 자치주를 설립했다. 정치적 열광 속에는 초보적인 사회 반란의 기류도 있었다. 소도시의 한 열광자는 "나는 몬티야의 최고 갑부를 죽였다"고 밝혔다. 상당수의 다른 지방 열성파들과 마찬가지로 그에게는 폭력이 일종의 생활양식이 되어버렸다. 파비아 장군은 군기를 회복시키고 나서 "군인이자 시민"으로서 연방 공화정의 무정부 상태로부터 사회와 조국을 구출하는 것이 장교들의 임무라는 결정을 내렸다. 제헌 코르테스를 해산시키는 작업은 몇 발의 총성으로 충분했다. 중앙집권 공화정은 북부에서 재발한 카를로스 전쟁에 직면하여 "자유주의 가문의 일치"를 재건하는 데 실패했다. 장차 알폰소 12세가 되는 이사벨의 아들을 통해서 왕정복고를 설계한 안토니오 카노바스 데 카스티요(1828-1897)는 조직적인 정당에 의한 비군사적인 복고를 원했다. 1874년 12월 한 성급한 여단장이 사군토에서 고전적인 프로눈시아미엔토를 통해서 왕정을 복고시켰다. 카노바스가 "비천한 군국주의 이해관계(the miserable interests of militarism)"라고 부른 것이 다시금 스페인의 정치적 운명을 결정했다.

1868년의 명예혁명은 1854년 혁명과 마찬가지로 정치적 실패로 끝났다.

1873년 1월 코르테스가 스페인을 무정부 상태와 군대의 규율 파괴로 빠져들게 만들 연방 공화국임을 선포하려던 순간이었다. 파비아 장군은 "군인과 시민으로서" 연방주의 내각과 무질서로부터 사회와 조국을 구출하는 것이 자신과 휘하 장교들의 임무라는 결정을 내렸다. 공중에 발사된 몇 발의 총성으로 공화국 제헌의회가 막을 내렸으며, 스페인의 운명은 포병 장군의 수중에 떨어지게 되었다. 1936년 7월 프랑코와 그의 동료 공모자들 또한 조국 구출을 자신들의 임무로 삼았다.

이것이 혁명의 근본적인 중요성을 흐리게 만든다. 그것은 곧 편협한 보수주의적 과두제에 의해서 유지된 가톨릭 군주정이 민주주의와 자유사상의 도전을 받았다는 사실이다. 1869년 헌법의 "자유주의적 성과물"이 "결코 다시는 폐기될 수 없었다"고 나중에 왕정복고 시대의 자유당 수상이 된 로마노네스는 주장했다. 혁명을 패배시킨 큰 파도는 "위기에 빠진 교회"의 함성에서 비롯되었다. 수도원들이 불타버리고 더럽혀졌으며, 군중들이 사제들에게 폭행을 가했다. 1869년 헌법에 규정된 종교의 자유는 "이교"를 용인해주었다. 헌법에 대한 토론이 알려지면서 공개적이고 개방적인 사회의 주창자들과 가톨릭 종교를 시민권의 기준으로 삼는 가톨릭 교회 사이에 전선이 형성되었다.

—¡Gracias á Dios que se ha ..ercado alguien!

1891년 남자 보통선거의 허용으로 스페인이 명사들의 과두정에서 의회민주주의로 바뀌지는 않았다. 내무장관이 보수당과 자유당에 안전한 과반수를 제공하기 위해서 유권자들을 조작했다. 이러한 선거 부패는 농촌 유권자들이 문맹이어서 기권을 했기 때문에 만연할 수 있었다. 진정한 선거 경쟁은 대도시에서나 가능했는데, 그곳에서조차도 기권 비율이 높았다. 이 풍자 만화의 투표소에는 개만 등장한다.

IV

복고왕정과 1876년 헌법은 1923년 한 장군에 의해서 전복될 때까지 지속되었다. 그것은 카노바스 델 카스티요의 정치철학의 산물이었다. 지식인이자 역사가로서 일련의 프로눈시아미엔토와 혁명을 겪은 그는 이러한 것들이 재발하지 않도록 하겠다고 결심했다. 1868년 혁명은 이사벨 여왕과 반동적인 왕실이 주도한 배제 정책의 결과였다. 하지만 그녀의 아들인 알폰소 12세의 복고왕정은 1876년 헌법을 승인한 모든 세력을 끌어안아야 했다. 진보당원들과 개전의 정을 보이는 민주당원들 및 공화파들 —— 전 공화국 대통령 에밀리오 카스텔라르를 포함 —— 은 그들이 혁명을 포기한다는 조건하에 법적인 존재로 인정받을 수 있었다.

카노바스 델 카스티요가 안정된 내각을 위해서 내린 처방은 이른바 평화적 교체를 통해서 자유당과 보수당이 정권을 교체할 수 있게 한 양당제도였다. 1881년에서 1885년 사이에 스스로를 9월 혁명의 성과를 이어받을 상속자라고 생각한 집단들이 연합하여 자유당을 결성하고, 교체 정당으로서 "노년의 목자" 마테오 사가스타(1827-1903)의 지도 아래 내각을 구성했다. 사가스타는 일부 9월 혁명의 자유들 —— 1876년의 보수주의적인 분위기에서 상실된 언론의 자유와 결사의 자유 —— 을 회복시켰다. 1892년에는 혁명의 커다란 성과물인 남자 보통선거가 입법화되었다.

스페인은 이제 이론상으로는 유럽에서 가장 민주적인 정체들 가운데 하나가 되었다. 문제는 이론을 현실화하여 명사들과 "계파들"이 지배하는 체제를 자유선거로 정권을 결정하는 의회 체제로 변혁시키는 일이었다. 내각의 임기가 "만료되면" 평화적 교체제도가 작동하기 시작했으며, 국왕이 야당의 대체 내각을 임명했다. 새 내각의 내무장관은 고도로 중앙집권화된 체제 속에서 법관과 지사와 시장의 통제로부터 오는 "도덕적 영향력"을 교묘히 활용함으로써 신임 내각에 대한 압도적 과반수의 지지를 획득할 수 있었다. 이렇듯 제도적인 선거 부패는 그 대리자들이 아메리카 원주민 족장과 지역 보스를 의미하는 카시케(cacique)라고 불렸기 때문에 카시케주의로 알려졌다. 이 제도가 과반수를 만드는 기계의 역할을 그만둔 것은 대중 정당의 출현과 더불어서였다. 명사들이 대중 정당을 조직하는 데 별다른 관심을 보이지도 않았지만, 무엇보다도 카노바스가 고백했다시피 잠재적 유권자들의 25퍼센트만이 문자를 해독할 수 있는 압도적인 농업사회에서 영국 모델의 선거민들이 존재하지 않았기 때문에 그것들은 쉽게 출현하지 않았다. 카노바스는 선거 부패를 못 본 척했다. 그를 찬미한 한 저널리스트는 "그가 공명선거로 이루어지는 의회 체제의 기초를 고귀하게 여기지는 않았다"고 기록했다. 카노바스의 부관 프란체스코 실벨라가 그를 버리고 보수당을 분열시킨 것은 바로 이러한 이유 때문이었다. 의사 입헌주의는 정치적 분열을 조장했을 뿐만 아니라 국왕의 손에 위험한 무기를 쥐어주었다. 이 제도가 국왕에게 두 개의 강력한 정당들을 놓고 분명한 선택을 할 수 있게 해준다면 국왕은 헌법에 그려진 중립적인 "조정권자"의 역할을 할 수 있었다. 하지만 1909년 이후에 그랬던 것처럼 일단 양당제도가 무너지면 국왕은 막후 인물이 되었다.

V

인위적인 제도와 잠에 취한 대중은 1898년 "재난"으로 알려진, 쿠바 분리주의자들의 동맹 세력인 미국 "소시지 제조업자들"의 손에 당한 불가항력적인 패배에 의해서 동요되었다. 그 결과는 스페인 식민제국의 잔여 국가들인 푸에르토리코와 쿠바, 필리핀 제도의 상실이었다. 이러한 국치에서 자성의 물결이 터져나왔다. 다른 유럽인들이 제국을 건설하고 있는 이때에 스페인은 왜 제국을 상실했을까? 스페인이 퇴폐적인 국가였을까, 아니면 역사가 알타미라가 주장한 대로 자체 내에 국가 회복의 힘을 지니고 있었을까? 이러한 염세주의와 낙관주의가 합쳐져서 이른바 쇄신운동이 되었다. 한 풍자가는 "쇄신운동이 약소국에게는 훌륭한 의사와 사도와 구세주 추천을 받은 일종의 강장제였다"고 기술했다.

쇄신운동이 그 내용이나 밀집도 면에서 새로운 것은 아니었다. 아라곤 농부의 아들이자 독학을 한 박식가로서 쇄신운동의 선각자가 된 호아킨 코스타(1846-1911)는 스페인의 후진성에 대한 역사적 뿌리를 오랫동안 탐구했다. 쇄신은 카시케주의 —— 그가 만든 비난의 뜻이 담긴 용어 —— 를 몰아내고 사회의 "활기찬 세력"으로 하여금 정치생활에 뛰어들게 하는 것이다. 그는 농장주들의 불평과 상공회의소들의 불만을 결합하여 정치인들로 하여금 교육과 사회와 경제 부문의 야심찬 개혁 프로젝트에 착수하도록 하는 국민운동으로 발전시켜나가길 바랐다. 그는 이러한 시도에 실패했다. 그가 생각한 대로 쇄신운동은 "활기찬 세력"이 그의 요청에 응답할 것이라는 신화에 의지했다. 하지만 그들은 실제로 응답하지 않았다. 코스타는 스페인을 민주화하기 위해서 대중이나 정당 없이 "철의 외과의사(iron surgeon)"에 호소했다.

1898세대의 문학 르네상스는 재난 이전의 문화적 기성세대가 보여준 평범함에 대한 일종의 광범한 시위였다. 스페인의 디킨스인 갈도스와 심리학적 걸작인 『라 레헨타(*La Regenta*)』의 저자 클라린(레오폴드 알라스의 필명) 같은 스페인의 위대한 작가들은 1898년 이전에 주요 작품들을 출간했다. 하지만 이른바 "1898세대" 작가들 및 그 계승자들과 더불어 스페인은 문학적 침체 상태를 벗어났다. 스페인 작가들이 해외에서 미친 제한된 영향력 —— 괴짜 소설가 피오 바로하의 작품이 러시아 어로 번역되었다 —— 보다 더욱 중요한 것은 그들 자신이 유럽 문화에 친숙해진 것이었다. 철학자 호세 오르테가 이 가세트에게는 유럽이 "스페인 문제"에 대한 대안이었다.

쇄신운동의 수사(修辭)는 복고왕정의 비판자들에게 긴급한 구실을 제공해주었다. 누더기를 걸친 질병에 찌든 패전군이 스페인에 복귀했을 때 옛 시위자들에게 새로운 추진력을 제공해준 것은 바로 1898년 스페인을 재난에 빠져들게 만든 체제의 결함들이었다. 돌이켜볼 때 그 체제가 재난 이후에도 살아남았다는 점은 주목할 만하다. 그 이유는 시위운동이 서로 날카로운 대립을 보인 채 체제 내부 세력을 포함하는 모든 사람들이 인위적이고 부패한 제도라고 본 것에 대한, 그리고 보수주의적 쇄신운동가 실벨라가 "무기력하고" "활기 없다"고 묘사하고, 시인 안토니오 마차도가 하품을 하는 국민이라고 표현한 국가에 뿌리를 내린 것에 대한 대안을 제시할 수 없었기 때문이다.

재난을 통해서 새로운 활기를 부여받은 시위 및 개혁 운동에 뛰어든 사람들은 카탈루냐와 바스크의 민족주의자들, 사회주의자들과 무정부주의자들, 그리고 영예로운 군대를 이기적인 정당 정치인들의 요구에 희생시킨 정치인들에게 그 책임이 있다고 본, 패배로 말미암아 수모를 겪은 장교단이었다.

돈 카를로스의 상속자에게 충성을 바치던 카를로스파는 알폰소 12세를 왕위 찬탈자로 보았다. 그들의 카를로스파 왕위 요구자를 옹립하려는 시도, 곧 빌바오의 "바빌론"에 대항하여 새로이 시작한 농촌의 가톨릭 십자군은 1878년의 패배로 막을 내렸다. 카를로스주의는 가톨릭 반동 세력의 보루였다. 하지만 1880년대에 교황 레오 13세의 조언을 따르는 가톨릭 우파가 체제 내에서 교회의 이해관계를 대변하는 정당을 구성했다. 이로써 1888년 본대와 결별한 카를로스주의 순수파는 "그리스도 왕의 사회적 통치"를 선포하는 극단적 형태의 트렌트계 가톨릭의 생존자로 남게 되었다. 이러한 소란스러운 소수파의 존재로 자유주의 국가를 "차악(差惡)"으로 수용하는 가톨릭 신자들의 영향력이 줄어들었다. 순수파는 자유주의 국가를 절대 악으로 보았다. 바스크 지방의 카를로스주의는 산업화의 위협을 받은 종교심이 깊은 농촌사회의 시위로 남게 되었다. 그것은 제1공화국 때와 마찬가지로 제2공화국 때에도 "교회가 위험에 처해 있다"는 외침과 더불어 되살아나게 된다.

1873년의 무질서로 신뢰를 상실하고 자명한 정치적 진실로서의 공화주의에 대한 신념 이상의 어떤 강령이나 조직도 갖추지 않은 채 교의 투쟁에 빠져든 공화주의 운동은 그 일부가 여전히 "검"을 통해서 체제 전복을 기도하는 지역의 클럽 수준으로 전락했다. 그들은 농촌 스페인에 거의 아무런 영향력을 미치지 못했다. 그들의 세력은 대도시 —— 마드리드, 바르셀로나, 발렌시아 —— 에 국한되어 있었다.

1900년 이후 공화주의의 부활은 두 방향으로 나타났다. 수의사의 아들이자 중산계급의 전형적 대표인 알레한드로 레루는 대도시의 빈민굴에서 살아가는 소외된 노동자들의 불만을 이용하는 도시의 옛 혁명적 전통을 이어받은 상속자였다. 바르셀로나 프롤레타리아트에 대한 민중 선동가로서의 그의 호소는 어떤 특별한 강령보다 한편으로는 노동계급과, 다른 한편으로

는 "교양 없는 노동자들" 및 그들의 표를 구하는 자들을 경멸하는 자기만
족적인 부르주아지 간의 문화적 격차에 대한 인식에 기초한 것이었다. 부
르주아적 가치에 대한 그의 공격의 주된 내용은 1830년대의 격렬한 반교권
주의의 부활이었다. "쇠락하는 문명을 약탈하고, 그 신전을 허물며, 수녀들
의 베일을 찢고, 그들을 어머니의 대열에 올려놓자." 그의 추종자들이 1909
년의 "비극의 주간(Tragic Week)"에 수도원을 불태우며 이것을 행동에 옮
겼다. 그는 또 바르셀로나 주변의 공장들로 몰려든 타지역의 이주민들에게
호소했다. 반(反)스페인적이라는 공격을 받은 카탈루냐 민족주의와의 힘겨
운 선거전에서 이들은 그의 공화당에 찬성표를 던졌다. 타락했지만 유능한
조직 정치가인 그의 급진당이 1914년까지 바르셀로나의 정치를 주름잡았
다. 이 무렵 그의 노동계급 지지 세력은 사라져가고, 그는 존경받는 부르주
아 정치인으로 변신하고 있었다.

1912년에 창당된 부르주아 계열의 공화주의 정당인 개혁주의 공화당의
특징은 지도부의 지적인 자질이었다. 이것이 철학자 호세 오르테가 이 가
세트와 나중에 제2공화국의 대통령이 되는 젊은 마누엘 아사냐를 끌어들인
요인이었다. 개혁주의 공화당의 이상은 최신의 사회교육 입법을 갖춘 현대
적이면서도 민주주의적인 스페인이었다. 알폰소 13세의 군주정이 이것을
제공해준다면 좋고, 그렇지 않다면 그것이 다른 것으로 대체되어야 했다.
개혁주의자 구메르신도 데 아스카라테는 "일종의 불행 같은 것이 왕조가
오늘날의 사회 정치 문제를 해결하는 것을 방해하고 있다. 해결할 수 있는
유일한 정부는 공화정이다"라고 기술했다. 그의 예언은 1931년 4월 대도시
의 자치단체 선거에서 군주제파가 패배하면서 실현되었다. 군주제가 민주
화를 수용하지 않았기 때문에, 선거 결과 그것의 도덕적, 정치적 기초가 크
게 훼손된 것으로 나타났다. 그러나 1931년의 선거 결과를 통해서 드러났
다시피 공화주의에 대한 선전이 농촌 스페인을 파고드는 데는 또다시 실패
했다.

아일랜드나 체코의 민족주의와 마찬가지로 카탈루냐주의는 찬란한 과거
에 대한 기억과 외부의 억압 국가에 의해서 "희생을 당했다"는 감정이 결
합되어 생겨났다. 번성하는 상업제국의 자유들을 보호하는 중세의 제도들

은 이미 부르봉 국왕들과 자유주의적 중앙집권주의자들에 의해서 파괴되어버렸고, 카탈루냐의 산업은 친영(親英)적인 자유주의적 자유무역주의자들의 위협을 받았다. 카탈루냐의 제조업자들은 보호조치를 요구했다. 마드리드의 정치인들은 근면한 카탈루냐인들의 이윤을 착취하는 기생자들이었다. 1830년대에 카탈루냐 언어와 문화의 문학적 르네상스로 출발한 카탈루냐주의가 1890년대에 카탈루냐어 사용 지역의 자치를 요구하는 카탈루냐 정치운동의 출현으로 이어졌다. 그 지도자인 프랏 델 라 리바는 스페인 국가가 카탈루냐를 터키의 그것처럼 비참한 노예 상태로 전락시킨 폭력으로 이루어진 커다란 기계의 한 단위라고 보았다. 그러나 그와 그의 제자인 자수성가한 백만장자이자 타고난 정치가인 캄보는 급진적 민족주의의 수사(修辭)를 거부했다. 그들은 지역주의자들로서 정치 체제에 편입해 카탈루냐의 "스페인 내" 자치를 위해서 싸웠다. 그들이 조직한 정당 리가가 최초의 현대적인 정당이라고 볼 수 있다.

  카탈루냐주의의 문제는 그 구성 세력이 다양하다는 것이었다. 주교들과 부호들, 연방공화주의자들, 훌륭한 시민들, 커피숍을 떠도는 집시들이 참여하고 있었다. 1906년에는 레루를 제외한 이 모든 세력들이 재판권법을 통해서 군에 양도된 시민의 자유들을 보호하고 카탈루냐의 자치를 요구하기 위한 "카탈루냐 연대" 운동에 참여했다. 연대는 10만 명에 달하는 대중 시위를 전개했으며, 1907년 총선에서 지역 카시케들을 물리치고 전승을 거두었다. 캄보는 카탈루냐의 요구들을 성사시키는 데 이 힘을 사용하길 바랐다. 그러나 자신의 뜻을 이루지는 못했다. 1914년까지 카탈루냐가 성취한 것은 카탈루냐 4개 주들의 행정적 연합을 의미하는 연합체의 신설이었다. 이 연합체의 장이었던 프랏 델 라 리바는 이를 카탈루냐 민족 부흥의 기반인 문화와 언어를 증진시키는 데 사용했다. 카탈루냐주의는 이제 더 이상 1830년 르네상스기 문학적 열성파들의 전유물이 아니었다. 이제는 카탈루냐 노동자 계급의 합창단이 생겨났으며, 카탈루냐 문학에 대한 열정을 확산시키는 대중 도서관들도 등장했다.

  캄보와 리가는 마드리드 정부와의 협력이라는 협박과 제의를 통해서 카탈루냐의 "스페인 내" 자치 요구를 해결할 방안을 모색했다. 그러나 카탈

1909년의 비극의 주간은 경건한 가톨릭 부인들이 모로코 전쟁 출전을 위해서 승선하는 징집
병들에게 십자가를 나누어준 것에 의해서 촉발되었다. "부자들의 교회"에 대한 노동계급의
전통적인 반교권주의가 폭발하여 교회 12곳과 수도원 40곳이 불타거나 파괴되고, 파업으로 바
르셀로나가 정체 상태에 빠졌는데, 이는 공화주의자들과 무정부주의자들이 선동한 것이었다.
사진은 치안대가 혐의자들을 체포하고 있는 광경을 보여준다. 1,000명 정도가 체포되었다.

루냐 자치체를 통해서 다시 살아난 캄보의 대스페인 시각이 카탈루냐 외부
에서는 설득력을 얻지 못했다. 자치가 분리주의로 나아가는 첫걸음으로 비
추어졌던 것이다. 바르셀로나 내부에서는 적대적인 것은 아니라고 할지라
도 카탈루냐의 요구들에 대해서 보여준 노동계급의 무관심을 이용한 레루
의 스페인 민족주의에 직면했다. 카탈루냐 좌파는 리가가 마드리드 정치인
들과 협력하여 카탈루냐를 "군주제적 보수주의의 부속물"로 전락시켰으
며, 스페인을 "그것이 억압하는 민족보다 더욱 열등한 억압 국가"로 만들
었다고 보았다. 정치적 카탈루냐주의는 1922년 카탈루냐 행동의 창설과 더
불어 공화좌파에게로 넘어갔다. 마드리드의 비타협적 태도와 결합된 급진
적 민족주의의 수사는 스페인의 보수주의적 민족주의자들의 두려움이 자

기 달성적인 예언으로 바뀌게 만들었다. 마시아 대령이 카리스마적인 분리주의 운동의 지도자가 되었다. 카탈루냐인들은 연방국가의 한 일원으로서 자유공화국 카탈루냐를 위해서 싸워야 했다.

카탈루냐인들과 마찬가지로 바스크인들도 자신들을 카를로스 반란에 대한 "처벌"로서 자유주의적 중앙집권주의자들에 의해서 옛 자유들을 파기당한 희생자라고 생각했다. 하지만 바스크 민족주의는 복고왕정에 대해서 결코 심각한 도전을 제기하지 않았다. 바스크 민족주의는 카탈루냐주의가 가지고 있는 정치적 영향력이 부족했다. 역내 산업 과두 세력의 지원을 거의 받지 못했으며, 그것의 문화적, 언어적, 정치적 뿌리의 견고성도 훨씬 떨어졌다. 가장 저명한 바스크의 지식인들인 철학자 미겔 데 우나무노와 소설가 피오 바로하는 문어로서의 바스크어에 대해서 수치스러워했다. 우나무노는 실업계의 거물 코미야스 후작의 후원을 받고 있던 카탈루냐 시인 베르다게르를 생존하는 스페인 최고의 시인으로 간주했다. 하지만 바스크 문학에는 그러한 저명인사가 없었다. 토착 바스크인들은 강한 공동체 의식을 지니고 있었다. 하지만 카탈루냐와 달리 바스크의 주들은 기댈 만한 영예로운 과거를 지닌 단일한 정치체의 기억이 없었다. 카를로스 가문 출신으로서 바스크 민족주의와 바스크 민족주의 정당(PNV)의 설립자인 사비노 데 아라나는 바스크어를 사용하는 공동체가 일자리를 찾아 빌바오 주변의 광산과 공장으로 몰려든 카스티야어를 사용하는 이주민들, 곧 마케토스(maketos)들의 대규모 유입에 의해서 위협을 받고 있다고 보았다. 그는 공동체를 이러한 뒤섞임에서 구출하기 위해서 스페인에서 분리될 에우스카디(Euzkadi)라는 민족체를 만들었다. 이 독립국가의 공식 언어는 바스크어이다. 그는 이 바스크어가 마케토스들을 정치 공동체에서 배제시킬 수단이라고 보았다. 그의 민족주의는 본질적으로 인종주의적이었다. PNV는 그의 인종주의적 배타주의를 확산시켜나갔다. 하지만 카탈루냐 민족주의와 달리 PNV는 결코 좌파로 기울지 않았으며, 급진적 민족주의자들이 그것의 법적 전술들을 받아들일 수 없는 가톨릭 보수당에 머물러 있었다. 그리고 1960년대에는 에타(ETA)의 테러리즘을 채택하게 된다. 이에 비해 카탈루냐 민족주의는 광범위한 사회적 지지를 받은 데다 언어적, 문화적 기원이 확실해서 폭력에 호소할 필요가 없었다.

조직적인 노동계급의 시위는 1840년대부터 협회의 형태로 존재해왔다. 노동계급의 시위에 나타난 새로운 활력이 쇄신운동 그 자체와는 거의 아무런 관련이 없었다. 그것은 산업화의 결과물이었다. 그것의 치명적인 약점은 유토피아적 성격의 혁명적 무정부주의자들과 정당 활동에 뛰어들 준비가 되어 있는 실용주의적 성격의 마르크스 사회주의자들 간의 이념적, 지리적 분열이었다. 사회당(PSOE)은 1879년에, 그 노동조합(UGT)은 1880년에 창설되었으며, 모두 가난한 세탁부의 아들인 파블로 이글레시아스의 영감을 받았다. 경건한 도덕주의자인 이글레시아스는 프랑스의 사회주의자들로부터 부르주아 공화주의에 대한 적대감을 이어받았다. PSOE는 독자적으로 선거를 치렀기 때문에 1910년까지도 스페인 전역에서 3만 표를 얻지 못했다. 인달레시오 프리에토는 이러한 정치적 퓨리터니즘을 거부했다. 그가 공화주의자들과 맺은 동맹 덕분에 PSOE는 1923년 7석의 의석을 제공받을 수 있었다. 사회주의의 보루는 마드리드의 노동귀족 —— 이글레시아스는 인쇄공이었다 —— 이외에도 아스투리아스의 탄광 지역과 빌바오 및 그 인근 지역의 노천 철광과 금속공업이었다. 1890년대의 파업에서 노동조합을 노동 갈등의 해결 당사자로 인정하기를 거부한 고용주들의 비타협적인 태도에 직면하여 UGT가 폭력에 호소한 것은 그것이 허약한 상태에 있음을 보여준 하나의 징표였다. 서유럽의 다른 지역에서와 마찬가지로 1914–1918년의 제1차 세계대전을 거치면서 노동조합의 조합원 수가 극적으로 증가했다. UGT는 1917년 의회 전술을 포기하고 무정부주의 노조의 혁명적 총파업에 참여했다. 그리고 비참한 실패를 겪은 후 합법성으로 복귀하면서 폭력을 주도한 사람들을 소규모의 공산당으로 몰아붙였다.

PSOE의 중요성은 그것이 노동자 조직을 대변하는 세력(이탈리아와 독일의 사회주의에 비해 보잘것없는 증가를 보였다)이라는 점보다는 "봉건적" 군주제를 비판하는 공화주의자들의 상속자라는 점에 있었다. PSOE는 이글레시아스 때부터 부패한 체제에 대한 도덕적 대안을 만들고자 시도했다. 그 집회 장소(인민원)를 통해서 노동계급을 교육하고 그들의 취태와 부도덕함을 근절시켜나갔다.

바르셀로나의 엘스 콰트르 가츠 카페는 1890년대부터 카탈루냐에서 "모더니즘"으로 알려진
예술 부흥의 중심지가 되었다. 부유한 부르주아 가문 출신의 산티아고 루시뇰(1861년생)과 라
몬 카사스(1866년생)와 더불어 피카소가 그의 초기 작품들을 전시한 곳이 바로 여기였다. 카
사스는 초기에 바르셀로나 노동계급의 투쟁에 경도되어 있었다. 그가 1894년에 그린 이 작품
은 한 무정부주의자를 교수형에 처하는 광경을 보여준다.

    무정부주의의 보루는 바르셀로나의 프롤레타리아트와 제럴드 브레넌이
유럽에서 가장 비참한 기아 상태의 노동계급이라고 묘사한 안달루시아 대
농장의 토지 없는 임시 노동자들인 브라세로들(braceros)이었다. 사회주의
자들은 나바라와 카스티야의 들판을 가톨릭 노조에게, 안달루시아와 레반
트의 들판을 무정부주의자들에게 내맡긴 채 농촌 스페인에 침투하려는 시
도를 거의 하지 않았다. 유럽의 주요 국가(스페인)에 나타난 이러한 무정부
주의의 영향력은 역사가들을 당혹하게 만들었다. 아마도 매우 단순하게는
모든 형태의 노동 조직에 대한 고용주들과 지주들의 적대감이 폭력을 유일
한 대안으로 삼게 만든 것이라고 설명할 수 있을 것이다. 안달루시아의 무

정부주의는 메시아적, 원시적 반란의 형태를 취할 수 있었다. 하지만 브라세로들은 성과급 노동과 임시 노동을 폐지하라는 구체적인 요구 사항들을 제시했다. 1917년 이후에는 볼셰비키 혁명에 의해서 고무된 파업과 토지 점거의 물결이 안달루시아를 휩쓸며 지주들을 도시의 안전망으로 몰아냈다.

무정부 생디칼리슴 조합(CNT)은 1910-1911년에 본질적인 결함을 지닌 노쇠한 자본주의 사회에 대한 최후의 투쟁에 프롤레타리아트를 동원할 목적으로 설립되었다. 그러나 이러한 위대한 혁명적 사회 변혁을 어떻게 달성할 것인가라는 방법을 두고 무정부주의자들의 의견이 달랐다. 생디칼리스트들은 "그날" 고용주들에 대한 직접 행동을 취할 조직적이고 투쟁적인 노조가 결성될 것이라고 보았다. 하지만 생디칼리슴은 빅토르 세르지가 바르셀로나의 "방대한 부랑자 세계"라고 말한, 폭력에 호소하는 길 외에 좌절에 대한 출구를 찾을 수 없었던 소외된 자들에게 거의 아무런 호소력을 가지지 못했다. 이것은 강력한 개인주의적 전통의 무정부주의에 의해서 수용되었고, 폭파와 암살이라는 "행동에 의한 선전"의 형태를 띠었다. 1893년에는 한 무정부주의자가 부유한 부르주아지의 사교 중심지인 리세오 극장에 폭탄을 던져 22명이 사망했다. 체포와 고문은 유럽에 종교재판소의 국가라는 스페인의 흑색 전설을 다시 불러일으켰다. 뿐만 아니라 스페인 자체 내에서는 보복 살인의 물결이 일기 시작했다. 카노바스도 1897년에 암살되었다. 전쟁 기간인 1914-1918년과 그 이후에 CNT는 카탈루냐에서 대규모 파업들을 조직했으며, 이에 대해서 고용주들은 공장 폐쇄로 맞섰다. 바르셀로나는 CNT의 권총 살인범들과 고용주들의 사주를 받은 살인 청부업자들 간의 야만적인 사회 전쟁의 무대가 되었다.

무정부주의자들은 사회주의자들과 마찬가지로 속인이 운영하는 학교들을 통해서 반(反)교권적인 성격이 강한(사제들을 부르주아 문명의 이데올로기적 투사로 간주), 심지어 자유연애와 채식주의, 나체주의를 용인하는 대안 문화를 만들었다. 그러나 사회주의와는 달리 무정부주의의 혁명적 유토피아주의, 곧 군대와 치안대를 이용해서 조직적인 시위를 잔인하게 진압하는, 노동계급에 적대적일 수밖에 없는 국가기구에 대한 거부는 그것을 민주정치와 양립이 불가능하게 만들었다. 부도덕한 자본주의 체제가 무너지는 "그날"은 자발적인 가두 혁명이나 총파업의 결과로 도래할 것이다. 어느 것이 필연적인 혁명의 승리를 가져다줄 것인지에 대해서는 무정부주의자들 내에서도 의견이 달랐다.

쇄신운동 차원의 시위운동들은 카를로스주의와 달리 스페인의 근대화라는 비전을 공유하고 있었다. 하지만 가톨릭 교회는 근대화 속에서 과거로의 회귀로 맞서야 할 위협을 보았다. 가톨릭 교도들이 생각한 대로 1876년 헌법의 제한적 성격의 관용과 더불어 고백 국가라는 종교적 통일성이 상실되었다. 세속주의가 장족의 발전을 하고 있으므로 반격을 통해서 잃어버린 터전을 탈환해야 했다. 교회는 1860년대에 이사벨 여왕의 고해신부인 클라렛 신부가 시작한 선교 활동을 확장시켜나갔다. 진정한 경건 활동의 강화는 예수의 성심(聖心)과 원죄 없는 성모수태의 숭배에 집중되었다. 1894년에 창립된 가톨릭 행동은 평신도들을, 그리고 전국 가톨릭 전도사협회는 지식인 엘리트를 동원할 목적으로 설립된 것이었다. 교황 회칙들의 영감을 받아 이루어진 "사회 가톨릭"은 소원해진 노동계급을 그리스도에게로 되돌리는 데 성공을 거두었다.

가톨릭 반격의 선봉은 가난해진 자유주의 국가가 감당할 수 없는 복지와 교육 기능을 담당하게 된 수도회들이 맡았다. 왕정복고기에 여자 수도회는 세 배, 남자 수도회는 열 배로 증가했다. 수도회의 괄목할 만한 성장은 자유주의자들을 경악하게 만들었다. 그들은 수도원, 수도회들과 예수회의 교육 사업을 반동적인 교회 중심 사회의 도덕적 기반을 마련하기 위한 시도라고 보았다. 자유주의적 반교권주의자들과 가톨릭 교도들은 모두 음모론에 빠져들었다. 예수회가 교황청의 비밀 군대였으며, 가톨릭 교도들은 프리메이슨이 자유주의 질서를 파고들 것이라고 보았다. 박식한 가톨릭 신자인 메넨데스 이 펠라요는 계몽사상의 계승자들에 의해서 스페인에 "독"이 퍼져 있었다고 보았다.

가톨릭의 반격은 도시 노동계급과 안달루시아의 농촌 프롤레타리아트를 개종시키는 데 실패했다. 그 원인의 일부는 자원의 불균형 배분에 있었다. 카스티야와 북부 지방의 옛 도심과 마을에서는 많은 수의 교구 사제들이 활동을 전개한 반면, 안달루시아의 교외와 대농장에 거주하는 새로운 노동계급의 빈민들을 위해서는 한 명의 사제가 8,000명의 영혼을 돌보아야 했다. 더욱 중요한 것은 지주와 실업가들의 자금 지원을 받아 종교 부흥이 일어났다는 점이다. 바스크의 실업가들은 빌바오에 데우스토 대학교를 설립했으며, 카탈루냐의 대실업가인 코미야스 후작은 비센트 신부가 창설한 매춘부들의 "구원"이라는 이름의 신앙 노조의 활동과 로마행 성지순례의 자금을 지원했다. "사회 가톨릭"은 노동자들이 순종을 배우고 고용주들이 기독교의 자비를 배우는 계서 사회의 존중과 온정주의로 요약되었다. 비센트의 엄격한 신앙 노조는 유순한 노동계급의 창설 수단으로서 이글레시아스에 의해서 거부되었다. 유일하게 성공을 거둔 곳은 가톨릭적 성향이 강한 카스티야와 나바라였다. 이곳에서는 전국 가톨릭 농민연합이 자급자족 농민들에게 생존을 위한 신용대부를 제공했다.

가톨릭의 새로워진 호전성은 우파의 종교적 헌신을 강화시켜주는 결과를 낳았으며, 교회의 방어를 우파 정체성의 표지로 만들었다. 이러한 호전성이 좌파에게 미친 가장 즉각적인 효과는 1909년 비극의 주간에 부자들의 교회를 대상으로 한 교회 방화에서 나타난 1830년대와 1860년대의 반교권적인 폭력의 부활이었다. 자유사상가들을 거의 찾아볼 수 없는 자유주의자들은 교회의 사회, 교육적 영향이 진보를 방해한다고 보았다. 이 진보는 제2공화국의 정치인들, 특히 아사냐가 건설하고자 했던 "중립적인" 관용 국가에서나 보증받을 수 있었다. 하지만 소수의 가톨릭 지식인 거의 모두는 "중립" 국가를 불신앙의 산물이라고 보았다.

왕정복고기의 정치인들은 그들이 조작하는 체제의 인위성과 부패, 그리고 "아래로부터의 혁명"의 위험을 잘 알고 있었다. "아래로부터의 혁명"은 "공식 스페인"과 카시케주의 장치에 의해서 발언권을 상실한 소외된 중립적인 대중 사이의 간격을 메우기 위한 체제의 총 정비 작업, 곧 "위로부터의 혁명"으로 맞서야 한다고 보았다. 경건한 가톨릭 신자이자 엄격한 질서 준수자이며 당대 최고의 웅변가인 보수당 지도자 안토니오 마우라(1853-1925)에게는 "위로부터의 혁명"이 카시케주의를 일소하는 지방행정 개혁의 형태를 취했다. 그의 개혁은 "마우라는 안 돼"라는 슬로건을 내걸고 "좌파 블록"을 구성한 자유당과 공화당의 완강한 적대감에 부딪쳤다. 마우라의 개혁은 1909년에 성공을 거두었으며, 비극의 주간 책임자들에 대한 엄격한 탄압이 이어졌다. 국왕 알폰소 13세는 마우라에 대한 나쁜 평판이 왕위를 위협할까봐 염려하여 그가 코르테스에서 안전한 과반수의 지지를 받고 있었음에도 불구하고, 그를 해임하고 그 자리에 자유당의 세히스문도 모레트를 임명했다. 마우라가 보기에는 모레트가 반(反)왕조 정당들의 "재봉사"와 연결되어 있었다. 따라서 그는 그와의 협력을 거부했다. 이로써 정당들 간의 합의에 기초한 자유당과 보수당의 평화적 교체가 위협받게 되었다.

자유주의자들의 쇄신책은 엘리트 교육을 담당하는 수도회들의 급속한 성장을 국가가 규제하도록 하는 것이었다. 현대식 교육 체계가 현대 사회를 위한 선결 요건이었다. 종교 문제의 비극은 그것이 일련의 격렬한 시위와 반(反)시위를 불러일으켰을 뿐만 아니라, 자유당 지도자 호세 카날레하스(1854-1912)의 관심을 —— 그를 스페인 자유주의의 로이드 조지로 만들어주었을 —— 사회, 정치 개혁 프로그램으로부터 멀어지게 했다. 결국 그는 1912년에 암살되고 말았다. 그가 사라지자 자유당은 경쟁적인 개인 파벌들로 분열되었으며, 동시에 마우라의 비타협적인 태도는 보수당의 통일을 위협했다.

이렇게 분열된 정치 체제는 유럽의 다른 국가들과 마찬가지로 1914-1918년 세계대전의 혼란에서 비롯된 일련의 위기에 직면하게 되었다. 스페인은 중립 국가로서 수출을 통해서 이익을 보았다. 이 수출 이익이 고용주들에게는 부를 가져다주었지만 그 외의 사람들에게는 인플레이션과 높은 곡물 가격을 안겨주었을 뿐이다. 한동안 CNT와 동맹 관계에 있던 UGT가 철도 분쟁을 총파업으로 전환하려고 시도했다. 바르셀로나의 카탈루냐 정당들은 마드리드에 자치와 개헌 요구를 강요하기 위해서 불법적인 원외 집회를 조직했다. 마침내 군대가 복귀했다. 군대는 전투부대인 만큼 관료 기구였기 때문에 스페인의 모로코 보호령 전투에 참가한 장교들이 승진하자, 본토의 관료들은 방어위원회들을 만들어 고참 연공(年功)에 의한 엄격한 승진과 보다 나은 보수를 요구했다. 애국 장교들의 국가 쇄신 시도로 가장한 이들 군대 노조는 자유당 정치인의 말에 따르면, 양보와 억압 사이를 오

스페인은 모로코에 대해서 해묵은 관심을 가지고 있었다. 영국과 프랑스로부터 북모로코에 보호령을 허락받은 스페인은 지역 부족민들을 평정하는 과업에 직면했다. 부족민들은 1921년 독립적인 리프 공화국을 선언한 압드 엘 크림의 지도하에 애뉴얼에서 일개 군단을 무찔렀다. 사진에는 반란군의 공격에 맞서 수도 테투안을 방어하는 스페인 군이 보인다. 압드 엘 크림은 1926년에 결국 패배했다. 모로코의 "더러운 전쟁"에서 프랑코가 명성을 얻게 되었다.

가며 정부를 협박하고 그것을 전복시키는 "국가 내의 국가"였다.

시위자들이 분열되어 있었기 때문에 정권은 1917년 위기에도 살아남았다. 이것은 자유주의 역사 전반에 걸쳐 치명적인 것으로 입증된 정당들의 분열로 말미암은 "통치력의 위기" 속에서 더 이상 능률적이고 강력한 정부를 제공할 수 없다는 사실을 숨긴 것이다. 바르셀로나와 발렌시아 같은 대도시에서는 두 개의 교체 정당들에게 안전한 과반수를 제공한 장치가 소멸되고 있었다. 1910년에 자유당 정부와 보수당 정부는 내분을 통해서 그들의 과반수가 사라지는 것을 보았으며, 1919년 마우라의 내무장관은 과반수를 만드는 데 실패했다. 단일 정당에 의한 것이든 연립에 의한 것이든 안정된 정부나 "국민의" 정부를 구성하는 것이 갈수록 어려워졌다. 1902년부터 1923년 사이에 내각이 34차례나 바뀌어 일관된 개혁 시도를 불가능하게 만들었다. 이를테면 1898년 이후 군대를 개혁하려는 시도가 여러 차례 진행되었다. 하지만 1898년에서 1909년 사이에 20명의 서로 다른 각료들이 그것을 떠맡게 되었다. 군대 신문은 의회를 군대나 국가의 문제를 해결할 능력이 없는, "사소한 일들"에 관한 잡담 장소로 비하하기 시작했다.

헌법은 1906년 성년에 이른 국왕 알폰소 13세에게 분열된 정당 체제로부터 내각을 구성할 권한을 부여했다. 해럴드 니컬슨이 유럽에서 가장 신성한 궁전이라고 부른 곳에서 여론과 격리된 채 자란 알폰소 13세는 정신(廷臣)들의 아첨과 부관들의 무리에 둘러싸여 있었다. 강력한 내각 구성의 어려움에 대한 그의 격분은 헌정 체제가 그 수명을 다했다는 확신으로 바뀌었다. 그는 1921년의 한 연설에서 헌법의 안에서든 혹은 밖에서든 "그는 자신의 뜻을 실현하고 조국을 위해서 몸을 바쳐야 한다"고 선언함으로써 각료들을 놀라게 만들었다. 그는 일인 쇄신자의 역할을 떠맡았다. 몇 년 뒤에 그의 아들은 이 연설을 "독재의 시작과 다름없는" 것으로 생각했다.

스페인에 독재의 확립을 가져온 것은 모로코에서 벌어진 한 재난이었는데, 그 모로코에서 스페인은 반항적인 어떤 부족이 살고 있는 한 불모 지역을 보호령으로 가지고 있었다. 1921년 애뉴얼 전초기지로부터 퇴각하는 도중에 수천 명의 스페인 병사들이 이 지역 부족에 의해서 잔인하게 학살당하는 사건이 발생했다. 이는 많은 사람들을 충격에 빠뜨린 비극이었고, 장교단 내의 부패와 무능이 검열된 신문을 통해서 흘러나왔다. 코르테스 내의 좌파는 이 재난에 책임이 있는 장군들과 정치인들, 그리고 국왕에 대한 의회의 진상 조사와 재판을 요구했다. 프리모 데 리베라 장군(1870-1930)은 이러한 수모를 피하기 위해서 1923년 9월 바르셀로나에서 프로눈시아미엔토를 일으켰으며, 국왕은 그를 군사 독재자로 수락했다. 이것이 치명적인 대실책이 되었다. 군주제에 합법성을 부여해준 헌법에 대한 대관식의 선서를 국왕이 어긴 것이다.

갑작스러운 자유주의 헌정의 사망을 유럽적인 현상으로 볼 수도 있다.

스페인에서 "부유층"이라고 불린 계층이 볼셰비즘에서 사회를 구출하기 위해서 사설 군대를 조직했듯이, 1923년부터 1926년 사이에 중유럽과 동유럽 전역에 걸쳐 불안정한 파벌 주도의 민주주의가 무너지고 권위주의와 독재가 수립되었다. 한때 카를로스 반동 세력에 맞서 자유주의 국가를 수호했던 군대가 이제는 보수주의적 사회 질서의 수호자를 자처했다.

VI

진실로 대의제적이고 민주적인 정당들에 기초한 하나의 정치적 선택으로서의 자유주의는 실패했다고 하더라도 현대 자본주의 사회를 위한 진보당의 꿈은 실현되었다고 주장할 수 있다. 스페인의 인구는 유럽 수준 이상의 높은 출산율과 사망률을 기록하여 1830년대에 1,100만 명이던 것이 1920년대에는 2,350만 명으로 늘어났다. 20세기 들어 사망률이 하락하기 시작하면서 유럽적인 유형에 근접하기 시작했다. 스페인 경제가 근소한 성장으로 북유럽의 경제 수준에 비해 여전히 훨씬 뒤처지고 이탈리아에 추월당했다고 할지라도, 특히 1910년 이후에는 산업구조를 현대화시킬 수 있었다. 증기 엔진과, 나중에는 전기가 현대식 제분기와 올리브 압착기, 그리고 엔지니어링 회사의 동력을 공급했다. 구식의 수공업 시설물들 옆에 대규모의 현대식 기업들이 들어섰다. 빌바오의 철강 복합 기업인 알토스 오르노스 데 비스카야는 6,000명의 노동자들을 고용했다. 1880년대에는 구체제의 생존 위기인 주기적 기근의 마지막 기근이 발생했으며, 그와 더불어 콜레라도 발병했다.

바르셀로나는 1875년부터 1887년 사이에 "황금 열병"에 사로잡혔다. 대기업 실력자들은 파산에도 살아남았으며, 로페스와 구엘 같은 명문 부호들이 섬유, 제분, 철도, 포틀랜드 시멘트, 은행업, 가스, 해운업에 뛰어들었다. 바스크 지방에서는 금속공업과 조선소가 1870년대 이후 대영 철강 수출의 이윤 투자를 받아 그 규모를 확장했다. 이 금속공업과 조선소는 바스크의 은행들과 더불어 스페인 내 10여 개의 명문들 가운데 가장 강력한 산업 과두 세력을 형성했다. 중공업이 빌바오 주변에 집중된 가운데, 전기 덕분에 그 산업이 값비싼 석탄에의 의존으로부터 점차 해방된 카탈루냐는 화학과 금속 분야로의 다변화를 모색했다. 1920년대에 바르셀로나는 철도 제품과 선박 터빈, 유럽 최고의 고급 승용차 이스파노-스위사를 생산했다. 스페인은 1914-1918년 전쟁에서 중립을 지키면서 교전국들에 대한 수출을 통해서 막대한 이윤을 남겼으며, 카탈루냐의 산업을 더욱 다변화시켰다. 이스파노-스위사 공장들은 프랑스 공군에 엔진을 공급했으며, 테라사와 사바델의 모직물 공업은 군대에 외투를 제공했다. 레반트의 밀감이 수출 작물로 번성했다. 하지만 이러한 번영이 갈리시아와 카스티야의 자급자족 농민들이나 안달루시아의 토지 없는 노동자들에게까지 미치지는 않았다. 동유럽 및 아일랜드의 경우와 마찬가지로 이들이 힘겨운 가난에서 벗어날 유일한 탈출구는 신세계나 바스크 지방과 카탈루냐의 번성하는 산업 지역으로 이주하는 것이었다. 이러한 "외부" 이주민들의 흡수는 바스크와 카탈루냐 민족주의자들에게 오랜 문제로 남아 있었다. 빈농들의 도시 산업 지역 이주는 노동의 호전성과 마찬가지로 근대화 과정의 일부였다. 빌바오의 인구는 1860년대부터 1920년 사이에 두 배로 증가했다. 바르셀로나의 인구는 인근의 소규모 자치체들을 흡수하여 1920년대에 100만 명에 이르렀다. 도시들은 1850년대에 이미 성장을 제한하던 옛 성벽들을 허물었다. 폭이 넓은 새로운 가로(街路)가 마드리드와 바르셀로나를 관통했으며, 시내 전차 궤도가 구시가 중심지와 그곳의 사회적 난잡함을 찾아볼 수 없는 비위생적이고 질병이 만연한 노동자들 중심의 신흥 변두리 지역을 연결시켜주었다. 도시화가 각 주로 확산되어나갔다. 갈리시아의 항구 도시 비고의 발전은 화려한 회의실(1866)과 체육관(1861), 극장(1881)에 반영되어 나타났다. 파블로 이글레시아스가 이곳에서 연설을 했고, 제일 유명한 배우들이 여기에서 공연을 했다.

1888년의 종합박람회는 바르셀로나를 유럽의 도시로 격상시켜주었다. 카탈루냐주의가 가족 농장을 가톨릭의 전통적 가치의 보고로 이상화한 점에서 내부 지향적이었지만, 카탈루냐인들은 또한 자신들이 유럽의 문화적 영향에 개방적인 것을 자랑스러워했다. 바르셀로나의 오페라하우스는 유럽에서 첫째가는 바그너 공연장이었고, 바르셀로나 도시 자체는 현대식 아

스페인의 기업가들과 선박 소유주들은 1914~1918년 전쟁에서 중립을 지킨 덕분에 교전국들에게 물자를 공급함으로써 막대한 재산을 모을 수 있었다. 바야돌리드와 바르셀로나에 공장을 둔 이스파노-스위사 회사는 항공기 엔진을 공급했다. 이러한 전시의 번영은 1920년 들어 무너졌다. 이스파노-스위사 회사는 유럽 부유층의 인기를 얻은 고급식 포장형 관광용 자동차를 계속 생산했다. 스페인은 겨우 1970년대에 대량 시장을 상대로 한 주요 자동차 수출국이 되었다. 이것이 스페인의 근대 산업화에서 최초의 성공 이야기였다.

르누보 건축물의 전시장이었다. 엄격한 가톨릭 신자인 천재적인 건축가 안토니 가우디는 신흥 부유층의 저택들을 지었다. 카탈루냐주의의 정치 지도자 도메네크 이 몬타네르는 자신의 음악의 전당을 건축하면서 카탈루냐의 모티프에다 철과 유리를 대담하게 활용하여 결합시켰다. 파블로 피카소와 호안 미로가 프랑스의 영향을 받아들인 것은 바로 이러한 국제적인 분위기에서였다. 그리고 1912년 달마우 화랑에서는 파리 외부 지역에서 최초로 입체파 미술 전시회가 개최되었다. 윌리엄 모리스의 영감을 받아 카탈루냐의 지역 공예가 부활되기도 했다.

마드리드는 바르셀로나의 문화적 활기와 아방가르드 건축을 따라갈 수 없었다. 제임스 엔소르와 카미유 피사로의 친구인 화가 다리오 데 레고예스가 마드리드에서는 전통적인 화풍으로 경멸을 받았지만 바르셀로나에서는 환영을 받았다. 마드리드의 대규모 은행과 새로운 공공건물은 단순한 규모와 장식 면에서는 인상적이었지만 본질적으로 보수적인 성향을 띠었다. 그러나 바스크 은행들이 이전함에 따라 마드리드는 금융 수도로 변했다. 초라한 하숙집과 붐비는 거리로 유명한 마드리드가 현대적인 유럽 도시의 모습을 갖추기 시작했다. 1910년에는 알폰소 13세가 마드리드에 리츠 호텔을 열고 1919년에는 지하철을 개통했다. 서비스 부문이 팽창하면서 신종 직업 계층이 생겨났으며, 1920년대에는 그것이 두 배로 늘어났다. 여성들은 백화점과 전화교환국에서 처음으로 가사 업무에 대한 대안을 발견했다. 도시 재개발과 팽창의 뒤를 이어 모더니즘 작가들이 아방가르드 잡지를 통해서 상징주의와 사상(寫像)주의, 초현실주의를 실험하면서 문화 부흥이 일어났다. 모더니스트들은 단호한 엘리트주의자들이었다. 초기의 프루스트 찬미자인 오르테가 이 가세트는 사회적인 차별성이 있는 모더니즘 엘리트의 예술이 계서 사회의 기초를 이루어야 한다고 주장했다. "정치에서부터 예술에 이르기까지 사회가 원래대로 두 신분, 곧 탁월한 사람들과 보통 사람들의 신분으로 재조직되어야 할 때가 다가오고 있다." "보통 사람"의 욕구는 새로운 대중오락인 영화와 축구로 충족되었다. 이러한 엘리트주의는, 문맹의 대중에게 영국과 프랑스의 유권자들을 정치화시킨 대중 언론이 제공되지 않은 국가에서 불가피하게 나타나는, 자유민주주의 문화의 불충분한 확산에서 비롯된 결과였다. 마드리드에는 30종의 일간지가 있었는데, 그 중에서 가장 중요한 일간지의 발행 부수가 겨우 8만 부에 불과했다. 반면에 프랑스와 이탈리아에서는 주요 신문의 발행 부수가 50만 부 이상에 달했다.

스페인의 근대화가 약간은 진전되었음에도 불구하고, 동시대인들은 스페인과 북서 유럽의 선진 경제 사이의 격차를 깊이 느끼고 있었다. 이러한 격차가 나타난 원인에 대한 전통적인 설명은 곡물 위주의 정적인 농업 부문이 공업제품에 대한 수요를 창출해낼 수 없었다는 것이다. 최근에는 그 균형이 비경쟁적 토착 산업의 생기 없는 활동과, 한편으로는 자급자족 농민의 생계와 다른 한편으로는 기존의 섬유 및 금속 공업을 보호하기 위한 잘못된 경제정책 쪽으로 기울었다. 이 두 부류의 이해관계는 정치적 영향력을 지니고 있었다. 1890년대 이후 보호무역주의 시대에 스페인의 관세 장벽이 유럽에서 가장 높았던 것은 아니었다. 문제는 그들이 잘못된 대상을 보호했다는 데 있었다. 곡물 생산자들에게 높은 보호 장벽을 제공함으로써 관세가 공업제품을 위한 시장을 제공할 수 없는 정체된 경제 부문에 국한되었을 뿐만 아니라, 제조업자들에게는 불리하게 식료품 가격을 상승시켜놓았다. 그 대신 공업적인 이해관계는 내수시장의 보호를 요구했다. 이렇게 하여 수출 상품을 경쟁적으로 생산하기 위한 현대화의 필요성은 약화되었다.

1830년대부터 그것이 정치적으로 사망한 1923년에 이르기까지 자유주의의 본질적인 문제는 간섭주의 국가의 빈곤이었다. 이 빈곤이 단순히 상당한 정도의 지리적, 기후적, 문화적 어려움으로 허우적거리는 경제에서 비롯된 것만은 아니었다. 세수가 지출을 감당하지 못했으며, 카를로스 전쟁 이후에는 국가가 불리한 조건의 차관에 의존했다. 부채의 지불은 국가 예산에 견딜 수 없는 짐이 되었다. 더욱이 국가는 1840년대의 온건당으로부터 지배 과두 세력의 이해관계를 보호하고 운이 없는 사람들을 처벌할 목적을 지녔을 뿐만 아니라, 유연성이 없어 어떤 재화도 동원할 수 없는 것으로 드러난 조세 체계를 물려받았다. 일단 부채 지불과, 군대와 관료에 대한 고정 지출을 하고 나면 쇄신운동가들이 요구한 기간 시설이나 모든 개혁가들이 현대 사회의 필수적인 기초라고 본 현대적인 교육 체계에 투자할 자금이 거의 남지 않았다. 카날레하스 같은 자유주의자들과 다토 같은 보수주의자들은 견문이 넓은 진정한 사회개혁가들이었다. 하지만 그들에게는 로이드 조지의 "신자유주의"는 물론, 심지어 보통 수준의 공장 검사관에게 지원할 자금조차 없었다. 더욱 중요한 것은 군대의 직업적인 요구를 만족시킬 재원마저 없었다는 사실이다. 거듭된 긴축재정으로 말미암은 불만이 군대 신문을 통해서 표출되었다.

VII

가상의 볼셰비키 혁명의 위협에 직면한 카탈루냐 부르주아지와 안달루시아 지주들이 1923년 프리모 데 리베라의 쿠데타를 파업에 대한 구제책으로서 열렬히 환영한 것은 놀라운 일이 아니었다. 『엘 솔(*El Sol*)』지의 무소속 자유주의자들은 스페인을 유럽에서 뒤처지게 한 책임이 "구정치"에 있다고 오랫동안 주장해왔다. 1898년 이래 지식인들이 스페인 사회의 세력을 이루었지만, 그들은 구정치를 너무나 혐오한 나머지 잠재적인 쇄신운동가로서 19세기식의 스페인 군-정치인의 의심스러운 점을 선의로 해석해줄 용의가 있었다. 알폰소 13세가 프리모 데 리베라를 지지해준 대가를 거두어들인 것은 나중의 일이었다. 추방된 "구정치인들"은 별도로 하고 대부분의 스페인인들은 그의 "거짓말"을 스페인 정치계의 오랜 숙원인 일대 개혁을 가져다줄 것으로 생각했다. 프리모 데 리베라는 스스로를, 다만 자신들의 이익만을 대변할 뿐인 부패하고 비능률적인 의회 정치인들을 제거하고 국가를 진정한 애국자들에게 넘겨주라는 부름을 받은, 코스타가 말한 "철의 외과의사"라고 생각했다. 그는 멋진 도락가이자 아마추어 정치인으로서 해야 할 일이 무엇인지를 자신의 직관을 통해서 간파해나갔다. 정치군인들은 복잡한 문제들이 법으로 해결될 수 있을 것이라고 믿는 경향이 있다. 프리모 데 리베라도 많은 법령을 공포했다.

프리모 데 리베라는 정치인으로서 실패했다. 그는 자신이 무너뜨린 입헌군주제에 대한 대안을 제시하지 못했다. "우리는 전에 통치를 해본 경험이 없는 사람들에 의한 정부를 준비하고 있다." 하지만 국민정치연합을 통해서 정당 정치인들을 대체할 애국자들의 운동을 창설하려던 그의 시도는 소수의 우익 열성파들과 상당수 기회주의자들의 관심을 끌었을 뿐이다. 그는 프랑코와 달리 자신을 결코 영구 집권자로 생각하지 않았다. 군대 규율을 짧고 강하게 처방한 다음, "정상(normality)"으로 복귀할 생각이었다. 그러나 정상이 그를 피해갔다. 1925년 새로운 자치 헌법을 제정하기 위해서 국회를 소집했다. 법안에 대한 심의는 그에 대한 지지가 약화되었음을 드러내주었을 뿐이다.

프리모 데 리베라는 소기의 성공을 거두었다. 검열을 거친 언론을 통해서 보도된 빈번한 연설 여행에서 그는 자신이 멋진 나라를 통치하고 있다고 생각했다. 모로코 보호령의 부족들은 마침내 정복되었다. 그의 개인 쇄신운동 가운데는 특히 댐, 관개, 도로 건설 —— 그는 스페인에 자동차 시대

프리모 데 리베라는 1923년 9월의 쿠데타를 통해서 1875년 헌법을 폐지하고 구정치인 계층을 추방한 뒤에 이 사진에 보이는 동료 장군들로 구성된 군 이사회의 조언을 받아 스페인을 통치했다. 군 아마추어들에 의한 통치는 1925년 민간 "기술 관료들"에 의한 통치로 대체되었다. 기술 관료들은 1929년 불황의 시작으로 중단되는 야심찬 공공사업 계획에 착수했다.

를 도래하게 했다고 자동차협회로부터 큰 칭찬을 받았다 —— 등 국가 주도의 야심찬 공공사업 계획이 있었다. 이러한 공공사업이 공업 이륙을 위한 토대를 제공하게 된다. 프랑코가 계승하는 그의 이상은 자립정책으로서 외과의사로 하여금 외제 외과용 메스를 구입하지 못하게 하고, 스페인 인들로 하여금 샴페인을 마시지 못하게 하면서 보호를 통해서 수입 대체를 강요하는 폐쇄된 자급자족적 국가경제였다. 토끼 가죽에서부터 정유에 이르는 경제의 모든 부문에 걸친 그의 국가 간섭정책은 발렌시아의 경제학자 페르피냐 그라우에게 "자멸적"이라는 평가를 받았다. 하지만 생산성과 1인당 소득은 급격히 상승했다. 이것은 아마도 강요된 자립정책의 결과라기보다는 유럽의 전후 회복 덕분으로 보인다. 농업에 종사하는 인구 비율이 스페인 역사상 처음으로 절반 이하, 곧 57퍼센트에서 45퍼센트로 떨어졌다. 산업혁명의 시작이 소비사회의 시작으로 나타났다. 1923년에는 1만8,000대이던 자동차가 1929년에는 3만7,000대로 늘어났으며, 전화기는 6만

3,000대에서 21만2,400대로 늘어났다. 프리모 데 리베라는 노동법을 통해서 노동 갈등을 해결할 혼합위원회를 창설하고 UGT의 협력을 받아냈다. UGT는 대신 경쟁 세력인 CNT가 탄압받는 것을 즐거운 시선으로 바라보았다. UGT의 지도자 라르고 카바예로가 국가평의회 위원이 되었다.

프리모 데 리베라는 자신이 모욕을 가하고 손상을 입힌 1876년 헌법을 아직도 자기들을 집권시켜준 신성한 법전이라고 여기는 "구정치인들"의 지지를 결코 바라지 않았을 것이다. 1928년에는 보수당 지도자 산체스 게라가 불만을 품은 장교들의 지원을 받아 미약한 프로눈시아미엔토를 일으켰다. 그가 단지 새로이 시작된 카탈루냐의 문화와 정체성 수호를 장려하기 위해서 카탈루냐주의를 박해하자, 카탈루냐 부르주아지는 그에게서 등을 돌렸다. 더욱이 사회의 구세주는 위험한 사회개혁가가 되어야 한다는 징조를 보여주었다. 공공사업 계획이 재정적인 어려움에 봉착하자, 세제 개혁안들은 그의 재무장관이 말한 이른바 "금 사태" 속에 묻혀버렸다. 프리모 데 리베라는 PSOE의 지지를 계속 유지시키는 데도 실패했다. PSOE가 인달레시오 프리에토의 영향 아래 UGT의 협력주의를 거부했기 때문이다. 무엇보다도 전에는 지식인들의 성토 대상이었던 정치인들의 반대운동이 이제는 그들의 지지를 얻게 되었다. 문화 부흥의 시대에 기존의 지식인 세력이 독재자의 가장 신랄한 비판자가 되었다. 망명한 우나무노가 그 지식인 반란의 상징이 되었다. 발렌시아의 대중소설가 블라스코 이바녜스는 알폰소 13세에 대해서 격렬한 인신공격을 가했다. 학생들이 가두 폭동을 일으키고 국왕의 흉상들을 박살냈다. 마지막으로 엄격한 연공서열을 폐지하려는 프리모 데 리베라의 군 개혁 시도가 장군들을 소원하게 만들었다. 장군들은 국왕에게 그를 해임하라고 요구했다. 알폰소는 1923년 프리모 데 리베라를 승인해줌으로써 상실한 정치적 기반을 회복하기 위한 최후의 시도로 그들의 조언을 받아들였다. 하지만 이로 말미암아 군대가 또다시 정치적 변화의 주도 세력으로 떠올랐다. 그러나 이때는 프리모 데 리베라만이 희생의 대상이 된 것은 아니었다. 위증을 한 국왕도 같은 운명이었으며, 그가 대표하는 입헌군주제도 마찬가지였다. 분노한 대중은 1931년 4월 제2공화국의 수립을 환영했다. 이렇게 스페인은 대중 정치의 시대로 들어서게 되었다.

9 1931년부터 현재까지의 스페인

세바스천 밸푸어

제2공화국

1931년 4월 14일의 제2공화국 선포는 스페인의 거리와 광장에서 열렬한 환영을 받았다. 새 정권은 스페인 최초의 진정한 민주주의가 도래했음을 예고했다. 이제까지 명사들의 과두 세력과 특권적이고 편협한 성직자들, 억압적인 군 세력의 지배를 받아온 국가에서 공화국은 근대성과 사회정의를 약속했다. 그런 만큼 공화국 지지자들의 기대는 컸다. 남부의 토지 없는 노동자들에게는 공화국이 토지를 재분배해주고 그들의 비참한 생활수준을 향상시켜줄 절실한 토지개혁을 단행할 것이라는 예측을 하게 해주었다. 공업 및 서비스 노동자들에게는 더 나은 임금과 조합권, 그리고 더 많은 교섭권을 약속해주었다. 다른 많은 사람들에게는 공화국이 광범위한 사회, 문화적 개혁을 의미했다. 그들은 소수 집단에게 권리를 확대하고 역사적 지역의 자치권을 인정해주며, 보통 사람을 교육시켜 권리를 부여해주길 바랐다. 일반 동조자들에게는 공화국의 도래가 얼마 안 되는 소수에게서 사회의 방대한 다수에게로 권력과 부의 역사적 이동이 일어날 것을 예고해주는 것으로 받아들여졌다. 좌파의 급진 세력들에게는 그것이 제1단계의 사회혁명을 의미했다. 새 정부는 이처럼 엄청난 기대의 짐을 지고 있었다.

다른 한편으로, 장교들의 회식 장소와 중역 회의실, 교회 같은 보다 사적인 장소에서는 제2공화국을 두렵고 불안한 마음으로 맞이했다. 사회의 전

현대 스페인

통적인 부문은 공화국을 자신들의 이해관계에 대한 위협으로뿐만 아니라, 스페인의 정체성 자체에 대한 위협으로 간주했다. 가톨릭 교회는 공화국이 수행하리라고 기대되는 탈종교화 개혁들이 사회에 대해서 행사해온 자신들의 영향력을 무너뜨리고, 자신들의 오랜 적인 자유사상가들과 프로테스탄트들과 무신론자들의 편의를 도모하지 않을까 염려했다. 지주들과 기업가들은 노동비용이 증대되고 조합권과 교섭권을 규정하는 입법이 추진될까봐 몸서리를 쳤다. 보수적인 군 장교들은 지방자치를 자칭 자신들의 임무라고 여겨온 스페인의 지역 통합을 와해시키는 징조로 보았다. 그들은 또한 장교들로 비대한 군대의 구조조정 작업이 진행되어 대량 해임으로 이어지지 않을까 염려했다. 이러한 사회 보수층의 많은 사람들에게는 민주주의가 자신들의 이해관계와 배치되는 것일 뿐만 아니라 반(反)스페인적이었다. 하지만 군대의 힘으로 공화국을 전복시키려는 계획이 초기에는 부차적인 것으로 여겨졌다.

위로부터의 개혁. 신생 공화국의 임시정부는 군주제와 왕정복고 국가의 종말을 두루 살핀 광범한 정치 여론을 대변하는 대표자들을 불러모았다. 그들은 사회주의자들에서부터 자유주의적 지식인 마누엘 아사냐와 같은 좌파 공화주의자들과, 초대 수상 알칼라 사모라와 같은 보수적인 가톨릭 공화주의자들에 이르기까지 다양했다. 그들이 설정한 두 가지 최우선적인 목표는 대표성이 없는 부패한 정치 체제를 다원민주주의로 전환시키는 것과, 스페인 사회를 근대화하기 위한 개혁 프로그램을 위로부터 시행하는 것이었다. 정부에 의해서 통과된 최초의 입법들은 노동관계에 초점을 맞추었으며, 농업 및 공업 노동자들의 비참한 상황을 즉각 개선하는 데 목적을 두었다. 지주들은 이러한 조치들을 자신들의 권력과 부에 대한 일종의 도전으로 받아들였다. 아사냐는 전쟁장관으로서 군대를 공화국의 통제하에 두고 그것을 순수하게 직업적인 현대식 기구로 전환하는 작업에 착수했다. 그의 개혁은 전역에 합의한 장교들에게는 관대한 것이었지만 다른 사람들에게는 분노를 발하게 했다. 그들 중의 다수는 힘겨운 모로코 전쟁 참전에 대한 대우를 제대로 받지 못했다고 생각했다.

공화국의 목적은 아사냐가 알칼라 사모라에 이어 수상이 되었을 때 초안된 1931년 12월의 신헌법에 명백히 제시되었다. 대표성이 없는 상원이 폐지되고 단원제 의회가 설립되었다. 민주주의를 실행할 수 있도록 선거법이 개혁되었으며, 여성들이 투표권과 의회에 입후보할 권리를 부여받았다. 진보적인 이혼법을 포함하여 일정한 범위의 시민적 자유가 공포되었으며, 토지의 사유재산권이 공익에 종속되었다. 사회입법과 마찬가지로 가장 논란을 불러일으킨 신헌법 조항들은 기존 질서와 충돌했다. 이 조항들은 교회와 국가를 분리시켰고, 교회의 부를 제한했으며, 교회의 교육 감독권을 박탈했다. 따라서 교회는 단숨에 스페인 정체성의 공식적인 표현 기관에서 단순한 임의 단체로 전락했다. 아사냐는 무모하게도 "스페인은 더 이상 가톨릭 국가가 아니다"라고 선언했다. 그 정당성을 바티칸에 대한 유일한 충성에서 찾은 예수회의 해산은 스페인의 모든 단체들을 국가가 책임지게 만들려는, 그렇게 함으로써 사회를 근대화하는 데 필요한 수단을 정부에 보장해주려는 단호한 노력의 일환이었다. 그러나 이러한 탈종교화 조치들은 교회의 교권 조직을 격노하게 만들었으며, 나아가 신생 국가로부터 멀어지게 했다.

개혁의 장애물. 신생 공화국이 직면한 가장 직접적인 문제는 그것이 세계적인 경기 후퇴의 배경 속에서 활동해야 한다는 점이었다. 사실은 바로 이 경제 불황이 공화국을 탄생시키는 데 도움을 주었다. 하지만 그것은 또한 스페인의 엘리트들이 맹렬하게 반대한 부의 재분배 없이 사회 및 노동 개혁을 추진하는 것을 어렵게 만들었다. 정통 재정정책의 신세를 진 아사냐 정부는 19세기 온건당 시절 이래 본질적인 변화가 거의 진행되지 않은 불충분한 조세제도(최고 세율이 4퍼센트였다)에 손질을 가하고 싶어 하지 않았다. 재정개혁에 대한 모색은 프리모 데 리베라 독재로부터 물려받은 예산 적자로 말미암아 더욱 어렵게 되었다. 수확에 악영향을 미치고 남부 농촌 지역 빈민들의 곤궁을 심화시킨 1930-1931년 겨울의 가뭄은 부의 재분배를 더욱 시급한 과제로 만들었다. 하지만 농촌의 위기를 타개하기 위한 토지개혁법은 자금 지원도 제대로 이루어지지 않은, 열의가 없는 내용이었다.

보다 심각한 근본 문제는 사회에 대한 스페인 국가의 지배력이 약하다는 점이었다. 스페인의 근대화 과정은 매우 불균등하게 진행되었고, 주로 북부와 북동부, 레반트에 집중되었다. 그 결과 낙후된 지역에서는 전통적인 엘리트들이 여전히 상당한 권력을 행사하고 있었다. 신생 공화국은 그 어느 세력도 코르테스 내에서 세력균형을 유지하지 못한 광범한 영역의 사회, 정치 세력을 조정해나가야만 했다. 따라서 몇 가지 의미에서 스페인의 위기는 대립적인 세 가지 전후 국가 재건 프로젝트 —— 자유민주주의, 파시즘, 혁명적 사회주의 —— 가 헤게모니 경합을 벌인 제1차 세계대전 이후의 유럽 대부분을 진동시킨 위기의 지역적인 한 변형이었다.

특히 공화국의 사회적 기반이 분열되어 있었다. 전문적인 중산계급의 수는 상대적으로 적었으며, 그들과 토지 없는 노동자들, 산업 노동자들, 그리고 잠재적으로는 적어도 농촌의 차지인들과 소토지 소유자들은 서로 다른, 그리고 때로는 상호 대립적인 이해관계를 나타냈다. 강력한 엘리트들과 그 지지자들에 맞서 개혁 프로그램을 추진하려면 공화국이 이러한 사회집단 모두를 결집하여 동원해야만 했다. 그러나 공화국은 자체의 지지자들과도 곧바로 불편한 관계에 빠졌다.

이런 점에서 주요 문제들 가운데 하나는 법과 질서였다. 1930년 25만 명을 약간 상회한 수에서 1년 반 뒤에 100만 명 이상으로 늘어난 조합원의 증가에 반영된, 공화국의 도래로 말미암아 들뜬 기대는 파업과 토지 점령의 물결로 이어졌다. 더딘 속도의 개혁을 참지 못하고 농업 노동자들의 절망적인 상황에 자극을 받은 무정부주의자들이 반란을 계획했지만 실패로 돌아갔다. 1932년 1월 카탈루냐의 반란은 요브레갓 계곡에서 4일간의 해방 공산주의를 실현했다. 공화국은 법과 질서 유지를 위한 군대개혁을 소홀히 하고서 항의자 사살을 예사로 하는 치안대를 통해서 반란들을 유혈 진압한 데 대한 책임을 느꼈다. 1년 뒤 카디스 근처의 한 마을에서 치안대가 21명의 노동자들과 그 가족들을 학살한 사건은 아사냐 정부를 무너뜨리는 데 한몫하게 된다.

공화국 내의 분열. 공화국을 지지하는 정치집단 또한 분열되어 있었다. 그들은 스페인 자본주의 사회를 근대화하고자 하는 보수적 공화주의자들에서부터 그것을 전복하려는 무정부주의자들에 이르기까지 다양했다. 이 스펙트럼의 중앙에는 주로 중산계급을 사회적 기반으로 하는 중도 좌파 공화주의자들(그들 중에는 자치를 원하는 카탈루냐 공화주의자들도 있었다)을 대표하는 소규모 정당들이 있었다. 더 왼쪽에는 사회당뿐만 아니라 매우 소규모의 공산당과 반(反)스탈린계 공산주의자들이 있었다. 공화주의자들과 사회주의자들로 구성된 연립정부의 첫 번째 균열은 교회개혁으로 비롯되었다. 그것은 더욱 보수적인 각료 두 명, 곧 수상 알칼라 사모라 자신(그는 곧 대통령직을 수락했다)과 내무장관 미겔 마우라의 사임으로 이어졌다.

좌파들 사이에도, 심지어는 사회당 내에서조차도 전략을 둘러싼 심각한 분열이 있었다. 무정부주의자들은 부르주아 국가를 노동계급을 억압하는 기구로, 코르테스를 단순한 매음굴로 간주했다. 사회주의자들의 의제는 개혁에서 혁명에 이르기까지 다양했다. 이러한 차이들은 대개 긴장된 분위기 속에서 난폭한 수사(修辭)로 표현되었다. 상대적으로 부재한 공화국 지지 정당들 간의 합의와 대화 문화는 부분적으로 수십 년의 가신 정치와 8년여의 독재로 말미암은 의회민주주의 경험의 결여에서 비롯된 것이다. 그것은 또한 무엇보다도 남부에서 즉각적인 해결책을 기다리고 있는 심각한 사회, 경제 문제들에서 비롯되었다.

우파의 대응. 이러한 긴장들은 새로운 민주주의에 대한 우파의 대응으로 더욱 악화되었다. 이른바 "격변파(catastrophist)"로 알려진 소수는 공화국 전복을 도모했다. 1932년 9월 호세 산후르호 장군은 실패로 끝난 엉성한 쿠데타를 기도했다. 우파의 대부분을 차지하는 자칭 "우유파(accidentalist)"는 공화국을 승인하고 그 안에서 교회의 특권적 지위를 회복하며 사회 경제적 세력균형의 이동(그들 중 소규모의 기독교 민주파는 사회개혁을 지지했다)을 방지하기 위한 활동을 전개했다. 1933년 2월 믿음직한 가톨릭 법조인 호세 마리아 힐 로블레스의 지도하에 우파 연합인 스페인 자치우익연합, 곧 **CEDA**가 결성되었다. 이 연합의 핵심에는 1년 전에 성직자들과 지주 과두 세력의 지지를 받아 결성된 정당인 국민행동이 있었다. 경제적으로 더욱 낙후된 지역의 지방 소도시들에 거주하는 농민층을 대상으로 교회와 지주들이 마련한 지지자 네트워크가 그 기반이었다. 이 연합은 권위주의적이고 조합주의적인 해결책으로 스페인 위기를 타개하겠다는 바람을 숨기지 않은 채 대중 정당을 창설하여 "박해받는 교회"를 수호하기 위한 선거 승리 작업에 착수했다.

우파는 또한 아사냐 정부에 극단적인 경제 압력을 행사할 수 있었다. 그 대부분이 우파를 지지한 산업 및 금융 부르주아지로, 자본을 해외에 투자하여 세계시장의 페세타 가치를 하락시킴으로써 공화국의 사회입법에 반발했다. 농촌의 우파 지지자들은 공화국의 토지개혁이 자신들의 재산을 위협한다고 생각하여 임금 및 근로조건 개선과 실업 감소를 목적으로 한 입법에 조직적인 저항을 전개했다.

사회개혁 회피와 의회의 의사 진행 방해를 통한 CEDA의 입법 저지 활동은 공화국 지지자들 내의 분열을 심화시켰다. 그들은 또한 좌파들 가운데 의회민주주의에 대한 불만을 확산시켰다. 사회주의 노조(UGT)의 지도자이자 노동장관인 라르고 카바예로는 1933년 여름 부르주아 개혁주의자들과의 협력에 환멸을 느끼고 정부에 대한 그의 지지를 철회했다. 보다 급진적인 조합원들의 지지를 유지하기 위해서 그는 "나는 오늘 부르주아 민주주의를 통해서 사회주의적인 목적을 달성하는 것은 불가능하다고 확신한다"라고 선언했다. 점증하는 대립은 대통령 알칼라 사모라로 하여금 사회주의자들과 공화주의자들로 구성된 아사냐 연립에 대한 그의 지지를 철회하게 하고, 그에 따라 2년 반에 걸친 스페인 근대화 개혁 시도의 막을 내리게 만들었다. 이러한 실패에도 불구하고 공화국의 첫 정부는 광범한 근대화 개혁을 달성했다. 매우 민주적인 새로운 헌법이 마련되었고, 교육이 교회로부터 분리되었으며, 새로운 학교들이 설립되었고, 카탈루냐인들에게 자치법이 수여되었다.

우파 정부. 모순으로 분열된 사회주의자들과 공화주의자들은 1933년 11

월 선거에 공동 후보자로 출마하는 데 실패했다. 특히 사회주의자들은 선거법에 따라 상당수의 의석을 상실했다. 새 의회에서 CEDA가 최대 정당으로 떠올라 우파 급진공화당의 소수당 정부를 후원해주었다. 그리고 급진공화당에 무거운 압력을 행사했다. 따라서 새 정부는 1931-1933년 개혁주의 정권이 추진한 진보적인 입법을 폐지해나가기 시작했다.

1934년 가을 CEDA는 법무, 농업, 노동의 주요 장관직에 세 명의 대표자를 진출시킴으로써 내각에 입각했다. 이 소식은 그것을 스페인에 파시즘이 도래한 것으로 받아들인 모든 좌파 단체들이 기획하고 후원한 봉기적 성격의 총파업을 불러일으켰다. 바스크 지방과 아스투리아스를 제외한 대부분의 지역에서는 파업이 제대로 조직되지 않았다. 아스투리아스에서는 가장 전투적인 스페인 노동운동 집단인 광부들이 모든 부문의 좌파와 더불어 노동자동맹이라는 연합전선을 구성하는 데 참여했다. 노동자들은 2주일 동안이나 스페인의 외인부대와 모로코 용병으로 강화된 군대와 싸웠다. 동시에 카탈루냐에서는 공화파 카탈루냐 민족주의자들이 총파업을 이용하여 단기간이나마 자치 정부를 수립했다. 반란의 진압과 아스투리아스 노동자들에 대한 잔인한 보복은 정부에 불리하게 작용했다.

좌파들 사이에 그렇게 불려지게 된 10월 혁명의 실패는 노동 지도자들의 전면 투옥과 좌파 단체들의 해체로 이어졌다. 심지어 전 수상 마누엘 아사냐는 봉기에 참여하지 않았음에도 불구하고 재판을 받아 1개월 이상 투옥되었다. CEDA 대표들은 내각에 입각하여 공화국 입법을 계속 후퇴시켜나가도록 급진당 동료들에게 압력을 가하기 시작했다. 힐 로블레스는 1935년 5월 전쟁장관으로 새 내각에 입각하여 공화국에 동조한 장교들을 제거하기 시작했으며, 프란시스코 프랑코 장군 같은 유망한 군사 음모자들을 요직에 등용했다. 신문과 연설의 내용을 볼 때 CEDA가 코르테스에서 과반수를 차지함으로써 스페인에 권위주의 정부를 구현하려고 했다는 것은 분명한 사실이다.

인민전선. 그러나 급진공화당과 CEDA의 연립 정권은 1935년 말 급진공화당원들이 부패 스캔들에 휘말리면서 흔들리기 시작했다. CEDA에 의

한 더 이상의 침해로부터 공화국을 보호하고자 한 알칼라 사모라는 새로운 선거를 소집하기로 결정을 내렸다. 마누엘 아사냐와 온건파 사회주의 지도자이자 공화국의 장관을 지낸 인달레시오 프리에토가 주도한 끈질긴 협상 끝에 사회주의자들과 개혁파 공화주의자들의 옛 선거 동맹이 어렵사리 재건되었다. 이러한 협의들을 통해서 1936년 1월에 체결된 무정부주의 노동연합(CNT)을 제외한 거의 모든 좌파 단체들이 참여한 선거협정인 인민전선이 출현했다. 한편, CNT 조합원들이 1934년 10월 봉기 이후 감옥에 투옥된 투사들의 사면을 받아내기 위해서 이번에는 대거 투표에 참여하여 인민전선에 지지표를 던졌다.

1936년 초 선거운동에 동원된 자극적인 수사(修辭)는 스페인이 적대적인 두 블록으로 나뉘어 있다는 느낌을 조장했다. 라르고 카바예로는 만일 우파가 이긴다면 "우리는 반드시 내전을 치러야 한다"고 선언했다. "하느님과 조국을 위해서, 정복이냐 아니면 죽음이냐"라는 힐 로블레스의 선전은 분명 분열을 조장하는 것이었다. 우파의 지지가 상승하여 인민전선이 받은 지지표가 우파의 그것보다 약간 더 많았음에도 불구하고, 인민전선은 2월 선거에서 완전한 승자로 등장했다. 선거 결과를 그린 지도는 낯익은 모습을 보여주었다. 좌파의 보루는 도시와 산업 지역, 그리고 농업 실업과 대규모 라티푼디움 해체 요구가 매우 첨예한 남부와 남서부였다. 인민전선은 또한 최빈농이 집중되어 있는 갈리시아의 여러 지역 및 인민전선의 지방자치 정책에 의해서 도시 투표와 산업 투표가 늘어난 카탈루냐와 바스크 지역에서 과반수를 차지했다.

한편, 우파는 스페인 중부 지역 및 중소 도시가 점점이 산재해 있는 대규모 밀 재배 지역에서 압도적인 지지를 받았다. 이곳에서는 지주들과 소규모 소작농들, 소도시 주민들, 사제들이 좌파가 볼셰비즘의 선구자라는 두려움과 증오를 공유하고 있었다. 우파는 이 무렵 정치적인 분열을 보이고 있었다. 선거 결과 공화국 첫 내각의 개혁들을 폐기하기 위해서 의회의 다수를 획득해야 한다는 CEDA의 전략에 대한 불신이 생겨났다. 인민전선의 승리는 또한 민주주의를 전복하고 권위주의 국가를 수립하기 위한 군사 쿠데타의 필요성을 강화시켜주었다. CEDA의 우측에는 유럽 파시즘의 영향을 받은 두 개의 새로운 정치 세력이 포진했다. 그 가운데 가장 중요한 것은 권위주의적인 우익 군주제파 칼보 소텔로가 이끄는 국민 블록이었다. 칼보 소텔로에게 민주주의는 "극도로 어리석은 것"이었다. 그는 공화국을 전복시키고 가톨릭적인 권위주의 정권을 수립해달라고 군대에 공개적인 호소를 했다. 소규모이기는 하지만 매우 시끌벅적한 우파 정당인 파시스트 팔랑헤가 1933년 독재자의 아들인 호세 안토니오 프리모 데 리베라에 의해서 창설되었다. 파시스트적인 열정에 빠져든 팔랑헤당은 "우리의 입장은 머리 위에 반짝이는 별들과 더불어 야외에서 우리의 무기를 지키는 것이다"라고 열변을 토했다. CEDA의 청년 단체는 이러한 경쟁에 직면해 파시즘의 여러 장식들 —— 대중 집회, 경례, 깃발, 힐 로블레스 인물 중심의 지도자 원리 찬미 —— 을 채택했다. CEDA의 지지자들이 점차 군사적인 해결책으로 기울게 되자 그 지도자들의 선거 전략은 파산에 직면했다. 반(反)공화국 봉기 전략은 또한 스페인 내의 가장 오랜 우익 세력인 전통파나 카를로스파의 지지를 받았다. 이들은 과거에 자유주의 군주제와 1873년 공화국에 맞서 셀 수 없이 일어나고 무너진 권위주의 왕조를 수립하고자 시도했으나 실패한 적이 있다. 이들과 군주제파들은 봉기에 대한 이탈리아의 지원을 얻기 위해서 이미 무솔리니에게 접근하고 있었다.

다시금 아사냐가 이끌게 된 새 정부는 라르고 카바예로가 이끄는 급진파 사회주의자들이 "부르주아 정부"에 더 이상의 협력을 거부했기 때문에 중도 좌파 공화주의자들로만 구성되었다. 점차 혁명적 성격을 띠게 된 라르고 카바예로의 수사(修辭)는 프리에토파 사회주의자들과의 공공연한 불화를 초래했다. 아사냐는 거리와 의회로부터 개혁의 과정을 보호하는 데 심혈을 기울였다. 가장 첨예한 문제는 종전과 마찬가지로 실업이 악화된 남부의 농촌이었다. 사회주의 토지노동자연합의 지도하에 50만 헥타르 이상의 토지를 점령하기 시작한 토지 없는 노동자들의 활동이 정부의 개혁을 앞서나갔다. 산업 지역에서도 10월 혁명 이후 사라진 임금수준과 근로조건을 회복하기 위한 일련의 파업이 일어났다. 이미 1931-1933년 첫 개혁주의 정부의 상대적 실패를 겪은 적이 있기 때문에 혁명적인 것은 아니라고 할지라도 더욱 급진적인 결정이 파업 활동의 특징을 이루었다.

공화국 민병대와 돌격대가 1936년 8월 마드리드를 수호하기 위해서 출병하고 있는 모습을 보여주는 미국인 로버트 카파가 찍은 사진. 대중 동원을 통해서 우파의 반란을 물리칠 수 있다는 내전 초기 공화국 수호자들의 자신감 넘치는 모습을 보여준다.

　스페인을 엄습하기 시작한 위기의 분위기는 농촌의 파업과 불안 이외에도 무질서를 통해서 공화국을 뒤흔들려는 우파의 전복 시도에서 비롯되었다. 확산되는 상호 비난의 수사 속에서 1936년 봄 우파와 좌파 사이의 시내 가두 충돌 횟수가 증가했다. 오래도록 준비해온 군대의 쿠데타 기도가 더욱 빈틈없이 진행되었다. 이러한 계획을 눈치챈 정부는 음모자들로 의심이

가는 장군들을 멀리 떨어진 전초부대로 보직이동 조치를 했다. 이 음모에 가담할지의 여부를 아직 결정하지 못한 프랑코는 가장 멀리 떨어진 사령부인 카나리아 제도에 배치되었다. 계속 주저하는 바람에 그는 공모자들로부터 "미스 카나리아 제도"라는 별명을 얻었다. 7월 13일 칼보 소텔로의 암살 사건은 쿠데타를 일으키기에 손쉬운 뇌관을 제공해주었다. 공화국이 쉽사리 전복될 것이라는 잘못된 생각에 아프리카 주둔 스페인 군은 7월 17일 모로코에서 반란을 일으켰으며, 다음 날 스페인 전역의 주둔군들이 그 뒤를 이었다. 군사 쿠데타의 실패는 피비린내 나는 장기간의 내전으로 이어졌다.

내전

반란군의 수중에 들어간 지역은 1936년 선거의 투표 유형과 대체로 유사했다. 중부와 북서부, 그리고 남부의 일부 지역은 노동자들이 무기도 없이 격렬한 저항을 벌인 일부 도시에서 격전을 치른 결과 반란군이 점령했다. 공화국은 북부 해안 대부분 지역(공화국 통제하의 나머지 지역과 단절되기는 했지만)과, 동부와 중동부 전체(수도 마드리드를 포함한), 그리고 남해안 일부 지역을 차지하고 있었다. 공화국은 무엇보다도 즉석에서 조달한 무기들로 무장한 노동자들의 자발적인 저항 덕분에 쿠데타 기도에도 살아남았다. 정부와 지방 대표들이 민간인 공화국 지지자들의 무장을 준비시켰더라면 더 많은 도시들을 구할 수 있었을 것이다. 그들이 그렇게 하기를 주저한 것은 그들의 혁명에 대한 두려움이 반혁명에 대한 염려보다 더 크지는 않았다고 하더라도 그만큼 크다는 것을 보여주었다.

하지만 내전의 충성을 나타내는 지도가 개인이나 사회집단의 그것과 반드시 일치하지는 않는다. 막대한 수의 공화국 지지자들은 군사행동이나 책략에 의해서 자신들이 반란군의 수중에 들어간 도시들에서 반대편에 있게 된 것을 발견했다. 하지만 양편으로 서로 갈라지거나 혹은 그 어느 편에 대해서도 강한 소속감을 가지지 않은 개인들도 많았으며, 전쟁 발발 당시 어느 편에 있었는가에 의해서 자신들의 충성을 결정한 개인들도 많았다. 이런 식으로 가족들이 헤어졌을 경우, 그야말로 문자 그대로의 동족상잔이 벌어졌다. 시인 안토니오 마차도는 내전 발발 당시 마드리드에 있었으며, 철두철미한 공화주의 운동 지지자로서 다른 지식인들과 더불어 "자유를 위해서 장렬하게 싸우는" 사람들과 정부를 지지하는 선언에 서명했다. 그의 친형이자 동료 시인인 마누엘 마차도는 반란의 날 도시가 반란군의 수중에 들어갈 때 부르고스에 있었다. 그는 내전 내내 반란운동의 선전을 담당한 프랑코의 동서 라몬 세라노 수녜르가 이끄는 지식인 팀에 가담했다. 그의 시들 가운데 일부가 반공화국 반란을 일으킨 지도자들에게 헌정되었다.

전쟁의 이슈들. 양편은 서로 다른, 그러나 상호 연관된 이슈들을 위해서 전쟁을 수행했다. 반란군 내에는 전통 질서의 수호에서부터 파시즘적인 "근대성"에 이르는 광범한 정치 의제들이 공존했다. 공화국을 대체할 체제의 형태에 대한 공동의 목표가 없는 가운데 반란군은 몇 가지 기본 원칙들을 중심으로 뭉쳤다. 그 원칙들은 가톨릭 교회의 역할 회복, 카탈루냐인들과 바스크인들의 분리주의적 야심에 대한 영토 보전, 혼란에 대한 질서 부여, 엘리트 계층의 헤게모니 복귀, 한 고위 성직자의 표현에 나타난 "하느님이 없는" 민주주의의 파괴였다. 반란군을 결속시켜준 힘은 가톨릭이었다. 신앙의 수호는 하느님에 대한 의무이자 스페인에 대한 의무였다. "두 개의 도성"이라는 제목의 살라망카 주교의 9월 30일자 교서에 따르면 "갈등은 세계적인 투쟁의 일부였다." "스페인 땅에서 두 가지 방식의 삶의 이해와 지구상의 모든 나라에 존재하는 보편적인 갈등을 준비하는 두 세력 사이에 유혈의 갈등이 벌어지고 있다……. 공산주의자들과 무정부주의자들은 미덕을 개발하는 사람들을 살해한 암살자이자 형제 살해범인 카인의 자식들이다." 그는 계속해서 전쟁은 "외형적으로 내전의 형태를 띠고 있지만 실제로는 십자군 전쟁"이라고 말했다. 종교와 민족주의가 교합되어 적그리스도에 대한 종교의 수호 및 역사적인 적들, 곧 마르크스주의자들과 유대인들과 프리메이슨들의 음모를 배후에 둔 자유주의자들과 공산주의자들의 반(反)스페인에 대한 진정한 스페인의 수호로 나타났다.

공화군 측은 서로가 언제나 양립하는 것은 아닌 목적들, 곧 자유민주주의와 근대성의 수호, 다원성, 토지 재분배 및 노동자, 농민, 농업 노동자들의 생활수준에 대한 즉각적인 개선, 역사적 지방의 언어와 문화 인정 및 그들에 대한 자치 부여, 사회혁명 등을 위해서, 그리고 국제적 차원에서는 파시즘 확산에 대한 민주주의의 수호를 위해서 싸웠다. 이러한 분열의 가능성에 더하여 공화국 기간 동안 그 지지자들 사이에 발생한, 상대적으로 우파의 파괴 공작을 극복하는 데 실패하는 바람에 부추겨진 양극화는 전쟁과 혁명이라는 허위의 이분법을 만들었다. 무정부주의 지도자 페데리카 몬체니는 "우리는 너무도 자주 민주주의자들을 위해서 죽었다"라고 외쳤다.

전쟁에 대한 혁명의 우위를 주장한 무정부주의자들과 일부 공산주의자들, 일부 좌파 사회주의자들은 수천 명에 달하는 도시 및 농촌 노동자들의 쿠데타에 성심껏 반응을 보였다. 1936년 여름의 "자발적인 혁명" 속에서 민병대가 떨치고 일어나 반란군의 진격을 저지했으며, 도시 노동자들은 공장과 가게와 운송수단을 접수하고 농촌 노동자들은 지주들의 토지 재산을 점령한 다음 집단화했다. CNT는 이러한 혁명 없이 전쟁에 승리할 수 없다고 보았다. 쿠데타 직후의 열광적인 순간에 반란군이 패배한 여러 지역에서는 인민의 권력을 제지하는 것이 불가능한 것처럼 보였다. 혁명적 분위기로 말미암은 이러한 확신 속에 전선 이곳저곳의 규율과 조직은 점차 느슨해져 갔다. 한 온건파 사회주의 지도자는 노동자들이 "격렬한 열정"으로 전쟁을 수행하면서도 "임금과 시간에 대한 노조의 조건"을 유지했다고 주장했다.

공화주의자들과 개혁파 사회주의자들, 그리고 공산주의자들은 오직 강력한 중앙정부를 구성하고 미수에 그친 쿠데타로 말미암아 분출된 혁명적 에너지를 적의 직업군에 맞설 중앙집권화된 인민군을 조직하는 일에 이용함으로써만 승리를 거둘 수 있다고 보았다. 하지만 그들은 문제가 한두 가지가 아니라고 생각했다. 공화국의 기반은 노동자들과 토지 없는 농업 노동자들보다 더 광범한 계층에 있었다. 무엇보다도 중산계층과 소토지 소유자들의 지지를 유지하거나 획득하기 위해서는 사회적 요구를 완화시킬 필요가 있었다. 공화국의 잠재적 동맹국들인 국경 너머의 영국과 프랑스는 공화국 정부가 자신들의 지원을 받기 위해서는 그것이 자유민주주의 치하에 있다는 보증이 필요하다고 보았다.

316

유럽의 열강들. 반란군에게도 국제적인 지원이 즉각적인 관심 사항으로 떠올랐다. 그들의 성공의 열쇠는 1934년 10월 혁명을 진압한 아프리카의 모로코 주둔군과 전쟁으로 단련된 스페인 병사들, 그리고 모로코 용병들에게 있었다. 그러나 해군 장교들이 충성을 바쳤든지, 아니면 친공화파 수병들이 반항을 했든지 간에 스페인 해군의 대부분이 공화국을 지지했기 때문에 지브롤터 해협 건너편으로 이 육군들을 수송할 수가 없었다. 외부의 지원 없이는 이길 수 없음을 알고 국민군은 무솔리니와 히틀러의 도움을 구했다. 이탈리아 독재자는 본능적으로 반란군 편에 섰다. 하지만 그들에게 군사적인 지원을 제공하기 전에 그는 프랑스와 영국 정부들의 대응 가능성을 신중히 고려했다. 그는 두 정부가 영국의 경우처럼 공화국에 대해서 실제로 그렇게 적대적이지는 않지만 열성을 보이고 있지도 않다고 보고 아프리카 군대를 스페인 본토로 공수할 폭격기를 제공했으며, 전체 10만 명에 달하는 이탈리아 정규군을 포함하는 반란군에 대한 대규모의 연속적인 군사 지원 프로그램을 가동하기 시작했다.

히틀러 또한 전략적인 중요성이 지대한 서지중해의 지브롤터 근처에서 동맹국 하나를 얻는 이득보다 연합국을 대경실색케 하는 위험이 더 작다고 보았다. 그와 그의 장군들은 신무기와 전술을 시험해볼 기회로 환영했다. 그래서 독일 수송기들도 수송을 지원하기 위해서 모로코에 파병되었으며, 무기와 정예부대의 지원이 그 뒤를 이었다.

당시 영국이 취한 유화적인 외교정책은 또다른 유럽의 재해를 피해야 한다는 판단과, 독일의 팽창주의적 야심이 소련 쪽으로 돌려지기를 원하는 바람에서 비롯된 것이었다. 스탠리 볼드윈의 보수당 내각은 내전을 대규모 전쟁으로 번질지도 모르는 불똥이라고 보았다. 그래서 스페인의 갈등을 이베리아 반도에 국한시키는 데 우선적인 노력을 기울였다. 이것은 독일과 이탈리아의 간섭을 못 본 척하겠다는 의미였다. 영국의 보수주의자들 가운데 공화국에 동정을 보이는 사람들은 거의 없었다. 그들은 혁명이 그것들을 완전히 일소하지 않는다면 공화국의 개혁들이 스페인 내 영국의 방대한 상업적 이해관계를 위협한다고 보았다.

프랑스의 인민전선 정부는 영국과 더불어 불간섭 정책에 참여했다. 레옹

블룸 수상은 공화국에 동정을 보이기는 했지만 유럽의 평화가 위협받는 데도 불구하고 영국 정부의 전략적 지지를 유지하는 데 관심이 있었다. 그는 또한 프랑스 내의 정치적 긴장이 악화되는 것을 피하고 싶어 했다. 내전이 당시 프랑스 좌우파의 여론을 자극했다. 영국과 프랑스 정부의 중립 및 미국의 외교적 고립주의는 스페인이 동료 민주주의 국가들로부터 무기를 구입할 권리를 박탈당했음을 의미했다. 따라서 스페인은 무기밀매 시장에 의존하지 않을 수 없었다. 그곳에서는 무기 구입업자들이 낯선 사기꾼들에게 둘러싸여 있었다. 소련은 곧 물자 지원을 약속했다. 하지만 스탈린은 또한 독일과의 전쟁 위협 때문에 영국 및 프랑스와 좋은 관계를 유지하고 싶어 했으며, 스페인 공화국 지역을 침몰시키는 것처럼 보인 사회혁명에 반대했다.

유럽 열강들이 1936년 8월 불간섭 협정에 조인하고 그 이행 여부를 감시하기 위한 위원회를 런던에 신설하기로 했을 때, 스페인 내전을 하나의 국지적인 갈등으로 묶어두려는 영국과 프랑스 정부의 노력이 결실을 거두는 것처럼 보였다. 그러나 독일은 물론 이탈리아도 이 협정을 존중하지 않았으며, 양국은 국민군 지역에 군사적인 지원을 계속 쏟아부었다. 살라자르 독재하의 포르투갈 또한 반란군에게 병참 지원을 제공했다. 프랑스와 영국이 이러한 노골적인 불간섭 위반에 적절히 대응하지 못하자 스탈린은 마음을 바꾸었다. 국민군의 신속한 승리가 유럽에 파시즘을 강화시킬 것이고, 나아가 소련을 위협할 것이기 때문이었다. 나중에 상당 액수의 스페인 금준비금을 통해서 폭등한 가격으로 지불된 소련의 군사원조는 10월 중순에야 공화군 지역에 도달하기 시작했다. 때는 바야흐로 반란군의 격렬한 공세에 맞서 마드리드의 방어를 보강해야 할 시점이었다.

전쟁의 만행들. 그 무렵 아프리카 군을 포함한 반란군이 북부와 남부에서 수도로 진격하기 시작했다. 그들은 남부에 위치한 안달루시아와 에스트레마두라, 북부에 위치한 바스크 지방과 아스투리아스의 몇몇 전선과 북동부의 아라곤 전선에서 작전을 전개했다. 실제로 전선은 스페인 대부분의 지역으로 확장되었다. 그들은 진격하면서 테러를 통해서 저항을 분쇄한다는 계획적인 정책에 따라 포로로 잡힌 공화군 병사들과 정부관료들, 공화국 지지자들, 노조원들, 프리메이슨 요원들, 일반 남녀들을 학살했으니, 그수가 수만에 이르렀다. 계급 갈등이 첨예했던 남부의 만행들이 특히 잔인했다. 그라나다에서는 노동자들의 거주 지구가 폭격을 당했으며, 공화국 동조자들을 죽일 수 있는 재량권이 우익 부대들에게 주어졌다. 동성애와 집시문화 찬미로 특별한 증오의 대상이 된 시인 가르시아 로르카도 유괴된 뒤 살해당했다.

만행은 주로 공공질서가 잠시 붕괴된 반란 직후의 처음 몇 주일 사이에 공화군 진영에서도 발생했다. 4,000명 이상의 사제들과 2,600명 이상의 수도사와 수녀들, 13명의 주교들이 살해당했으며, 교회가 약탈되거나 방화되고, 바싹 마른 수녀들의 시신이 세상의 이목에 노출되었다. 대중이 분노를 터뜨린 주요 표적은 교회였다. 그 이유는 교회가 손쉽게 접근할 수 있는 억압적 질서의 상징이었으며, 교회의 성직자단이 반란군 편을 들었기 때문이다. 그러나 양 진영이 자행한 만행들 간에는 중대한 차이가 있었다. 공화국 당국이나 좌파 정당들은 그 어느 것도 보복을 허용하지 않았다. 실제로 그들은 그러한 폭력을 비난하고 공화군 진영 내에 곧바로 민주질서를 회복했다. 반면에 국민군 진영에서 자행된 잔혹한 진압은 스페인의 "적들"을 제거하기 위한 공식적이고 체계적이며 계산된 저항 와해 전략이었다.

마드리드 전투. 반란군 2개 부대가 마드리드로 접근하고 있을 때 프랑코가 지휘하는 아프리카 군은 소수의 반란군이 공화국 민병대에 의해서 요새 알카사르에 포위된 역사 도시 톨레도를 공략하기 위해서 동쪽으로 이동했다. 마드리드 공격이 2주간 지연되면서 공화군은 마드리드의 방어를 위해서 준비할 시간을 얻게 되었다. 국제 반파시스트 지원군인 국제 여단 부대들이 코민테른의 후원을 받아 처음 도착한 것이 바로 이 무렵이었다. 내전은 유럽과 다른 지역의 좌파들에게 파시즘을 중단시키기 위한 투쟁의 고무적인 상징이 되었다. 영국 시인 세실 데이 루이스에게 내전은 "빛과 어둠의 전쟁"이었다.

프랑코가 톨레도에서 전략적인 중요성은 없지만 놀라운 성공을 거두기 위해서 부대를 마드리드에서 이탈시키기로 결정한 것은 자신이 명실상부한 국민군 지도자로 부상하려는 작전의 일환이었다는 주장이 제기되었다. 반란군 장군들은 반란을 일으킨 며칠 뒤 부르고스 시에서 위원회를 설립하고, 명목상의 반란군 수장 호세 산후르호가 항공기 사고로 사망하자 9월 21일에 프랑코를 대원수로 선임했다. 프랑코가 알카사르를 구출한 사건은 의심할 나위 없이 반란 세력의 명분과 프랑코 자신의 우위를 대변하는 가장 지속적인 상징이 되었다.

1936년 초가을 반란군의 진격이 계속되고 공화군 통제 도시의 시가지에서 대중의 힘이 표출되면서 공화국 정부의 구성에 중대한 변화가 나타났다. 9월 5일 공화주의자들로만 구성된 내각이 물러나고 공화 진영의 세력 균형이 더 잘 반영된 내각이 들어섰다. 그것은 사회주의 노조 지도자 라르고 카바예로를 수반으로 하는 가운데 좌파 공화주의자들과 사회주의자들, 공산주의자들로 구성된 내각이었다. 2개월 후 반란군 부대가 이미 마드리드 교외에 진입한 상황에서 무정부 생디칼리슴 노조 CNT 조합원 4명이 CNT의 전통적인 부르주아 정치 참여 거부의 금기를 깨뜨리고 내각에 참여했다. 공화국의 방위군 또한 초기의 혼란스런 방어 시도에 뒤이어 무장을 잘 갖춘 직업군인이 주류를 이룬 적군의 도전에 맞설 조직을 재정비했다. 충성스러운 장교들과 군부대들, 전쟁 초기 몇 주일 사이에 우후죽순처럼 생겨난 무수한 민병대와 위원회들이 인민군이라는 단일군으로 합병되기 시작했다. 군대에 규율을 주입시키는 것을 주요 임무로 하는 정치위원들이 새로운 부대에 배속되었다.

마드리드 전투는 내전 기간 동안 가장 치열한 전투 가운데 하나였다. 시 외곽에 주둔한 반란군 포병이 중심지를 향해 쉴 새 없이 포격을 가했으며, 항공기들은 평온한 거리와 건물들을 폭격하여 많은 민간인들을 살해했다. 마드리드 시민의 대다수는 오랜 반란의 전통에 따라 참호를 파고 부상자들을 돕고 군수품을 날랐으며, 마드리드 금속 노동자들은 중고 탄약통들을 수선하여 부족한 탄약 공급을 보충했다. 군대의 헌신과 결합된 이러한 민중의 지원은 수도를 성공적으로 방어하는 데 이바지했다. 무정부주의자들과 공산주의자들을 포함한 마드리드 인민군의 모든 전투부대들이 수도를 방어하는 데 나름대로의 역할을 다 했으며, 국제 여단이 도착하면서 마드리드 시민들의 사기가 고조되었다.

내전 중의 내전. 공화국이 국제적인 고립 상태에 있었기 때문에 소련의 지원은 공화군 진영에서 스페인 공산당의 세력을 신장시키는 데 이바지했다. 공산주의자들은 또한 법과 질서를 주장하고 온건한 입장을 취했기 때문에 중산계급 후원자들의 지지를 얻었다. 그들의 명성은 수도가 곧 함락될 것이라는 생각에 정부가 발렌시아 이주를 결정한 이후, 그들이 마드리드 방어에 이바지한 역할로 말미암아 더욱 고양되었다.

공산당의 세력 증대는 공화국 내의 잠재적인 긴장을 수면 위에 떠오르게 했다. 공화국 정부는 바르셀로나의 공장과 거리에 나타난 이중권력으로 말미암아 야기된 식량 공급과 노동관계상의 혼란을 종식시키기로 했다. 이러한 목적을 실행에 옮기면서 바르셀로나에서는 1937년 5월 소규모의 내전, 곧 공화국을 지지하는 두 반대 세력 간의 사회 전쟁이 발생했다. 며칠간의 시가전을 치른 뒤 무정부주의자들은 반란군과의 전쟁에 총력을 기울이기 위해서 자신들의 무기를 버리기로 결정했다.

공화군 진영의 세력균형이 이제는 효과적인 전쟁 수행이 가능한 중앙집권 국가를 주장한 사람들에게로 확실하게 기울었다. 공산주의자들은 내부의 적들을 계속 박해했다. 그들이 트로츠키파로 간주한 POUM의 지도자 안드레우 닌이 소련의 비밀경찰에 의해서 유괴된 다음, 고문을 받고 살해되었다. 1931년에 출범한 카탈루냐 자치정부인 제네랄리탓은 카탈루냐 내의 공공질서와 군사 관련 통제권을 박탈당했다. 이러한 분쟁은 수상 라르고 카바예로를 축출하고 5월 18일 개혁파 사회주의자 후안 네그린을 수반으로 하는 새로운 내각을 출범시키는 것으로 끝이 났다.

신임 수상은 내전의 잔여 기간 동안 공산당과 긴밀한 공조를 유지했는데, 이는 그로 하여금 공산당의 앞잡이라는 비난을 사게 만들었다. 사실 네그린은 공산주의자들의 분파주의를 승인하지 않았음에도 불구하고, 그들이 공동의 전쟁전략을 지니고 있었기 때문에 그들과 긴밀하게 협력하지 않을 수 없었다. 더욱이 공산당은 공화군 진영에서 조직과 규율이 잘 갖추어진 유일한 정당이었다. 공산주의자들의 그것과 마찬가지로 네그린과 그의

게르니카 폭격의 한 희생자를 보여주는 공화국 지지용 국제 몽타주 포스터. 독일 콘도르 군단에 의한 게르니카 폭격은 내전 중의 다른 어떤 사건보다도 더한 국제적인 분노를 자아냈다. 이것은 공중폭격에 의해서 한 도시가 파괴된 역사상 첫 번째 사건이었다. 이 포스터와 피카소가 그린 유명한 그림은 폭격 사실을 부정하려는 국민군의 노력에도 불구하고 그들의 만행 소식을 퍼뜨리는 데 커다란 역할을 했다.

정당은 공화국의 제반 사항들 —— 전쟁, 법과 질서, 경제 —— 이 재건된 중앙집권 국가의 완전한 통제하에 있어야 한다고 생각했다. 그들은 중산계급의 충성을 유지하기 위해서는 공화국이 광범한 계급 동맹에 그 기초를 두어야 한다고 확신했다. 마찬가지로 중요한 것은 그들이 이것을 영국과 프랑스로 하여금 제정신을 차리고 공화국을 지원하도록 설득할 수 있는 유일한 의제라고 생각했다는 것이다. 공화국이 산업투자 물량과 생필품의 심각한 결핍에 직면하기 시작했기 때문에 군사적인 지원뿐만 아니라 경제적인 지원도 필요했다. 프랑코가 밀 생산 지역을 차지했기 때문에 공화국은 피난민들로 붐비는 도시들에 식량을 공급하기 위해서 "네그린 박사의 내성 알약" —— 렌즈콩 —— 에 의존할 수밖에 없었다. 전쟁 중에 영양실조로 사망한 사람들이 약 2,500명에 달했다. 후방에서는 굶주림이 사기 저하로 이어졌다.

전선. 공화군은 전선에서 서서히 밀리고 있었다. 이탈리아 군의 원조를 받은 국민군은 남부에서 공화군을 소탕하고 있었다. 북부에서는 국민군의 공세가 전격전 기술을 최초로 시험해보기 위한 독일 콘도르 군단의 지원을 받아 바스크 지방의 방어선을 후퇴시키고 있었다. 프랑코와 이탈리아 군 총사령관은 마드리드 전선의 교착상태를 깨뜨리기 위해서 1937년 3월 초 남서부와 북동부에서 협공을 가하기로 합의했다. 남서부의 과달라하라를 향한 이탈리아 군의 공세는 혹독한 날씨와 눈, 그리고 공화군의 완강한 방어 때문에 어려움에 봉착했다. 이탈리아 군은 지원 수송과 부대를 동원하거나 항공기를 이용할 수 없어서 공화군에게 패배를 당했다. 공화군 측에서는 국제 여단 가리발디 대대 소속의 이탈리아 지원병들이 중요한 역할을 했다.

그러나 과달라하라의 승리가 공화국의 운명을 역전시키는 데는 거의 아무런 역할을 하지 못했다. 북부에서는 독일의 콘도르 군단이 1937년 4월 스페인 최고사령부가 제공한 정보에 따라 바스크 지방의 역사적인 수도인 게르니카에 고성능 폭탄과 소이탄을 빗발치듯이 투하했다. 게르니카는 전략적인 가치가 애매한 목표물이었지만 그 파괴력은 바스크인들의 사기에

로버트 카파가 찍은 1937-1938년 겨울 아라곤에서 반격 중인 테루엘의 공화군 부대의 사진. 테루엘 공격은 국민군 전선을 뚫고 그들의 마드리드 진격을 저지하기 위한 인민군의 필사적인 시도였다. 전투는 혹독한 조건에서 진행되었다. 작전 중에 기온이 세기의 최저치를 기록했으며, 추위로 많은 병사들이 사망했다.

치명타를 먹인 것과 같았다. 6월에는 빌바오가 함락되고, 8월에는 산탄데르가 무너졌다. 10월 말경에는 북부가 반란군의 수중에 들어갔으며, 반란군은 이로 말미암아 항구와 산업 시설뿐만 아니라 봉쇄조치로 애를 먹고 있는 공화군에게 전쟁 수행을 위해서 지극히 중요했던 철광과 석탄 보유고를 차지했다.

공화군 최고사령부는 초기에 몇 차례의 성공적인 양동 전술을 시도했다. 그들은 7월에 마드리드 서부의 적 전선을 뚫기 위해서 타격을 가했지만 군 사력이 너무 약한 나머지 그것을 완수하지는 못했다. 아라곤 전선에서의 두 번째 공격은 소통이 제대로 이루어지지 않아 중단되었고, 인민군 내의 정치적 분열이 계속되었으며, 공산주의자들이 무정부주의자들의 지역 통제를 파괴하려고 들면서 그것은 더욱 악화되었다. 1937년 12월 아라곤 남부 산악 지역의 세 번째 공격을 통해서 혹독한 추위를 무릅쓰고 테루엘 시를 점령했지만, 이듬해 1월 국민군 포병과 탱크 및 공군의 힘에 의해서 공화군은 격퇴되고 말았다.

반란군은 압도적으로 우세한 공군과 포병의 지원을 받으며 1938년 3월 아라곤과 남서부 카탈루냐, 그리고 이어서 에브로 계곡으로 공격을 전개해 나갔다. 그들은 4월 중순 바다에 도달해 공화군 점령 지역을 둘로 갈라놓았다. 그곳으로부터 정부가 머물고 있던 발렌시아를 향한 진격 시도는 공화군의 완강한 저항에 부딪혀 더디게 진행되었다. 카탈루냐에 대해서 좀더 결정적인 공세를 취할 수도 있었지만 프랑코는 신중한 군사전략을 택했다. 상상력이 풍부한 최후의 양동 공격은 7월에 전개되었다. 공화군은 밤에 에브로 강을 건너 적군을 40킬로미터나 몰아냈다. 공화군은 이번에도 초기의 돌파를 끝까지 몰아붙일 수 없었다. 국민군이 우세한 군사력을 배치한 결과, 인민군은 내전 중에서 가장 피비린내 나는 3개월에 걸친 교전을 치르고 퇴각하지 않을 수 없었다.

네그린 정부는 유럽에 어렴풋이 등장하는 새로운 세계전쟁의 위협이 프랑스와 영국으로 하여금 공화국을 동맹국으로 붙들어두게 만들 것이라는 희망에 과도한 집착을 보였다. 그러나 1938년 4월의 영국-이탈리아 조약과 9월 29일의 뮌헨 협정은 단지 스페인 내에서 벌어지는 불간섭 협정 위반에 대한 영국의 계속적인 묵인을 확인해주었을 뿐이다. 중개인을 통한 강화 회담 시도가 수포로 돌아간 가운데 네그린은 10월에 국제 여단의 철수를 지시했고, 그들은 11월 15일 거리를 행진하며 스페인 국민에게 눈물겨운 작별을 고했다.

전쟁의 종결. 내전의 막바지에 국민군은 민간인들에게 공습과 포격을 퍼부어 공포와 죽음의 도가니로 몰아넣으면서 카탈루냐로 진격했다. 1939년 1월 26일 국민군 부대는 거의 텅 빈 바르셀로나로 행진해들어갔다. 거리에는 "종이와 찢어진 당원증 및 조합원증이 널부러져" 있었다. 대통령 마누엘 아사냐는 프랑스로 도망쳤으며, 곧이어 그 직책에서 물러났다. 아직도 공화군이 차지한 중동부 지역에서 공산주의자들의 지원을 받고 있던 네그린은 계속 저항할 것을 요구했다. 그러나 마드리드에 근거를 두었던 사회주의와 무정부주의 및 공화주의 지도자들은 공산주의자들과 달리 더 이상 가망이 없음을 확신하고 전쟁 중에 새로운 내전을 전개하면서 프랑코에게 강화를 요청했으나 실패했다. 그들의 이러한 움직임은 사기가 저하되고 굶주림에 지친 민간인 전선의 붕괴를 촉진시켰다. 국민군이 최종 공세를 가하기 시작했을 때는 거의 아무런 저항도 없었다. 3월 27일 그들이 마드리드에 진입했고, 사흘 뒤에는 전쟁이 종결되었다.

여러 패전 원인들 가운데 가장 중요한 것은 인민군 전력에 대한 국민군 전력의 우세였다. 양측의 기술 자원들이 그렇게 현대적이지 않았던 것은 사실이다. 두 차례에 걸친 공화국 정부의 외무장관을 지낸 알바레스 델 바요는 내전이 "식민 전쟁"이었다고 말했다. 하지만 프랑코 군은 더 나은 무기를 보유하고, 전투부대의 경험을 지녔으며, 처음부터 단일 지휘권 아래 정규군의 군기를 유지하고 있었다. 반면에 인민군은 초기의 민병대로부터 내려온 정치적으로 분열된 전투부대들로 이루어졌으며, 그들 가운데 일부는 독립을 고집하기도 했다. 무정부주의 슬로건 중에는 "민병대는 좋아, 군인은 안 돼!(¡Milicianos, sí ; Soldados, no!)"라는 글귀도 있었다. 공화군 전선이 무너진 것은 협력의 결여나 정치적 분열 때문이었다. 그들은 이따금씩 탄약이 고갈되거나 혹은 무기가 좋지 않아서 무너지기도 했다. 그들의 중앙 지휘권은 국민군의 단일 지휘권과 달리 애매모호했다. 일부의 경우에는 측면의 허약한 부대로 말미암아 믿음직한 연대들의 사기가 꺾이기도 했다. 패배의 쓰라림 속에서도 공화군의 공세를 계획한 비센테 로호 장군은 후방의 정치적 내분이 적군에게 승리를 안겨주고 말았다고 했다. 국민군은 이른바 국민운동이라는 단일한 기치 아래 뭉친 반면, 공화군은 후방에서 소규모의 내전을 치르고 있었다.

공화국의 패배는 영국과 프랑스 민주국가들의 지원 결여로 더욱 확실해졌다. 특히 영국의 보수주의자들은 공화국을 공산주의의 트로이 목마라고 보았기 때문에 그에 대해서 적대적인 입장이었다. 한편 반란군에 대해서는 그들이 영국의 스페인 투자를 더 잘 보장해줄 것이라고 보아 호의적인 태도를 지니고 있었다. 영국과 프랑스 모두 나치즘과 파시즘이 유럽 민주주의에 미치는 위협의 심각성을 파악하지 못했다. 그들의 불간섭정책 때문에 공화국은 암거래 시장을 통해서 무기를 구입하지 않으면 안 되었다. 그곳에서 천문학적인 가격을 지불하기도 했으며 사기를 당하기도 했다. 불간섭은 또한 필수불가결한 소련 물자의 선적을 어렵게 만들었다. 영국과 프랑스가 동료 민주국가를 무방비 상태로 내버려둔 것이 장차 적대 국가가 될 나라들의 확신을 강화시켜주었으며, 그들로 하여금 실전에서 새로운 군사기술을 실험함으로써 새로운 세계전쟁을 준비할 수 있게 해주었다. 그것은 또한 잠재적인 동맹국을, 지중해와 전략적인 중요성이 매우 큰 영제국의 군사거점 가운데 하나인 지브롤터를 위협하게 될 추축국의 수중에 넘겨주었다. 연합국들의 실책으로 말미암아 수백만 명의 스페인인들이 이루 헤아릴 수 없는 고통을 겪었다.

프랑코 독재

내전 직후 공화국을 대체한 새로운 국민주의 국가(Nationalist state)는 전쟁의 소용돌이 속에서 생겨났다. 1937년 4월 반란을 지지한 모든 정당들이 단일국가 정당인 국민운동을 중심으로 결합했다. 프랑코는 새 정권의 화신으로서 1936년 9월 동료 장군들이 부여한 정부의 수반이자 국가의 수반으로서 절대권을 향유했다. 그가 누린 권력의 기초는 교회, 군대, 팔랑헤당의 세 기구에 있었다. 하지만 정권 내에는 봉기에 가담한 서로 다른 정치적 성향 —— 팔랑헤파와 카를로스파, 가톨릭 보수파, 군주제파 —— 을 대변하는 다양한 비공식적인 "파벌들"이 존재하고 있었다. 이들 아래에는 봉기를 지원한 다양한 사회 세력이 있었다. 상호모순적인 이들의 이해관계를 하나로 결속시킨 것은 종교적이고 민족주의적이며 반민주주의적인 공통의 이데올로기 외에도 폭력이 난무하는 내전의 소용돌이 속에서 만들어진 맹약인 이른바 "피의 협정"과, 내전 이후 그들 모두에 의해서 자행되거나 인가된 유혈 탄압이었다.

프랑코 정권은 본질적으로 보수적이고 권위주의적이었다. 추축국이 전쟁에 승리할 것처럼 보인 초기 국가의 화려한 허식에는 팔랑헤당으로 대표되는 프랑코 정권의 전체주의적인 성향들이 드러났다. 하지만 이 성향들은 교회와 장군들, 군주제파들의 제지를 받았다. 전쟁이 끝날 무렵 대중 정당으로서 팔랑헤당의 세력은 사실상 거세당한 상태였다. 그들은 정권의 필수적인 사회단체들과 이탈리아의 조합주의를 본딴 국가조합 체제, 그리고 청년 및 여성 단체들에 대한 통제를 계속 유지함으로써 어느 정도는 보상을 받은 것으로 생각하고 있었다. 프랑코 자신의 이데올로기는 지극히 보수적이었지만, 그것은 권력의 영속화에 한해서였다. 그는 내외의 압력에 따라 정권 내의 세력균형을 끊임없이 변화시킴으로써 계속적인 통제를 유지했으며, 국가기구들을 통해서 엘리트들을 유복하게 해줌으로써 그들의 계속적인 충성을 확보했다.

내전에 승리한 정권은 다른 수단을 통한 그것의 연장에 의해서 체제를 공고히 했다. 신생 국가는 기독교적인 가치를 신봉했음에도 불구하고 패자들에 대한 용서를 보여주지 않았다. 국영 라디오는 승리의 날에 "스페인인들이여, 깨어 있으십시오"라는 방송을 했다. "역사를 거슬러 팔자 좋고 비겁한 휴식을 취하는 것이 평화는 아닙니다. 조국을 위해서 목숨을 바친 자들의 피는 망각과 불임 혹은 반역을 허락하지 않습니다. 스페인인들이여, 깨어 있으십시오. 스페인은 아직도 안팎의 적들과 전쟁 중에 있습니다." 국민군 후방 지역에서 자행된 탄압이 일련의 법률을 통해서 제도화되었다. 이 법률들은 정치적인 공화국 지지자들뿐만 아니라 계급과 지역성을 겨냥한 것이었다. 국민군이 바르셀로나에 진입한 직후인 1939년 2월에 공포된 정치책임법은 공화국에 대한 "수동적인 태도"도 범죄라고 선언했다. 그리고 그것을 1934년까지 소급 적용했다. 범죄의 정의가 더욱 확대되어 공화국 기간에 전개한 노조 활동을 기소하는 것도 가능해졌다.

공공연한 탄압의 목적은 스페인의 "진정한 정체성"을 "타락시킨" 제도와 이데올로기들을 제거하는 것이었다. 민주주의와 무신론은 물론이고, 적어도 체제 초기에는 자유주의 시장 체제로서의 자본주의도 그 대상에 포함되었다. 스페인이 타락의 길을 걷게 된 시발점은 18세기의 계몽사상에 있었다. 가장 직접적인 적들은 썩어가는 스페인의 몸을 집어삼킨 공산주의자들과 유대인들, 그리고 프리메이슨들이었다. 진정한 스페인은 가톨릭 군주들의 제국적, 계서적 전통에서 모색되어야 했다. 스페인의 건강은 신화화된 카스티야의 시골에 있었으며, 도시는 질병의 근원으로 보였다. 새 체제는 종교와 의학 용어를 결합함으로써 스페인의 정신적인 살균법을 찾았다. 이러한 목적을 달성하기 위한 방법은 대량 처형과 투옥, 속죄를 위한 형벌 노동, 교육과 심리학적인 프로그램 학습 및 대중 선전을 통한 체제 가치의 고취였다.

그 결과로 수백만 명에 달하는 스페인인들이 겪은 고통은 아무리 강조해도 지나치지 않을 것이다. 공화국 지지자들에 대한 패배와 탄압의 직접적인 결과들 —— 추방, 투옥, 처형(외무부의 조심스러운 추정치에 따르면 내전 직후 5개월 동안 1만 명 정도가 처형되었다) —— 외에도 프랑코 정권 초기의 가정들은 대부분 준(準)기아 및 질병의 고통을 겪으며 착취를 당했다. 새 체제의 목적을 공유하지 않는 사람들은 모두 폐소공포증에 시달려야 했고, 표현의 자유가 없었으며, 그들의 신앙과 언어 —— 갈리시아와 바스크 지방, 카탈루냐에서 —— 는 사적인 영역으로 국한되었다. 공공장소에서는 파시스트식 경례를 하고 "제국을 하느님께(Por el Imperio hacia Dios)"라는 공식 슬로건을 이해해야만 했다. 언어는 승자들의 도구가 되었다. 외래어들을 없애기 위해서 심지어 축구 용어조차도 개명되었다.

자립. "병든" 경제에 대한 프랑코식 처방은 세계시장으로부터의 철수와 수입대체 산업 육성, 민간 자본의 약점을 보완하기 위한 국가의 개입이었다. 길들여진 노동력에 대한 잔인한 착취가 경제의 원동력이 되었다. 이러한 자립정책은 유럽 파시즘의 정책을 본딴 것이었으며, 프랑코와 팔랑헤 지지자들이 나치 독일과 파시스트 이탈리아에 대해서 느낀 감탄을 반영한 것이었다. 스페인이 비록 제2차 세계대전 동안 중립을 지키기는 했지만, 프랑코 정권과 파시스트 독재국가들 사이의 긴밀한 유대는 전쟁 초기부터 계속 유지되었다. 프랑코와, 처음에는 내무장관을 지내고 다음에는 외무장관을 지낸 그의 동서 라몬 세라노 수녜르가 이끈 고문단은 추축국 편에서 전쟁에 참여하려는 협상을 시도했다. 그러나 히틀러가 보기에는 독일의 전쟁 수행 노력에서 스페인이 별다른 의미를 차지하지 않았다. 더욱이 프랑코가 참전의 대가로 요구한 프랑스령 모로코의 양도는 스페인이 이바지할 수 있는 기여에 비해 지나친 것이라고 히틀러는 생각했다. 1940년 10월 23일 프랑스와 스페인의 국경에 위치한 앙데에서 이루어진 두 사람의 어색한 회동은 스페인이 공식적으로 참전 작업에 착수하겠다는 것으로 끝났지만, 언제 그렇게 할지 그 시점은 구체화되지 않았다. 히틀러는 나중에 무솔리니에게 프랑코(히틀러는 프랑코를 "땅딸막한 하사관〔that fat little sergeant〕"이라고 불렀다)와의 회동에 대해서 "그를 다시 만나느니 치아를 서너 개 뽑아버리는 게 차라리 낫겠다"고 불평했다. 프랑코도 히틀러로부터 별다른 감명을 받지 못했다. 그는 그를 "연극배우"로 보았다. 한편 프랑코 정권은 공식적인 비교전(非交戰) 정책을 무시하면서 러시아 전선에서 독일을 위해서 싸울 지원군인 푸른 사단을 모집했다.

1942년 11월 연합군이 북아프리카를 침략하자 프랑코는 독일에 물자 지원을 계속하는 한편으로 연합군에도 스페인의 우호관계를 보여줌으로써 위험을 피해나가기 시작했다. 그는 1945년 4월의 강화 직전에 연합국들로 하여금 민주주의적인 증표들을 믿게 하기 위해서 스페인인들을 위한 권리헌장을 포함한 일련의 장식적인 개혁을 발표했다. 그 후 스페인은 가톨릭적, 유기적 민주주의 국가로 소개되었다. 보통선거권이 아닌 사회의 자연기관에 기초를 둔 조합주의 의회인 코르테스가 설립된 데 이어, 프랑코를 섭정자로 하는 군주 없는 군주제로 체제를 정의한 계승법이 선포되었다. 그러나 전후 세계질서 속에서 프랑코 정권이 생존을 유지할 수 있었던 것은 무엇보다도 서구로 하여금 프랑코 치하의 스페인에 대해서 관용을 베풀게 만든 냉전 초기의 긴장 증대에서 비롯되었다. 망명한 군주제파와 공화파의 반대 세력이 전개한 노력에도 불구하고, 국제적인 프랑코 정권 승인 거부는 1945년 12월 UN에 의해서 합의된 스페인에 대한 외교적 거부라는 형식적인 제스처로 축소되었다.

스페인이 자처한 경제적 고립은 1940년대 말 자립이 실패로 돌아간 것이 분명해지자 철회되었다. 부분적으로는 스페인에 거부된 마셜 원조 덕분에 급속한 산업 성장을 이룩한 국가들에 비해 스페인의 경제 사정은 그다지 개선되지 않았다. 인플레이션이 치솟았고, 국제수지는 만성적인 적자에 허덕였다. 1940년대 말의 위기는 정권으로 하여금 자립정책을 수정하지 않을

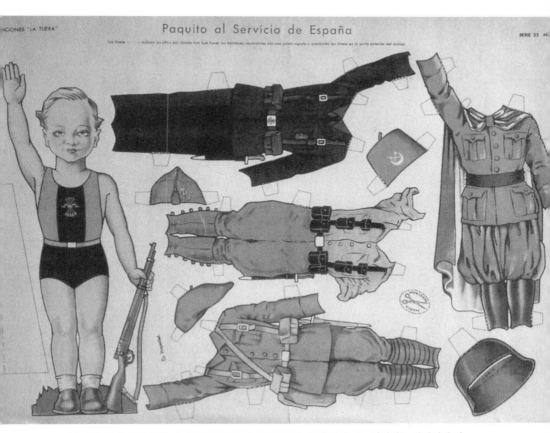

"스페인 군에 복무 중인 파키토." 프랑코 시대의 아동용 그림(파키토는 어린이들 사이에 흔한 이름이었으며 프랑코의 별명이기도 했다). 국가는 어린이들에게 상무(尙武)적이며 극단적으로 민족주의적인 체제의 가치들을 주입시키는 데 분투적인 노력을 기울였으며, 프랑코를 이러한 가치들의 화신으로 여기게 만들었다.

수 없게 만들었다. 프랑코는 소심하게나마 경제의 자유화를 추진할 수 있도록 개각을 단행했다. 외교적 고립 또한 1953년에 그 막을 내렸다. 그 해에 바티칸이 스페인과 정교협약을 체결했으며, 냉전 방어 시설의 확장을 꾀하던 미국이 프랑코 정권과 스페인에 미군 기지를 건설하는 대신 6년에 걸쳐 6억2,500만 달러에 달하는 재정 지원을 하겠다는 협정을 체결했다. 2년 뒤 UN은 스페인의 가입을 가결했다.

경제 자유화. 스페인 경제는 그것의 준(準)자유화 조치에도 불구하고 1950년대 중반 여전히 고통에 시달리고 있었다. 국제수지 적자는 배가되었으며, 기록적인 인플레이션이 임금의 가치를 갉아먹어 그것이 전전(戰前) 수준의 35퍼센트에도 못 미쳤다. 첫 번째 물결의 불법 파업이 스페인 전역을 휩쓸고 지나갔다. 신세대인 대학생들도 이전에 팔랑헤당이 지배하던 공식 학생회의 내부에서부터 반(反)국가운동을 조직해나가기 시작했다. 체제 자체 내에서도 최초의 반대 소동이 발생했다. 이전에 보여준 교회의 열정적인 지지에도 균열이 생겼으며, 팔랑헤당과 군대 사이의 긴장도 증가하고 있었다. 군대에는 프랑코가 알폰소 13세의 아들 돈 후안을 군주로 옹립하지 않은 것에 실망한 군주제파들이 다수를 차지하고 있었다. 프랑코는 자신의 의지와는 달리 1957년 그의 각료들을 해임한 다음 더욱 융통성 있는 팔랑헤당원들로 새로운 내각을 짜고, 가톨릭 평신도 단체인 오푸스 데이와 연결된 신자유주의 기술관료들로 경제 팀을 구성했다.

기술관료들의 목적은 자립을 위한 "정형 기구"를 해체하고, 정치와 문화 혹은 사회의 자유화는 단행하지 않은 채 서유럽의 호경기를 향해 경제의 문호를 개방하는 것이었다. 이것은 경제성장과 그에 따른 생활수준의 증가가 체제를 유지시켜줄 것이라는 믿음에 의해서 추진되었다. 그렇게 되면 내전의 승리에 기초한 "기원의 정통성"이 번영 제공이라는 "성취의 정통성"으로 대체될 것이었다. 프랑코는 페세타를 태환 통화로 바꾸어 그 가치를 절반으로 삭감하겠다는 기술관료들이 제시한 1959년의 안정화 계획을 마지못해 받아들이지 않을 수 없었다. 이 계획은 또한 공공지출을 줄이고 외국 투자에 문호를 개방하게 했다. 그것은 당시까지 보호되어온 경제에 획기적인 영향을 미쳤다. 스페인 경제는 잠시 동안의 후퇴기를 지나 한동안 유럽 공동체의 두 배에 달하는, 서유럽의 그 어느 국가보다도 더 높은 성장률을 구가하기 시작했다. 한때는 단지 일부만 유럽에 통합된 농업경제가 주를 이룬 스페인이 1970년대 초에는 산업화되고 도시화된 서유럽 소비사회의 일원이 되었다.

이러한 성장의 동력은 서유럽의 경제 붐이었다. 스페인의 성장 잠재력과 정부 지원, 저렴한 인건비에 매력을 느낀 외국 투자가 스페인으로 몰려들었다. 유럽의 생활수준이 향상되고 페세타가 저렴해지자 점점 더 많은 관광객이 스페인을 찾았다. 안정화 계획이 시행된 지 4년이 지나자 그 수가 400만 명에서 1,400만 명으로 늘어났으며, 관광 수입은 1억2,900만 달러에서 9억1,900만 달러로 늘어났다. 이러한 경제의 구조조정은 1960년부터 1973년 사이에 125만 명의 스페인인들이 유럽으로 노동 이민을 가게 만들었다. 이 이민자들이 같은 기간에 스페인의 가족들에게 송금한 금액은 대략 50억 달러에 달했다. 외국 투자와 관광사업, 그리고 이민 송금은 경제성장에서 비롯된 스페인의 국제수지 적자를 메우는 데 도움을 주었다.

체제 옹호론자들은 스페인 경제의 붐을 기술관료들의 통제경제 덕분이라고 보았다. 그러나 실제로는 스페인 경제성장의 대부분은 계획적인 것이 아니었다. 경제성장은 지역 불균형을 줄이기 위한 시도에도 불구하고 전통적인 산업 지역인 마드리드 지역과 카탈루냐, 발렌시아, 바스크 지방에 집중되었다. 외국 회사들이 자본 형성에 점차 중요한 역할을 하게 된 반면, 족벌주의와 공동 이데올로기를 통한 스페인의 국가 후원 및 보호 전통은 프랑코 정권의 본능적인 관행이 되어 비효율적인 국내 독점을 확산시키는 데 이바지했다.

경제성장은 스페인 사회를 바꾸어놓았다. 체제가 전원생활을 고양시킨 것과는 반대로 농촌의 주민들은 그곳을 떠나버렸다. 농촌 탈출은 투기와 인구 과밀, 도시의 기본 시설 결여를 특징으로 하는 대규모의 비계획적인 도시 성장을 초래했다. 하지만 건강과 영양, 교육 면에서는 상당한 진전이 이루어졌다. 근대화는 또한 스페인의 직업 구조를 바꾸어놓았다. 농업 위주의 사회에서 공업과 서비스 부문이 지배적인 사회로 바뀌었던 것이다. 전문적인 중산계급의 규모가 커졌다. 스페인이 얼마나 빠른 속도로 소비시장에 뛰어들었는지는 텔레비전 수상기 보유 대수의 증가로 알 수 있다. 1960년에 수상기 한 대를 보유한 가구가 1퍼센트에 불과했는데, 9년 뒤에는 62퍼센트로 늘어났다.

근대화로 말미암은 문화의 변화는 체제의 낡은 가치와 충돌했다. 프랑코는 "외국에서 부는 미풍이 스페인의 깨끗한 환경을 해치지 않을까" 두려워했다. 그러나 근대화로 말미암은 문화적 모순은 대부분 국내에서 비롯되었다. 그 가운데 대표적인 한 예가 교회의 변화였다. 가장 열렬한 체제 수호자였던 교회가 제2차 바티칸 공의회 이후 세계 가톨릭 교회의 변화뿐만 아니라 평신도 단체들과 도시 사제들의 급진화의 자극을 받아 체제 내의 노골적인 비판 세력으로 바뀌었다. 교회는 1971년 교회가 내전에서 한 역할에 대해서 국민에게 용서를 구하기로 가결했으며, 1973년에는 주교들이 교회와 국가의 분리를 요구했다. 프랑코에게는 이것이 일종의 "배신"으로 여겨졌다.

저항과 반대. 근대화는 또한 저항을 불러일으켰다. 체제의 수직적이고 권위주의적인 조합들은 유동적인 교육을 받은 다원 사회의 필요성과 갈수록 부조화를 이루었다. 그 결과 사회, 문화적인 저항은 매우 정치적인 성격을 띠었다. 그 가운데 최대의 도전은 노동운동에서 비롯되었다. 노동운동은 1940년대조차도 노동자들의 절망적인 조건에 반대하는 파업을 끊이지 않고 전개했다. 1962년부터 스페인을 휩쓴 파업의 물결은 부분적으로는 생산의 변화에서 비롯된 것이었다. 1958년에 마지못해 도입한 단체교섭은 그것이 공장과 사무실의 민주적 구조를 발전시킨 나머지 수직적 산업 관계 모델의 정통성을 훼손시켰다. 스페인 전역의 작업장에 등장한 비밀 조직은 공산당 투사들이 지배한 노동자위원회였다. 노동자 시위는 연대운동의 형태로 작업장과 주변 지역으로 흘러들어갔다. 그것은 또한 지역 연합과 같은 다른 운동에도 영향을 미쳤다. 이런 과정을 통해서 시민권과 민주주의의 이상들이 고양되었다.

체제는 1950년대 이후 학생들과 지식인들의 새로운 도전에 직면했다. 스페인의 대학교들이 엘리트 기관에서 대중 기관으로 바뀌었다. 그러면서 공식 조합 내의 민주주의 결여와 열악한 대학생활 여건에 반대하는 격렬한 시위가 전개되었다. 이러한 시위들은 1969년 스페인 전국의 비상사태 선언으로 이어졌다. 대학생들이 압도적으로 중산계급 가문 출신이었기 때문에 시위 학생들에 대한 정권의 탄압은 광범한 연대를 유발시켰다.

체제는 곧 부활한 지역 민족주의와도 부딪혀야만 했다. 1960년대 무렵 카탈루냐와 바스크 지방의 자치권이 광범한 민주주의 요구의 핵심 사안으

제30주년 국민군 승전 기념행사에서 노년의 프랑코가 군중들에게 인사를 하고 있다. 며칠 뒤에 그는 왕위 요구자 돈 후안의 아들인 후안 카를로스 왕자가 자신의 뒤를 이을 것이라고 밝혔다. 이 무렵 그는 의사 결정에 거의 아무런 역할을 하지 않았다. 파킨슨 병에 대한 힘겨운 약물 치료를 받고 있던 그는 거의 모든 결정을 각료들, 특히 부총리 카레로 블랑코 제독에게 위임했다.

로 떠올랐다. 특히 카탈루냐주의는 유럽식 모델과 연결된 근대적이고 민주적인 프로젝트로서 프랑코 정권의 고풍스런 억압적 민족주의와 상반되는 것으로 보였다. 한편 극단적인 바스크 민족주의 중에는 지나친 외국인 혐오 이데올로기도 있었다. 역내로의 대량 이주는 불안정과 배타주의를 강화시켜 이 혐오 운동의 기원을 형성했다. 바스크 지방의 지역 시위는 1959년 테러 조직 ETA의 창설과 더불어 격렬한 형태를 띠었다. ETA의 활동이 가장 적극적이었던 1968년부터 1975년 사이에 체제 및 체제의 억압 기구와 관련 있는 47명이 암살되었다. ETA는 프랑코 체제에 대한 저항의 상징이 되었다. 1970년 ETA 요원과 그 동조자들에 대한 부르고스 재판은 스페인과 유럽 전역에 걸친 광범한 연대운동을 불러일으켰다.

1960년대의 운동으로부터 새로운 정치적 반대 세력이 출현했다. 탄압에 의해서 그 비밀 조직이 전반적으로 와해된 사회주의자들 및 무정부주의자들(특히 사회주의자들이 아스투리아스 같은 여러 지역에 여전히 상당한 잔여 지지 세력을 유지하고 있기는 했지만)과는 대조적으로 공산주의자들은 근대화로 인한 새로운 불만들과 씨름하는 데 성공을 거두었다. 공산당은 1940년대의 게릴라 투쟁을 포기하고 공산당이 주도하는 광범한 정치 동맹이 스페인을 민주주의의 길로 인도할 것이라는 국민 화해정책을 채택했다. 이들과 더불어 유럽 내 혁명적 좌파와 밀접한 관련을 지닌 보다 급진적인 새로운 단체들이 등장했다. 그러나 이들의 성장과 영향력에도 불구하고 1960년대부터 1970년대 초의 정치적 반대 세력은 체제에 대한 대안이 될 공동의 강령을 중심으로 연합하는 데 실패했다. 그 이유는 그들이 냉전의 대립과 스페인 내 정치적 변화에 대한 서로 다른 의제들로 분열되어 있었기 때문이다.

체제의 쇠퇴. 민주주의 없는 근대화는 프랑코 체제의 극복할 수 없는 모순으로 드러났다. 스페인의 경제 "기적"이 체제의 정통성을 지탱해주기를 바랐지만 사회, 경제, 문화적 변화가 제기한 요구들이 독재 체제의 구조들과 쉽사리 조화를 이룰 리 만무했다. 빵과 서커스를 통해서 국민의 묵인을 얻어내려던 시도는 단지 부분적인 성공만을 거두었을 뿐이다. 레알 마드리드는 체제와 매우 밀접한 연관을 지닌 축구 팀이 되었으며, 투우사 엘 코르도베스의 성공은 국가로 하여금 시위자들이 집에 머물러 있기를 바라면서 5월 1일에 그의 투우 장면을 방송하게 만들었다. 예술가들과 문필가들, 영화감독들 사이에는 독재 체제의 옹호자들이 거의 없었다. 창조적인 예술가들은 검열을 피하기 위해서 에두른 은유적인 수단을 통해서 스페인의 사회와 정치 생활의 불만을 표현했다. 빅토르 에리세의 영화 「벌집의 영혼(El espíritu de la colmena)」은 벌집 뚜껑 안에서처럼 풀이 죽은 침체된 마을의 이면에 끊임없이 역동적인 사회가 성장하고 있음을 그렸다.

체제는 그 이미지를 쇄신하기 위한 노력의 일환으로 제도의 피상적인 개선을 단행했다. 1964년에는 파벌들의 여론 집단 구성을 허용하는 결사법이 통과되었다. 프랑코는 이 파벌들이 정당으로 발전하게 될 것이라고 생각해서 그 활동을 제한했다. 1966년에는 사전 검열을 폐지하는 출판법이 공포되었다. 그러나 더 이상의 자유화 조치는 체제의 근본주의자들인 이른바 "부동주의자들"에 의해서 봉쇄되었다. 그 이듬해 제정된 조직법을 통해서 본질적으로 반동적인 국가의 성격이 확인되었다. 1969년 프랑코의 계승자이자 미래의 스페인 국왕으로 왕위 요구자의 아들인 후안 카를로스 왕자를 지명한 것이 이러한 모순들을 해결하는 데 아무런 도움을 주지 못했다.

프랑코가 매우 반복적으로 주장한 자기 정당화 가운데 하나는 자신이 전쟁 중인 사회에 평화를 가져다주었다는 것이다. 이 주장이 나름대로의 설득력을 지니고 있다손 치더라도 그것은 1970년대 초의 늘어나는 사회, 정치적 소요로 무너지고 말았다. 가장 극적인 저항의 표현은 1973년 말 ETA에 의한 프랑코의 오른팔이자 총리인 카레로 블랑코 제독의 암살이었다. ETA는 카레로 블랑코가 다니는 마드리드 중심가의 찻길 건너에 폭발물을 설치해두었는데, 그 위력이 매우 강력하여 그의 리무진이 고층 건물 꼭대기로 날아갔다. 그래서 반대 세력은 그에게 스페인 최초의 우주비행사라는 별명을 붙여주었다. 내부의 분열로 자유화를 단행할 수 없었으며, 그럴 의사마저 거의 없었던 체제는 1975년 5명의 반프랑코 테러리스트를 처형한 사건과 같은, 계엄령과 국가적인 야만 행위에 점차 의존해나갔다. 시위의 증가는 1973년의 오일 위기로 인한 경기 후퇴와 더불어 프랑코 치세 마지막 2년간 체제의 정통성을 더욱 약화시켰다. 1975년 11월 질병으로 인한 프랑코의 사망과 더불어 마지막 몇 년간 체제를 유지시켜준 유일한 접착제마저 사라지고 말았다.

민주주의로의 이행

후안 카를로스가 프랑코를 계승해 국가의 수반이 되고, 독재자가 사망한 이틀 뒤에 왕위에 즉위했다. 그는 완강한 체제 지지자들을 자극하지나 않을까 노심초사하면서도 스페인의 민주화에 몰두했다. 아마도 군사독재와의 협력으로 그리스 군주정의 종말을 고한 그의 처남 콘스탄틴의 예가 그의 마음을 짓누르고 있었을 것이다. 비슷한 생각을 가진 고문들로 구성된 후안 카를로스의 측근 그룹에 전임 국영 라디오텔레비전 방송국 이사이자 당시 국민운동의 사무부총장이던 아돌포 수아레스가 있었다. 국왕은 1976년 7월 프랑코 정권의 나이 든 총리 카를로스 아리아스 나바로 대신 수아레스를 그 자리에 앉히는 데 성공했다. 수아레스의 과거 경력이 "부동주의자들"의 경계를 늦추는 데 도움을 주기는 했지만, 그것이 초기에 변화를 추구하던 사람들의 마음에는 들지 않았다.

신임 총리는 완강한 프랑코파 무리(반대파에 의해서 히틀러의 마지막 반격에서 따온 "벙커"라는 별명이 붙음)와 개혁을 위한 대중 동원 사이를 항해해나가야 했다. 민주주의로의 힘겨운 항해는 정치적 반대 세력의 온건화에 의해서 도움을 받았다. 이들은 사회개혁보다 정치 변화 달성을 우선시하겠다는 데 합의했다. 이것은 부분적으로 그들이 주로 지역에 국한된 이슈 중심의 사회 저항을 전국적 차원의 정치 행동으로 전환시키는 데 실패했기 때문이기도 하다. 항해는 또한 이른바 침묵자들(tácitos)로 알려진 프랑코파의 주류와 긴밀한 연계를 지닌 가톨릭 개혁가 집단의 수년에 걸친 작업의 도움을 받기도 했다. 약속과 감언이설을 포함한 프랑코파와 반대파 간의 비공식적인 협상이 국영 미디어 통제라는 결정적인 이점을 지니고 있던 수아레스와 그의 팀에 의해서 능수능란하게 진행되었다.

민주개혁. 프랑코가 사망한 후 1년 뒤 총리는 대표성이 없는 프랑코파 의원들을 설득하여 정치개혁법을 승인케 하는 데 성공했다. 이 법은 사실 그들의 집단 자살을 수반하고 보통선거권을 확립함으로써 스페인에 민주주의를 가져다주었다. 이어진 국민투표에서 투표자의 94퍼센트 이상이 법안에 찬성했다. 1977년 6월 선거를 준비하면서 망명지와 은거지에서 출현한 기존의 좌파 단체들과 경쟁할 정치적 기반이 거의 없는 집단 및 인물들을 중심으로 새로운 우파 및 중도 정당들이 창설되었다. 수아레스는 민주중도연합을 창설해 선거에서 3분의 1 이상의 득표로 승리를 거두었다. 반면에 사회당은 근소한 차의 2위로 부상했다.

1981년 스페인 의회를 잠시 볼모로 잡은 치안대의 테헤로 중령. 테헤로가 벌인 2월 23일의 스페인 의회 소동은 신민주주의에 대한 비타협적인 프랑코 체제 "벙커" 세력의 또다른 쿠데타 시도였다. 밤새 보여준 군 총사령관으로서의 국왕의 개입은 쿠데타를 좌절시키는 데 상당한 기여를 했으며, 장교들은 거의 아무도 이 소동에 가담하지 않았다. 아침 무렵 테헤로와 그의 부하들은 항복하고 말았다.

주요 정당들 사이에 지배적인 온건화 분위기에 걸맞게 타협을 성취하기 위한 장기간의 열띤 협상 끝에 1978년 새 헌법이 승인되었다. 헌법은 수십 년간 오직 하나의 이데올로기와 하나의 문화만 가능했던 사회에 다원성을 허용하는 것을 최우선의 목적으로 삼았다. 낙태와 같은 논란거리는 훗날의 과제로 남겨두었다. 근본 문제에 대한 견해가 일치하지 않을 경우에는 그 것을 애매모호한 표현으로 처리했다. 이를테면 스페인의 "불가분의 통일" 과 "지역 통합"을 스페인 내 각 "민족들 및 지역들"의 자치권과 조화시키 는 것이 어려웠다. 그러나 헌법으로 신민주주의의 기본 요강에 대해서 분 명히 했다. 그것은 곧 양원제 의회와 강력한 행정부, 비종교 국가, 지역 민 족주의 권리의 승인이었다. 헌법은 1978년 12월 국민투표에서 투표자의 88 퍼센트에 달하는 지지를 받았다.

프랑코가 사망한 지 3년 뒤에 그의 체제는 해체되고 보통선거권에 기초한 현대적인 다원민주주의로 대체되었다. 이것은 놀라운 성과였으며, 동유럽과 기타 지역의 민주주의 이행에 대한 일종의 모델이 되었다. 그러나 스페인 내 변화의 용이함과 속도감은 정치인들의 노력만큼이나 스페인 사회의 현대성으로부터 말미암은 것이었다. 마찬가지로 중요한 것은 급진적인 정치 변화를 불가피한 것으로 만든 민주주의와 사회개혁을 위한 광범한 대중 동원이었다. 그럼에도 불구하고 제도 변화의 철저함이 군대로까지 확장되지는 않았다. 군대의 장교들은 대체로 프랑코 국가의 해체에 반대했으며, 반동 세력의 구심점 역할을 했다. 독재의 유산인 "군도(軍刀)의 소리(rattle of sabres)"가 신민주주의를 무겁게 압박했다.

신민주주의

신생 국가가 직면한 곤란한 난제 가운데 하나는 새로운 세대의 투사들이 벌인 바스크 테러리즘의 지속이었다. 이행기 동안에 바스크 민족주의자들은 프랑코 체제의 관료를 지낸 신임 내무장관 휘하의 치안부대에 의해서 여전히 잔인한 취급을 당하고 있었다. 역사적인 바스크 민족주의 정당인 바스크 민족주의당은 공개적으로 신민주주의에 참여했다. 하지만 근본주의적인 핵심 투사들은 민주주의와 권력 이양이 구독재 정권만큼이나 바스크 민족에 해가 된다는 모호한 이유를 들어 계속 폭력 노선을 지향했다.

경찰의 잔인한 행위는 치안부대와 군대, 정보기관의 전통적인 억압적 본능에서 나온 광범한 문제들 가운데 일부였다. 바르셀로나 교외의 테라사 경찰서장 같은 잘 알려진 고문관들이 연금을 받으며 편안한 노후를 보냈음에도 불구하고, 우파에 의해서 강요된 이행의 대가 가운데 일부인 이러한

1982년 총리로 선출되기 직전 선거운동 포스터에 등장한 펠리페 곤살레스. 좌파, 특히 사회주의자들에게 유리한 투표의 거대한 변화가 있었다. 펠리페(그가 대중들에게 널리 알려지게 되었을 때)와 그의 동료들은 1977-1982년 수아레스 정부에 의해서 신민주주의의 구조들이 마련된 이후 수백만 명의 스페인인들에게 스페인의 정치와 사회의 급진적인 변혁에 대한 희망을 전해주었다.

국가구조들 자체에 대한 개혁은 없었다. 군대 내에서는 민주주의를 전복하기 위한 음모들이 진행되었다. 1978년에 한 쿠데타 시도가 실패로 돌아갔다. 1981년 2월 23일에는 테헤로 중령이 이끄는 치안대의 한 부대가 의회를 습격해 의원들을 볼모로 잡고 있는 사이에, 발렌시아에서는 탱크들이 출동하고 브루네테에서는 군대가 동원되기 시작했다. 오직 군 총사령관으로서의 국왕이 취한 민주주의 수호를 위한 신속한 조치만이 군대의 다른 음모자들을 설득해서 그 행동을 중단하게 만들었다.

사회당의 집권. 쿠데타 시도로 인한 분개와 이행기에 수아레스 정당을 구성했던 상이한 세력들의 점진적인 해체는 1982년 선거에서 사회당(PSOE)에 놀라운 승리를 안겨주었다. PSOE는 선거 지지율이 점차 줄어들기는 했지만 14년 동안 권력을 유지했다. 사회당 정부는 연이은 실패에도 불구하고 스페인 민주주의의 공고화와 완전한 지역 자치의 수립, 스페인의 나토(NATO)와 유럽 공동체(EC) 가입, 광범한 주요 사회개혁의 도입을 추진했다. 내부의 혹독한 갈등과 분열이 없었던 것은 아니지만 PSOE의 이데올로기는 마르크스주의에서 사회민주주의로 바뀌고, 집권한 다음에는 펠리페 곤살레스의 지도하에 경제적 자유주의로 바뀌었다. 경제는 심각한 위기를 겪은 다음 성장을 이룩했고, 인플레이션이 50퍼센트로 줄었다. 하지만 실업률은 23퍼센트 정도의 기록적인 수준에 도달했다.

PSOE 정부는 1990년대에 두 가지 주요 문제에 직면했다. 개인 판사들과 매스컴을 통해서 당 내부의 부패가 폭로되기 시작했다. 가장 치명적인 주장들은 PSOE의 고위 관리들이 가짜 상담을 위한 회사를 설립하여 정치운동 자금을 모집하고자 한 시도들에 대한 것이었다. 개인적인 차원에서는 정부관료들과 의원들이 개인이나 가족의 치부를 무마하기 위해서 공직을 이용했다는 비난을 받았다. 금전수수와 뇌물, 족벌주의, 이권 챙기기 형태의 추잡함은 프랑코 치하 스페인의 정치 및 재정 생활의 일반적인 특징이었으며, 여러 정당들과 실업계도 예외는 아니었다. 이는 정직으로 명성을 얻게 된 사회주의자들에게 특히 치명적인 것이었다.

PSOE를 강타한 또다른 스캔들은 비밀경찰이 1980년대에 프랑스 내의

ETA 혐의자들을 납치, 살해하기 위한 국립 테러단을 설치했다는 폭로였다. 사회당 지도부가 이들의 활동을 얼마나 알고 있었는지, 혹은 그것들을 얼마나 승인해주었는지가 쟁점으로 떠올랐다. 1998년 전(前) 내무장관 라파엘 바리오누에보와 국가안전을 담당한 차관 라파엘 베라가 이 사건에 개입한 죄로 징역을 선고받았다. 최근에는 국왕을 포함한 정치인들에 대한 비밀경찰의 불법적인 전화 도청에 대한 비난들이 제기되었다.

1992-1993년에 나타난 약간의 경기 후퇴 결과와 더불어 사회주의자들의 인기 상실은 표의 이탈로 이어졌다. 그 결과 1993년 선거를 치른 후 그들은 소수당 정부를 구성하기 위해서 조르디 푸졸이 이끄는 카탈루냐 보수당(CiU)과 협정을 체결하지 않을 수 없었다. 1995년 푸졸이 지지를 철회하자 1996년 3월 다시 선거를 치러야 했다. 보수적인 국민당(PP)이 압승하리라는 기대와는 반대로 사회당 유권자들은 PP에게 절대다수를 허용하지 않았다. 그 결과 PP 또한 내각을 구성하기 위해서 지역 정당들과 협정을 체결하지 않을 수 없었다. 이 내각은 프랑코 정권 이후 등장한 스페인 최초의 공공연한 보수주의 정부였다.

보수주의자들의 집권. 권한 이양 과정에서 통치를 맡게 된 PP는 단순히 권력을 유지하기 위해서 바스크 지방과 카탈루냐의 민족주의자들에게 다른 어떤 정당이 한 것보다도 더 많은 것을 양보했다. 그러나 새 정부는 사회주의자들이 선거운동에서 이용한, PP의 승리는 결국 프랑코주의가 뒷문으로 들어오는 것에 다름 아니라는 우려를 신속히 불식시켜나갔다. 총리 호세 마리아 아스나르 팀은 자신들이 스페인의 전통적인 보수주의자들과 달리 신자유주의적인 현대화론자들임을 보여주었다. 그들의 강령에는 민영화와 국가 개입의 최소화, 복지국가의 개혁이 포함되어 있었다. 내각이 비록 프랑코주의에 기원을 둔 가족, 재산, 사업으로 연결된 긴밀한 특정 집단들로부터 충원되기는 했지만, 그들은 민주헌법의 기본 규칙들을 존중하는 혁신적인 스페인 보수주의를 구현해나갔다.

PP는 전임 사회주의자들의 경제개혁과 유럽 연합(EU)의 풍부한 자금 덕분에 EU의 통화 통합 기준에 수렴하는 쪽으로 스페인 경제를 이끌어갈 수 있었다. 비록 스페인의 실업률이 여전히 유럽 최고 수준이기는 했지만 인플레이션과 공공부문의 차용이 점차 감소되었으며, 새로운 하이테크 및 서비스 산업이 낡은 제조업 부문을 대체해나갔다. PP 정부는 또한 민주주의로의 이행 기간에 체결한 노조의 입김이 강한 협정으로 생겨난 복잡한 노동법들을 철폐함으로써 노동의 유연성을 증진해나가기 시작했다. 하지만 국가 보조금의 철회와 노동시장 규제의 철폐는 첨예한 사회적 긴장을 유발시켰다.

PP는 1990년대 후반의 계속적인 경제성장의 혜택에 힘입어 2000년 3월의 총선거에서 과반수의 승리를 거둔 나머지 카탈루냐 보수주의자들과 사전 교섭을 진행할 필요가 없이 정부정책을 자유롭게 추진해나갈 수 있게 되었다. 선거 결과는 이행기의 옛 정치에 대해서 아는 바가 거의 없고, 그것에 대해서 무관심한 새로운 세대의 표를 동원하는 데 PSOE보다 PP가 더 큰 성공을 거두었음을 보여주었다. 전(前) 공산당 좌파와 서둘러 협정을 체결하면서까지 확신을 심어주는 데 실패한 사회주의자들은 300만 표가량이나 잃었다. 이러한 결과는 PSOE의 내분을 심화시켰다. 사회당은 당원들이 여전히 분열된 모습을 보이는 데다가 강력한 국민적 지도력과 응집력 있는 정치전략 또한 부재한 상태로 남아 있다.

스페인 정부가 직면한 대표적인 국내 문제는 바스크의 독립을 추구하는 ETA의 끊임없는 폭력이었다. 테러리스트의 살인과 납치 움직임은 1997년 바스크 주민들과 스페인 전역에 대중 시위를 불러일으켰다. 반(反)ETA의 대중 동원이 이러한 수준에 이르자 ETA가 자신의 무덤을 판 것처럼 보였다. 그해 말 ETA의 비공식적인 정치 조직인 에리 바타수나(Herri Batasuna, 인민의 단결)의 지도부가 선거운동에서 정치적 목적을 위한 폭력 사용을 정당화한 비디오를 유포시킨 죄로 감옥에 투옥되었다. 이에 대한 바스크 대중의 항의는 1998년 가을 바스크 민주주의 정당들과 에리 바타수나를 결집하는 민족주의 전선 에스테야 혹은 리사라 협정을 출범시켰다. 폭력의 악순환을 종식시키고 바스크의 민족주의 요구들에 대해서 정부와 협상을 개시하는 것이 그 목적이었다. 1998년 10월 ETA의 휴전 선언은 이전 투사들의 후속 세대들과 마찬가지로 그 지도자들이 폭력을 포기했을 것이라는

1996년 2월 100만 명의 인파가 마드리드에서 ETA의 스페인 판사 암살 사건에 대한 반대 시위를 벌였다. 바스크 테러 단체가 한때 프랑코 독재에 반대하는 민주주의 투쟁에 가담했을 때는 그것을 지지하는 대중 시위가 개최된 적도 있었다. 하지만 독립을 명목으로 ETA가 신민주주의에 반대하는 테러 활동을 지속하자 정치적 색깔을 불문하고 수백만 명의 스페인인들이 이에 궐기하고 나섰다.

희망을 불러일으켰다.

평화의 길에는 두 가지 커다란 장애물이 가로놓여 있었다. 급진파와 온건파 민족주의자들 모두가 정부와의 협상에서 핵심 의제로 삼고자 한 문제는 이제까지 어떤 스페인 정부도 생각해본 적이 없는 바스크의 자결권이었다. 이 문제를 더욱 복잡하게 만든 것은 나바라와 프랑스령 바스크 지방의 지위였다. 온건파와 달리 급진파 민족주의자들은 자결 과정의 일환으로서 이 지역들을 신생 바스크 국가에 통합시킬 것을 끊임없이 요구했다. 바스크 민족주의 정당들은 ETA 정치 조직과의 협정을 체결함으로써 그들이 테러 조직을 민주주의로의 가설 활주로로 제공하기를 바랐다. 반면에 ETA 지도부는 이 협정을 민족주의 정당들에게 독립을 위한 그들의 요구를 단계적으로 증진시키는 데 활용했다. 휴전 선언 14개월 뒤 ETA는 마드리드에서 스페인 장교 한 명을 테러로 날려버리고, 2000년 초에는 둘 다 바스크인들인 사회당 의원 한 명과 그의 경호원을 살해함으로써 다시 폭력 활동에 들어갔다.

급진적인 바스크 민족주의가 놀라울 정도의 회복세를 보였다. 에리 바타수나가 1996년 총선 당시 바스크 지방에서 12퍼센트 미만의 지지를 얻고 2000년 3월에는 출마를 거부하기는 했지만, 바스크 민족주의 운동은 실업과 마약, 생태, 그리고 기타 사회 문제들에 대한 운동을 통해서 사회 및 문화적 기반을 구축해나갔다. 이 운동은 특히 바스크 청년들에게서 성공을 거두었다. ETA는 이들로부터 상당수의 투사들을 충원하고 있다. 이들의 활동이 바스크 지방의 일상생활과 매우 긴밀히 엮여 있고, 가족이나 친구들 혹은 급진적인 바스크 민족주의가 표방하는 궁극적인 목적에 대한 공감을 통해서 수많은 바스크인들이 이들과 연결되어 있어서 바스크 민족주의 정당과 ETA 사이에 단순한 선을 긋는다는 것은 불가능하다. 동시에 바스크 시민들을 협박하고 위협적인 폭력을 통해서 지역 기업체들로부터 "혁명세"를 징수할 수 있는 ETA의 끈질긴 능력이 그것을 고립시키려는 중앙 및 지방 당국의 노력에 여전히 방해 요인으로 작용하고 있다.

결론. 민주주의 창건을 시도한 이래 전개된 현기증이 날 정도인 스페인의 변화에 아무런 고통이 없었던 것은 아니었다. 명확한 것은 아니지만 역사적 망각은 민주적 변화를 위해서 치러야 할 대가였기 때문에 스페인인들은 기꺼운 마음에서든, 아니면 마지못해서든 간에 과거를 잊는 법을 배웠다. 이행기 초반 독재 반대 세력이 맛본 행복감은 그들의 바람에 비해 결과가 너무 미약한 것으로 나타나자, 이내 실망으로 바뀌었다. 높은 수준의 정치의식은 수동성의 증대와 연대의 결여에 자리를 내주었다. 그러나 스페인은 유연하고 복잡한 정치구조를 지닌 문화적으로 활기가 넘치는 사회이다.

지역 민족주의와 중앙집권적 우파 모두를 만족시킬 자치 국가가 고안되었으며, 역사적 공동체들의 지도자들이 보기에는 (새로 등장한 일부 지역들을 포함하여) 모든 지역들에 대한 자치 허용이 마치 "모든 사람을 위한 커피"와 같았다. 그러나 역사적 공동체들은 계속되는 권한 이양 과정에서 다른 지역들보다 언제나 몇 발 앞서나갔다. 군대의 구조조정이 성공적으로 완수되었다. 나토와 서유럽 연합(WEU)에 가입되고, 현대식 무기가 제공되며, 장교들에게 상당 수준의 봉급이 지불되는 군대는 이제 더 이상 민주국가에 위협적인 존재가 아니다.

정치인들과 언론의 온갖 수사에도 불구하고 스페인은 이제 관용적이며 포괄적인 다원 사회가 되었다. 전 지역의 스페인인들은 테러 행위에 대한 집단적인 반대 시위를 벌임으로써 공존을 추구하기 위한 결심을 보여주었다. 그러나 과거의 모든 악령들이 잊혀진 것은 아니다. 민주주의로의 이행의 대가는 프랑코파들이 민주주의를 파괴하고 민주주의 수호자들을 40년간 박해한 데 대한 책임을 질 필요가 없게 한 것이었다. 향수에 젖어 있는 소수의 초로들은 아직도 국민운동의 신화들을 남몰래 기념하고 있다. 옛 공화주의 지지자들 사이에 알려진 과거에 대한 망각의 거울은 많은 젊은이들이 자신들의 1930년대 가족사에 대해서 아는 바가 거의 없고, 많은 사람들이 최근의 과거에 대해서 거의 아무런 관심도 나타내지 않는다는 것을 보여주었다. 독재자는 한 세대가 지나지 않아 망각 속으로 사라졌다. 한편 중년 세대들의 경우 이전 시대에 대한 증오가 신민주주의의 이면에 여전히 살아 있을지 모른다. 정신이 약간 이상해진 한 노인이 동북 스페인의 어느 마을에서 얼마 전에 사망했다. 그는 대다수의 마을 사람들이 프랑코주의자들을 환영할 당시 공화국을 위해서 투쟁했기 때문에 1940년대 초 이래로 벼룩이 득실거리는 자신의 오두막집에서 은둔생활을 해왔었다. 그때 이후 그는 거의 한마디의 말도 하지 않았다. 과거와의 화해 문제는 아직도 새로운 스페인 건설을 위한 미완의 과제로 남아 있다.

연대기

기원전 1만6000년경	칸타브리아의 마들렌 기(期) 동굴벽화—구석기시대.
기원전 1만년경	레반테 동굴벽화—중석기시대.
기원전 3800년경	거석 유물 발견.
기원전 2600년경	알메리아와 타구스 강 계곡에 구리 사용 문화 번성.
기원전 800년경	페니키아 정주자들이 카디스 건설.
기원전 700-500년경	스페인 남부에 타르테소스 문화 번성.
기원전 575년경	마르세유 출신 그리스 정주자들이 암푸리아스 건설.
기원전 535년경	알랄리아 해전으로 그리스인들에게 서부 지중해가 차단됨.
기원전 237년	스페인에 바르카(카르타고) 제국 시작.
기원전 228년	하스드루발의 카르타헤나 건설.
기원전 218년	제2차 포에니 전쟁 발발, 한니발이 스페인에서 이탈리아를 공격하고 로마 군이 스페인에 침입함.
기원전 211년	스키피오 아프리카누스가 스페인에 도착.
기원전 206년	스페인 내 카르타고 지배의 종말.
기원전 197년	반도에 두 개의 로마 속주 창설.
기원전 147-137년	로마의 루시타니아 지배에 대한 비리아투스의 저항.
기원전 133년	누만시아의 몰락.
기원전 123년	발레아레스 제도가 스페인에 합병됨.
기원전 80-73년	세르토리우스가 스페인에서 로마 내전 수행.
기원전 60년경	연설가 "대(大)세네카"가 코르도바에서 출생.
기원전 45년	카이사르가 바일렌 근처로 추정되는 문다 전투에서 지배권을 최종적으로 확립함.
기원전 27년경	아우구스투스 황제가 이베리아 반도를 세 개의 속주로 분할.
기원전 19년	카이사르 친구의 조카이자 금융대부업자인 카디스의 루키우스 코르넬리우스 발부스가 아프리카에서 거둔 승리의 개선 환영식을 받음. 로마 최고의 군사적 영예인 이 개선 환영식을 비이탈리아인으로서는 그가 처음으로 받음. 아그리파의 칸타브리아 정복으로 반도의 모든 지역이 로마의 지배를 받게 됨.
기원전 4년경	철학자 "소(小)세네카"가 코르도바에서 출생.
서기 39년	시인 루카누스가 코르도바에서 출생.

40년경	시인 마르티알이 칼라타유드에서 출생.
53년	미래의 트라야누스 황제가 세비야 근처의 이탈리카에서 출생.
70년대	베스파시아누스가 이베리아 속주들에게 "라틴 시민권" 부여. 칼라오라의 퀸틸리아누스가 로마에서 수사학 교수에 임명됨.
76년	미래의 하드리아누스 황제(117-138)가 세비야 근처의 이탈리카에서 출생.
171-173년	무어인들이 안달루시아를 습격.
260-270년	스페인이 이탈한 "갈리시아 제국"의 일부를 구성.
284년경	디오클레티아누스 황제가 반도를 다섯 개의 속주로 분할하고 그중 하나에 아프리카의 마우레타니아 틴지타나를 합병함.
348년	시인 프루덴티우스 출생.
407년	제위 요구자 콘스탄티누스 3세가 스페인 침입.
409년	알란족과 수에비족, 반달족의 스페인 침입과 더불어 반도 내 로마 지배 종식.
415년경-417년	브라가의 오로시우스가 『반(反)이교도 역사』 저술.
417-418년	발리아가 이끄는 비시고트족이 로마령 스페인을 공략하여 알란족과 실링반달족을 몰아냄. 그 후 비시고트족은 갈리아로 철수.
418-429년	하스딩반달족이 북아프리카를 침략하기 전 스페인 남부 지배.
430-456년	수에비족이 메리다를 수도로 삼고 동북부를 제외한 반도 전체를 지배.
456년	테오도리코 2세(453-466)가 이끄는 비시고트족이 로마와 동맹을 맺고 스페인에 침입하여 수에비 왕국을 전복시킴. 반도의 남부와 중부 대부분이 그들의 갈리아 왕국에 합병됨.
466-484년	로마령 스페인의 정복을 완수한 비시고트 왕 에우리코의 치세.
494, 497년	비시고트족의 스페인 내 정주에 관한 보고들.
506년	알라리코 2세(484-507)가 테오도시우스 2세 로마 법전의 축약본인 『편람』 편찬.
507년	부이유 전투 : 프랑크족이 갈리아의 비시고트 왕국을 전복.
511년	스페인 및 프랑스 남서부의 비시고트 왕국에 대한 프랑크족의 공격이 오스트로고트 왕 테오도리코(493-526)의 점령으로 이어짐.
531-548년	스페인 주재의 마지막 오스트로고트 왕 테우디스의 지배. 그 후 단명한 비시고트 왕들의 허약한 통치기가 이어짐.
551년	아길라(549-554)에 대한 아타나힐도(551-568)의 반란이 황제 유스티니아누스 1세(527-565)의 개입과 반도 동남 해안의 제국령 수립을 초래함.
569-586년	왕권 강화와 비잔티움 제국령의 재정복 사업 개시를 특징으로 하는 레오비힐도 치세.
579-583년	에르메네힐도(584년 사망)의 반란 : 레오비힐도에 의해서 진압될 때까지

	남부에 잠시 독립 왕국을 수립.
585년	레오비힐도가 갈리시아에 남아 있던 수에비 왕국 정복.
587년	레카레도가 가톨릭으로 개종.
589년	제3차 톨레도 공의회에서 비시고트족의 개종(아리우스주의에서 가톨릭으로)을 공식화.
599/600-636년	7세기 초 주요 지성인인 세비야의 주교 이시도르.
624년	수인틸라(621-631)가 비잔티움인들을 스페인에서 추방.
633년	시세난도 치하의 제4차 톨레도 공의회가 일련의 전국 규모 종교회의의 시발이 됨.
654년	『포룸 유디쿰』으로 알려진 레케스빈토 왕의 법전 선포.
673년	톨레도 주교 훌리안의 『왐바의 역사』에 묘사된 왐바(672-680)에 대한 파울로의 반란.
681년	에르비히오(680-687)가 반유대인 입법 내용을 담은 『포룸 유디쿰』의 수정, 증보판 출간.
694년	에히카(687-702)의 지시로 스페인 내 유대인 대부분을 노예화.
710년	위티사의 사망과 내전 시작.
711년	아랍 침입과 로데리코(710-711)의 패배. 아힐라(710-713) 휘하의 소왕국이 북동부에 생존.
711-718년	이슬람 군대가 비시고트 왕국 정복.
718년	코바동가 전투.
720년	아랍의 나르본 중심의 아르도(713-720) 비시고트 왕국 정복.
756년	압달 라만 1세가 코르도바에 위마야드 에미르 국 건설.
778년	론세스바예스에서 프랑크족이 패배 ; 롤랑의 사망.
801년	샤를마뉴의 아들인 경건왕 루이가 바르셀로나 쟁취.
818-842년	콤포스텔라에서 성 야고보의 것으로 추정된 시신이 발견됨.
866-910년	아스투리아스 왕국의 알폰소 3세 치세.
929년	압달 라만 3세가 코르도바의 초대 칼리프 선언.
967년경	제르베르 도리악이 카탈루냐에서 수학.
981-1002년	비지르 알만수르(알만소르)가 코르도바에서 집권.
1020년경	바르셀로나에서 금화 주조가 시작됨.
1031년	마지막 칼리프 폐위 : 타이파 국가들 시대의 시작.
1055년경-1060년	이븐 하슴이 『분파의 서』 저술.
1060년경	레온-카스티야의 페르난도 1세가 클뤼니에 매년 금을 기부하기 시작.
1067년경	휴 칸디두스 추기경이 스페인에 최초의 교황 사절 방문을 함.
1070년	마라케시 건설을 통해서 알모라비데가 북모로코로 팽창.
1080년	레온-카스티야에서 이른바 모사라베 기도서 폐지.
1085년	레온-카스티야의 알폰소 6세가 톨레도 정복.

1086년	알모라비데의 침입 : 사그라하스에서 알폰소 6세 패배.
1086–1124년	톨레도의 대주교 베르나르 드 세디락.
1094–1099년	엘시드인 로드리고 디아스의 발렌시아 지배.
1118년	아라곤의 전투왕 알폰소 1세의 사라고사 정복.
1137년	아라곤 왕국과 바르셀로나 백령의 왕조 연합.
1140년	아퐁수 엥리케가 포르투갈 국왕임을 선언.
1142년	클뤼니 수도원장 가경자 피에르가 코란의 라틴어 번역 위촉.
1147년	아퐁수 엥리케의 리스본 정복과 알폰소 7세의 알메리아 정복.
1148년	알모하데의 알–안달루스 간섭 시작.
1169–1184년	코르도바와 세비야의 종교재판관 이븐 루쉬드(아베로에스).
1170년	산티아고 기사단 창설.
1173년	알모하데의 알–안달루스 정복 완수.
1188년	왕실회의에 도시 대표들이 참석한 최초의 기록.
1212년	라스 나바스 데 톨로사 전투.
1229–1235년	아라곤의 하이메 1세가 발레아레스 제도 정복.
1238년	하이메 1세의 발렌시아 정복.
1248년	카스티야의 페르난도 3세가 세비야 정복.
1250년경	스페인에 메리노 양 도입.
1250년경	곤살로 데 베르세오의 시.
1258년	아라곤의 하이메 1세와 프랑스의 루이 9세 간의 코르베유 조약.
1264년	안달루시아와 무르시아의 무데하르 반란.
1270년경	왕립 메스타 협회.
1282년	아라곤의 페드로 3세가 시칠리아 정복.
1287년	연합의 특권.
1292년	타리파 정복.
1309년	알헤시라스 포위공격.
1332년	연대기 작가이자 카스티야 고관인 페드로 로페스 데 아얄라 출생(1407년 사망).
1337년	백년전쟁 시작.
1340년	카스티야의 알폰소 11세가 살라도에서 무슬림들을 격퇴.
1343년	아라곤의 페드로 4세가 발레아레스 제도 합병.
1348년	흑사병.
1350년경	이타의 대사제 후안 루이스의 『아름다운 사랑의 책』 출간.
1350년	잔혹왕 페드로의 즉위와 그에 뒤이은 트라스타마라의 반대 선전 시작.
1367년	잔혹왕 페드로와 흑태자가 나헤라 전투에서 트라스타마라 군대 격퇴.
1368년	카스티야의 엔리케 2세와 프랑스 간의 톨레도 조약.
1369년	엔리케 2세가 몽티엘에서 그의 이복형인 잔혹왕 페드로를 살해함.

1371년	랭카스터 공작 곤트의 존이 잔혹왕 페드로의 딸 콘스탄스와 결혼하고 카스티야의 왕위를 요구.
1378년	대분열.
1385년	알후바로타 전투에서 카스티야의 후안 1세가 포르투갈 군에게 패배.
1386년	랭카스터 군이 라코루냐에 상륙하지만 카스티야 침략에는 실패.
1388-1389년	랭카스터와 포르투갈 군과의 조약 ; 백년전쟁의 스페인 국면과 랭카스터가(家)의 스페인 왕위 주장의 종결.
1391년	반유대인 감정이 이베리아 반도의 도시들에 학살의 물결을 촉발시킴.
1412년	카스페 협약 : 카스티야의 섭정자 안테케라의 페르난도를 아라곤의 왕으로 선출.
1442-1443년	아라곤의 알폰소 5세가 나폴리를 장악.
1445년	카스티야의 후안 2세와 알바로 델 루나가 올메도 전투에서 적군을 격퇴.
1465년	아빌라의 소극에서 카스티야의 엔리케 4세 초상을 폐위 ; 카스티야의 내전.
1469년	페르난도와 이사벨의 결혼.
1473년	안달루시아 지역 콘베르소들의 학살 ; 스페인에서 인쇄 시작.
1478년	종교재판소 설치.
1479년	카스티야와 아라곤 연합.
1492년	그라나다 정복 ; 유대인들 추방 ; 콜럼버스가 아메리카 발견.
1516년	겐트의 카를이 스페인 왕위 계승 ; 스페인에서는 카를로스 1세로 알려지고 유럽에서는 황제 카를 5세로 알려진 합스부르크 왕조의 초대 통치자.
1521년	오랜 포위공격 끝에 에르난 코르테스가 아스텍의 테노치티틀란 도시를 탈취.
1556년	부친 카를 5세의 양위 후 펠리페 2세가 스페인 왕위 계승 ; 그는 이미 1543년부터 스페인을 통치하고 있었음.
1567년	네덜란드 반란을 촉발시킨 진압 활동을 펴기 위해서 스페인 군의 수장으로 알바 공이 브뤼셀에 도착.
1571년	오스트리아의 돈 후안이 이끄는 기독교 연합함대가 레판토에서 터키의 주력함대에 대해서 승리를 거둠.
1580년	펠리페 2세 군이 포르투갈 점령.
1588년	영국을 상대로 출병한 스페인 무적함대의 패배.
1598년	펠리페 2세의 사망과 아들 펠리페 3세의 제위 계승.
1609년	네덜란드 반란군과 12년 휴전협정 체결 ; 같은 시기에 영국 및 프랑스와도 강화조약 체결.
1618년	보헤미아의 정치 위기가 유럽에 30년전쟁을 불러일으킴.
1621년	펠리페 3세의 사망과 펠리페 4세의 계승 ; 같은 해에 네덜란드와의 휴전협정 종료.
1625년	네덜란드 주둔 스페인 군이 브라질의 바이아 시와 네덜란드의 브레다를

탈환.

1639년	영국해협에 위치한 다운스 전투에서 스페인 함대의 결정적인 패배.
1648년	베스트팔렌 조약으로 30년전쟁 종결, 네덜란드 공화국 독립 확인.
1659년	피레네 조약으로 프랑스와 스페인 간의 강화 체결, 카탈루냐 북부를 프랑스에 양도.
1665년	펠리페 4세의 사망과 병약한 카를로스 2세의 즉위, 장차 스페인 왕위 계승 문제를 유발.
1700년	프랑스 루이 14세의 손자를 후계자로 지목한 뒤 카를로스 2세(합스부르크) 사망. 펠리페 5세의 치세(부르봉).
1702-1713년	스페인 왕위 계승 전쟁. 영국과 네덜란드 공화국, 오스트리아, 포르투갈의 대동맹이 오스트리아 대공 카를의 스페인 왕위("카를로스 3세")를 지지하는 프랑스와 스페인에 맞서 선전포고.
1704년	영국과 네덜란드 함대가 지브롤터 쟁탈.
1707년	펠리페 5세가 아라곤과 발렌시아 왕국들의 특권을 폐지.
1713년	위트레흐트 조약과 라슈타트 조약(1714)으로 스페인 왕위 계승 전쟁 종결. 펠리페 5세를 스페인 국왕으로 인정. 스페인은 스페인령 네덜란드와 이탈리아 내 영토를 오스트리아에, 지브롤터와 메노르카를 영국에, 시칠리아를 사보이에 각각 양도.
1716년	누에바 플란타 법령으로 카탈루냐 정부의 권위를 마드리드에 종속시킴. 사법 행정에 카스티야 어를 사용.
1724년	펠리페 5세 양위 ; 그의 아들 루이 1세 치세. 루이가 죽자 펠리페가 다시 제위에 오름.
1726-1739년	베니토 헤로니모 페이호오가 9권짜리 『일반 비평극』을 통해서 스페인 독자들에게 계몽사상의 비판적인 정신 소개.
1728년	카라카스의 왕립 기푸스코아 회사 설립으로 카디스와 세비야의 아메리카 식민지 무역 독점 해체.
1739-1741년	스페인과 영국 간의 "젠킨의 귀 전쟁".
1740-1748년	오스트리아 왕위 계승 전쟁, 오스트리아에 대항해 스페인과 프랑스가 동맹.
1746년	페르난도 6세의 치세.
1749-1756년	라엔세나다 후작의 토지대장, 카스티야 지방의 부동산과 소득에 대한 세부 조사.
1759년	카를로스 3세의 치세.
1762년	영국과의 전쟁(7년전쟁), 왕가협정을 통해서 스페인이 프랑스와 동맹. 스페인은 플로리다를 영국에 상실하고 프랑스로부터 루이지애나를 획득.
1765년	캄포마네스에 의해서 고무된 곡물무역의 자유와 곡물가격 통제의 해제.
1766년	마드리드의 "에스킬라체 폭동"이 도시개혁과 높은 빵 가격에 대해서 항

의. 빵 폭동이 다른 지역으로 확산.

1767년	파블로 데 올라비데를 감독관으로 한 농촌의 모범 정주지들이 시에라 모레나에 설립됨.
1777년	초대 국무장관에 임명된 플로리다블랑카 백작 호세 모니노가 카를로스 3세의 잔여 치세 동안 내각의 수반이 됨.
1778년	왕령을 통해서 아메리카 식민제국(멕시코 제외)과의 자유무역을 위해서 스페인의 12개 항구를 개방. 종교재판소가 선발된 관찰자들 앞에서 파블로 데 올라비데를 이단으로 지목.
1779-1783년	스페인이 영국에 대한 미국 독립전쟁에 참전. 스페인이 영국으로부터 플로리다와 메노르카를 획득.
1781-1787년	루이스 카뉴엘로의 풍자적인 계몽 잡지 「엘 센소르」 발행.
1788년	카를로스 4세의 치세.
1789년	몽테스키외의 「페르시아인의 편지」를 본따 스페인의 예절과 제도를 풍자한 1770년대 초에 저술된 카달소의 「모로코인의 편지」 출간.
1792년	카를로스 4세가 프랑스와의 관계 개선을 위해서 국무장관 플로리다블랑카를 아란다 백작으로 교체. 11월에는 스물다섯 살에 국무장관으로 임명된 라알쿠디아 공작 마누엘 고도이가 왕비 마리아 루이사의 정부로 의심을 받음.
1793-1795년	프랑스 공화국과 전쟁, 산토도밍고를 프랑스에 상실.
1795년	마드리드 경제협회에서 호베야노스가 저술한 「토지법안 보고서」 출간. 이 보고서를 통해서 재산의 자유거래 제한 종결과 가문의 한정상속 및 교회의 영구 양도에 대한 기소 종결을 추천.
1796-1802년	프랑스 공화국과 동맹을 맺고 영국과 전쟁. 영국 봉쇄조치가 식민제국 및 프랑스와의 스페인 무역을 황폐화시킴.
1798년	왕령을 통해서 종교단체 및 자선기관 소유 재산의 매매를 지시. 그 수익금을 평가절하된 법화(발레스 레알레스)를 상환하는 데 사용.
1804-1808년	스페인이 나폴레옹 치하의 프랑스와 동맹을 맺고 영국과 다시 교전. 아메리카 식민제국과의 무역이 다시 타격을 받음.
1805년	트라팔가르 해전. 넬슨 경이 이끄는 영국 해군이 카디스 근처에서 스페인과 프랑스의 연합함대를 격파.
1806년	레안드로 페르난데스 데 모라틴이 기혼 여성의 종속과 사회를 비판한 스페인 신고전주의 희곡의 걸작인 「소녀들의 긍정」 출간.
1808년	이틀 밤에 걸친 아랑후에스 폭동 이후 카를로스 4세 양위. 페르난도 7세 치세. 5월 2일 프랑스 군에 의해서 진압된 격렬한 마드리드의 반(反)프랑스 봉기가 전통적으로 나폴레옹에게 맞서 일어난 스페인 봉기의 시작으로 간주됨. 카를로스 4세와 페르난도 7세가 바욘에서 그들의 스페인 왕위권을 나폴레옹에게 양도. 나폴레옹은 곧 그의 형 조제프에게 이

왕위를 수여. 9월에는 페르난도 7세의 권리를 쟁취하기 위해서 구성된 지방위원회 대의원들이 아랑후에스에 집결해 페르난도의 이름으로 통치할 최고 중앙위원회 창설.

1810년	프랑스 군의 압력으로 세비야에서 카디스로 도피한 중앙위원회가 섭정단에 권한을 이양. 변화의 소식이 아르헨티나와 베네수엘라, 멕시코의 스페인 권위 거부 움직임을 재촉. 9월 카디스에서 일반 및 비상 코르테스 개최.
1812년	자유주의자들 지도하의 카디스 코르테스가 열띤 토론 끝에 스페인 의회 군주제 헌법을 선포.
1813년	카디스 코르테스가 종교재판소 폐지 선언. 조제프 왕의 프랑스 군이 비토리아에서 웰링턴 공작이 이끄는 영국과 포르투갈, 스페인의 연합군에 의해서 패배. 조제프가 프랑스로 도망.
1814년	페르난도 7세가 스페인으로 돌아오는 도중 발렌시아에서 코르테스 소집이 불법이라고 선언하고 헌법을 포함한 코르테스의 입법을 폐지.
1820년	라파엘 데 리에고 소령(곧 장군으로 승진)이 카베사스 데 산후안에서 1812년 헌법을 선포. 3월에는 페르난도 7세가 헌법에 대한 선서를 함.
1823년	입헌정권의 투옥으로부터 페르난도 7세를 구출하기 위해서 프랑스 군 "성 루이의 아들 10만 명"이 스페인으로 침입.
1827년	카탈루냐에서 국왕 절대주의와 카를로스주의의 전조인 종교재판소의 부활을 지지하는 피모욕파 봉기.
1830년	페르난도 7세가 여성 제위 계승권을 재확인한 1789년의 국본조칙 발간. 10월에는 페르난도 7세의 딸 이사벨 출생. 페르난도 7세의 동생 돈 카를로스 왕자가 국본조칙의 유효성 거부.
1833년	페르난도 7세의 사망. 이사벨(2세)과 돈 카를로스("카를로스 5세")간의 제위 갈등 시작. 이사벨의 어머니 마리아 크리스티나를 섭정으로 한 이사벨의 여왕 선포.
1833-1839년	진보당과 온건당을 구성한 이사벨 2세와 그 지지자들에 대한 1차 카를로스 전쟁. 바르셀로나 최초의 증기 엔진 공장 엘바포르.
1835년	"진보당의 주피터"인 후안 멘디사발이 수상이 됨. 시장경제 촉진을 위한 교회 토지 매매와 귀족의 한정상속 및 길드 폐지.
1840-1843년	에스파르테로 장군의 섭정. 진보당 집권. 마리아 크리스티나와 온건당 프랑스로 망명. 진보당 분열.
1843-1854년	나르바에스 장군이 이끈 온건당 장군 및 진보당 분파들의 프로눈시아미엔토가 1845년 헌법에 입각해 온건당을 집권시킴. 프랑스식 행정개혁. 1851년 바티칸과의 정교협약.
1854-1856년	오도넬 장군이 프로눈시아미엔토를 기도해 에스파르테로 장군하의 진보당 2년을 시작. 경제적 자유주의 입법이 1860년대의 붐을 불러일으

	킴 ; 철도망 부설. 오도넬의 봉기와 에스파르테로의 퇴직으로 민주주의 헌법 무효화.
1858–1863년	오도넬이 수상으로서 "자유주의 계열을 연합하기 위한" 자유주의 연합을 구성. 자유주의 연합 해체.
1862–1868년	이사벨 여왕과 그 궁정 파벌이 진보당을 권력에서 배제하고 자유주의 연합 장군들을 망명 조치함으로써 정치적 자살 행위를 범함.
1866년	붐이 와해.
1868년	자유주의 연합과 진보당, 민주당의 "9월 연립"을 통해서 시도한 프로눈시아미엔토의 결과로 생겨난 "명예혁명".
1869년	헌법을 통해서 남자 보통선거권과 종교적 관용에 입각한 입헌군주정 수립. 9월 연립 해체.
1873년	아마데오 왕 양위. 제1공화국과 지방 연방 공화주의자들의 지방분권을 위한 반란.
1870년대	신속한 철광 수출 확대와 영국 회사의 황철광 개발.
1874년	여단장 마르티네스 캄포스의 프로눈시아미엔토를 통해서 알폰소 12세 복위.
1876년	1876년 헌법, 1923년까지 지속.
1879년	파블로 이글레시아스의 사회당 창당.
1884년	레오폴도 알라스가 『라 레헨타』 발간.
1885년	내무장관과 지역 보스(카시케)들의 선거 관리를 통해서 자유당과 보수당이 번갈아 집권하는 평화적 교체제도 마련. 자유당 수상 사가스타(1885-1890)가 남자 보통선거권 도입.
1886년	베니토 페레스 갈도스의 『포르투나 이 하신타』.
1892년	만레사 조항을 통해서 카탈루냐 자치를 요구.
1898년	"재난". 미국에 패배하여 쿠바와 푸에르토리코, 필리핀을 상실. 그 대응으로 왕정복고 사회와 정치구조에 대한 비판운동과 쇄신운동 출현.
1906년	자유당원들이 군대에 광범한 권한 부여. 카탈루냐 연대 구성 ; 41석 획득.
1907–1909년	보수당 성명 ; 안토니오 마우라가 "위로부터의 혁명" 시도.
1909년	바르셀로나에서 비극의 주간에 수도원 방화와 거리 폭동. 알폰소 13세가 마우라를 해임하고 자유주의자 모레트로 대체.
1910–1911년	무정부 생디칼리슴 조합 CNT 창설.
1912년	스페인이 모로코에 보호령 설치.
1917년	의사(擬似) 혁명의 해 : 카탈루냐 의회 ; CNT와 UGT의 총파업 ; 관료제 병사들로 방어위원회들을 구성.
1919–1923년	파업과 공장 폐쇄의 사회전쟁. 바르셀로나의 갱단 전투.
1921년	호세 오르테가 이 가세트가 『무척추의 스페인』 출판. 잡지 『엘 솔』을 통해서 "낡은 정치" 공격.

1923년	프리모 데 리베라가 쿠데타로 1876년 헌법을 폐지 ; 프리모 데 리베라가 알폰소 13세로부터 군사 독재자의 승인을 받음.
1924년	국민연합 구성.
1927년	국회 개회.
1929년	산체스 계라의 반란.
1930년	프리모 데 리베라 권력 포기.
1931년	지자체 선거에서 공화-사회당 연립이 대도시에서 과반수 획득. 알폰소 13세 양위. 제2공화국 선포. 카탈루냐 제네랄리탓 창설.
1932년	산후르호 장군의 쿠데타 무산.
1933년	호세 안토니오 프리모 데 리베라가 팔랑헤당 창당. 우파가 총선 승리.
1934년	CEDA가 내각에 입각. 아스투리아스와 카탈루냐의 봉기. 아프리카 주둔 스페인 군이 아스투리아스 광부들 진압.
1935년	힐 로블레스 전쟁장관 취임.
1936년	2월 16일에 인민전선이 총선 승리. 5월 10일 아사냐가 공화국 대통령에 취임. 7월 13일 강경 우파의 지도자 칼보 소텔로 암살. 7월 17-18일 모로코 지역 군사반란이 스페인으로 확대. 9월 4일 라르고 카바예로가 CNT와 더불어 내각 구성. 불간섭위원회가 런던에서 활동 개시. 11월 국민군이 마드리드 진격. 11월 8일 국제 여단이 마드리드 전선에 도착.
1937년	4월 18일 프랑코 장군의 지도하에 팔랑헤당과 전통파 통합. 4월 26일 게르니카 폭격. 5월 3일 CNT와 POUM 그리고 공산당 간의 바르셀로나 시가전. 5월 17일 네그린이 라르고 카바예로를 대신해 수상에 취임. 6월 18일 빌바오 함락과 북부전선 붕괴.
1938년	2월 프랑코가 테루엘 탈환. 아라곤 공격 개시하여 공화 진영 양분. 7월 공화군 최후의 에브로 강 공격.
1939년	1월 26일 국민군 바르셀로나 진입. 4월 1일 국민군의 승리로 내전 종결. 자립기와 인민전선 지지자들에 대한 격렬한 탄압.
1940년	스페인이 제2차 세계대전 비교전국 선언. 11월 23일 프랑코와 히틀러가 앙데에서 회동.
1941년	러시아 전선에서 싸울 푸른 사단 모집.
1945년	프랑코가 스페인인들의 권리헌장 선언.
1946년	UN이 스페인에 대한 외교적 거부 합의.
1951년	소극적인 경제 자유화 개시.
1953년	스페인이 바티칸 및 미국과 각각 정교협약 및 군사기지 협정 체결.
1955년	스페인이 UN에 재가입.
1956년	최초의 심각한 학생 소요.
1957년	프랑코가 경제 자유화 지향의 오푸스 데이 기술관료들로 신내각 구성.
1959년	안정화 계획 선포. ETA 창설. 1960년대 초부터 스페인의 경제, 사회,

문화 변혁.

1962년	스페인 전국에 걸친 노동파업. 노동자위원회 출현.
1963년	노동 탄압에 대한 스페인 지식인들의 시위.
1964년	결사법 공포.
1966년	출판법과 국가조직법 선포.
1969년	후안 카를로스 왕자가 프랑코의 공식 후계자로 지목. 스페인 전국에 걸친 대학생들과 노동자들의 시위 이후 비상사태.
1970년	부르고스에서 ETA 투사들 재판. 스페인이 EEC와 선택적 무역협정을 체결.
1973년	카레로 블랑코 총리 암살. 아리아스 나바로 총리 취임. 경기 후퇴로 스페인의 경제 붐 중단.
1975년	반프랑코 투사 5명 처형. 프랑코 사망. 후안 카를로스 스페인 국왕 즉위.
1976년	아돌포 수아레스 내각 구성. 민주주의 이행 시작. 정치개혁법을 통해서 프랑코식 의회 폐회, 정당 합법화.
1977년	스페인 공산당 합법화. 제헌의회를 위한 민주 선거. UCD 정부 구성.
1978년	국민투표를 통한 신민주 헌법의 압도적 승인.
1979-1980년	카탈루냐와 바스크 지방 자치 획득, 지방 선거 개최.
1981년	의회를 볼모로 한 군사 쿠데타 무산.
1982년	스페인이 NATO에 가입. 사회당이 총선에서 압도적 다수로 승리, 펠리페 곤살레스가 총리에 취임. 신민주주의의 공고화 시작.
1986년	스페인이 EC에 가입. 국민투표를 통해서 NATO 회원 가입 승인.
1989년	펠리페 곤살레스 EC 의장에 취임. 스페인이 유럽 통화제도에 가입.
1993년	사회당이 총선에서 절대다수 상실, 카탈루냐 보수당 CiU의 지지로 새 정부 구성.
1996년	총선에서 보수적인 국민당이 다수표 획득하고 CiU와 PNV, 카나리아 연합의 지지를 얻어 정부 구성. 호세 마리아 아스나르가 총리에 취임.
1997년	스페인이 EMU에 가입. 바스크 지방의 계속적인 테러 활동에 대한 대중 시위. 에리 바타수나 지도부 투옥.
1998년	에스테야 테이블 신설. ETA에 대한 국가 테러 활동 승인 죄로 전 장관 바리오누에보와 베라 투옥.
1999년	스페인이 NATO의 대(對)세르비아 군사작전에 참여. ETA 폭력 중단 약속 위반.
2000년	국민당이 압도적인 과반수로 총선 승리.

참고 문헌

1. 선사시대와 로마 시대의 스페인

J. de Alarcão, *Roman Portugal* (Warminster, 1988).

A. Arribas, *The Iberians* (London, 1963).

M. E. Aubet, *Phoenicians and the West: Politics, Colonies, and Trade* (Cambridge, 1993).

B. Cunliffe and S. J. Keay (eds.), *Social Complexity and the Development of Towns in Iberia* (London, 1995).

L. A. Curchin, *Roman Spain: Conquest and Assimilation* (London, 1991).

Ma. C. Fernández Castro, *Iberia in Prehistory* (Oxford, 1995).

R. J. Harrison, *Spain at the Dawn of History* (London, 1988).

S. J. Keay, *Roman Spain* (London, 1988).

J. Lazenby, *Hannibal's War* (Warminster, 1978).

J. S. Richardson, *Hispaniae: Spain and the Development of Roman Imperialism* (Cambridge, 1986).

J. S. Richardson, *The Romans in Spain* (Oxford, 1996).

P. O. Spann, *Sertorius and the Legacy of Sulla* (Fayetteville, 1987).

2. 비시고트 스페인

Roger Collins, *Law, Culture and Regionalism in Early Medieval Spain* (Aldershot, 1992).

——— *Early Medieval Spain: Unity in Diversity, 400–1000* (2nd edn., London, 1995).

A. T. Fear (trans.), *Lives of the Visigothic Fathers* (Liverpool, 1997).

Alberto Ferreiro, *The Visigoths in Gaul and Spain, AD 418–711: A Bibliography* (Leiden, 1988).

Edward James (ed.), *Visigothic Spain: New Approaches* (Oxford, 1980).

P. D. King, *Law and Society in the Visigothic Kingdom* (Cambridge, 1972).

E. A. Thompson, *The Goths in Spain* (Oxford, 1969).

Kenneth Baxter Wolf (trans.), *Conquerors and Chroniclers of Early Medieval Spain* (Liverpool, 1990).

3. 초기 중세시대

GENERAL

T. N. Bisson, *The Medieval Crown of Aragon: A Short History* (Oxford, 1986).

Roger Collins, *Early Medieval Spain: Unity in Diversity, 400–1000* (2nd edn., London, 1995).

Richard Fletcher, *The Quest for El Cid* (London, 1989).

——— *Moorish Spain* (London, 1992).

Hugh Kennedy, *Muslim Spain and Portugal: A Political History of al-Andalus* (London, 1996).

Peter Linehan, *History and the Historians of Medieval Spain* (Oxford, 1993).

D. W. Lomax, *The Reconquest of Spain* (London, 1978).
Angus MacKay, *Spain in the Middle Ages: From Frontier to Empire, 1000–1500* (London, 1977).

SOURCES

Christians and Moors in Spain, 3 vols. (Warminster, 1988–92): a collection of original sources in translation: vols. 1 and 2 are edited by Colin Smith, vol. 3 by Charles Melville and Ahmad Ubaydli.
John P. O'Neill (editor-in-chief), *The Art of Medieval Spain AD 500–1200* (New York, 1993).

4. 중세 후기

Y. Baer, *A History of the Jews in Christian Spain*, 2 vols. (Philadelphia, 1966).
R. Highfield (ed.), *Spain in the Fifteenth Century, 1369–1516* (London, 1972).
J. N. Hillgarth, *The Spanish Kingdoms, 1250–1516*, 2 vols., vol. 1 (Oxford, 1976), vol. 2 (Oxford, 1978).
G. Jackson, *The Making of Medieval Spain* (London, 1972).
A. Mackay, *Spain in the Middle Ages: From Frontier to Empire, 1000–1500* (London, 1977).
J. F. O'Callaghan, *A History of Medieval Spain* (London, 1975).
W. Montgomery Watt, *A History of Islamic Spain* (Edinburgh, 1965).

5. 거짓말 같은 제국

J. S. Amelang, *Honored Citizens of Barcelona: Patrician Culture and Class Relations, 1490–1714* (Princeton, 1986).
Jonathan Brown, *Images and Ideas in Seventeenth-Century Spanish Painting* (Princeton, 1978).
William Christian, Jr., *Local Religion in Sixteenth-Century Spain* (Princeton, 1981).
A. Domínguez Ortiz, *The Golden Age of Spain, 1516–1659* (London, 1971).
John H. Elliott, *The Count-duke of Olivares: The Statesman in an Age of Decline* (New Haven and London, 1986).
——*Spain and its World, 1500–1700: Selected Essays* (New Haven, 1989).
M. Fernández Alvarez, *Charles V* (London, 1975).
David C. Goodman, *Power and Penury: Government, Technology and Science in Philip II's Spain* (Cambridge, 1988).
Stephen Haliczer, *The Comuneros of Castile: The Forging of a Revolution, 1475–1521* (Madison, 1981).
Richard L. Kagan, *Students and Society in Early Modern Spain* (Baltimore, 1974).
——and Geoffrey Parker (eds.), *Spain, Europe and the Atlantic World: Essays in Honour of John H. Elliott* (Cambridge, 1995).
Henry Kamen, *Spain in the Later Seventeenth Century, 1665–1700* (London and New York, 1980).
——*The Phoenix and the Flame: Catalonia and the Counter-Reformation* (New York, 1993).
——*Philip II* (London, 1997).
George Kubler and M. Soria, *Art and Architecture in Spain and Portugal and their American Dominions, 1500–1800* (London, 1979).
Peggy K. Liss, *Isabel the Queen* (Oxford and New York, 1992).

Geoffrey Parker, *The Army of Flanders and the Spanish Road, 1567–1659* (Cambridge, 1972).
——*Philip II* (Chicago, 1995).
Carla R. Phillips, *Six Galleons for the King of Spain: Imperial Defense in the Early Seventeenth Century* (Baltimore, 1986).
R. A. Stradling, *Philip IV and the Government of Spain, 1621–65* (Cambridge, 1988).
I. A. A. Thompson, *War and Society in Habsburg Spain* (Aldershot, 1992).

6. 세계적인 강대국의 성쇠

Jonathan Brown and J. Elliott, *A Palace For a King. The Buen Retiro and the Court of Philip IV* (New Haven, 1980).
Henry Kamen, *Spain 1469–1714. A Society of Conflict* (London, 1991).
——*Philip of Spain* (New Haven, 1997).
Geoffrey Parker, *The Army of Flanders and the Spanish Road 1567–1659* (Cambridge, 1972).
R. Stradling, *Europe and the Decline of Spain. A Study of the Spanish System 1580–1720* (London, 1981).

7. 밀물과 썰물

William J. Callahan, *Church, Politics, and Society in Spain, 1750–1874* (Cambridge, Mass., and London, 1984).
John F. Coverdale, *The Basque Phase of Spain's First Carlist War* (Princeton, 1984).
Charles J. Esdaile, *The Spanish Army in the Peninsular War* (Manchester, 1988).
Nigel Glendinning, *A Literary History of Spain: The Eighteenth Century* (London and New York, 1972).
Richard Herr, *The Eighteenth-Century Revolution in Spain* (Princeton, 1958).
——*An Historical Essay on Modern Spain* (Berkeley, 1974)
Douglas Hilt, *The Troubled Trinity: Godoy and the Spanish Monarchs* (Tuscaloosa and London, 1987).
Anthony H. Hull, *Goya: Man Among Kings* (New York, London, and Lanham, Md., 1987).
Henry Kamen, *The War of Succession in Spain, 1700–15* (London, 1969).
Gabriel H. Lovett, *Napoleon and the Birth of Modern Spain*, 2 vols. (New York, 1965).
John Lynch, *Bourbon Spain, 1700–1808* (Oxford, 1989).
Joseph Townsend, *A Journey Through Spain in the Years 1786 and 1787*, 3 vols. (London, 1791).

8. 자유주의와 반동

Sebastian Balfour, *The End of the Spanish Empire* (Oxford, 1997).
S. Ben-Ami, *Fascism from Above: The Dictatorship of Primo de Rivera* (Oxford, 1983).
Carolyn P. Boyd, *Praetorian Politics in Liberal Spain* (Chapel Hill, 1979).
Gerald Brenan, *The Spanish Labyrinth* (Cambridge, 1936).
Raymond Carr, *Spain, 1808–1975* (Oxford, 1982).
Daniel Conversi, *The Basques, the Catalans and Spain* (London, 1997).
C. A. M. Hennessy, *The Federal Republic in Spain* (Oxford, 1962).
Robert Hughes, *Barcelona* (New York, 1992).
G. H. Meaker, *The Revolutionary Left in Spain, 1914–1923* (Stanford, 1974).

David Ringrose, *Spain, Europe and the Spanish Miracle, 1700–1900* (Cambridge 1996).

Adrian Shubert, *A Social History of Modern Spain* (London, 1990).

Joan Connelly Ullman, *The Tragic Week: A Study of Anticlericalism in Spain, 1875–1912* (Cambridge, Mass., 1968).

9. 1931년부터 현재까지의 스페인

Sebastian Balfour, *Dictatorship, Workers and the City* (Oxford, 1989).

——and Paul Preston (eds.), *Spain and the Great Powers in the Twentieth Century* (London, 1999).

Raymond Carr and Juan Pablo Fusi, *Spain: Dictatorship to Democracy* (2nd edn., London, 1981).

Helen Graham, *Socialism and War: The Spanish Socialist Party in Power and Crisis, 1936–39* (Cambridge, 1991).

——and Jo Labanyi (eds.), *Spanish Cultural Studies: An Introduction: The Struggle for Modernity* (Oxford, 1995).

Paul Heywood, *The Government and Politics of Spain* (London, 1995).

John Hooper, *The New Spaniards* (Harmondsworth, 1995).

Stanley G. Payne, *The Franco Regime, 1936–1975* (Madison, Wisc., 1987).

Paul Preston, *The Coming of the Spanish Civil War: Reform, Reaction and Revolution in the Second Republic* (2nd edn., London, 1994).

——*Franco: A Biography* (London, 1993).

——*The Spanish Civil War* (London, 1986).

——*The Triumph of Democracy in Spain* (London, 1986).

역자 후기

이 책은 레이몬드 카 외에 8명이 공동 저술한 *Spain : A History*(Oxford University Press, 2000)를 두 사람이 나누어 완역한 것이다. 이 책의 대표 저자인 카는 19-20세기 스페인 역사를 주로 연구하는 역사가로서 옥스퍼 드 대학교 라틴 아메리카 역사학부 교수와 같은 대학 세인트 앤서니 칼리 지의 학장을 역임하고, 현재는 영국 왕립 아카데미의 회원으로 있다. 또한 스페인사 연구에 기여한 공로를 인정받아 스페인에서 최고 권위를 자랑하 는 아스투리아스 왕자 상(el Premio Príncipe de Asturias)을 수상한 바 있는, 스페인 현대사 연구의 원로이자 최고 권위자 가운데 한 사람이다. 또한 이 공동 저술에 참여한 8명의 역사가들 역시 해당 시기를 대표할 만한 권위 있 는 연구자들로 구성되어 있다.

이 책은 기본적으로 스페인 역사 연구에서 최근 20-30년 사이에 나타난 수정주의적 경향의 연장선상에 있다. 즉 카를 비롯하여 필자들은 각각 로 마 지배로부터 현재에 이르기까지 2,000년에 걸친 스페인의 역사 발전 과 정의 핵심 국면들에 대한 최근의 새로운 연구 성과를 반영하고 있는 것이 다. 얼마 전까지도 스페인 역사에 대한 전형적인 설명은 "스페인은 다르 다"는 것이었다. 즉 스페인은 무어인들과의 오랜 갈등과 공존, 유난히 강력 한 로마 가톨릭 교회의 힘, 그리고 중남미 식민제국의 경영이라고 하는, 다 른 유럽 국가들이 하지 못한 독특한 경험을 했으며, 그 특별한 경험은 스페 인을 다른 나라들과는 구분되는 특별한 케이스로 만들었고, 따라서 스페인 의 역사를 이해하는 데는 다른 접근 방법이 필요하다는 것이었다.

이 책의 저자들은 그와 같은 전통적인 관점을 거부하고 스페인을 예외적 인 경우로 간주해서 고립시키는 것이 아니라, 보다 넓은 유럽적 맥락 "안"

에 위치시키고 있다. 예를 들면 18세기 이후 스페인의 경제적 침체에 대해 스페인인들이 전통적 가치를 수호하기 위해서 사회적 변화에 저항하고 의도적으로 자기 자신의 경제적 번영을 희생시켰다는 종전의 낭만주의적 해석을 거부하고, 스페인은 스스로를 유럽으로부터 고립시킨 것이 아니라 다른 유럽 사회들과의 끊임없는 관계 속에서, 그들과 자신 간의 유대를 활용함으로써 그 힘을 성장시켜왔다고 주장한다. 필자들은 스페인과 스페인 역사의 가장 큰 특징은 그것의 "다름"에 있는 것이 아니라 "다양함"에 있다고 주장하면서 그 다양성의 기원을 이베리아 반도의 지형조건에서 찾는다. 즉 비옥한 북부와 척박한 남부라는 기본적으로 다른 자연조건이 불균등한 농업과 산업 발전을, 그리고 서로 다른 지역 문화와 전통을 만들어냈다는 것이다. 그리고 이 다원성은 이미 오래 전에 너무나 확고해져서 그 이후 각 지역 주민들은 중앙정부가 간헐적으로 시도하는 단일한 언어, 단일한 문화의 강요에 성공적으로 저항할 수 있었다고 말한다. 그리하여 통일을 지향하는 중앙과 고유한 문화와 자치, 즉 다원성을 고수하려는 지방 간의 긴장이 스페인 역사의 일관된 경향이었다고 주장한다.

최근 들어 조금 나아지기는 했지만 스페인은 아직도 "투우와 플라멩코의 나라", 혹은 기껏해야 16-17세기의 "황금시대"를 경험한 이후 쇠퇴와 몰락을 거듭한 나라, 20세기 들어서는 내전과 40년에 걸친 프랑코 독재 체제를 경험한 나라 정도로 여겨지고 있고, 좀더 관심이 있는 사람들에게는 최근 정치적 민주화와 경제 발전을 이루기는 했지만 영국이나 독일 같은 다른 유럽 선진국들에 비하면 아직도 후진적이고 못사는 나라 정도로 인식되고 있는 것 같다. 그러나 스페인에 대한 이러한 외형적 이미지는 너무나 피상적이고 왜곡되어 있으며 이 나라가 실제로 가지고 있는 빛나는 과거와 전통, 그리고 지금의 참모습을 간과하는 것이다. 스페인 근대사 연구의 대가인 존 H. 엘리엇은 최근의 저서에서 "종교와 가정생활, 그리고 정치와 사회 조직에서 스페인적 가치와 스페인의 전통은 지구상의 광대한 지역에 깊고도 항구적인 흔적을 남겨놓았으며", 또한 "스페인적 유산은 조형예술과 문학에서, 또 세계를 인식하고 사유하는 방법에서 뚜렷하고 거대한 영향력을 행사하고 있다"고 말했다.

사실 스페인 역사의 중요성은 국내 서양사 연구자들 사이에서도 너무나 간과되고 있다. 예를 들면 서양 중세 문명이 당시 스페인에 살고 있던 히스패닉—무슬림들에게 얼마나 큰 빚을 지고 있는지, 16–17세기에 최강의 세계제국으로 군림한 스페인 제국이 서양 근대사 형성 과정에서 얼마나 큰 영향력을 행사했는지, 스페인 내전이 20세기 현대사를 이해하는 데 얼마나 중요한 열쇠가 되는지, 프랑코 이후 스페인의 민주화 과정이 소련 체제 붕괴 이후의 동유럽 국가들 혹은 1980년 이후 중남미 국가들의 민주화 과정에 어떤 영향을 미쳤는지, 2000년 이후 스페인에서 나타나고 있는 과거사 청산과 역사적 기억 회복 운동이 비슷한 문제로 고심하는 우리에게 어떤 교훈을 줄 수 있는지, 그리고 근대 초 스페인의 "신대륙" 정복과 식민지적 지배가 오늘날의 라틴 아메리카 세계의 복잡한 사회경제적 구조를 이해하는 데 얼마나 중요한 단초를 제공하는지에 대해서 전혀 모르고 있거나 관심이 없다.

오늘날 세계적으로 스페인어를 모국어로 사용하는 인구가 3억2,000만 명으로 놀랍게도 영어를 공용어로 쓰는 인구보다 많으며, 한 학자는 2015년경이면 미국 내에서 히스패닉계 인구가 흑인을 제치고 가장 큰 소수 인종 집단이 될 것이라고 말한 바 있다. 요컨대 오늘날 스페인과 라틴 아메리카를 아우르는 히스패닉 세계가, 그리고 그 문화와 전통이 지구상에서 차지하는 비중과 향후 가지게 될 잠재력, 그리고 이 지역에 대한 올바른 이해의 중요성은 우리가 생각하고 있는 것보다 훨씬 더 크다고 할 수 있다.

사실 그동안 국내에는 스페인사에 대한 제대로 된 개설서 하나 없었고, 그것은 스페인 역사와 문화를 알고자 하는 연구자들에게 커다란 걸림돌이 되어온 것이 사실이다. 역자들은 스페인 역사 공부를 남보다 먼저 시작한 입장에서 늘 이 점을 송구스럽게 생각해왔는데, 이제 늦게나마 이 개설서를 번역 출간하게 되어 큰 짐을 벗은 기분이다. 이 책이 스페인의 역사와 문화에 관심을 가진 사람들에게 유익한 길잡이가 되기를 바란다. 나름대로는 오역을 줄이기 위해서 많은 노력을 했지만 생각지 못한 오역도 있을 것이며, 저자들의 명쾌하고 유려한 문체를 제대로 살리지 못한 부분도 있을 것이다. 혹시 후에 잘못이 발견되면 기회가 닿는 대로 바로잡을 것이다. 서문과 1장부터 5장까지는 김원중이, 6장부터 9장까지는 황보영조가 번역했음을 밝히며, 끝으로 보다 나은 책을 만들기 위해서 애써주신 까치글방 식구들에게 고마움을 표하고 싶다.

2006년 7월
김원중, 황보영조 씀

인명 색인